民國文化與文學^{研究}文叢

六　編

李　怡　主編

第 **5** 冊

瞻前顧後
——民國文史論集

王　彬彬　著

國家圖書館出版品預行編目資料

瞻前顧後——民國文史論集／王彬彬 著 -- 初版 -- 新北市：
花木蘭文化出版社，2016〔民 105〕
目 2+288 面；19×26 公分
（民國文化與文學研究文叢 六編：第 5 冊）
ISBN 978-986-404-681-2（精裝）
1. 中國文學 2. 中國文化 3. 文集
541.26208   105012786

特邀編委（以姓氏筆畫為序）：

丁　帆	王德威	宋如珊
岩佐昌暲	奚　密	張中良
張堂錡	張福貴	須文蔚
馮　鐵	劉秀美	

民國文化與文學研究文叢
六　編　第五冊　　　　ISBN：978-986-404-681-2

瞻前顧後
——民國文史論集

作　　者　王彬彬
主　　編　李　怡
企　　劃　四川大學現代中國文化與文學研究中心
　　　　　北京師範大學民國歷史文化與文學研究中心
總 編 輯　杜潔祥
副總編輯　楊嘉樂
編　　輯　許郁翎、王　筑　美術編輯　陳逸婷
出　　版　花木蘭文化出版社
社　　長　高小娟
聯絡地址　235 新北市中和區中安街七二號十三樓
　　　　　電話：02-2923-1455／傳眞：02-2923-1452
網　　址　http://www.huamulan.tw 信箱 hml 810518@gmail.com
印　　刷　普羅文化出版廣告事業
初　　版　2016 年 9 月
全書字數　259838 字
定　　價　六編 24 冊（精裝）新台幣 44,000 元　　版權所有・請勿翻印

瞻前顧後
——民國文史論集

王彬彬　著

作者簡介

王彬彬，1962 年 11 月生，安徽省望江縣人。1992 年 7 月畢業於復旦大學，獲文學博士學位。
主要研究中國現代文學與文化，現爲南京大學文學院教授，有著作多種。

提　　要

　　本書從多個方面切入民國時期的文史問題，對諸多老問題提出了新看法，更發現和剖析了
一系列新問題。知識分子與政治的關係，是民國歷史上十分重大的問題，本書中多篇文章論述
的正是這一問題。章太炎、魯迅、胡適、瞿秋白、丁玲、韋君宜等幾代知識分子與政治的糾葛，
在本書中有較爲深刻的呈現。本書對民國時期知識分子的心態和命運有耐人尋味的揭示。

作爲方法的「民國」
——第六輯引言

李　怡

　　「作爲方法」的命題首先來自日本著名漢學家竹內好，從竹內好 1961 年「作爲方法的亞洲」到溝口雄三 1989 年「作爲方法的中國」，其中展示的當然不僅僅是有關學術「方法」的技術性問題，重要的是學術思想的主體性追求。日本學人通過中國這樣一個「他者」的參照進行自我的反省和批判，實現從「西方」話語突圍，重新確立自己的主體性，這對同樣深陷「西方」話語圍困的中國學界而言也無疑具有特殊的刺激和啓發。1990 年代中期以後，中國（華人）學人如孫歌、李多木、汪暉、陳光興、葛兆光等陸續介紹和評述了他們的學說，〔註1〕特別是最近 10 年的中國思想文化與文學批評界，可以說出現了一股竹內——溝口的「作爲方法」熱，「作爲方法的日本」、「作爲方法的竹內好」、「亞洲」作爲方法，〔註2〕以及「作爲方法的 80 年代」等等

〔註 1〕　如 Kuang-ming Wu and Chun-chieh Huang　（吳光明、黃俊傑）：〈關於《方法としての中國》的英文書評〉《清華學報》新 20 卷第 2 期，1990 年），溝口雄三、汪暉：〈沒有中國的中國學〉《讀書》第 4 期，1994 年），孫歌：〈作爲方法的日本〉《讀書》第 3 期，1995 年），李長莉：〈溝口雄三的中國思想史研究〉《國外社會科學》第 1 期，1998 年），葛兆光：〈重評九十年代日本中國學的新觀念——讀溝口雄三《方法としての中國》〉《二十一世紀》12 月號，2002 年），吳震：〈十六世紀中國儒學思想的近代意涵——以日本學者島田虔次、溝口雄三的相關討論爲中心〉《東亞文明研究學刊》第 1 卷第 2 期，2004 年）等。

〔註 2〕　刊發於《臺灣社會研究季刊》12 月號，總第 56 期，2004 年。2005 年 6 月，陳光興參加了在華東師範大學舉行的「全球化與東亞現代性——中國現代文學的視角」暑期高級研討班，將論文〈「亞洲」作爲方法〉提交會議，引起了與會者的濃厚興趣。

在我們學術話語中流行開來，體現了一種難能可貴的自我反思、重建學術主體性的努力。竹內好借鏡中國的重要對象是文學家魯迅，近年來，對這一反思投入最多的也是從事中國現當代文學研究的學者，因此，對這一反思本身做出反思，進而探索眞正作爲中國現代文學的「方法」的可能，便顯得必不可少。

在「亞洲」、「中國」先後成爲確立中國學術主體性的話語選擇之後，我覺得，更能夠反映中國現代文學立場和問題意識的話語是「民國」。作爲方法的民國，具體貼切地揭示了中國現代文學的生存發展語境，較之於抽象的「亞洲」或者籠統的「中國」，更能體現我們返回中國文學歷史情境，探尋學術主體性的努力。

一

日本戰敗，促成了一批日本知識分子的自我反省，竹內好（1908～1977）就是其中之一。在他看來，「脫亞入歐」的日本「什麼也不是」，反倒是曾經不斷失敗的中國在抵抗中產生了非西方的、超越近代的「東洋」。通常我們是說魯迅等現代中國知識分子從「東洋」日本發現了現代文明的啓示，竹內好卻反過來從中國這個「東洋」發現了一條區別於西歐現代化的獨特之路：借助日本所沒有的社會革命完成了自我更新，如果說日本文化是「轉向型」的，那麼中國文化則可以被稱作是「迴心型」，而魯迅的姿態和精神氣質就是這一「迴心型」的極具創造價值的體現。「他不退讓，也不追從。首先讓自己和新時代對陣，以『掙扎』來滌蕩自己，滌蕩之後，再把自己從裏邊拉將出來。這種態度，給人留下一個強韌的生活者的印象。像魯迅那樣強韌的生活者，在日本恐怕是找不到的。」「在他身上沒有思想進步這種東西。他當初是作爲進化論宇宙觀的信奉者登場的，後來卻告白頓悟到了進化論的謬誤；他晚年反悔早期作品中的虛無傾向。這些都被人解釋爲魯迅的思想進步。但相對於他頑強地恪守自我來說，思想進步實在僅僅是第二義的。」〔註3〕就此，他認爲自己發現了與西方視角相區別的「作爲方法的亞洲」，這裡的「亞洲」主要指中國。溝口雄三（1932～2010）是當代中國思想史學家，他並不同意竹內好將日本的近代描述爲「什麼也不是」，試圖在一種更加平等而平和的文化觀

〔註3〕 （日）竹內好：《近代的超克》，11、12 頁，李冬木、趙京華、孫歌譯，三聯書店，2005 年。

念中讀解中國近代的獨特性：「事實上，中國的近代既沒有超越歐洲，也沒有落後於歐洲，中國的近代從一開始走的就是一條和歐洲、日本不同的獨自的歷史道路，一直到今天。」〔註4〕作為方法的中國，意味著對「中國學」現狀的深入的反省，這就是要根本改變那種「沒有中國的中國學」，「把世界作為方法來研究中國，這是試圖向世界主張中國的地位所帶來的必然結果⋯⋯這樣的『世界』歸根結底就是歐洲」。「以中國為方法的世界，就是把中國作為構成要素之一，把歐洲也作為構成要素之一的多元的世界」。〔註5〕

海外漢學（中國學）長期生存於強勢的歐美文明的邊緣地帶，因而難以改變作為歐美文化思想附庸的地位，這一局面在海外華人的中國研究中更加明顯。而日本知識分子的反省卻將近現代中國作為了反觀自身的「他者」，第一次將中國問題與自我的重建、主體性的尋找緊密聯繫，強調一種與歐美文明相平等的文化意識，這無疑是「中國學」研究的重要破局，具有重要的學術啟示意義，同時，對中國自己的學術研究也產生了極大的衝擊效應。

在逐步走出傳統的感悟式文學批評，建立現代知識的理性框架的過程中，中國的學術研究顯然從西方獲益甚多，當然也受制甚多，甚至被後者裹挾了我們的基本思維與立場，於是質疑之聲繼之而起，對所謂「中國化」和保留「傳統」的訴求一直連綿不絕，至最近20餘年，更在國內清算「西化」的主流意識形態及西方後現代主義、西方馬克思主義的自我批判的雙重鼓勵下，進一步明確提出了諸如中國立場、中國問題、中國話語等系統性的要求。來自日本學者的這一類概括──在中國發現「亞洲」近代化的獨特性，回歸中國自己的方法──顯然對我們當下的學術訴求有明晰準確的描繪，予我們的「中國道路」莫大的鼓勵，我們難以確定這樣的判斷究竟會對海外的「中國學」研究產生多大的改變，但是它對中國學術界本身的啟示和作用卻早已經一目了然。

我高度評價中國學界「回歸中國」的努力與亞洲──中國「作為方法」的啟示意義。但是，與此同時，我也想提醒大家注意一個重要的現實，所謂的「作為方法」如果不經過嚴格的勘定和區分，其實並不容易明瞭其中的含義，而無論是「亞洲」還是「中國」，作為一個區域的指稱原本也有不少的遊

〔註4〕　（日）溝口雄三：《作為方法的中國》，12頁，孫軍悅譯，三聯書店，2011年。
〔註5〕　（日）溝口雄三：《作為方法的中國》，130、131頁，孫軍悅譯，三聯書店，2011年。

移性與隨意性。比如竹內好將「亞洲」簡化為「中國」，將「東洋」轉稱為「中國」，臺灣學人陳光興也在這樣的「亞洲」論述中加入了印度與臺灣地區，這都與論述人自己的關注、興趣和理解相互聯繫，換句話說，僅僅有「作為方法」的「亞洲」概念與「中國」概念遠遠不夠，甚至，有了竹內與溝口的充滿智慧的「以中國為方法」的種種判斷也還不夠，因為這究竟還是「中國之外」的「他者」從他們自己的需要出發提出的觀察，這裡的「中國」不過是「日本內部的中國」，而非「中國人的中國」，正如溝口雄三對竹內好評述的那樣：「這種憧憬的對象並不是客觀的中國，而是在自身內部主觀成像的『我們內部的中國』。」〔註6〕那麼，溝口雄三本人的「中國方法」又如何呢？另一位深受竹內好影響的日本學者子安宣邦認為，溝口雄三「以中國為方法，以世界為目的」的「超越中國的中國學」與日本戰前「沒有中國的中國學」依然具有親近性，難以真正展示自己的「作為方法」的中國視點。〔註7〕所以葛兆光就提醒我們，對於這樣「超越中國的中國學」，我們也不能直接平移到中國自己的中國學之中，一切都應當三思而行。〔註8〕

問題是，中國學界在尋找「中國獨特性」的時候格外需要那麼一些支撐性的論述與證據，而來自域外的論述與證據就更顯珍貴了。在這個時候，域外學說的「方法」本身也就無暇追問和反思了。例如竹內好與溝口雄三都將近現代中國的獨特性描述為社會革命：「中國的近代化走的是自下而上的反帝反封建社會革命、即人民共和主義的道路。」〔註9〕在他們看來，太平天國至社會主義中國的「革命史」呈現的就是中國自力更生的道路。這的確道出了現代中國的重要事實，因而得到許多中國現代文學研究者的認同，當然，一些中國學者對現代中國革命的重新認同還深刻地聯繫著西方後現代主義對西方文化的自我批判，聯繫著西方馬克思主義及其它左派對資本主義的嚴厲批判，在這裡，「西洋」的自我批判和「東洋」的自我尋找共同加強了中國學者對「中國現代史＝革命史」的認識，如下話語所表述的學術理念以及這一理念的形成過程無疑具有某種典型意義：

〔註6〕 （日）溝口雄三：《作為方法的中國》，6頁，孫軍悅譯，三聯書店，2011年。
〔註7〕 參看張崑將：〈關於東亞的思考「方法」：以竹內好、溝口雄三、子安宣邦為中心〉，《臺灣東亞文明研究學刊》第1卷第2期，2004年。
〔註8〕 葛兆光：〈重評九十年代日本中國學的新觀念——讀溝口雄三《方法としての中國》〉，《二十一世紀》12月號，2002年。
〔註9〕 （日）溝口雄三：《作為方法的中國》，11頁，孫軍悅譯，三聯書店，2011年。

　　從 1993 年起，我逐步地對以往的研究做了兩點調整：第一是將自己的歷史研究放置在「反思現代性」的理論框架中進行綜合的分析和思考；第二是力圖將社會史的視野與思想史研究結合起來。在中國 1980 年代的文化運動和 1990 年代的思想潮流之中，對於近代革命和社會主義歷史的批判和拒絕經常被放置在對資本主義的全面的肯定之上；我試圖將近代革命和社會主義歷史的悲劇放置在對現代性的批判性反思的視野中，動機之一是為了將這一過程與當代的現實進程一道納入批判性反思的範圍。……而溝口雄三教授對日本中國研究的批判性的看法和對明清思想的解釋都給我以啟發。也是在上述閱讀、交往和研究的過程中，我逐漸地形成了自己的一個研究視野，即將思想的內在視野與歷史社會學的方法有機地結合起來。〔註10〕

東洋與西洋的有機結合，鼓勵我們對現代性的西方傳統展開質疑和批判，同時對我們自身的現代價值加以發掘和肯定，在中國現代文學研究領域中，這些「我們的現代價值」常常也指向革命文學、左翼文學、延安文學與新中國建立至新時期以前的文學，有學者將之概括為新左派的現代文學史觀。姑且不論「新左派」之說是否準確，但是其描述出來的學術事實卻是有目共睹的：「以現代性反思的名義將左翼文學納入現代性範疇，並稱之為『反現代的現代主義文學』、『反現代的現代先鋒派文學』，高度肯定其歷史合理性，並認為改革前的毛澤東時代可以定位為『反現代的現代性』，其合法性來自於對西方資本主義現代性的批判。」〔註11〕為了肯定這些中國現代文化追求的合理性，人們有意忽略其中的種種失誤，包括眾所周知的極左政治對現代文學發展的傷害和扭曲，甚至「文革」的思維也一再被美化。

　　理性而論，前述的「反思現代性」論述顯然問題重重：「那種忽略了具體歷史語境中強大的以封建專制主義文化意識為主體的特殊性，忽略了那時文學作品巨大的政治社會屬性與人文精神被顛覆、現代化追求被阻斷的歷史內涵，而只把文本當作一個脫離了社會時空的、僅僅只有自然意義的單細胞來

〔註10〕汪暉、張曦：〈在歷史中思考──汪暉教授訪談〉，《學術月刊》第 7 期，2005年。

〔註11〕鄭潤良：〈「反現代的現代性」：新左派文學史觀萌發的語境及其問題〉，《福建論壇》第 4 期，2010 年。

進行所謂審美解剖。這顯然不是歷史主義的客觀審美態度。」〔註12〕

　　值得注意的現實是，為了急於標示中國也可以有自己的「現代性」，我們學界急切尋找著能夠支持自己的他人的結論和觀點，至於對方究竟把什麼「作為方法」倒不是特別重要了。

　　「悖論」是中國學者對竹內好等學者處境與思維的理解，有意思的是，當我們不再追問「作為方法」的緣由和形式之時，自己也可能最終陷入某種「悖論」。比如，在肯定我們自己的現代價值之際，誕生了一個影響甚大的觀點：反現代的現代性。中國革命史被稱作是「反現代的現代性」，中國的左翼文學史也被描述為「反現代性的現代性」，姑且不問這種表述來源於西方現代性話語的繁複關係，使用者至少沒有推敲：「反」的思維其實還是以西方現代性為「正方」的，也就是說，是以它的「現代」為基本內容來決定我們「反」的目標和形式，這是真正的多元世界觀呢？還是繼續延續了我們所熟悉的「二元對立」的格局呢？這樣一種正／反模式與他們所要克服的思維中國／西方的二元模式如出一轍：把世界認定為某兩種力量對立鬥爭的結果，肯定不是對真正的多元文化的認可，依舊屬於對歷史事實的簡化式的理解。

二

　　「中國作為方法」不是學術研究大功告成之際的自得的總結，甚至也還不是理所當然的研究的開始，更準確地說，它可能還是學術思想調整的準備活動。在這個意義上，真正的「中國」問題在哪裏，「中國」視角是什麼，「中國」的方法有哪些，都亟待中國自己的學人在自己的歷史文化語境中開展新的探討。對於中國現代文學研究而言，我覺得，與其追隨「他者」的眼界，取法籠統的「中國」，還不如真正返回歷史的現場加以勘察，進入「民國」的視野。「作為方法的中國」是來自他者的啟示，它提醒我們尋找學術主體性的必要，「作為方法的民國」，則是我們重拾自我體驗的開始，是我們自我認識、自我表達的真正的需要。

　　海外中國學研究，在進入「作為方法的中國」之後，無疑產生了不少啟發性的成果，即便如此，其結論也有別於自「民國」歷史走來的中國人，只有我們自己的「民國」感受能夠校正他者的異見，完成自我的表述。包括竹

〔註12〕董健、丁帆、王彬彬：〈我們應該怎樣重寫當代文學史〉，《江蘇行政學院學報》第 1 期，2003 年。

內好與溝口雄三這樣的智慧之論也是如此。對此，溝口雄三自己就有過真誠的反思，他說包括竹內好在內他們對中國的觀察都充滿了憧憬式的誤讀，包括對「文革」的禮贊等等。〔註13〕因為研究「所使用的基本範疇完全來自中國思想內部」，而且「對思想的研究不是純粹的觀念史的研究，而是考慮整個中國社會歷史」，溝口雄三的中國研究曾經為中國學者所認同，〔註14〕例如他借助中國思想傳統的內部資源解釋孫中山開始的現代革命，的確就令人耳目一新，跳出了西方現代性東移的固有解說：

> 實際上大同思想不僅影響了孫文，而且還構成了中國共和思想的核心。

> 就民權來看，中國的這種大同式近代的特徵也體現在民權所主張的與其說是個人權利，不如說國民、人民的全體權利這一點上。

> 大同式的近代不是通過「個」而是通過「共」把民生和民權聯結在一起，構成一個同心圓，所以從一開始便是中國獨特的、帶有社會主義性質的近代。〔註15〕

雖然這道出了中國現代歷史的重要事實，但卻只是一部分事實，很明顯，「民國」的共和與憲政理想本身是一個豐富而複雜的思想系統，而且還可以說是一個動態的有許多政治家、思想家和知識分子共同參與共同推進的系統。例如在五四新文化運動前夕，出於對民初政治的失望，《甲寅》的知識分子群體就展開了「國權」與「民權」的討論辨析，並且關注「民權」也從「公權」轉向「私權」，至《新青年》更是大張個人自由，個人情感與欲望，這才有了五四新文學運動，有了郁達夫的切身感受：「五四運動的最大成功，第一要算『個人』的發現。從前的人是為君而存在，為道而存在，為父母而存在的，現在的人才曉得為自我而存在了。」〔註16〕不僅是五四新文學思潮，後來的自由主義者也一直以「個人權利」、「個人自由」與左右兩種政治主張相抗衡，雖然這些「個人」與「自由」的內涵嚴格說來與西方文化有所區別，但也不

〔註13〕 （日）溝口雄三：《作為方法的中國》，12 頁，孫軍悅譯，三聯書店，2011 年。
〔註14〕 （日）溝口雄三、汪暉：〈沒有中國的中國學〉，《讀書》第 4 期，1994 年。
〔註15〕 （日）溝口雄三：《作為方法的中國》，12、16、18 頁，孫軍悅譯，三聯書店，2011 年。
〔註16〕 郁達夫：《〈中國新文學大系·散文二集〉導言》，上海良友圖書印刷公司，1935年。

是「大同」理想與「社會主義性質」能夠涵蓋的，它們的發展在不同的歷史時期各有限制，但依然一路坎坷向前，並在 20 世紀 80 年代的海峽兩岸各有成效，成為現代中國文化建設所不能忽略的一種重要元素，不回到民國重新梳理、重新談論，我們歷史的獨特性如何能夠呈現呢？

治中國社會歷史研究多年的秦暉曾經提出了一個耐人尋味的觀點：當前中國學術一方面在反對西方的所謂「文化殖民」，另外一方面卻又常常陷入到外來的「問題」圈套之中，形成有趣的「問題殖民」現象。〔註 17〕我理解，這裡的「問題殖民」就是脫離開我們自己的歷史文化環境，將他者研討中國提出來的問題（包括某些讚賞中國「特殊價值」的問題）當作我們自己的問題，從而在竭力掙脫西方話語的過程中再一次落入到他者思維的窠臼。如何才能打破這種反反覆復、層層疊疊的他者的圈套呢？我以為唯一的出路便是敢於拋開一些令人眼花繚亂的解釋框架，面對我們自己的歷史處境，感受我們自己的問題，對中國現代文學的研究而言，就是要在「民國」的社會歷史框架中醞釀和提煉我們的學術感覺，這當然不是說從此固步自封，拒絕外來的思想和方法，而是說所有的思想和方法都必須在民國歷史的事實中接受檢驗，只有最豐富地對應於民國歷史事實的理論和方法才足以成為我們研究的路徑，才能最後為我所用。在中國現代文學研究領域，並沒有異域學者所總結完成的「中國方法」，而只有在民國「作為方法」取得成傚之後的具體的認知，也就是說，是「作為方法的民國」真正保證了「作為方法的中國」。下述幾個中國現代文學研究中影響較大、也爭論較大的理論框架，莫不如此。

例如，在描述中國歷史從封建帝國轉入現代國家的時候，人們常常使用「民族國家」這一概念，中國現代文學也因此被視作「現代民族國家文學」，不斷放大「民族國家」主題之於中國現代文學的意義：「在抗戰文學中，由於抗日民族統一戰線的建立，民族國家成為了一個集中表達的核心的、甚至唯一的主題。」〔註 18〕甚至稱：「『五四』以來被稱之為『現代文學』的東西其實是一種民族國家文學。」〔註 19〕這顯然都不符合中國現代文學在「民國」

〔註 17〕http://www.360doc.com/content/10/0626/01/875791_35273755.shtml

〔註 18〕曠新年：〈民族國家想像與中國現代文學〉，《文學評論》第 1 期，2003 年。

〔註 19〕劉禾：《文本、批評與民族國家文學——〈生死場〉的啟示》，1 頁，北京大學出版社，2007 年。對中國現代文學研究中民族國家理論的檢討，已有學者提出過重要的論述，如張中良《中國現代文學的「民族國家」問題》，臺灣花木蘭文化出版社，2012 年。

的歷史事實，不必說五四新文學運動恰恰質疑了無條件的「國家認同」，民國時期文學前十年「國家主題」並不占主導地位，出現了所謂「民族國家意識的延宕與缺席」現象，[註20]第二個十年間的「民族主義」觀念也一再受到左翼文學陣營的抨擊，就是抗日戰爭時期的文學，也不像過去文學史所描繪的那麼主題單一，相反，多主題的出現，文學在豐富中走向成熟才是基本的事實。不充分重視「民國」的豐富意義就會用外來概念直接「認定」歷史的性質，從而形成對我們自身歷史的誤讀。

文學的「民國」不僅含義豐富，也不適合於被稱作是「想像的共同體」。近年來，美國著名學者本尼狄克特・安德森關於民族國家的概括——「想像的共同體」廣獲運用，借助於這一思路，我們描繪出了這樣一個國家認同的圖景：中國知識分子從晚清開始，利用報紙、雜誌、小說等媒體空間展開政治的文化的批判，通過這一空間，中國人展開了對「民族國家」的建構，使國民獲得了最初的民族國家認同。誠然，這道出了「帝國」式微，「民國」塑形過程之中，民眾與國家觀念形成的某些狀況，但卻既不是中華民族歷史演變的真相，[註21]也不是現實意義的民國的主要的實情，當然更不是「文學民國」的重要事實。現實意義的民國，在一個相當長的時間裏，依然處於殘留的「帝國」意識與新生的「民國」意識的矛盾鬥爭之中，專制集權與民主自由此漲彼消，黨國觀念與公民社會相互博弈，也就是說，「國家與民族」經常成為統治者鞏固自身權利的重要的意識形態選擇，與知識分子所要展開的公眾想像既相關又矛盾。在現實世界上，我們的國家民族觀念常常來自於政治強權的強勢推行，這也造成了

〔註20〕李道新在剖析民國電影文化時指出：「南京國民政府成立以前，亦即從電影傳入中國至1927年之間，中國電影傳播主要訴諸道德與風化，基本無關民族與國家。民族國家意識的延宕與缺席，與落後保守的價值導向及混亂無序的官方介入結合在一起，使這一時期的中國電影幾乎處在一種特殊的無政府狀態，並導致中國電影從一開始就陷入目標／效果的錯位與傳者／受眾的分裂之境。」（李道新：〈民族國家意識的延宕與缺席：南京國民政府成立前中國電影的傳播制度及其空間拓展〉，《上海大學學報》第3期，2011年。）這樣的觀察其實同樣可以啟發我們的文學研究。

〔註21〕關於中華民族及統一國家的形成如何超越「想像」，進入「實踐」等情形，近來已有多位學者加以論證，如楊義、邵寧寧：〈描繪中國文學地圖——楊義訪談錄〉《甘肅社會科學》第5期，2004年）、郝慶軍：〈反思兩個熱門話題：「公共領域」與「想像的共同體」〉《中國現代文學研究叢刊》第5期，2005年）、吳曉東：〈「想像的共同體」理論與中國理論創新問題〉《學術月刊》第2期，2007年）等。

知識分子國家民族認同的諸多矛盾與尷尬，他們不時陷落於個人理想與政治強權的對立之中，既不能接受強權的思想干預，又無法完全另立門戶，總之，「想像」並不足以獨立自主，「共同體」的形成步履艱難，「文學的民國」對此表述生動。這裡既有胡適「只指望快快亡國」的情緒性決絕，〔註22〕有魯迅對於民族國家自我壓迫的理性認識：「用筆和舌，將淪為異族的奴隸之苦告訴大家，自然是不錯的，但要十分小心，不可使大家得著這樣的結論：『那麼，到底還不如我們似的做自己人的奴隸好。』」〔註23〕也有聞一多輾轉反側，難以抉擇的苦痛：「我來了，我喊一聲，迸著血淚， ／『這不是我的中華，不對，不對！』」「我來了，不知道是一場空喜。 ／我會見的是噩夢，那裡是你？ ／那是恐怖，是噩夢掛著懸崖， ／那不是你，那不是我的心愛！」〔註24〕

　　總之，進入文學的民國，概念的迷信就土崩瓦解了。

　　也有學者試圖對外來概念進行改造式的使用，這顯然有別於那種不加選擇的盲目，不過，作為「民國」實際的深入的檢驗工作也並沒有完成，例如近年來同樣在現代文學研究界流行的「公共空間」（「公共領域」）理論。在西歐歷史的近現代發展中，先後出現了貴族文藝沙龍、咖啡館、俱樂部一類公共聚落，然後推延至整個社會，最終形成了不隸屬於國家官僚機構的民間的新型公共社區，這對理解西方近代社會歷史與精神生產環境都是重要的視角。不過，真正「公共空間」的形成必須有賴於比較堅實的市民社會的基礎，尚未形成真正的市民社會的民國，當然也就沒有真正的公共空間。〔註25〕可能正是考慮到了民國歷史的特殊性，李歐梵先生試圖對這一概念加以改造，他以「批判空間」替換之，試圖說明中國近現代知識分子也正在形成自己的「公共性」的輿論環境，他以《申報·自由談》為例，說明：「這個半公開的園地更屬開創的新空間，它

〔註22〕胡適〈你莫忘記〉有云：「你莫忘記： ／你老子臨死時只指望快快亡國： ／亡給『哥薩克』， ／亡給『普魯士』 ／都可以」。

〔註23〕魯迅：《且介亭雜文末編·半夏小集》，《魯迅全集》6 卷，617 頁，人民文學出版社，2005 年。

〔註24〕聞一多詩歌：〈發現〉。

〔註25〕對此，哈貝馬斯具有清醒的認識，他認為，不能把「公共領域」這個概念與歐洲中世紀市民社會的特殊性隔離開，也不能隨意將其運用到其它具有相似形態的歷史語境中。（參見哈貝馬斯：《公共領域的結構轉型》初版序言，曹衛東譯，學林出版社，1999 年。）中國學者關於「公共領域」理論在中國運用的反思可以參見張鴻聲：〈中國的「公共領域」及其它——兼論現代城市文學研究的本土化〉，《首都師範大學學報》第 6 期，2006 年。

至少爲社會提供了一塊可以用滑稽的形式發表言論的地方。」魯迅爲《自由談》
欄目所撰文稿也成爲李歐梵先生考辨的對象，並有精彩的分析，然而，論者突
然話鋒一轉：「因爲當年的上海文壇上個人恩怨太多，而魯迅花在這方面的筆墨
也太重，罵人有時也太過刻薄。問題是：罵完國民黨文人之後，是否能在其壓
制下爭取到多一點言論的空間？就《僞自由書》中的文章而言，我覺得魯迅在
這方面反而沒有太大的貢獻。如果從負面的角度而論，這些雜文顯得有些『小
氣』。我從文中所見到的魯迅形象是一個心眼狹窄的老文人，他拿了一把剪刀，
在報紙上找尋『作論』的材料，然後『以小窺大』，把拼湊以後的材料作爲他立
論的根據。事實上他並不珍惜──也不注意──報紙本身的社會文化功用和價
值，而且對於言論自由這個問題，他認爲根本不存在。」「《僞自由書》中沒有
仔細論到自由的問題，對於國民黨政府的對日本妥協政策雖諸多非議，但又和
新聞報導的失實連在一起。也許，他覺得眞實也是道德上的眞理，但是他從報
屁股看到的眞實，是否能夠足以負荷道德眞理的眞相？」〔註 26〕其實，魯迅對
「自由」的一些理論和他是否參與了現代中國「批判空間」的言論自由的開拓
完全是兩碼事。實際的情況是，在民國時代的專制統治下，任何自由空間的開
拓都不可能完全是「輿論」本身的功效，輿論的背後，是民國政治的高壓力量，
魯迅的敏感，魯迅的多疑，魯迅雜文的曲筆和隱晦，乃至與現實人事的種種糾
纏，莫不與對這高壓環境的見縫插針般的戳擊有關。當生存的不自由已經轉化
成爲「日常生活」的一部分（所謂「報屁股看到的眞實」），成爲各色人等的「無
意識」，點滴行爲的反抗可能比長篇大論的自由討論更具有「自由」的意味。這
就是現代中國的基本現實，這就是民國輿論環境與文學空間所具有的歷史特
徵。對比晚清和北洋軍閥時代，李歐梵先生認爲，1930 年代雖然「在物質上較
晚清民初發達，都市中的中產階級讀者可能也更多，咖啡館、戲院等公共場所
也都具備」，但公共空間的言論自由卻反而更小了。原因何在呢？他認爲在於像
魯迅這樣的左翼「把語言不作爲『中介』性的媒體而作爲政治宣傳或個人攻擊
的武器和工具，逐漸導致政治上的偏激文化（radicalization），而偏激之後也只
有革命一途」。〔註 27〕這裡涉及對左翼文化的反思，自有其準確深刻之處，但是，

〔註 26〕李歐梵：〈「批評空間」的開創──從《申報》「自由談」談起〉，見《現代性
的追求》，19、20 頁，三聯書店，2000 年。
〔註 27〕李歐梵：〈「批評空間」的開創──從《申報》「自由談」談起〉，見《現代性
的追求》，21 頁，三聯書店，2000 年。

就像現代中國社會的諸多「公共」從來都不是完全的民間力量所打造一樣，言論空間的存廢也與政府的強力介入直接關聯，左翼文化的鋒芒所指首先是專制政府，而對政府專制的攻擊，本身不也是一種擴大言論自由的有效方式？

作為方法的民國，意味著持續不斷地返回中國歷史的過程，意味著對我們自身問題和思維方式的永遠的反省和批判，只有這樣，我們的中國現代文學研究才是真正屬於自己的。

三

「民國作為方法」既然是在自覺尋找中國現代文學研究「自己的方法」的意義上提出來的，那麼，它究竟如何才能成為一種與眾不同的「方法」呢？或者說，它對中國現代文學研究具體有哪些著力點與可能開拓之處呢？我認為至少有這樣幾個方面的工作可以開展：

首先是為「中國」的學術研究設立具體的「時間軸」。也就是說，所謂學術研究的「中國問題」不應該是籠統的，它必須置放在具體的時間維度中加以追問，是「民國」時期的中國問題還是「人民共和國」時期的中國問題？當然，我們曾經試圖以「現代化」、「現代性」這樣的概念來統一描述，但事實是，兩個不同的歷史階段有著相當多的差異性，特別是作為精神現象的文學，在生產方式、傳播接受方式及作家的生存環境、寫作環境、文學制度等等方面都更適合分段討論。新時期文學曾經被類比為五四新文學，這雖然一度喚起了人們的「新啟蒙」的熱情，但是新時期究竟不是「五四」，新時期的中國知識分子也不是「五四」一代的陳獨秀、胡適與周氏兄弟，到後來，人們質疑 1980 年代，質疑「新啟蒙」，連帶五四新文化運動一起質疑，問題是經過一系列風起雲湧的體制變革和社會演變，「五四」怎麼能夠為新時期背書？就像民國不可能與人民共和國相提並論一樣；也有將「文革」追溯到「五四」的，這同樣是完全混淆了兩個根本不同的歷史文化情境。在我看來，今天的中國現當代文學研究，尚需要在已有的「新文學一體化」格局中（包括影響巨大的「20 世紀中國文學」）重新區隔，讓所謂的「現代」和「當代」各自歸位，回到自己的歷史情境中去，這不是要否認它們的歷史聯繫，而是要重新釐清究竟什麼才是它們真正的歷史聯繫。研究中國現代文學，就必須首先回到民國歷史，將中國現代文學作為民國時期的精神現象。晚清盡頭是民國，民國盡頭是人民共和國，各自的歷史場景講述著不同的文學故事。

其次是「中國」的學術研究也必須落實到具體的「空間場景」。「空間和時間是一切實在與之相關聯的架構。我們只有在空間和時間的條件下才能設想任何眞實的事物。」〔註28〕民國及其複雜的空間分佈恰恰爲我們重新認識中國問題的複雜性提供了基礎。在過去一個相當長的時期內，我們習慣將中國的問題置放在種種巨大的背景之上，諸如「文藝復興」、「啓蒙與救亡」、「中外文化衝撞與融合」、「中國傳統文化」、「現代化」、「走向世界文學」、「全球化」、「現代民族國家進程」等等，這固然確有其事，但來自同樣背景的衝擊，卻在不同的區域產生了並不相同的效果，甚至有些區域性的文學現象未必就與這些宏大主題相關。詩人何其芳在四川萬縣的偏遠山區成長，直到1930年代「還不知道五四運動，還不知道新文化，新文學，連白話文也還被視爲異端」。〔註29〕這對我們文學史上的五四敘述無疑是一大挑戰：中國的現代文化進程是不是同一個知識系統的不斷演繹？另外一個例證也可謂典型：我們一般都把白話新文學的產生歸結到外來文化深深的衝擊，歸結到一批留美留日學生的新式教育與人生體驗，所以「走異路，逃異地」的魯迅於1918年完成了〈狂人日記〉，留下了中國現代文學史上第一篇白話小說，但跳出這樣的中／西大敘事，我們卻可以發現，遠在內部腹地的成都作家李劼人早在尙未跨出國門的1915年就完成了多篇新式白話小說，這裡的文化資源又是什麼？

中國的學術問題並不產生自抽象籠統的大中國，它本身就來自各個具體的生活場景，具體的生存地域。有學者對民國文學研究不無疑慮，因爲民國不同於「一體化」的人民共和國，各個不同的政治派別、各個不同的區域差異比較明顯，更不要說如抗戰時期的巨大的政權分割（國統區、解放區及淪陷區）了，這樣一個「破碎的國家」能否方便於我們的研究呢？在我看來，破碎正是民國的特點，是這一歷史時期生存其間的中國人（包括中國知識分子）的體驗空間，只要我們不預設一些先驗的結論，那麼針對不同地域、不同生存環境的文學敘述加以考察，恰恰可以豐富我們的歷史認識。一個生存共同體，它的魅力並不是它對外來衝擊的傳播速度，而是內部範式的多樣性和豐富性，這就是我們所謂的「地方性知識」。民國時期的「山河破碎」，正好爲各種地方性知識的生長創造了條件，如果能夠充分尊重和發掘這些地方性知識視野中的精神活動與文學創造，那麼中國的現代文學研究也將再添不少新的話題、新的意趣。

〔註28〕（德）恩斯特·卡西爾：《人論》，73頁，甘陽譯，西苑出版社，2003年。
〔註29〕方敬、何頻伽：《何其芳散記》，22頁，四川教育出版社，1990年。

　　「破碎」的民國給我們的進一步的啓發可能還在於：區域的破碎同時也表現爲個人體驗的分離與精神趣味的多樣化。當代中國的大眾文化曾經出現了所謂的「民國熱」，在我看來，這種以時尙爲誘導、以大眾消費爲旨歸，充滿誇張和想像的「熱」需要我們深加警惕，絕不能與嚴肅的歷史探詢相混淆。其中唯一值得肯定的便是某種不滿於頹靡現狀，試圖在過去發掘精神資源的願望。今天的人們也或多或少地感佩於民國時代知識分子精神狀態的多樣性，如魯迅、陳獨秀、胡適一代新文化創造者般的不完全受縛於某種體制的壓力或公眾的流俗的精神風貌。〔註30〕的確，中國現代作家精神風貌的多姿多彩與文學作品意義的多樣化迄今堪稱典範，還包括新／舊、雅／俗文學的多元並存。對應於這樣的文學形態，我們也需要調整我們固有的思維模式，未來，如果可能完成一部新的文學發展史的話，其內容、關注點和敘述方式都可能與當今的文學史大爲不同。

　　第三，「作爲方法的民國」的研究並不同於過去一般的歷史文化與文學關係的研究，有著自己獨立的歷史觀與文學觀。中國現代文學研究不乏從歷史背景入手的學術傳統，包括傳統文學批評中所謂的「知人論世」，包括中國式馬克思主義的社會歷史批評，也包括新時期以後的文化視角的文學研究。應該說，這三種批評都是有前提的，也就是說，都有比較明確、清晰的對歷史性質的認定，而文學現象在某種意義上都必須經過這一歷史認識的篩選。「知人論世」往往轉化爲某種形式的道德批評，倫理道德觀是它篩選歷史現象的工具；中國式馬克思主義的社會歷史批評在新中國建立後相當長的時間中表現爲馬克思主義普遍原理的運用，有時難免以論帶史的弊端；文化視角的文學研究曾經爲我們的研究打開了許多扇門與窗，但是這樣的文化研究常常是用文學現象來證明「文化」的特點，有時候是「犧牲」了文學的獨特性來遷就文化的整體屬性，有時候是忽略了作家的主觀複雜性來遷就社會文化的歷史客觀性——總之，在這個時候，作爲歷史現象的文學本身往往並不是我們呈現的對象，我們的工作不過是借助文學說明其它「文化」理念，如通過不同地域的文學創作證明中國區域文化的特點，從現代作家的宗教情趣中展示各大宗教文化在中國的傳播，利用文學作品的政治傾向挖掘現代政治文化在文學中的深刻印記等等。

〔註30〕丁帆先生另有「民國文學風範」一說可以參考，他說：「我所指的『民國文學風範』就是五四新文學傳統，特指五四前後包括俗文學在內的『人的文學』內涵。」見丁帆：〈「民國文學風範」的再思考〉，《文藝爭鳴》第 7 期，2011 年。

　　「作爲方法的民國」就是要尊重民國歷史現象自身的完整性、豐富性、複雜性，提倡文學研究的歷史化態度。既往的中國現代文學研究充斥了一系列的預設性判斷，從最早的「中國新文學是反帝反封建的文學」、「五四新文學運動實施了對舊文學摧枯拉朽般的打擊」、「中國現代文學的發展與歷史的進步方向相一致」，到新時期以後「中國現代文學是走向世界的文學」、「中國現代文學是現代性的文學」、「20 世紀中國文學的總主題是改造民族靈魂，審美風格的核心是悲涼」等等。在特定的時代，這些判斷都實現過它們的學術價值，但是，對歷史細節的進一步追問卻讓我們的研究不能再停留於此，比如回到民國語境，我們就會發現，所謂「封建」一說根本就存在「名實不符」的巨大尷尬，文學批評界對「封建」的界定與歷史學界的「封建」含義大相徑庭，「反封建」在不同階段的眞實意義可能各各不同；已經習用多年的「進步作家」、「進步文學」究竟指的是什麼，越來越不清楚，在包括抗戰這樣的時期，左右作家是否涇渭分明？所謂「右翼文學」包括接近國民黨的知識分子的寫作是不是一切都以左翼爲敵，它有沒有自己獨立的文學理想？國民黨專制文化是否鐵板一塊，其內部（例如對文學的控制與管理）有無矛盾與裂痕？共產黨的革命文學是否就是爲反對國民黨和「舊社會」而存在，它和國民黨的文學觀念有無某些聯通之處？被新文學「橫掃」之後的舊派文學是不是一蹶不振，漸趨消歇？因爲，事實恰恰相反，它們在民國時代獲得了長足的發展，並演化出更爲豐富的形態，這是不是都告訴我們，我們先前設定的文學格局與文學道路都充滿了太多的主觀性，不回到民國歷史的語境，心平氣和地重新觀察，文學中國（文學民國）的實際狀況依然混沌。

　　這就是我們主張文學研究「歷史化」，反對觀念「預設」的意義。當然，反對「預設」理念並不等於我們自己不需要任何理論視角，而是強調新的研究應該比以往任何時候都尊重民國社會歷史本身的實際情形，研究必須以充分的歷史材料爲基礎，而不應當讓後來的歷史判斷（特別是極左年代的民國批判概念）先入爲主，同時，時刻保持一種自我反思、自我警醒的姿態。回到民國，我們的研究將繼續在歷史中關注文學，政治、經濟、法律、教育等等議題都應當再次提出，但是與既往的研究相比，新的研究不是對過去的拾遺補缺，不是如先前那樣將文學當作種種社會文化現象的例證，相反，是爲了呈現文學與文化的複雜糾葛，不再執著於概念轉而注重細節的挖掘與展示。例如「經濟」不是一般的政治經濟學原理，而是具體的經濟政策、經濟

模式與影響文學文化活動的經濟行為，如出版業的運作、經濟結算方式；「政治」也不僅僅是整體的政治氛圍概括，而是民國時期具體的政治形態與政治行為，憲政、政黨組織形式，官方的社會控制政策等等；在文學一方面，也不是抽取其中的例證附著於相應的文化現象，而是新的創作細節、文本細節的全新發現。回到文學民國的現場，不僅是重新理解了民國的文化現象，也是深入把握了文學的細節，這是一種「雙向互犁」的研究，而非比附性的論證說明。例如茅盾創作《子夜》，就絕非一個簡單的「中國道路」的文學說明，它是1930年代中國經濟危機、社會思想衝突與茅盾個人的複雜情懷的綜合結果。解析《子夜》決不能單憑小說中的理性表述與茅盾後來的自我說明，也不能套用新民主主義論的現成歷史判斷，而必須回到「民國歷史情境」。在這裡，國家的基本經濟狀況究竟如何，世界經濟危機與民國政府的應對措施，各種經濟形態（外資經濟、民營經濟、買辦經濟等）的真實運行情況是什麼，社會階層的生存狀況與關係究竟怎樣，中國現實與知識界思想討論的關係是什麼，文學家茅盾與思想界、政治界的交往，茅盾的深層心理有哪些，他的創作經歷了怎樣的複雜過程，接受了什麼外來信息和干預，而這些干預又在多大程度上改變了茅盾，茅盾是否完全接受這些干預，或者說在哪一個層次上接受了、又在哪一個層次上抵制了轉化了，作家的意識與無意識在文本中構成怎樣的關係等等，這樣的「矛盾綜合體」才是《子夜》，「回到民國歷史」才能完整呈現《子夜》的複雜意義。

民國作為方法，當然不會拒絕外來的其它文學理論與批評視角，但是，正如前文所說，這些新的理論與批評不能理所當然就進入中國現代文學研究之中，它必須能夠與文學中國——民國時期的文學狀況相適應，並不斷接受研究者的質疑和調整。例如，就我們闡述的歷史與文學互通、互證的方法而言，似乎與歐美的近半個世紀以來的「文化研究」頗多相近，因此不妨從中有所借鑒，但是，在另外一方面，我們必須認識到，歐美的「文化研究」的具體問題——如階級研究、亞文化研究、種族研究、性別研究、大眾傳媒研究等——都來自與中國不同的環境，自然不能簡單移用。對於我們而言，更重要的可能就是一種態度的啟示：打破了文學與各種社會文化之間的間隔，在社會文化關係版圖中把握文學的意義，文學的審美個性與其中的「文化意義」交相輝映。

作為方法的民國，昭示的是中國現代文學研究「學術自主」的新可能，

它不是漂亮的口號，而是迫切的學術願望，不是招搖的旗幟，而是治學的態度，不是排斥性的宣示，而是自我反思的眞誠邀請，一句話，還期待更多的研究者投入其中，以自己尊重歷史的精神。

目
次

留學生的歸國體驗與新文化運動

一

　　「五四」新文化運動的發生、發展，都與歸國留學生有十分密切的關係。完全可以說，是眾多的歸國留學生掀起和堅持了新文化運動。沒有清末開始的留學運動，就沒有「五四」新文化運動。1940 年 3 月 5 日，蔡元培在香港逝世，在四川江津的陳獨秀聞訊寫了《蔡孑民先生逝世後感言》，在簡略地介紹和稱頌了蔡元培的業績後，說：「五四運動，是中國現代社會發展之必然的產物，無論是功是罪，都不應該專歸到那幾個人；可是蔡先生、適之和我，乃是當時在思想言論上負主要責任的人。」〔註 1〕陳獨秀認爲蔡元培、胡適和他自己，在當時扮演了「意見領袖」的角色，也就是運動的領導者，而這三人，都有海外留學的經歷。

　　蔡元培於 1912 年 9 月至 1913 年 6 月留學德國，又於 1913 年 9 月至 1916 年 11 月遊學法國。沒有在歐洲學習、考察、研究的經歷，就不可能有後來主張思想自由、兼容並包和主張「以美育代宗教」的蔡元培，也不可能有爲新文化運動「保駕護航」的蔡元培，不可能有作爲新文化運動的支持者和辯護者的蔡元培。

　　陳獨秀於 1901 年至 1915 年的十幾年間，五度東渡日本。第一次是 1901 年 10 月至 1902 年 3 月，在東京專門學校（早稻田大學前身）學習；第二次是 1902 年 9 月至 1903 年 3 月，在成城學校陸軍科學習，這一次，是被日本政府強行遣送而回國的；第三次是 1906 年夏，與蘇曼殊在日本短期逗留，其

〔註 1〕陳獨秀：《蔡孑民先生逝世後感言——作於四川江津》，載 1940 年 3 月 24 日
　　　　《中央日報》。

時陳獨秀、蘇曼殊都在蕪湖皖江中學任教，是利用暑假結伴東遊；第四次是
1906 年春至 1909 年 9 月，在日本正則英語學校學習；第五次是 1914 年 7 月
至 1915 年 6 月，這一次是應章士釗之邀赴日協助其辦《甲寅》雜誌，同時入
「雅典娜法語學校」學習。毫無疑問，數次在日本的經歷，深刻地影響了陳
獨秀的思想。陳獨秀後來在「五四」新文化運動中成為旗手、主帥，與在日
本的留學、遊歷大有關係。

　　至於胡適，其留學美國的經歷與成為新文化運動領袖之間，就更是有著
直接的因果關係了。沒有 1910 年至 1917 年這七年間在美國的理論學習和政
治實踐，就決不可能有後來成為中國的自由主義先鋒的胡適。

　　陳獨秀說蔡元培、胡適和他自己是「五四」運動中「思想言論上負主要
責任的人」。若是僅就運動的發動階段而言，此說當然有道理。但如果把「五
四」運動看成是一個持續的思想啟蒙運動，則思想言論上負主要責任者，就
應該還有另外一些人，例如，周氏兄弟便是誰也否定不了的「五四」新文化
運動的干將、健將。而周氏兄弟之所以能成為新文化運動的干將、健將，也
因為有留學日本的經歷。魯迅於 1902 年至 1909 年，在日本學習、生活了七
年。周作人於 1906 年至 1911 年在日本學習、生活了五六年。1936 年魯迅逝
世後，陳獨秀也寫了《我對於魯迅之認識》一文，其中說，周氏兄弟都是《新
青年》作者，而周作人發表文章更多，但二人「都有他們自己獨立的思想，
不是因為附和《新青年》作者中那一個人而參加的，所以他們的作品在《新
青年》中特別有價值」〔註2〕。這是在強調，周氏兄弟並非是受了《新青年》
的啟發而認同新文化運動，在《新青年》掀起新文化運動之前，「新文化思想」
已經存在於周氏兄弟腦中了。而周氏兄弟新文化思想的形成，無疑與在日本
的生活、學習有密切關係。

　　從留學經歷、體驗的角度談論、研究歸國留學生與新文化運動的關係者，
已頗不乏人。而本文要說的，則是留學生的歸國體驗與新文化運動的關係。

　　所謂歸國體驗，是指留學生結束留學回國後與中國的現實相遇而形成的
感受、認識。「五四」時期的留學生，有留學歐美和留學日本兩類。這兩類人
留學之地不同，歸國體驗自然也會有差別。

　　歐美遠離華土，留學歐美者，鮮有中途回國省親的經歷，通常結束留學
而歸國時，面對的是闊別多年的祖國，例如胡適就七年間不曾回來過，當他

────────────
〔註2〕獨秀：《我對於魯迅之認識》，載《宇宙風》散文十日刊第 52 期。

1917 年歸來時，面對的是七年未見的中國。而日本去中國不遠，留學日本者，中途回國不是難事，也不是稀罕事。魯迅就於 1906 年夏秋間奉母命回國完婚，也就是這一次返日時，帶上了周作人。日本與中國只隔一衣帶水，中途又有回國的經歷，而歐美與中國遠隔重洋，中途又不曾回來過，留學日本的學生與留學歐美的學生，歸國體驗自然會有或細微或較大的差異。但也不宜過分估計這種因素對兩類留學生歸國體驗的影響。仍以周氏兄弟爲例。魯迅雖然中途回國過一次，但時間很短暫，可謂來去匆匆，而周作人旅日五六年間，就一次也沒有回來過。

留學生的留學經歷、體驗，當然影響著、決定著他們介入新文化運動的姿態、方式。但僅僅強調留學經歷、體驗，卻又是不夠的。實際上，是留學的經歷、體驗與結束留學歸國後的經歷、體驗的碰撞，影響和決定了他們介入新文化運動的姿態、方式。那時候的留學生，出國前對中國歷史和現實的認識，當然也會有種種差別。但出國前即對傳統文化有所懷疑和對現實有所不滿，是普遍現象。所謂新文化運動，就是以西方文化爲尺度衡鑒、批判中國傳統文化的運動。而留學生都並非是出國後才接觸西方文化的。這時期的留學生，在出國前就都不同程度地受西方文化影響，就開始不同程度地以西方文化爲尺度衡鑒、批判中國傳統文化了。例如，嚴復翻譯的《天演論》1898年出版木刻本後，幾十年間影響了幾代人。許多人在出國留學前即受赫胥黎影響。魯迅出國前在南京礦路學堂求學時即如饑似渴地閱讀《天演論》：「哦！原來世界上竟還有一個赫胥黎坐在書房裏那麼想，而且想得那麼新鮮？一口氣讀下去，『物競』『天擇』也出來了，蘇格拉第，柏拉圖也出來了，斯多噶也出來了。」雖有老輩指責不該看新書，但他「仍然自己不覺得有什麼『不對』，一有閒空，就照例地吃侉餅，花生米，辣椒，看《天演論》」。〔註3〕

魯迅長胡適十歲。1898 年，十八歲的魯迅在南京耽讀《天演論》時，七八歲的胡適剛進徽州的家塾讀書。1905 年，二十五歲的魯迅在日本留學時，十五歲的胡適在上海澄衷學堂求學，而澄衷的國文教師楊千里便用吳汝綸刪節過的嚴譯《天演論》做教材。胡適後來在《四十自述》裏回憶說：「這是我第一次讀《天演論》，高興的很。他出的作文題目也很特別，有一次的題目是『物競天擇，適者生存，試申其義』。」〔註4〕胡適本來叫胡洪騂，只因接觸

〔註3〕魯迅：《朝花夕拾·瑣記》，《魯迅全集》第二卷，人民文學出版社 1981 年版。
〔註4〕見《胡適文集》第一卷，北京大學出版社 1998 年 11 月版第 70 頁。

了「適者生存」理論，才改名「適之」，這是大家熟知的事。

出國前即不同程度地接觸和接受了新思想，也就不同程度地對中國的傳統文化有所反思，對中國的社會現狀有所不滿。有人對傳統文化的弊病認識更深刻些，有人則認識比較膚淺些；有人對中國現實有嚴重不滿，有人則雖有不滿，但態度比較溫和些。但不管情形如何，出國以前一般說來都沒有明確的改造舊文化、創造新文化的思想。人們往往把《新青年》的出現作為新文化運動開始的標誌。嚴格說來，並不是十分妥當的。陳獨秀 1904 年即在安慶、蕪湖辦《安徽俗話報》，某種意義也就是在從事新文化活動。1915 年，當《青年雜誌》在上海創刊時，陳獨秀投身新文化活動十多年了。魯迅在日本期間，便寫了些批判中國舊文化、介紹和宣揚西方文化的文章，最著名的是寫於 1907 年的《文化偏至論》和《摩羅詩力說》。周氏兄弟在日本期間，還合譯了不少外國小說，出版了譯文《域外小說集》。可以說，周氏兄弟留日期間即開始了新文化活動。至於胡適，出國前在上海的中國公學求學時，便在《競業旬報》等報刊發表了好些文章，其中不少可以說是在批判舊文化、張揚新文化，當然也有文章表達的是些糊塗觀念，日後會令他臉紅。而在留學期間，胡適批判中國舊文化、創造新的中國文化的意識便比較明確了。發表於 1917 年 1 月 1 日《新青年》第二卷第五號的《文學改良芻議》，被稱作中國新文化運動「發難的信號」，而眾所週知，此文正是胡適寄自美國的。

雖然早在以《新青年》為旗幟的新文化運動興起之前，陳獨秀、魯迅、胡適等人實際了已經開始了新文化活動，但把《新青年》的出現視作新文化運動興起的標誌，又並非全無道理。畢竟，此前各人的活動，是零星的，一般說來是並不十分自覺的。《新青年》把眾多有志於批判舊文化、創造新文化的人士團結在自己周圍，形成一種團體的力量，而且每個人都自覺到是在進行一場創造新文化的偉業。而當他們聚集到《新青年》周圍時，往往都帶著歸國的體驗。從國外回到離別多年的中國，對中國歷史和現實的認識自然與留學前有了不同。本來沒有看明白的問題現在看明白了，本來習焉不察的事現在覺得無法忍受了。對於每一個留學生來說，結束留學回國，都意味著對中國歷史和現實的重新認識。他們帶著留學期間的生活體驗，帶著留學期間的知識積纍、理論武裝，重新審視中國的歷史和現實，而審視的結果，當然對他們的新文化觀念產生重大影響。所以，留學生的歸國體驗與新文化運動的關係，是值得注意的問題。

二

蔣夢麟於 1908 年赴美留學，1917 年回國。後來在回憶錄中這樣說到回國時的精神狀態：「在美國時，我喜歡用中國的尺度來衡量美國的東西。現在回國以後，我把辦法剛剛顛倒過來，喜歡用美國的尺度來衡量中國的東西，有時更可能用一種混合的尺度，一種不中不西，亦中亦西的尺度，或者遊移於兩者之間。」〔註5〕歸國留學生衡量中國的尺度，不可能絕對一致，有的所持尺度很單一，有的則比較多樣。但用新的尺度重新衡量中國，則是相同的。

讓我們先以周氏兄弟為例。

魯迅的情形有些特別。在離開家鄉到南京求學時，魯迅就對現實有強烈的不滿了。到南京，「彷彿是想走異路，逃異地，去尋求別樣的人們」〔註6〕。出國前就對「中國」滿懷悲憤，這在那時期的留學生中應該並不多見。1909 年的時候，魯迅在日本已經生活、學習、遊歷七年之久了，但他並沒有歸國之意。魯迅後來說，自己當時「想往德國去」，但「因為我的母親和幾個別的人很希望我有經濟上的幫助，我便回到中國來」〔註7〕。魯迅於 1909 年 8 月間回國，九月間到杭州任浙江兩級師範學堂初級化學和優級生理學教師，翌年七月學期結束時辭去杭州教職，回到紹興，九月間，應紹興府中學堂聘請，任生物學教師兼任監學。1912 年 2 月，魯迅離開紹興到南京臨時政府教育部任職。從回國到離開浙江，是兩年半的時間。這無疑是魯迅重新接觸中國和重新認識中國的時期。這一時期形成的對中國歷史和中國文化的看法，這一時期確立的對中國現實的認識，無疑深刻影響了數年後從《狂人日記》開始的新文化實踐。

魯迅歸國後幾年間的心態，從他與友人的通信中便可知悉。壞心情，是與中國的現實相遇後的結果。1910 年 8 月 15 日，魯迅致好友許壽裳信中說：「今年秋故人分散盡矣，僕無所之，惟杜海生理府校，屬教天物之學，已允其請」，但又說：「他處有可容足者不？僕不願居越中也，留以年杪為度。」〔註8〕這時候，魯迅從杭州回到了紹興，紹興府中學堂監督杜海生請其擔任「天物之學」（即博物學）教職，魯迅雖答應了杜的聘請，但卻想盡快離開越地。其

〔註5〕蔣夢麟：《西潮・新潮》，嶽麓書社 2000 年 9 月版，第 99～100 頁。

〔註6〕魯迅：《吶喊・自序》，見《魯迅全集》第一卷，人民文學出版社 1981 年版。

〔註7〕魯迅：《俄文譯本〈阿 Q 正傳〉序及著者自敘傳略》，見《魯迅全集》第 7 卷，人民文學出版社 1981 年版第 83 頁。

〔註8〕見《魯迅全集》第 11 卷。第 325 頁，人民文學出版社 1981 年版。

原因，當然是回國後的感受非常不好，使得魯迅又一次強烈地渴望「走異路，逃異地，去尋求別樣的人們」。

1911年1月魯迅致許壽裳信中說：「越中亦迷陽遍地，不可以行」，所謂「迷陽」，就是帶刺的草。回到紹興，魯迅感到荊棘遍地，難以安身。又說：「上自士大夫，下至臺隸，居心卑險，不可施救，神赫斯怒，湮以洪水可也。」〔註9〕把話說得如此激憤，說明魯迅與所生活的環境的關係已經極其緊張了，說明魯迅對身邊的種種人、種種事已經憎惡至極了。

1911年3月7日致許壽裳信中，魯迅說到強令周作人回國事：「起孟來書，謂尚欲略習法文，僕擬即速之返，緣法文不能變米肉也，使二年前而作此語，當自擊，然今茲思想轉變實已如是，頗自閔歎也。」起孟即周作人。周作人此時尚在日本，魯迅希望他回國謀職掙錢，但周作人卻想繼續留在日本學習法文，魯迅不答應，堅決要求他回來。信的最後，說：「越中棘地不可居，倘得北行，意當較善乎？」〔註10〕周作人回國，也只能回到越地。強令周作人回到越地，是經濟所迫，而自己卻想早一天離開這「棘地」。

1911年4月12日致許壽裳信中，說：「三四月中，決去此校，擬杜門數日，為協和譯書，至完乃走日本，速啓孟偕返，此事了後，當在夏杪，比秋恐又家食，今年下半年，尚希隨時為僕留意也。」〔註11〕上年八月間，魯迅答應紹興府中學堂的聘請時，就只打算幹到年底，卻拖到了今年春，現在，魯迅又決意近期辭去教職了。這裏的「三四月」，是指農曆，西曆當指四五月間。辭去教職後，閉門譯幾天書，然後到日本敦促周作人回國。因為魯迅雖然馳函要求周作人回來，但周作人仍賴在日本不肯動身，魯迅只得親自赴日將其拽回。魯迅請求許壽裳隨時「留意」，為其在外謀一職位。此時，魯迅去越之意已頗決了。

1911年7月31日，魯迅致許壽裳信中，又一次請求許為其在外謀職：「僕頗欲在它處得一地位，雖遠無害，有機會時，尚希代為圖之。」〔註12〕

回到闊別多年的越地，魯迅並沒有歸鄉遊子對家鄉的親切感，更沒有那種歸宿感，相反，倒是覺得與家鄉格格不入，時刻渴望再一次逃離。1898年

〔註9〕見《魯迅全集》第11卷，第331頁，人民文學出版社1981年版。
〔註10〕見《魯迅全集》第11卷，第334頁，人民文學出版社1981年版。
〔註11〕見《魯迅全集》第11卷，第335頁，人民文學出版社1981年版。
〔註12〕見《魯迅全集》第11卷，第339頁，人民文學出版社1981年版。

5 月，18 歲的魯迅離開家鄉到南京求學，是為了「走異路，逃異地，去尋求別樣的人們」，那時，他就對家鄉人、家鄉事很有惡感了，他就與所生活的環境關係很緊張了。十多年後重返家鄉，仍然是對各種人、各種事的憎惡，仍然是與所生活的環境尖銳對立。不過，如今的惡感與十多年前內涵一定有了不同，如今與環境的對立也不是十多年前的簡單重複。魯迅十幾歲便承擔起支撐門戶的重任，祖父在監獄中，父親在病床上，裏裏外外都要他來應付，因而飽嘗了世態炎涼。然而，少年魯迅，畢竟沒有參與社會事務，畢竟不能說是一個「社會人」，所以與社會的接觸面畢竟有限，瞭解、認識社會的視野畢竟比較狹窄。換言之，離開家鄉前，魯迅不管怎麼說，還只能算一個沒有走出家庭、沒有社會身份的「孩子」。而十多年後重返家鄉，魯迅的身份不同了。這時，他是年屆三十的成年人。在杭州兩級師範學堂時，他的社會身份是教員。在紹興，魯迅先任紹興府中學堂監學。監學又稱學監，相當於後來的教務長。紹興光復後，又曾接受紹興都督王金發的委任，當了浙江山會初級師範學堂監督，相當於後來的校長。當教員，當監學、當監督，擔負的是社會工作，要與各色人等打交道，接觸和觀察社會的面，寬闊多了。同時，認識、理解社會的心智也大為不同了。年長了十多歲，在南京，在日本，讀了許多書，見識了許多事情，對世人、世事的認識、理解，當然比十多年前要深刻得多。這幾年間，魯迅經歷的大事，杭州時期要算「木瓜之役」，而紹興時期，無疑是辛亥革命了。杭州兩級師範學堂的監督本來是沈鈞儒，不久，沈出任浙江省諮議局副議長，學堂監督一職由夏震武接任。夏某乃極其狂愚謬妄之人，一上任便激怒了眾教員，於是大家聯合起來成功地驅除了夏某。浙人稱愚妄之人為木瓜，夏震武便被魯迅們稱作夏木瓜，驅除夏某之舉也就被戲稱為「木瓜之役」。此事魯迅當年的同事許壽裳、楊莘耜、張宗祥等都有回憶，各種關於魯迅的傳記都會寫到此事。至於在紹興迎來辛亥革命，率領學生歡迎王金發進城，更是大家熟知的。

重大的社會性事件，自然可能對人的心靈、精神產生重大影響，但社會性不那麼強的事情，甚至純屬個人性的「小事」，卻未必不能深刻地影響人的心靈、精神。可以說，這幾年間，魯迅經歷的一些看似不大的事，一些沒有強烈的社會性、公共性的事，一些在親友圈中發生的事，也給魯迅以強烈的刺激。魯迅後來的許多雜文、小說的產生，都與這時期所受的刺激有關。例如，因沒有辮子而遇到的麻煩，就令魯迅終身難忘。魯迅到日本後不久便剪

掉了辮子。當結束留學、回國謀生時，沒有辮子卻成了問題。魯迅晚年寫的《病後雜談之餘》，說到了這件事。從日本回國，船到上海，魯迅便買了一條假辮子。那時上海有一個專做假辮子的專家，做得極像，售價也貴，四塊大洋一條，不折不扣。買主都是在國外剪掉了辮子而回國後不得不有辮子的留學生。魯迅買了一條裝在腦後，別人輕易看不出真假。但如果知道你是留學生的人，細看之下，就漏洞百出。裝著假辮子，夏天不能戴帽子，在人堆中要時刻提防被擠歪甚至擠掉。戴著假辮子過了一個多月，魯迅想，如果在路上走著時突然脫落或被人拉脫，不是更難堪麼，便索性不戴了。但沒有辮子便有無窮的煩惱。走在路上，被視為怪物。呆呆地盯著你看，算是客氣了，但客氣的人不多，多數是「冷笑，惡罵」。「罵」，輕則說你偷了人家的女人，因為那時捉住姦夫便剪其辮以示懲戒；重則說你「裏通外國」，是「漢奸」。在杭州時，情形還稍好，沒有辮子，索性穿上洋服當「假洋鬼子」。但回到紹興，許多人本就相識，這一招便行不通，無論如何打扮自己，都難逃「裏通外國」的罪名。所以魯迅說：「我所受的無辮之災，以在故鄉為第一。」〔註13〕「無辮之災」，是魯迅的歸國體驗之一部分，熟悉魯迅著作的人都知道，這份體驗怎樣影響了他日後的新文化實踐。

在杭州兩級師範學堂時還發生過這樣一件事。一次上化學課，魯迅做氫氣燃燒的試驗給學生看，要點火時發現沒帶火柴，便叮囑學生勿動氫氣瓶，因為如混入空氣，一點火便會爆炸。告誡完了，魯迅回宿捨取火柴，回來一點火，氫氣瓶爆炸，玻璃片劃破了魯迅的手。魯迅看看白色西服袖口上的血，又看看點名簿上的血，再抬眼看看學生，發現前面幾排空著，本來坐在這裏的學生都挪到後面去了。原來，學生得知氫氣瓶混入空氣會爆炸，便趁魯迅回宿捨取火柴時，故意放入了空氣，目的是欣賞、鑒玩這瓶的爆炸的後果。氫氣瓶果然在魯迅點火後炸碎，而魯迅也親手把自己炸得雙手流血〔註14〕。那些學生，那些年歲已經很大、有的甚至比魯迅更大的學生，看見這後果，一定感到了快樂，一定覺得上了一堂特別有趣的課。但此事可能給魯迅以極強烈的刺激。魯迅後來在雜文、小說中談論、表現啓蒙者與大眾的關係、先驅者與群眾的關係、覺醒者與庸眾的關係，或許都多少與此事有關。

〔註13〕魯迅：《病後雜談之餘》，《魯迅全集》第 6 卷，人民文學出版社 1981 年版。
〔註14〕孫福熙：《我所見於「示眾」者》，原載 1925 年 5 月《京報副刊》，見《孫氏兄弟談魯迅》，新星出版社 2006 年 1 月版。

三

　　周作人原也極不願回國，只是在魯迅親自赴日敦促下，才於 1911 年夏秋之交回到紹興。回國後的周作人，觸目皆是令人不快之事，因此十分懷念在日本的時光。前一年秋，在日本時，周作人曾與妻子、內弟等人到大隅川垂釣，並遇大雨。周作人當時寫了一短文記敘此事。翌年 10 月，在紹興的周作人重新抄錄這則短文，並爲其寫了一篇附記，開頭說：「居東京六年，今夏返越，雖歸故土，彌益寂寥；追念昔遊，時有根觸，宗邦爲疏，而異地爲親，豈人情乎？」〔註15〕對「故土」感到隔膜，而對日本那「異地」感到親切，連周作人自己也覺得有違人之常情。10 月 28 日，周作人更寫了這樣一首詩：「遠遊不思歸，久客戀異鄉。寂寂三田道，衰柳徒蒼黃。舊夢不可追，但令心暗傷。」〔註16〕如此深切地懷念日本，是因爲周作人與故土的關係很緊張了。周作人這時期對中國現實的種種感受，必然引發對歷史的反思，對傳統文化的審視，而這無疑影響了日後的新文化實踐。

　　這時期，歸國留學生懷念那曾生活、學習的「異國」，周作人並非特例，應該是普遍現象。胡適歸國後也時常深情地懷念美國那「第二故鄉」。1919 年 4 月 18 日，胡適寫了新詩《送任叔永回四川》，發表於 1919 年 10 月 1 日的《新青年》第六卷第五號。詩的第一段是這樣的：「你還記得，綺色佳城，凱約嘉湖上，／山前山後，多少瀑泉奇絕，更添上遠遠的一線湖光；／瀑溪的秋色，西山的落日，眞個無雙；／還有那到枕的湍聲，夜夜像驟雨打秋林一樣？／那是你和我最難忘的『第二故鄉』。／如今回想，／往日的交情，舊遊的風景，／一半在你我的詩裏，一半在夢魂中來往。」美國是「第二故鄉」，而胡適的詩，「鄉愁」是那樣濃鬱。置身「第一故鄉」懷想「第二故鄉」，胡適有無限的落寞和惆悵。而歸國後的種種惡感，應該是令胡適如此懷念美國的原因之一。後來，將此詩編入《嘗試集》時，這第一段改動很大，那種落寞和惆悵大大淡化了。爲什麼做這樣的改動，是值得研究的，這裏姑且不論。

　　胡適於 1917 年 7 月回國。乘坐的海船到達日本橫濱時，傳來了張勳復辟的消息，這當然是對胡適的當頭一棒。胡適在日記裏寫道：「復辟之無成，固可斷言。所可慮的，今日之武人派名爲反對帝政復辟，實爲禍亂根苗。此時

〔註15〕見《知堂回想錄》，香港三育圖書公司 1980 年 8 月版第 250 頁。

〔註16〕見《周作人年譜》，張菊香 張鐵榮編著，天津人民出版社 2000 年 4 月版第 91 頁。

之穩健派似欲利用武人派之反對復辟者以除張勳一派，暫時或有較大的聯合，他日終將決裂。如此禍亂因仍，坐失建設之時會，世界將不能待我矣。」〔註17〕

　　1918 年 1 月，回國半年的胡適寫了《歸國雜感》，發表於 1918 年 1 月 15 日的《新青年》第 4 卷第 1 號。《歸國雜感》表達了回國後的感受。胡適最強烈的歸國感受，不是七年間中國有了如何的變化，而是居然沒什麼變化。胡適驚異於「七年沒見面的中國還是七年前的老相識！」七年間中國雖沒有什麼變化，但胡適卻有了很大的變化。與七年前相比，胡適的心智狀況大為不同了，看待事物的眼光、理解事物的能力、對待事物的態度、判斷事物的標準，都與此前不可同日而語了。以前不以為怪的事，現在覺得不可理喻了；以前認為好的東西，現在不以為好了；以前覺得壞的東西，現在覺得更壞了。對於胡適，中國還是老相識；但對於中國，胡適卻是一個新來者。例如，對於張勳復辟的分析、判斷，就斷不是七年前的胡適所能為的。歸途中的胡適，還沒踏上中國的土地，就開始以七年間積纍的知識、練就的眼光打量中國、評判中國了，就開始為世界將不能「待」中國而憂慮了。

　　胡適的《歸國雜感》寫于歸國半年後，對半年間見到的種種現象做了滿懷激憤的批評。《歸國雜感》中，胡適說：「我在上海住了十二天，在內地住了一個月，在北京住了兩個月，在路上走了二十天」，這意味著，胡適的雜感，並非是一時一地的感受。在上海的大舞臺看完戲，胡適對同去的友人發表了這樣的感慨：這大舞臺真正是中國的一個絕妙的縮本模型。「大舞臺」三個字是新的，建築也是洋房，裏面的座位和戲臺上的布景裝潢也是西洋式的，但做戲的人還是二十年前的舊角色。說回來後看到的中國還是「七年前的老相識」，並非說中國表裏俱如昔時。七年間，表面上的變化還是很大的。胡適離開中國時，中國還是大清帝國，回來時卻是中華民國，這可說是「翻天覆地」的變化了。然而，種種變化都是十分表層的，中國社會的實質未變，中國人基本的價值觀念未變。胡適的觀感，換成魯迅的話，就是「招牌雖換，貨色依舊」。

　　胡適以嘲諷的語氣說，在家鄉徽州，看到「兩件大進步的事」，一是「三炮臺」牌的香煙，居然行銷到了偏僻山區的徽州，二是「撲克」比麻將還要時髦了。「三炮臺」銷到山區還不太奇怪，奇怪的是那些向來視學習「ABCD」

〔註17〕見胡適《藏暉室札記》卷十七，商務印書館 1947 年 11 月版。

為畏途的老先生，居然學起「撲克」來毫無障礙，口口聲聲「恩德」、「累死」、「接客倭彭」了。這些怪不好記的洋名詞，他們竟然這樣容易上口，不能不令胡適驚訝。他們學這些洋名詞這樣容易，而學正經的「ABCD」卻那樣蠢，這又不能不令胡適思考那原因了：「新思想行不到徽州，恐怕是因為新思想沒有『三炮臺』那樣中吃罷？A，B，C，D，不容易教，恐怕是因為教的人不得其法罷？」

　　對出版界的現狀，胡適也痛心疾首。胡適第一次逛上海四馬路，就看見三部教人玩「撲克」的書，心想，既然「撲克教程」都這樣多，那別的有用的書，一定更多了。胡適專門用一天的時間，調查上海的出版界，結果卻令胡適大失所望。胡適是學哲學的，首先注意哲學書籍的出版情況，注意的結果是，這幾年間，中國竟沒有出版過一部真正意義上的哲學書。找來找去，找到一部《中國哲學史》，其中王陽明只佔四頁，而《洪範》卻佔了八頁。這當然是一種知識性的荒謬，表明作者對中國哲學史的無知。比這個更讓胡適生氣的，是其中還有些諸如「孔子既受天之命」、「與天地合德」一類的昏話，這表明了作者見識的陳腐、思想的錯亂。又看見一部《韓非子精華》，卻刪去了《五蠹》和《顯學》兩篇，竟成了一部《韓非子糟粕》。哲學方面是如此，文學方面也一樣糟。莎士比亞的戲劇，被譯成了《聊齋誌異》體的敘事古文；而一部《婦女文學史》，其中蘇蕙的迴文詩足足佔了六十頁。調查完中文書籍，胡適又調查英文書籍，結果一樣失望。市面上通行的英文書籍，大抵是十八世紀以前的東西，介紹歐美新思潮的書則很難見到。胡適得出結論：「上海的出版界，──中國的出版界──這七年來簡直沒有兩三部以上可看的書！不但高等學問的書一部都沒有，就是要找一部輪船上火車上消遣的書，也找不出」，對此種「怪現狀」，胡適說「真可以放聲大哭」。胡適哀歎：「如今的中國人，肚子餓了，還有些施粥的廠把粥給他們吃。只是那些腦子教（叫）餓的人可真沒有東西吃了。難道可以把些《九尾龜》《十尾龜》，來充饑嗎？」如果是七年前，胡適不會對出版界有如此嚴重的不滿。如果不曾在美國留學，就是七年後，胡適也不會對出版界有如此看法。

　　在《歸國雜感》中，胡適強調了介紹歐美新思潮的必要。他說，中國人學英文，和英國、美國的學生學習英文，情形是兩樣的。中國人學習西洋文字，根本目的在於輸入西洋的學術思想，所以，在教授西洋語言時，應該採用「一箭雙雕」的方法，把「思想」和「文字」同時傳授，而這方法，便是

採用赫胥黎的《進化雜論》、彌爾的《群己權界論》一類書籍做教材。這樣的言論，表明胡適已高度重視啓蒙問題。在談到這一點時，胡適拿日本做了比較：「我寫到這裏，忽然想起日本東京丸善書店的英文書目。那書目上，凡是英美兩國一年前出版的新書，大概都有。我把這書目和商務書館與伊文思書館的書目一比較，我幾乎要羞死了。」這也自然讓我們想到魯迅。新文化運動興起後，魯迅也多次拿日本的出版業、圖書業與中國比較，並爲中國與日本的差距之巨大而歎息。

對中國人的不珍惜時間，胡適也有痛切的感受。《歸國雜感》指出，「時間不值錢」也是中國的怪現狀之一。吃了飯沒有事情做，不是打「撲克」，就是打麻將，這是廣大國人生活的常態。有的人上茶館，泡上一碗茶，一喝喝一天；有的人拎著一隻鳥兒出外逛，一逛逛一天。更可笑的是到人家串門，一坐下便生了根，再不肯起身。有事商談倒也罷了，往往是沒有任何正事，只是不停地沒話找話而已。胡適引用了「美國大賢」弗蘭克令（富蘭克林）的「時間乃是造成生命的東西」（「時間就是生命」）這句話來批判中國的這種怪現象。在中國，時間不值錢，也就意味著生命不值錢。生命不值錢，還表現在體力勞動者的報酬十分低。上海揀茶葉的女工，一天揀到黑，至多可得二百銅錢，少的則只有五六十銅錢。茶葉店的夥計，一天勞作十六七個小時，一個月只能得到兩三塊錢。至於那些更下等、更痛苦的工作，就更不用說了。人力不值錢，衛生也就無法講究，醫藥也就無法講究。胡適說：「我在北京上海看那些小店鋪裏和窮人家裏的種種不衛生，真是一種黑暗世界。至於道路的不潔淨，瘟疫的流行，更不消說了。最可怪的是無論阿貓阿狗都可掛牌醫病。醫死了人，也沒有人怨恨，也沒有人干涉。人命的不值錢，真可算得到了極端了。」

對中國的中小學教育現狀，胡適也表達了強烈的憤慨：「現今的人都說教育可以救種種的弊病。但是依我看來，中國的教育，不但不能救亡，檢（簡）直可以亡國。」〔註18〕

胡適晚年，還談起過剛回國時對中國衛生狀況的驚愕和不適應。胡頌平編著的《胡適之先生晚年談話錄》中說，1961 年 5 月 24 日，早餐時因爲有皮蛋，胡適便聯想到剛回國時從上海到徽州途中的情形。從上海到了蕪湖，飯館骯髒得令胡適「不敢吃東西」。「我早上吃兩個蛋，中午吃三個，晚上吃兩個，別的東西不敢吃。」又說：「晚上，我最怕是臭蟲。床，當然不敢睡

〔註18〕 胡適：《歸國雜感》，載 1918 年 1 月 15 日《新青年》第 4 卷第 1 號。

了，只好向旅館借來兩塊沒有縫的木板，墊床的用磚子，木凳也不敢用。有一點點小縫的地方，都用開水來澆過。然後鋪上油布，再打開鋪蓋來住的。」〔註19〕

四

可以說，剛回國時的胡適，雖然也有從事啓蒙運動的念頭，但那念頭畢竟還總體上是很朦朧的。從何種角度進行啓蒙，以怎樣的方式進行啓蒙，當胡適剛剛踏上上海灘的時候，是不可能有明確的想法的。半年間從上海到徽州到北京的歸國體驗，使胡適看到了他所認爲的問題所在，也使胡適明白了他所認爲的解決問題的途徑是什麼。胡適後來在新文化運動中的問題意識，基本上萌生於、形成於這半年。例如，「多研究些問題，少談些主義」觀點的提出，就無疑與歸國體驗緊密相關。從上海到徽州再到北京，使胡適產生這樣的思想：中國的問題，不是空談任何一種主義所能解決的。

那時期的留學生，回國後普遍有不適感。他們看不慣的東西很多。對不同的東西，看不慣的程度會有不同。有人對此類事特別憤然，有人則對彼類事特別切齒。而他們，尤其是從美國歸來的留學生，不少人都對同一事極其痛惡，這就是人力車。

1918 年 1 月 15 日的《新青年》第 4 卷第 1 號，發表的胡適作品不僅只有《歸國雜感》，還有新詩《人力車夫》。於《歸國雜感》同時同刊發表的《人力車夫》，無疑也屬「歸國雜感」範圍。該詩作於 1917 年 11 月 9 日夜。《人力車夫》詩前有一小序：「警察法令，十八歲以下，五十歲以上，皆不得爲人力車夫。」發表於《新青年》的《人力車夫》全詩是這樣的：

> 「車子！車子！」車來如飛。
>
> 客看車夫，忽然中心酸悲。
>
> 客問車夫，「你今年幾歲？拉車拉了多少時？」
>
> 車夫答客，「今年十六，拉過三年車了，你老別多疑。」
>
> 客告車夫，「你年紀太小，我不坐你車。我坐你車，我心慘凄。」
>
> 車夫告客，「我半日沒有生意，我又寒又饑。

〔註19〕見《胡適之先生晚年談話錄》，胡頌平編著，新星出版社 2006 年 10 月第一版，第 162～163 頁。

你老的好心腸，飽不了我的餓肚皮，

我年紀小拉車，警察還不管，你老又是誰？」

客人點頭上車，說「拉到內務部西！」〔註20〕

從最後一句看，這寫的是胡適到北京後的體驗。比起其它人對人拉人現象的憤然，胡適此詩顯得相當冷靜、克制。詩中的客人並沒有表達對人拉人現象本身的不滿，只是爲拉車者「年紀太小」、未到「法定年齡」而「心酸悲」、「心慘淒」。客人最後的「點頭上車」，是被小車夫說服了，認可了小車夫的邏輯。人拉人的事情是殘酷的，年幼的孩子就當車夫，更是極其淒慘之事。然而，胡適也知道，在當時的中國，禁止人拉人，甚至僅僅是嚴格執行限制年齡的法令，都非但不能眞正幫助窮人，相反，倒是害了窮人。禁絕人力車，是一種人道主義的體現，但這種人道主義卻「飽不了」窮人的「餓肚皮」。要杜絕人拉人的悲慘現象，必須有一種綜合性的社會改革。也許是刊物出版後，「客人」的點頭引來些非議，也許是胡適自己也對這「點頭」感到了不安，《人力車夫》編入《嘗試集》時，胡適把最後一句刪掉了。

蔣夢麟於1908年赴美留學，早胡適兩年，1917年6月間回國，與胡適幾乎同時。後來，蔣夢麟在回憶錄《西潮》中記述了回到上海見到黃包車（即人力車）時的感受：

我可憐黃包車夫，他們爲了幾個銅板，跑得氣喘吁吁，汗流浹背，尤其在夏天，烈日炙灼著他們的背脊，更是慘不忍睹。我的美國尺度告訴我，這太不人道。有時我碰到一些野獸似的外國人簡直拿黃包車夫當狗一樣踢罵——其實我說「當狗一樣踢罵」是不對的，我在美國就從來沒有看見一個人踢罵過狗。看到這種情形，我眞是熱血沸騰，很想打抱不平，把這些衣冠禽獸踢回一頓。但是一想到支持他們的治外法權時，我只好壓抑了滿腔氣憤。我想起了「小不忍則亂大謀」的古訓。「懦夫！」我的美國尺度在譏笑我。「忍耐！」祖先的中國尺度又在勸慰我。大家還是少坐黃包車，多乘公共汽車和電車罷！但是這些可憐的黃包車夫又將何以爲生？回到鄉下種田嗎？他們本來就是農村的剩餘勞力。擺在他們面前的只有三條路：身強力壯的去當強盜，身體弱的去當小偷，身體更弱的去當乞丐。

〔註20〕見1918年1月15日《新青年》第4卷第1號。

> 那麼怎麼辦？還是讓他們拖黃包車罷！兜了半天圈子，結果還是老
> 地方〔註21〕。

蔣夢麟顯然遇上了與胡適同樣的難題，或者說，與胡適遇上了同樣的人道主
義悖論：黃包車的存在是極其不人道的事情，人拉人是應該盡快消滅的現象，
然而，不坐黃包車、禁止人拉人，卻非但不是在幫助黃包車夫，相反，倒是
令他們陷入更淒慘的境地。所以，兜了半天圈，還是「拉到內務部西」。

蔣夢麟繼續寫道，發展工業，讓這些黃包車夫在工廠裏就業，理論上是
解決問題的途徑，但在當時的中國也是行不通的。發展工業，需要穩定的政
治環境，而在軍閥混戰的社會裏，工業又怎能有像樣的發展呢！農村勞動力
過剩，不能為工廠提供工人，相反，倒是令軍閥的兵源有了保證。只要軍閥
肯出錢，或者放縱他們到處擄掠，這些過剩的農夫隨時願意應募當兵。而混
戰著的軍閥兵源有了保證，就會混戰不休，政治就永難穩定。這又是一種惡
性循環。

吳國楨在回憶錄《夜來臨》中，也說到了人力車問題。吳國楨 1903 年出
生，1914 年進入南開中學，與周恩來是同窗好友。1917 年秋進入清華學校，
1921 年赴美留學，1926 年夏獲得普林斯頓大學政治學專業哲學博士學位後回
國，擔任過漢口市市長、重慶市市長、國民政府外交部政務次長、國民黨中
央宣傳部部長、上海市市長等多種要職。國民黨退據臺灣後，曾任臺灣省主
席。1954 年與蔣介石決裂並遷居美國，在美國用英文寫了回憶錄《夜來臨》。
在《夜來臨》中，吳國楨說到從美國回國後的感受時，首先說到了黃包車：

> 我回來只花了幾天時間，就對祖國有了一個較為清晰的認識。
>
> 意想不到的是，我的震驚和羞愧從登上上海碼頭的一刻起就開始了。
>
> 當然，我以前曾坐過無數次黃包車，而且也知道在大多數中
> 國城市中，它是最便宜而且到處都有的交通工具，但由於去過一
> 個不存在這種殘忍行業的國家，對於突然間重新見到黃包車，我
> 沒有思想準備。當我帶著少許行李下船時，馬上至少有十幾個黃
> 包車夫圍上來，問我的去處。我瞧瞧四周，想找平常的出租車，
> 但一輛也沒有，只好勉強將旅館的名字告訴那些苦力。一時間真
> 像是炸開了鍋，那些可憐的人們每個都報出自己的車價，以一兩

〔註21〕蔣夢麟：《西潮·新潮》，嶽麓書社 2000 年 9 月版，第 100 頁。

分錢之差想搶得拉我的機會。這真是一場殘酷的競爭，如果有人想看到男人們為了生存而拼命競爭的話，那他可能怎樣也找不到一個更好的例子了。我一陣驚愕，遂將行李扔上其中一輛車，自己則跳上了另一輛，不管他們報價高低。那兩個車夫帶著勝利的叫聲出發了，其餘的人則聳聳雙肩，明顯地感到失望。上車以後，我可以從容思考了：為什麼同樣是人──特別是同一個民族的同胞──卻可以把其它人當作牛馬一樣來使喚呢？這不僅是一種難以原諒的不公正的行為，也證明在社會體制中有某種極其邪惡的東西使其成為可能。我坐在黃包車上，凝視著車夫的後背，他那兩條健壯的腿交替著向前邁進，我則被羞辱所刺痛。當抵達旅館時，我給每個車夫一塊銀元，這是他們要價的四或五倍。他們以為我沒有零錢，便開始數角子和分頭，顯然是想給我找零。我揮一揮手說不必找了。我看到他們吃驚地皺起眉頭，愈皺愈深，表示不相信。最後終於明白過來，乃至欣喜而笑。他們對我一再道謝，但卻不知道，此時我的心正在為他們流血。〔註22〕

吳國楨的回憶，對於理解那些年間歸國留學生的驚愕、痛苦很有幫助。回國後令他們驚愕、痛苦的種種現象，往往並非是他們從來沒有見過的，並非是在他們留學期間新生的。這些現象，他們出國前也見過，但習焉不察、司空見慣。在國外多年，沒見過這類現象，所以回國乍見便驚愕、痛苦，這只是不太重要的原因。更重要的原因，是在國外形成了新的價值觀念，形成了新的看待事物的眼光、評判事物的標準。

蔣夢麟、吳國楨也並非只對黃包車感到驚愕、痛苦。闊別多年的故國，令他們痛苦、驚愕的現象很多。例如，蔣夢麟還寫到了從上海經寧波返鄉的情形。在寧波上船後，碼頭上的喧嚷聲震耳欲聾，腳夫們湧上船拼命搶奪乘客的行李，名義上是在搶生意，但往往稍一大意，你的行李就被搶走了。所以，蔣夢麟和接他的哥哥艱難地從人叢中擠下甲板，緊緊地跟定行李夫，才避免了行李被卷走〔註23〕而黃包車也遠不是唯一令吳國楨驚愕、痛苦的東西，「接踵而來的其它痛苦經歷也毫不遜色」。在上海，有過在白天的碼頭被黃包車夫包圍、作為生意的對象爭搶的經歷，又有過在夜晚的街道上，被妓

〔註22〕吳國楨：《夜來臨》，香港中文大學出版社2009年第1版，第39頁。
〔註23〕蔣夢麟：《西潮‧新潮》，嶽麓書社2000年9月版，第101頁。

女包圍、作為生意的對象爭搶的經歷，而在北上的火車上，吳國楨也一路受
到刺激。火車不守時、車上骯髒不堪，「與我三周前在美國乘坐的火車形成強
烈對比」。乘客們大抵面有病容，顯示著營養的不良；車上沒有秩序，常常發
生爭吵；搬運工總是討價還價，旅客——尤其是老弱的旅客，總不免受到他
們的欺侮、敲詐；座位沒有編號，也不遵守先來後到的規則，先來者倘是那
種體弱之人，即使坐下了，也會被人強行拉開……吳國楨說：「面對這種場面，
我感到吃驚」；「就這樣，回國僅僅幾天，我對祖國和人民的印象就起了很大
的變化。我曾模模糊糊地預感到情況不太好，但現實比預計更糟。無論什麼
地方，都會發現貧窮、愚昧、低效和災難。我現在必然會將國內看到的情況
與我剛剛離開的那個太平洋彼岸之國進行比較，但還未發現前者有哪一處勝
過後者，對此我深感痛心。是的，我知道我們總是可以誇耀自己古老的文化
和過去的光榮，但對一個剛剛觸及現實的人來說，那似乎是毫無意義的空談。」
〔註24〕

五

留學生歸國後所受到的刺激，留學生面對離別多年的故土而產生的驚
愕、痛苦，必然深刻地影響他們日後的政治理念、文化姿態。吳國楨這樣的
人，選擇了從政，而歸國體驗當然也影響了他的政治風格和政治觀念，他最
終與蔣介石集團分道揚鑣，與這份歸國體驗，也多少有些關係。而像蔡元培、
陳獨秀、周氏兄弟、胡適這樣的新文化運動的核心人物，他們在新文化運動
中的思想表現，都與歸國體驗有千絲萬縷的聯繫。

留日之前，魯迅固然對中國文化，對中國人的「國民性」，已有一定程度
的認識，但這認識畢竟還是模糊的。讓他對中國、對中國文化、對中國人的
種種觀念明確起來的，還是結束留學而歸國後的種種體驗。這裏只能聊舉數
例，說明魯迅的歸國體驗與他的新文化實踐之間的關係。

魯迅投身新文化運動後，在許多作品裏都寫了中國人熱衷於「鑒賞」他
人的痛苦、從他人的痛苦中感受到快樂的習性。小說《孔乙己》，其實主要是
寫那些短衣幫，那些本身也是卑微之輩的人，是如何一遍遍地往孔乙己心靈
的傷口上撒鹽，從而鑒賞著孔乙己精神的痛苦。他們沒有更多的錢買一點哪
怕是低賤的茴香豆下酒，於是便拿孔乙己的精神痛苦下酒。正因為如此，只

〔註24〕吳國楨：《夜來臨》，香港中文大學出版社2009年第1版，第39～40頁。

要孔乙己出現，他們決不放過傷害他的機會。他們總是用那種孔乙己最害怕別人提起的事情傷害孔乙己，當孔乙己滿臉漲紅、窘迫不已、痛苦不堪時，他們便快樂得大笑起來，於是，每一次，都是一遍遍地「店內外充滿了快活的笑聲」。小說《藥》中，夏瑜是為大眾的幸福而犧牲的革命者，然而他的為大眾而死，卻不過成為大眾茶餘的談資。正因為他的死對大眾來說是莫明其妙、不可理喻，便特別令大眾興奮。在茶館裏，圍繞夏瑜的被殺，他們議論著、爭論著，而在這議論和爭論中，他們感到了活著的趣味。更有甚者，夏瑜的血，被華老栓買來醫治兒子的頑疾，劊子手康大叔在賣夏瑜的血時，茶館老闆華老栓在買夏瑜的血時，都沒有絲毫心理障礙。小說《示眾》則寫人們怎樣極力從一個遊街的犯人身上尋找生活的樂趣。

不僅僅是在小說中表現了大眾的熱衷於鑒賞他人的痛苦。《野草》中的《復仇》，寫的是一對仇人以不相互殺戮的方式對大眾進行「復仇」。「他們倆裸著全身，捏著利刃，對立於廣漠的曠野之上。」而「路人們從四面奔來，密密層層地，如槐蠶爬上牆壁，如馬蟻要扛鯗頭。衣服都漂亮，手倒空的。然而從四面奔來，而且拼命地伸長頸子，要賞鑒這擁抱或殺戮。他們已經豫覺著事後的自己的舌上的汗或血的鮮味。」而他們卻永遠只是靜靜地對立著，既不擁抱也不殺戮，「路人們於是乎無聊；覺得有無聊鑽進他們的毛孔，覺得有無聊從他們自己的心中由毛孔鑽出，爬滿曠野，又鑽進別人的毛孔中。他們於是覺得喉舌乾燥，脖子也乏了；終至於面面相覷，慢慢走散；甚而至於居然覺得乾枯到失了生趣。」永遠只是靜靜對立著的倆人，就這樣戲弄了大眾、教訓了大眾。在 1934 年 5 月 16 日致鄭振鐸信中，魯迅提及了《復仇》：「我在《野草》中，曾記一男一女，持刀對立曠野中，無聊人竟隨而往，以為必有事件，慰其無聊，而二人從此毫無動作，以致無聊人仍然無聊，至於老死，題曰《復仇》，亦是此意。」〔註25〕《野草》中的《頹敗線的顫動》，其中的老母親，為女兒做出了莫大的犧牲，最終卻因這犧牲而被女兒夫婦辱罵、嫌惡。先驅者為大眾而受難、犧牲，大眾卻賞鑒這受難和犧牲，這是魯迅作品中的一種重要意蘊。而這與在浙江兩級師範學堂的遭遇有一定程度的關係。

與魯迅交往密切的孫福熙寫有《我所見於「示眾」者》一文，談論魯迅小說《示眾》時，提及魯迅在浙江兩級師範學堂的化學課上被學生捉弄、坑

〔註25〕見《魯迅全集》第 12 卷，人民文學出版社 1981 年版，第 415 頁。

害一事。孫福熙說：「魯迅先生是人道主義者，他想儘量的愛人；然而他受人欺侮，而且因爲愛人而受人欺侮。倘若他不愛人，不給人以氫氣瓶中混入空氣燃燒時就要爆裂的智識，他不至於炸破手。」〔註26〕因爲愛大眾、救大眾而被大眾戕害、而遭大眾憎惡、而爲大眾譏笑，這方面的意旨固然與在浙江兩級師範學堂化學課上的流血有關，就是《示眾》這類純粹揭示和批判大眾樂於賞鑒他人痛苦的作品，也與在那堂化學課上的體驗有關。

至於因爲沒有辮子而被嘲笑、被怒視、被侮辱的歸國體驗，也在魯迅不少作品中留下了痕跡。《吶喊》中，《頭髮的故事》和《風波》這兩篇小說排在一起，都作於 1920 年秋天。魯迅 1920 年 8 月 5 日日記有「小說一篇至夜寫訖」〔註27〕的記載，這就是《風波》，而 9 月 29 日日記有「午後寄時事新報館文一篇」〔註28〕，這就是《頭髮的故事》。兩篇小說都以「辮子」爲主題。《風波》中的七斤，因爲「造反」的時候在城裏被人剪掉了辮子，而張勳復辟，沒有辮子卻成了腦袋能否保住的大問題，於是七斤和七斤嫂陷入萬分惶恐中。當趙七爺用「燕人張翼德的後代」來威嚇七斤夫婦時，村人們的心理表現是：「村人們呆呆站著，心裏計算，都覺得自己確乎抵不住張翼德，因此也決定七斤便要沒有性命。七斤既然犯了皇法，想起他往常對人談論城中的新聞的時候，就不該含著長煙管顯出那般驕傲模樣，所以對於七斤的犯法，也覺得有些暢快。」這顯然是魯迅把自己歸國後的遭遇用在了七斤身上。趙七爺走後，「七斤將破碗拿回家裏，坐在門檻上吸煙；但非常憂愁，忘卻了吸煙，象牙嘴六尺多長湘妃竹管的白銅煙斗裏的火光，漸漸發黑了。他心裏但覺得事情似乎十分危急，也想想些方法，想些計畫，但總是非常模糊，貫穿不得」。魯迅當初雖然不至於如七斤這般憂懼，但無奈、無助、煩惱，卻是有的。魯迅顯然把自己的體驗加工後移用於塑造七斤這個人物了。寫完《風波》，魯迅意猶未盡，又寫了《頭髮的故事》。小說中的 N 所講述的自身的故事，則完全是魯迅自己的經歷了。

還可以舉《孤獨者》爲例。小說主人公魏連殳身上，也明顯有著魯迅本人的歸國體驗。從日本回到杭州、紹興，魯迅與社會、與生存環境的關係非常緊張，魯迅無疑把這份感受、經驗，用在了魏連殳身上。舉一個可以實證

〔註26〕見《魯迅全集》第 12 卷，人民文學出版社 1981 年版，第 415 頁。
〔註27〕《魯迅全集》第 14 卷，第 393 頁，人民文學出版社 1981 年版。
〔註28〕《魯迅全集》第 14 卷，第 396 頁，人民文學出版社 1981 年版。

的例子。小說開始後不久，魏連殳的祖母病逝，魏連殳聞訊往家鄉趕，而此時：

> 族長，近房，他的祖母的母家的親丁，閒人，聚集了一屋子，
> 豫計連殳的到來，應該已是入殮的時候了。壽材壽衣早已做成，都
> 無須籌畫；他們的第一大問題是在怎樣對付這「承重孫」，因爲逆料
> 他關於一切喪葬儀式，是一定要改變新花樣的。聚議之後，大概商
> 定了三大條件，要他必行。一是穿白，二是跪拜，三是請和尚道士
> 做法事。總而言之：是全都照舊。

> 他們既經議妥，便約定在連殳到家的那一天，一同聚在廳前，
> 排成陣勢，互相策應，並力作一回極嚴厲的談判。村人們都咽著唾
> 沫，新奇地聽候消息；他們知道連殳是「吃洋教」的「新黨」，向來
> 就不講什麼道理，兩面的爭鬥，大約總要開始的，或者還會釀成一
> 種出人意外的奇觀。

然而，魏連殳的表現卻以相反的方式「出人意料」。連殳回家後，「向他祖母
的靈前只是彎了一彎腰」，旋即便被叫到大廳上，族長們依計劃行事，一個個
義正辭嚴、唾沫橫飛。說完了，「人們全數悚然地緊看著他的嘴」，等待著他
的反駁、抗爭，然而，連殳只簡單地說：「都可以的。」於是按照族人們的要
求做完了一切，做得讓那些一心要挑毛病的人終於無可挑剔。而這其實就是
魯迅自己的親身經歷。周建人回憶說，宣統二年（1910 年）農曆四月初五，
祖母病逝，魯迅從杭州趕回紹興，而在魯迅尚未到家時，祖母娘家的親丁、
內侄和周家的族長等長輩，黑壓壓地聚了一屋子，商議著怎樣對付即將回來
的承重孫魯迅。因爲魯迅一從日本回來，便對種種古已有之的現象表示看不
慣、有意見，那些親族們，料定魯迅對祖母的葬儀也一定要變新花樣，但他
們決不能依他。他們商定了三大條件，要求魯迅照辦。一是穿白，二是跪拜，
三是請和尚道士做法事。總之是，一切都照舊，決不容許有絲毫改變。他們
還約定，在魯迅回到家中的那一天，一同聚到廳前，形成陣勢、互相策應，
與魯迅進行一場硬戰。魯迅回來了，在祖母靈前鞠了一個躬，便被傳喚到大
廳上，先是族長大講了一通孝道，然後強調祖母的葬儀，要一切遵照舊規，
不能有些許更改。族長講完，其它人便七嘴八舌，你唱我和。而魯迅始終只
是靜靜地聽著，在他們講完後仍是沉默著，他們緊盯著魯迅的嘴，催他表態，
於是魯迅平靜地吐出幾個字：「都可以的。」這回答令親族們驚愕。於是，魯

迅按照舊規做著一切，「彷彿一個大殮的專家」。祖母娘家的親丁照例是要挑剔的，而魯迅則怎麼挑剔便怎麼改〔註29〕。這一切都如《孤獨者》中所寫的一樣，魯迅讓魏連殳重複了自己所做的一切。

那麼，魯迅爲什麼要對親族屈服，爲什麼避免與他們發生絲毫衝突呢？某種意義上，《野草》中的《復仇》回答了這問題。《復仇》中的兩個仇人，手持利刃對立著，圍觀的人們渴望他們相互殺戮，但他們卻只是永遠對立著而決不動作。試想，如果沒有圍觀者，如果沒有渴望從他們的相互殺戮中得到快慰、歡樂的圍觀者，他們一定要相互把利刃刺向對方了，一定要殺出個你死我活了。然而，他們不願意他們莊嚴的殺戮成爲庸眾賞鑒的對象，不願意自己鮮紅的熱血成爲安慰庸眾無聊的材料，於是，他們永久地對立著直至乾枯。而魯迅之所以在祖母葬儀上完全屈從於親族，絕不做任何抗爭，原因之一，就在於他知道許多人在等著看他的抗爭，在等著看他如何抗爭，在等著賞鑒這抗爭、鑒賞他與親族的吵鬧。他們做好了準備，要享受一場精神的盛宴。爲了不讓他們得逞，魯迅選擇了屈從。周建人回憶了圍觀者的失望說：「難道就這樣結束了？人們很有些驚異和不滿。大殮便在這驚異和不滿的空氣裏完畢。沉靜了一瞬間，人們快快地走散，我大哥卻坐在草薦上陷入了沉思。」〔註30〕圍觀者本來想看一場好戲，本來以爲一定能看一場好戲，魯迅卻以自己的屈從讓他們失望，讓他們「驚異」、「不滿」和「快快」。魯迅就以這種方式報復了這些圍觀者。而也可以認爲，《野草》中的《復仇》，也融入了魯迅在祖母葬儀上的體驗。魯迅讓魏連殳重演一遍自己的所作所爲，魯迅讓魏連殳屈從於親族，也意在讓魏連殳以此種方式報復那些一心要看戲的圍觀者。

六

能找到更多的證據證明胡適的歸國體驗與他的新文化實踐之間的關聯。

1919 年 7 月，胡適寫了《多研究些問題，少談些「主義」！》。在胡適數量眾多的文章中，這是特別著名的一篇，說是最著名的一篇也不爲過。而問題先於主義、應多研究問題而少空談主義觀點的形成，無疑與歸國後數月間

〔註29〕 見《魯迅故家的敗落》，周建人口述，周曄編寫，湖南人民出版社 1984 年 7 月版，第 285～286 頁。

〔註30〕 見《魯迅故家的敗落》，周建人口述，周曄編寫，湖南人民出版社 1984 年 7 月版，第 286 頁。

從上海到徽州再到北京的體驗有關。在文章開頭，胡適重複了在《每周評論》第 28 號裏說過的話：

> 現在輿論界大危險，就是偏向紙上的學說，不去實地考察中國今日的社會需要究竟是什麼東西。那些提倡尊孔祀天的人，固然是不懂得現時社會的需要。那些迷信軍國民主義或無政府主義的人，就可算是懂得現時社會的需要麼？

> 要知道輿論家的第一天職，就是細心考察社會的實在情形。一切學理，一切「主義」，都是這種考察的工具。有了學理作參考材料，便可使我們容易懂得所考察的情形，容易明白某種情形有什麼意義，應該用什麼救濟的方法〔註31〕。

胡適強調實地考察的重要，而他自己，從上海到徽州再到北京的過程，就是一個對中國社會進行實地考察的過程。如果說，其它留學生的歸國體驗更多地具有「被動」的性質，那胡適的歸國體驗則有更多的「主動性」。其它人，或許歸國時並沒有很強的瞭解中國、認識中國、研究中國的意識，是與闊別多年的「中國」遭遇後，才比較被動地瞭解了中國、認識了中國、體驗了「中國」，而胡適，則是船到橫濱時，就開始關注張勳復辟的問題了，可以說，是尚未踏上中國的土地，就開始主動地研究中國的現實了。一到達上海，胡適就以調查研究的心態和姿態，一家家地逛書店，此後，每到一處、每經一地，也都以調查研究的眼光看待種種事物。認定空談「主義」無益，必須深入研究中國的各種具體問題，必須具體問題具體分析，這樣一種觀念和態度的確立，固然與胡適秉持的自由主義政治理念有關，而歸國後實地考察形成的對中國的印象、所產生的對中國的認識，無疑也起了重要作用。

歸國體驗促使胡適確立了多研究具體問題而少空談各種「主義」這樣一種基本的現實觀念。在對許多具體問題發表看法時，歸國體驗也不同程度地起著作用。

1918 年 9 月，胡適做長文《文學進化觀念與戲劇改良》，文章先是從四個方面闡釋了「文學進化」的意義，接著從「悲劇的觀念」和「文學的經濟方法」兩個方面對中國傳統戲劇提出了批評。胡適認為，中國傳統戲劇，一是缺乏悲劇的觀念，二是不懂得剪裁。對中國傳統戲劇的看法，無疑與胡適歸

〔註31〕 胡適：《多研究些問題，少談些「主義」！》，載 1919 年 7 月 20 日《每周評論》第 31 號。

國之初的看戲經驗有關。我們記得，在《歸國雜感》中，胡適說自己一回到上海便在大舞臺看了戲，且感覺非常之差。在《文學進化觀念與戲劇改良》中，則說自己「去年初回國時看見一部張之純的《中國文學史》」，並抄錄了其中論崑曲的一段：「是故崑曲之盛衰，實興亡之所繫。道咸以降，此調漸微。中興之頌未終，海內之人心已去，識者以秦聲之極盛，爲妖孽之先徵。其言雖激，未始無因。故睹昇平，當復崑曲。」把國家的興亡、昇平與崑曲的盛衰直接掛鉤，當然荒謬，所以胡適說：「這種議論，居然出現於『文學史』裏面，居然作師範學校『新教科書』用，我那時初從外國回來，見了這種現狀，眞是莫名其妙。」〔註32〕這樣的「文學史」很荒謬，而這樣荒謬的「文學史」卻成了師範學校的「新教科書」，就更讓胡適難以思議了。然而，胡適之所以對這種現狀感到不可思議，就因爲是「初從外國回來」，如果一直生活在中國，倒可能見怪不怪、習以爲常了。

在《歸國雜感》中，胡適表示了對中小學教育現狀的不滿。歸國之初對中小學教育的觀察、考察，使得胡適此後長期關注中小學教育。例如，1920年3月寫了長文《中學國文的教授》〔註33〕，1922年8月寫了《再論中學的國文教學》〔註34〕。在《歸國雜感》中，胡適對國人的不講衛生、不珍惜時間，表示了憂慮甚至憤慨，而在此後的文章、講演中，這兩方面的批評一直持續著。1930年4月，胡適寫了長文《我們走那條路》，指出「我們要打倒五個大仇敵」，它們是「貧窮」、「疾病」、「愚昧」、「貪污」、「擾亂」。這樣一種對中國社會的基本看法，也與歸國之初對中國社會的觀察、考察有直接關係。五大仇敵中，「貧窮」、「疾病」、「愚昧」都與不講衛生有關。因爲貧窮和愚昧，所以不講衛生，而因爲不講衛生，所以容易生病。談到許多地方死亡率超過出生率時，胡適說：「疾病瘟疫橫行無忌，醫藥不講究，公共衛生不講究，那有死亡不超過出生的道理？」〔註35〕1926年12月5日的《生活周刊》第二卷第七期，發表了胡適的短文《時間不值錢》，文章先說「我回中國所見的怪現狀」中，最普遍的是時間不值錢，用打麻將、打撲克、泡茶館、遛鳥等消磨時間，是廣大國人的日常生活方式。而時間不值錢，與人力不值錢、生命

〔註32〕胡適：《文學進化觀念與戲劇改良》，見1918年10月15日《新青年》第5卷第4號。

〔註33〕載1920年9月1日《新青年》第8卷第1號。

〔註34〕載1922年8月27～28日《晨報副鐫》。

〔註35〕載《新月》第2卷第10號，收入1932年新月書店出版的《中國問題》。

不值錢都是關聯著的：「人力那樣不值錢，所以衛生也不講究，醫藥也不講究」。胡適說，北京、上海那些小店鋪和窮人家中的不衛生，真是「黑暗世界」，至於道路的骯髒、瘟疫的流行，更是不說也罷。最奇怪的是阿貓阿狗都可掛牌行醫，醫死了人也安然無事，「人命的不值錢，真可算得到了極端了，」〔註36〕這其實是把八年前在《歸國雜感》中說過的話再說一次。1934 年 4 月，胡適寫了《今日可做的建設事業》一文，其中談到需要利用專門技術人才改革已有的建設事業，使之技術化時，舉了公共衛生為例，並且強調「公共衛生是最明顯的需要專門學術的事業」〔註37〕。

前面說過，1918 年 1 月，胡適發表了《人力車夫》一詩，對人拉人的現象表示了哀傷和無奈。此後，人力車夫問題是胡適屢屢談及的問題，胡適甚至把人力車視作是東西文明的一種界碑。在《我們走那條路》中，胡適談到「盲動的所謂『革命』」時，舉了人力車夫問題為例，認為要改善人力車夫的生計，必須從管理車廠車行、減低每日的車租入手，而不應該煽動人力車夫去砸毀汽車電車。而在《漫遊的感想》《東西文化之比較》等文章中，胡適則把人力車夫問題上陞到東西文化差異的層面來認識。1926 年 7 月到 1927 年 5 月，胡適有一次世界性的漫遊。1926 年 7 月，胡適應邀參加中英庚款委員會會議，先是從北京乘火車到哈爾濱，再從哈爾濱乘火車由西伯利亞鐵路經蘇聯到達倫敦，中途在莫斯科逗留。8 月 4 日到達英國，在倫敦停留十天，參加了中英庚款委員會全體會議，會後到巴黎。因要在法國國家圖書館查閱資料而在巴黎停留了一個多月，9 月 23 日重返倫敦。這次在英國停留了三個多月，1927 年 1 月 12 日，從歐洲來到美國，4 月中旬才離美返國。在 1927 年 8 月 13 日、20 日和 9 月 17 日的《現代評論》第 6 卷第 140、141、145 期發表了《漫遊的感想》之一至之六。1930 年 3 月，胡適將這六則《漫遊的感想》收入《胡適文存三集》時，加了一個後記，說明原打算寫四五十條，集成一本遊記，但因其時正忙著寫《白話文學史》，所以便將這遊記放下了。《漫遊的感想》第一則是《東西文化的界線》，專門談人力車問題。胡適劈頭就說：「我離了北京，不上幾天，到了哈爾濱。在此地我得了一個絕大的發現：我發現了東西文明的交界點。」胡適是看到了哈爾濱「道里」與「道外」兩個區域的某種不同而恍悟東西文明的「交界」的。「道里」原是俄國的殖民地，現在

〔註36〕胡適：《時間不值錢》，載 1926 年 12 月 5 日《生活週刊》第 2 卷第 7 期。
〔註37〕胡適：《今日可做的建設事業》，載 1934 年 4 月 8 日《獨立評論》第 95 號。

租界收回，改成特別區。而租界之外，則稱「道外」。「道里」雖收歸中國管理了，但俄國人的勢力仍很大，許多租界時代的習慣、規則仍然延續著，而不准人力車運營便是其中之一。在「道外」的街道上，到處都是人力車，而在「道里」，則只有電車與汽車，不見一部人力車。如果有人從「道外」乘人力車到「道里」，人力車也可將乘客送到「道里」，但只准空車歸去，不得在「道里」拉客。胡適慨歎道：「我到了哈爾濱，看了道里與道外的區別，忍不住歎口氣，自己想道：這不是東方文明與西方文明的交界點嗎？東西洋文明的界線只是人力車文明與摩托車文明的界線。」胡適進而說道：「人力車代表的文明就是那用人作牛馬的文明。摩托車代表的文明就是用人的心思才智制作出機械來代替人力的文明。把人作牛馬看待，無論如何，夠不上叫做精神文明。用人的智慧造作出機械來，減少人類的苦痛，便利人類的交通，增加人類的幸福，──這種文明卻含有不少的理想主義，含有不少的精神文明的可能性。」〔註38〕1930 年 9 月，胡適在《東西文化之比較》中，又一次以哈爾濱「道里」「道外」對待人力車的不同方式為例，說明東西文化的差別，只不過把話說得更尖銳。在指出哈爾濱「道里」「道外」對待人力車的不同態度後，胡適說：「那些誇耀東方精神文明者，對於這種種事實可以考慮考慮。一種文化容許殘忍的人力車存在，其『精神』何在呢？」〔註39〕

　　胡適屢屢論及人力車問題，甚至把人力車的有無作為衡鑒東西文化的一種尺度，當然與歸國之初受到人力車的強烈刺激有關。歸國之初，胡適對國人的不愛惜時間、沉溺於麻將、撲克有痛切的感受，在《歸國雜感》中，也對此種現象予以抨擊。而在近十年後的《漫遊的感想》中，胡適又一次說到麻將問題。《漫遊的感想》第六則題為《麻將》，說的是麻將也曾傳到歐美、日本，但終於無法讓各種外國人產生持久的興趣。胡適說，在他歐美之遊的幾年前，麻將也曾在歐美風行：「有一個時期，麻將竟成了西洋社會裏最時髦的一種遊戲：俱樂部裏差不多桌桌都是麻將，書店裏出了許多種研究麻將的小冊子，中國留學生沒有錢的可以靠教麻將吃飯掙錢。歐美人竟發了麻將狂熱了。」胡適嘲諷地說：「誰也夢想不到東方文明征服西洋的先鋒隊卻是那一

〔註38〕　胡適：《漫遊的感想（一）》，見 1927 年 8 月 13 日《現代評論》第 6 卷第 140 期。

〔註39〕　胡適：《東西文化之比較》，見《胡適文集》第 11 卷，北京大學出版社 1998 年 11 月版。

百三十六個麻將軍！」然而，好景不長。這一回，胡適從西伯利亞到歐洲，又從歐洲到美國，再從美國到日本，十個月之中，只有一次在京都的一個俱樂部裏看見有人打麻將，在歐美則簡直看不到麻將了。在美國人家裏，能見到精美的麻將盒，裏面當然裝著麻將牌了，有時一家有好幾副，但只是陳列在那裏而已，主人主婦早對之失去了興趣。短暫地風行後，麻將便在歐美成了「架上的古玩」。胡適說：「這是我們意想得到的。西洋的勤勞奮鬥的民族決不會做麻將的信徒，決不會受麻將的征服。麻將只是我們這種好閒愛蕩，不愛惜光陰的『精神文明』的中華民族的專利品。」胡適又談到了日本人的「勤苦」，說：「單只這一點勤苦就可以征服我們了」。並且說：

> 其實何止日本？凡是長進的民族都是這樣的。只有咱們這種不長進的民族以「閒」為幸福，以「消閒」為急務，男人以打麻將為消閒，女人以打麻將為家常，老太婆以打麻將為下半生的大事業！
〔註40〕

對麻將之風的痛恨，對國人浪擲光陰的憎惡，始於歸國之初對社會現狀的觀察、考察。歸國之初受到的各種刺激，在很大程度上決定了魯迅、胡適這些人在新文化運動中的問題意識，決定了他們在新文化運動中的姿態、方式，從而也在很大程度上決定了新文化運動整體的內涵、走向。

2015 年 5 月 10 日

〔註40〕胡適：《漫遊的感想（三）》，見 1927 年 8 月 13 日《現代評論》第 6 卷第 145 期。

徐樹錚與「五四」新文化運動

徐樹錚與「荊生」

　　徐樹錚，雖是民國初期北洋軍閥中皖系一派的骨幹，但畢竟不是袁世凱、段祺瑞、馮國璋、徐世昌一類頂尖級人物，知名度不能算很高。但我對此人卻一直有些興趣。首要的原因，是此人與「五四」時期以北大爲中心的新文化運動有些關係。

　　當陳獨秀、胡適、錢玄同、周作人、魯迅等新文化人士以《新青年》、《新潮》爲主要陣地，將新文化運動開展得轟轟烈烈時，也就遭致保守、頑舊勢力的憎恨和反對。而林紓（琴南）則是保守、頑舊勢力的代表性人物之一。1919 年二三月間，林紓大概是「忍無可忍」了，接連做了三個動作：在上海的《新申報》上發表了文言小說《荊生》、《妖夢》，以影射的筆法攻擊陳獨秀、胡適等北京大學的新文化人士；又在北京的《公言報》上，發表致蔡元培的公開信（《致蔡鶴卿太史書》），以論述的語言，對新文化人士和新文化運動盡情詆毀、謾罵。

　　眾多的中國現代文學史著作，都必定要說到林紓的《致蔡鶴卿太史書》和蔡元培的《覆林琴南書》。對二人的基本觀點，也總要有最低限度的介紹。這當然很是應該。在中國現代文學發展史上，這確實是極重要的事件。但對林紓的《荊生》和《妖夢》，中國現代文學史的編撰者，卻往往只是三言兩語、略略提及，並不對其內容做多少介紹。而有些中國現代文學史著作，則對這兩篇小說提都不提。中國大陸的中國現代文學研究者，大概普遍認爲林紓的這兩篇拙劣的文言小說，並不重要，甚至不值一提。而美國的中國現代歷史研究者周策縱對此顯然有不同的看法。在那本也堪稱「學術名著」的《五四

運動史》中，周策縱對林致蔡的信和蔡覆林的信，都做了十分詳細的介紹，
在摘錄各自基本觀點時，漢譯本中都有數千字的篇幅。不僅如此，對林紓的
《荊生》和《妖夢》這兩篇小說，周策縱也非常重視。對《妖夢》的基本觀
點，介紹得很詳細。至於《荊生》，周策縱則摘錄原文近千字，幾乎是全文引
用了。坦率地說，當我初次讀到這裏時，始而驚訝，繼而歎服。周策縱的《五
四運動史》，是從政治、經濟、文化諸方面對「五四運動」進行總體性研究的
書。周策縱面對的問題比單純的「五四」文學或「五四」文化研究者要多得
多，他要處理的資料自然也遠為龐雜多樣。但卻如此重視林紓這兩篇文言小
說，這不能不讓我驚訝。驚訝之後之所以歎服，是因為這兩篇文言小說，比
那些論說性文章，更能讓我們真切地感受到林紓這一類保守、頑舊人物對新
文化運動是如何切齒痛恨。讀林紓的這兩篇小說，我們實實在在地認識到：
在 1919 年春季，在作為一場政治運動的五月四日事件發生的前夕，文化上的
保守、頑舊派，對陳獨秀、胡適這一批新文化人士，對這一批思想啟蒙者，
真憤嫉到了必欲「食其肉而寢處其皮」的程度。這當然同時讓我們明白，在
這時期，蔡元培、陳獨秀、胡適等人的處境，其實是頗有些兇險的。

　　《荊生》發表於 1919 年 2 月 17 日和 18 日的《新申報》。林紓對新文化
運動的攻擊，尤其是他的這篇《荊生》，與本文所要說的徐樹錚大有關係。《荊
生》中首先出場的是「主人公」荊生：「有荊生者，漢中之南鄭人，薄遊京師，
下榻陶然亭之西廂，書一簏，銅簡一具，重十八斤，懸之壁間，寺僧不敢問
其能運此簡否。然鬚眉偉然，知為健男子也。」「簡」者，「鐧」也，是一種
兵器。林紓告訴讀者：這位荊生文武雙全。雖是「薄遊」，但仍隨身帶著一竹
箱書和一具銅鐧。接著是另三人出場：「時於五月十八日，山下有小奚奴，肩
蠻榼載酒，其後轆轆三車，載三少年，一為皖人田其美，一為浙人金心異，
一則狄莫，不知其何許人，悉新歸自美洲，能哲學，而田生尤穎異，能發人
所不敢發之議論，金生則能『說文』，三人稱莫逆，相約為山遊。」從小說發
表始，一直到今天，人們都認為田、金、狄三人，分別影射陳獨秀、錢玄同、
胡適，似乎未見異議。周策縱在《五四運動史》中，對此做了說明：「田其
美是影射陳獨秀。根據中國古史，田氏是陳氏的分支，『秀』與『美』二字
意義相近。田其美一名大概也是摹仿民初革命黨人陳其美的名字。金心異影
射錢玄同。『金』與『錢』同義，而『異』與『同』則為相反詞。狄莫影射
胡適。『胡』與『狄』都可指野蠻民族。以『莫』代『適』是據《論語》《里

仁》篇:『無適也,無莫也,義與之比。』或《左傳》昭公三十年:『楚執政眾而乖,莫適任患。』」〔註1〕。田、金、狄三人坐定後,把酒縱談,詆毀孝道、「力培孔子」。談興方濃,「忽聞有巨聲,板壁傾矣,撲其食案,杯碗俱碎。」繼而「一偉丈夫」從破壁跳至三人面前,戟指怒斥。「田生尚欲抗辯,偉丈夫駢二指按其首,腦痛如被錐刺。更以足踐狄莫,狄腰痛欲斷。金生短視,丈夫取其眼鏡擲之,則怕死如蝟,泥首不已。丈夫笑曰:『爾之發狂似李贄,直人間之怪物。今日吾當以香水沐吾手足,不應觸爾背天反常禽獸之軀幹。爾可鼠竄下山,勿污吾簡。……留爾以俟鬼誅。』」於是,三人「鼠竄下山」,而「回顧危闌之上,丈夫尚拊簡俯視,作獰笑也。」

林紓讓田、金、狄三人被這「偉丈夫」狠狠地教訓了一頓。「偉丈夫」罵之不足,動起了手足。三個文弱書生,遇如此「偉丈夫」,當然只能「屁滾尿流」。小說一發表,人們在意識到田、金、狄分別影射陳、錢、胡的同時,也意識到這「荊生」是暗指其時的皖系軍閥徐樹錚。「荊生」實指徐樹錚,此點陳獨秀、胡適、劉半農、傅斯年、周作人等都曾或直接或間接地談及。周策縱也認可這一說法。在《五四運動史》中,論及《荊生》、《妖夢》時,周說:「雖然林紓本人並不完全同意軍閥政府的各種內政外交政策,但許多人都相信這些故事的目的是向軍閥求援,要他們干涉北大行政,尤其是隱含著徐樹錚,因為他是安福系最能幹的領導人物,又是極崇拜林紓的人。」〔註2〕

然而,近年卻有人作文為林紓叫屈,認為把「荊生」與徐樹錚聯繫起來,是厚誣了林紓。甚至強調,新文化人士在「荊生」與徐樹錚之間劃等號,是一種「運動之術」。換言之。新文化人士其實也並个相信林紓是按照徐樹錚的形象在塑造荊生。他們之所以要說「荊生」實指徐樹錚,不過是一種鬥爭策略,是陷林紓於不義的一種手段。陸建德發表於 2008 年 12 月 4 日《南方周末》的《再說「荊生」,兼及運動之術》(又見《中國圖書評論》2009 年第 3 期),表達的就是這樣的觀點。

這樣來談論這一問題,我以為是有些不妥的。

徐樹錚其人及與林紓之關係

林紓是否有意識地以「荊生」暗指徐樹錚,是一回事;新文化人士是否

〔註 1〕 周策縱:《五四運動史》,嶽麓書社 1999 年 8 月版,第 89～90 頁注釋部分。
〔註 2〕 周策縱:《五四運動史》,嶽麓書社 1999 年 8 月版,第 91 頁。

有充分的理由從「荊生」形象認出了徐樹錚，又是一回事。我以為，即便林紓主觀上並沒有以「荊生」暗指徐樹錚之意，新文化人士也有足夠的理由，從「荊生」想到徐樹錚。說新文化人士將「荊生」認作徐樹錚是一種「運動之術」，那才真是厚誣了新文化人士。

在那時期的北洋軍閥中，徐樹錚的確算得上一個獨特之人。

1880 年 11 月 11 日，徐樹錚出生於江蘇省蕭縣（1955 年，蕭縣劃歸安徽）。徐樹錚字又錚，又曾自號則林。「徐則林」顯然是表示要效法「林則徐」。徐父是個鄉村秀才，一生以教書為業，徐樹錚因此從小受到較好的舊式教育。庚子事變後，投身軍旅，與段祺瑞相遇而深受段之賞識。1905 年至 1910 年，徐樹錚在日本留學，學習軍事。從日本回國後，徐樹錚又回到段祺瑞麾下。1911 年 10 月 10 日，「武昌起義」爆發。1912 年 1 月 1 日，孫文在南京就任中華民國臨時大總統。清帝宣佈退位後，袁世凱繼孫文任臨時大總統，段祺瑞為陸軍總長，徐樹錚則先後任陸軍部軍學處處長、軍馬司司長，兼管總務廳事。1914 年，徐樹錚被任命為陸軍部次長。段祺瑞自遇徐後，便對徐極為倚重和寵信。曾在北洋政府中樞擔任要職的張國淦，在回憶文章《北洋軍閥直皖系之鬥爭及其沒落》中說：「段一生事業，固由徐助其成，亦實敗於徐一人之手，此公論也。……民元段任陸長，徐管理總務廳事，一切公牘批閱指示，即由徐代為主持。及袁世凱取消帝制，恢復國務院，段保徐為秘書長，袁不允，段怫然大不悅，對袁個人之不肯盡力幫助，此其原因之一。黎元洪繼任，段仍保徐為院秘書長，黎亦不同意，經中間竭力疏通，始勉允任命。」〔註3〕

在北洋時期活躍著的軍閥和政客中，徐樹錚有兩點頗異於其它人。一是很有文才，傳統文化的修養很不錯。張國淦在上面所說的回憶文章中，也說徐樹錚遇段祺瑞後，「段賞其才氣縱橫，始加重視。」這裏的「才氣」，首先指「文才」。張國淦又說：「徐之為人，非久甘寂寞者，其精力強幹，下筆千言，恆輩之所不及。段對之言聽計從，即事未關白，亦引為己責，可謂任之專而信之篤。」這就是說，身為國務總理的段祺瑞，對這秘書長到了「溺愛」的程度。在軍界和政界角逐的同時，徐樹錚還以他自己的方式，重視文化教育。在文化建設上，在教育事業上，徐樹錚也有著自己的理想、抱負。這樣，就與林紓攜起了手。關於這一點，下面再說。

〔註3〕 張國淦：《北洋軍閥直皖系之鬥爭及其沒落》，見《北洋軍閥史料選輯》，中國社會科學出版社 1981 年版，下冊。

　　徐樹錚另一個異於其它人之處，是極其專橫跋扈，極其敢作敢爲。1916年6月6日，袁世凱死。7日，黎元洪繼任大總統，段祺瑞仍爲國務院總理。雖然對段祺瑞提議任命徐樹錚爲國務院秘書長，黎元洪進行了強烈的抵制。但黎元洪終於拗不過段祺瑞，徐樹錚於是成了國務院秘書長。而身爲中華民國國務院秘書長的徐樹錚，卻往往視中國華民國大總統黎元洪如小兒。地方軍閥，本就是土皇帝，皇帝一般行事，令人不難理解。但徐樹錚是在政府中樞擔任秘書長這樣的職務。這雖是要職，但畢竟是在總統和總理身邊辦事，或者說，畢竟是在爲總統和總理辦事。權再重，也是高級管家、高級聽差的角色。但徐樹錚往往凌駕於總統、總理之上，常常做些先斬後奏、斬而不奏的事。這一時期的所謂「府院之爭」，名義上是總統府與國務院之爭，是黎元洪與段祺瑞之爭，實際上是總統府與徐樹錚之爭，或者說，是總統黎元洪與國務院秘書長徐樹錚之爭。張國淦在《北洋軍閥直皖系之鬥爭及其沒落》一文中說：「徐每日進府蓋章，不發一言。某日因山西省同時更動三廳長，黎偶問及是何原因……徐竟率對以『總統但在後頁年月上蓋章，何必管前面是何事情』。黎當時大爲難堪，表示以後不願再見徐之面。其跋扈可想。」〔註4〕一個國務院秘書長，拿著公文請總統蓋章，竟不許總統過問公文內容。——這種事都幹得出來，還有什麼事他不敢幹？

　　說到徐樹錚，不能不說到所謂「安福俱樂部」。1917年7月，張勳的復辟鬧劇收場後，原來的副總統馮國璋代理總統，段祺瑞仍爲國務總理。「安福俱樂部」最初成員之一的劉振生，在《安福系的形成及其內幕》一文中說，這時決定仿照辛亥革命南京臨時政府的辦法，召集臨時參議院，重新制定國會組織法及參眾兩院議員選舉法，另行選舉參眾兩院議員。而「安福系之產生，就是由這個臨時參議院而來的」〔註5〕。簡單地說，以段祺瑞爲首的皖系軍閥，爲達到控制國會、操縱選舉的目的，才成立了這樣一個「議員俱樂部」。而這「俱樂部」的當家者，就是徐樹錚。這「俱樂部」一開始設在北京西城的安福胡同，因有「安福俱樂部」之稱。後來，聚集到這裏的人越來越多，安福胡同的房子已嫌狹小，便遷到太平湖新址。「安福俱樂部」雖是皖系軍閥創設，但目的是要掌控國會，所以其成員必須是來自「五湖四海」，各省議員都有。

〔註4〕張國淦：《北洋軍閥直皖系之鬥爭及其沒落》，見《北洋軍閥史料選輯》，中國
　　　社會科學出版社1981年版，下冊。
〔註5〕劉振生：《安福系的形成及其內幕》，見《北洋軍閥史料選輯》下冊。

有些是被誘而來，有些是投奔而來。隨著皖系的勢力迅速強大，想擠進這「安福俱樂部」的人自然不少。劉冰天在《關於徐樹錚和安福俱樂部》一文中說：「安福俱樂部列名的議員，每月受津貼三百元，確繫事實，支票上鈐有『任重致遠』圖章一個。」〔註6〕三百元，可不是一個小數目。那時的北大教授，月薪也就此數，但已是高薪了。所以，僅以此為誘餌，就可以招來許多人。劉振生在《安福系的形成及其內幕》中說：「安福系挾官府之權威，加之以金錢的補助，那（哪）有不獲全勝之理。……所以全國大選揭曉之後，絕大多數議席，皆為安福系所佔有。而這些議員既然是由安福系一手包辦而來，當然也就不能不俯首帖耳，甘願服從其驅使了。」〔註7〕選舉結束，國會成立，這國會便被人們稱為「安福國會」。

以徐樹錚為首的「安福俱樂部」，控制國家政權兩年之久。而這一時期，也正是「五四運動」爆發之前的兩年。「安福系」在政治界呼風喚雨、耕雲播雨之時，也正是陳獨秀、胡適、錢玄同、魯迅、周作人、劉半農等新文化人士在思想文化界翻江攪海、除舊布新之時。劉振生在《安福系的形成及其內幕》中說：「當是時，徐樹錚勢焰薰天，炙手可熱」。徐府自然門庭若市。劉振生說，「此時奔走北池子徐宅之人士，約為四類」。第一類便是「老學究」。「徐樹錚幼受書毒，咬文嚼字；他最得意的一部書，就是《古文辭類纂》，每日有暇，即圈點諷誦，不離手也。因此之故，他對於世所謂文學家，頗能推崇優禮，最著者為柯劭忞、王樹枏、馬其昶、姚永樸、林紓、王式通等。」〔註8〕這讓我們明白，當新文化運動蓬勃高漲之時，在北京的一些保守、頑舊人士，則聚集到了徐樹錚身邊。換言之，在那幾年，「安福俱樂部」不僅是北京的政治中心，也是思想文化上保守、頑舊勢力的一個據點。如果說，北京大學內部也聚集著一批思想文化上的保守、頑舊人物，那「安福俱樂部」則是大學校園外保守、頑舊勢力的中心。

幾乎所有徐樹錚的同時代人回憶徐時，都說此人極有政治野心。而在政務、軍務纏身之時還分身於文化教育，與其說是興趣使然，毋寧說是受政治野心驅使。劉振生在《安福系的形成及其內幕》中說：「徐雖係武人，頗喜文

〔註6〕 劉冰天：《關於徐樹錚和安福俱樂部》，見中國政協《文史資料選輯》第二十六輯。
〔註7〕 劉振生：《安福系的形成及其內幕》，見《北洋軍閥史料選輯》下冊。
〔註8〕 劉振生：《安福系的形成及其內幕》，見《北洋軍閥史料選輯》下冊。

學（引按：此處「文學」當指廣義之文史哲），具有政治野心……對於新時代
的潮流和進步思想毫不注意，也可說根本不瞭解。他曾在福建利用王永泉的
軍隊推倒福建督軍李厚基，組織什麼軍政置制府。這個置制府的名詞，就可
見其守舊之一斑。他知道搞政治沒有槍桿子不成，完全依靠槍桿子也不成，
所以他在北京創設成達中學，並計劃改爲大學。這一點在北洋派的軍人中是
罕見的。」〔註9〕徐樹錚迷戀舊的思想文化，所以林紓等一班保守、頑舊人物
便逐臭而來。在政界軍界以狂傲著稱、連「大總統」都可以不放在眼裏的徐
樹錚，對林紓這類人，卻十分禮遇。在組建「安福俱樂部」之前，徐樹錚出
面購買美國軍火，拿了一筆不小的回扣。徐便用這筆錢，創辦了「正志中學」
（直皖戰爭後，改名「成達中學」）。「正志中學」之創設，無疑是徐樹錚與新
文化運動對抗、與新文化人士爭奪下一代的一種措施。據王彥民《徐樹錚傳》
說：徐樹錚自任校長，並且親自遴選教員，親自制定教學計劃。這也可看出
徐某在文化上頗爲自信、自傲。不用說，那些保守、頑舊人物，在這裏有了
「用文之地」。姚永概任教務長，兼授《孟子》、《左傳》和《尺牘選鈔》；林
紓教授《史記》；姚永樸教授《論語》、《文選》等；馬其昶教授《春秋左氏傳》
等。〔註10〕王彥民《徐樹錚傳》說：「徐樹錚非常尊重林紓、姚永樸、姚永概
等幾位老先生。他往往親自攙扶幾位老先生進入教室登上講壇。每逢星期三
晚上，還約請幾位老先生，及吳闓生（闓疆）臧蔭松（碭秋）等，一起吃館
子。……林紓最爲健談，往往是他一個人說話。」〔註11〕「五四運動」爆發
後，徐樹錚嚴禁「正志中學」學生參加運動。當其它學校的學生在街頭熱血
沸騰時，「正志中學」的學生列隊走過而目不斜視，以致被市人稱爲「冷血團」。
徐樹錚覺得，僅僅禁止學生參加運動還不夠。只要學生在北京，耳濡目染，
思想心靈總要受到影響。於是，徐不惜耗資在北戴河租借房屋，把學生帶到
那裏「度假」，以便徹底避開運動。

在眾保守、頑舊人物中，徐樹錚對林紓尤其崇拜。徐樹錚對林紓執弟子
禮，世界書局1949年出版的《林紓弟子表》中，赫然有著徐樹錚的名字。徐
每見林，「必稱以師」，致林書則「皆稱琴師，而自署弟子」。〔註12〕

〔註9〕 劉振生：《安福系的形成及其內幕》，見《北洋軍閥史料選輯》下冊。
〔註10〕 王彥民：《徐樹錚傳》，黃山書社1993年12月版，第26頁。
〔註11〕 王彥民：《徐樹錚傳》，黃山書社1993年12月版，第24頁。
〔註12〕 見周天度：《蔡元培傳》，人民出版社1984年9月版式，第149頁。

由「荊生」想到徐樹錚是很自然的

《荊生》發表於 1919 年 3 月 17 至 18 日；《妖夢》發表於 3 月 19 至 23 日。當《妖夢》還在上海連載時，林紓又於 3 月 18 日在北京的《公言》上發表著名的致蔡元培的公開信。而這《公言報》，正是「安福系」的機關報。發表於《公言報》的致蔡元培的公開信，當然不僅只表達了林紓個人對新文化運動的痛恨，也可以認為是代表了整個「安福系」發言，更可以認為是為「安福系」首領徐樹錚代言。這期間，針對新文化運動，《公言報》不僅發表了林紓的這封公開信。在刊出這公開信的同時，還刊出了《請看北京學界思潮變遷之近狀》的長文，與林紓同一腔調，對蔡元培、陳獨秀、胡適、錢玄同、劉半農等嚴詞厲色地攻擊。為林紓的公開信配發這樣的文章，既是在為林紓壯聲勢，更是在向世人表明：林紓的公開信，並非只是表達他個人的觀點，更是代表整個「安福系」的立場。這一時期，《公言報》還發表了其它保守、頑舊人物的文章。

不僅僅是發表文章。這期間，「安福系」已經對北京大學、對新文化運動，開始採取現實行動了。1920 年 11 月，蔡元培經上海赴歐洲，陳獨秀及旅滬北大同學會設宴為蔡先生送行，陳獨秀於致詞中說：「安福俱樂部當權時，即無日不思與北大反對，蔡先生之精神力用之於對付反對者三分之二，用之於整理校務者，僅三分之一耳。」〔註13〕1940 年 3 月，傅斯年在重慶寫了《我所景仰的蔡先生之風格》，其中說：「在五四前若干時，北京的空氣，已為北大師生的作品動蕩得很了。北洋政府很覺得不安，對蔡先生大施壓力與恫嚇，至於偵探之跟隨，是極小的事了。有一天晚上，蔡先生在他當時的一個『謀客』家中談此事，還有一個謀客也在。當時蔡先生有此兩謀客，專商量如何對北洋政府的，其中的那個老謀客說了無窮的話，勸蔡先生解陳獨秀先生之聘，並要約制胡適之先生一下，其理由無非是保存機關、保存北方讀書人一類似是而非之談。蔡先生一直不說一句話。直到他們說了幾個鐘頭以後，蔡先生站起來說：『這些事我都不怕，我忍辱至此，皆為學校，但忍辱是有止境的。北京大學一切的事，都在我蔡元培一人身上，與這些人毫不相干。』這話在現在聽來或不感覺如何，但試想當年的情景，北京城中，只是些北洋軍匪，安福賊徒，袁氏遺孽，具人形之識字者，寥寥可數，蔡先生

〔註13〕見周天度：《蔡元培傳》，人民出版社 1984 年 9 月版式，第 151 頁。

一人在那裏辦北大，爲國家種下讀書、愛國、革命的種子，是何等大無畏的行事！」〔註14〕

以徐樹錚爲首的「安福系」，對以北大爲中心的新文化運動，當然必欲撲滅之而後快。周天度的《蔡元培傳》，依據北京大學檔案，敘述了 1919 年三四月間，北洋政府怎樣對蔡元培施加壓力。而這可以理解爲是「安福系」在假政府之手而對北大施壓。這期間，總統徐世昌幾次召見教育總長傅增湘和北大校長蔡元培，要求對陳、胡等人加以管束。3 月 26 日，傅增湘又秉承徐世昌旨意，致信蔡元培，對北大師生的新文化運動，多有微詞，表示「不能不引爲隱憂耳」〔註15〕。在如此強大的壓力下，蔡元培也不得不有所妥協、退讓。3 月 26 日，也就是傅增湘致信蔡元培的這一天晚上，蔡元培等人在湯爾和家中開會，商量對策。會上，蔡元培無奈地做出了免去陳獨秀北大文科學長一職的決定。

僅僅免去陳獨秀文科學長，當然並不能就讓「安福系」斂手息舌。但幸虧一個多月後，作爲政治運動的「五四運動」便爆發了。這場運動使政治局面也有了巨變。「安福系」也難以對新文化運動有更大的作爲了。周策縱在《五四運動史》中說：「要是『五四事件』沒有發生的話，在北大和其它大學裏的新思想運動很可能就會被軍閥政府鎮壓下去了。」〔註16〕這個判斷，並非信口開河。

說了這麼多，是想表明：林紓小說《荊生》中的「荊生」，確實很容易讓人想到徐樹錚。最大的理由，就是徐樹錚已經在現實中扮演「荊生」的角色了。小說《荊生》某種意義上是一種寫實。如果當時的人們，沒有把「荊生」與徐樹錚聯繫起來，我們今天也應該補充一句：「荊生」真像當時的「安福系」頭領徐樹錚。

2010 年 2 月 21 日

〔註14〕 傅斯年：《我所景仰的蔡先生之風格》，見《蔡元培先生紀念集》，中華書局 1984 年 2 月版。

〔註15〕 見周天度：《蔡元培傳》，人民出版社 1984 年 9 月版式，第 149 頁；第 151 頁；第 158 頁。

〔註16〕 周策縱：《五四運動史》，嶽麓書社 1999 年 8 月版，第 99～100 頁。

中國現代大學與
中國現代文學的相互哺育

　　「五四」新文學起源於蔡元培長校後的北京大學。從北京大學的《新青年》，流出了胡適的新詩，流出了魯迅的白話小說，流出了胡適、陳獨秀、周作人等人的理論文章。新文學最初的一批作者，大都是北京大學的師生；新文學最初的那些作品，大都發表於北京大學的《新青年》和《新潮》兩種刊物。繼北京大學之後，燕京大學和清華大學的師生，也成為新文學創作的生力軍。可以說，在左翼文學興起前的十來年裏，中國現代文學是以中國現代大學為依託的。二十年代末期，左翼文學和「海派小說」興起，新文學的格局發生重大變化。以北京為中心、以自由主義為基本特徵的新文學，仍然是以北大、清華、燕京等幾所大學為根據地，而以上海為中心的左翼文學和「海派小說」則開始與大學相分離。新文學的第二個十年裏，有所謂「京派文學」與「海派文學」之分，而這時期「京派文學」的作者，基本是北方一些大學的師生。抗戰爆發，新文學從外在的格局到內在的精神都發生巨變。全面抗戰開始後，文學進一步與大學分離，但由北大、清華、南開三所大學組成的西南聯合大學校園裏，仍然活躍著一批熱衷於新文學創作的師生。

　　中國新文學起源於大學。在此後的三十多年間，新文學與現代大學的關係雖然並非一成不變，雖然在總體上新文學逐漸與大學相脫離，但畢竟在各個時期新文學與大學之間都有著某種程度的關係。1949 年後，新文學進入了所謂「當代」，與大學的關係也基本斷絕。一方面是大學的教師或學生，另一方面又是活躍於文壇的文學創作者，這樣一種身份合一、一身二任的現象，

進入「當代」後基本絕跡。到了九十年代，文學與大學之間又開始發生關係，一批本在大學之外從事文學創作、身份本是「作家」的人，成了大學的教授或兼職教授，成了大學裏的「碩導」或「博導」，甚至被聘為大學的文學院長。賈平凹、王蒙、王安憶、莫言、余華等人如今就或在一家或多家大學當「兼職教授」、「帶」研究生，或乾脆雙腳踏進大學成了專職的教授、「碩導」、「博導」。表面看來，這是在恢復新文學的一種傳統。但實際上，今天的這種狀況，與 1949 年以前僅僅只有表面的相似，骨子裏不可同日而語。

重建文學與大學的關係是十分必要的。要重建文學與大學的關係，就要弄明白在 1949 年以前文學與大學之間的關係到底是怎樣一回事。

一

1917 年 1 月 4 日，蔡元培就任北京大學校長，1 月 11 日，即以學校名義致函北京政府教育部，要求批准陳獨秀為北大文科學長。13 日，教育部覆函北京大學，批准陳獨秀為文科學長。1 月 15 日，陳獨秀就任北京大學文科學長。按照與蔡元培的約定，《新青年》也隨陳獨秀進入北大。在 1 月 1 日出版的第二卷第五號上，已經發表了胡適的《文學改良芻議》。2 月 1 日，《新青年》第二卷第六號出版，這是《新青年》進入北大後出版的第一期。在這一期上，陳獨秀發表了響應胡適《文學改良芻議》的《文學革命論》。文學革命的號角於是吹響。陳獨秀在答應就任北京大學文科學長的同時，向蔡元培推薦了尚在美國的胡適。1917 年 7 月，胡適應蔡元培之邀回國，9 月就任北京大學教授。這時，胡適後來收入《嘗試集》中一些新詩也開始陸續在《新青年》上發表。在 1918 年 4 月 15 日出版的《新青年》第四卷第四號上，胡適發表了《建設的文學革命論》。1918 年 1 月，《新青年》改組為同人刊物，成立編委會，由陳獨秀、胡適、李大釗、錢玄同、高一涵、沈尹默六人輪流主持。周作人也於 1917 年 9 月受聘為北京大學文科教授。在 1918 年 12 月 15 日出版的《新青年》第五卷第六號上，周作人發表了《人的文學》一文。魯迅雖遲至 1920 年 8 月才被聘為北京大學講師，但在 1918 年 5 月 15 日出版的《新青年》第四卷第五號上，魯迅發表了中國現代文學史上第一篇白話小說《狂人日記》，從此一發而不可收，幾年間在《新青年》上發表了大量作品。這期間，被蔡元培聘入北大的錢玄同、劉半農、李大釗等，也是《新青年》的重要作者。如果把蔡元培主持的北大比作一座山，那《新青年》就是這山上的一孔

清泉，從這裏流出了新的文學思想、新的詩歌、新的小說、新的散文；從這裏出發，新文學流成了一條大河。香港學人陳萬雄在其專著《五四新文化的源流》中說道：「陳獨秀之往掌北大文科，促使北大原有革新力量成為《新青年》作者，這一刊一校革新力量的結合，倡導新文化運動才形成了一個集團性的力量。」〔註1〕

　　論及新文學初期的情形，還不能不說到北大學生創辦的《新潮》月刊。1918年秋，北大學生傅斯年、羅家倫等成立「新潮社」，在陳獨秀等人的支持下，創辦了刊物《新潮》。《新潮》與《新青年》相輔而行、相得益彰，為新文學的站穩腳跟和發展壯大，做出了重要貢獻。1950年12月20日，傅斯年在臺灣大學校長任上猝然辭世，羅家倫在1950年12月31日出版的臺北《中央日報》上，發表《元氣淋漓的傅孟真》一文以示哀悼，其中說：「一九一八年，孟真和我還有好幾位同學抱著一股熱忱，要為文學革命而奮鬥。於是繼《新青年》而起組織新潮社，編印《新潮》月刊，這是在這個時代中公開主張文學革命的第二個刊物。我們不但主張，而且實行徹底地以近代人的語言，來表達近代人的思想，所以全部用語體文而不登載文言文。我們主張文學主要的任務，是人生的表現與批評，應當著重從這個方面去使文學美化和深切化，所以我們力持要發揚人的文學，而反對非人的與反人性的文學。……其實我們天天與《新青年》主持者相接觸，自然彼此間都有思想的交流和相互的影響。不過，從當時的一般人看來，彷彿《新潮》的來勢更猛一點，引起青年們的同情更多一點。《新潮》的第一卷第一期，複印到三版，銷到一萬三千冊，以後也常在一萬五千冊左右，則聲勢不可謂不浩大。」

　　論及這一時期大學與文學的關係時，另一群大專院校的學生不能不提，他們是鄭振鐸、瞿秋白、耿濟之、許地山、瞿世英、王統照，還有其時在北京大學旁聽並參加了北大「新潮社」的郭紹虞。1917年夏，鄭振鐸來到北京，考入交通部所屬的鐵路交通學校。而同年暮春，瞿秋白來到北京，考入外交部所屬的俄文專修館。耿濟之與瞿秋白同時考入俄文專修館，入學後倆人成為同班同學。許地山和瞿世英，其時同是北京彙文大學的學生（1919年，北京彙文大學、華北協和女子大學、通州協和大學合併為燕京大學），王統照則是北京大學學生。瞿秋白、鄭振鐸、耿濟之、許地山、瞿世英等人恰好都住在東城根一帶，又加上共同的興趣和志趣，很快便聚集在一起。1919年11月，

〔註1〕陳萬雄：《五四新文化的源流》，三聯書店1997年1月版，第43頁。

鄭振鐸、瞿秋白、耿濟之、瞿世英等人合辦的旬刊《新社會》出版。《新社會》主要發表批評社會的文章，但也發表新文學作品。在《新社會》第一號上，鄭振鐸發表了在當時頗有影響的新詩《我是少年》：

> 我是少年！我是少年！
>
> 我有如炬的眼，
>
> 我有思想如泉。
>
> 我有犧牲的精神，
>
> 我有自由不可捐。
>
> 我過不慣偶像似的流年，
>
> 我看不慣奴隸的苟安。
>
> 我起！我起！
>
> 我欲打破一切的威權。

這首詩，表現的是典型的「五四」精神。葉聖陶晚年在為《鄭振鐸選集》作序時，寫道：「振鐸兄的這首《我是少年》發表在『五四』運動之後不久，可以說是當時年輕一代人覺醒的呼聲。這道詩曾經有人給配上譜，成為當時青年學生普遍愛唱的一支歌。」〔註2〕1920年5月，《新社會》辦到第19號時，被北京警察當局查禁。鄭振鐸、瞿秋白等人又於8月間創辦了《人道》月刊，但也出版了一期便因經費無著而停刊。

這時期，這群青年學生對俄羅斯文學發生了強烈的興趣。鄭振鐸在《記瞿秋白同志早年的二三事》中回憶道：「我們在那個時候開始有一個共同的興趣就是搞文學。我們特別對俄羅斯文學有了很深的喜愛。秋白、濟之是在俄文專修館讀書的。在那個學校裏，用的俄文課本就是普希金、托爾斯泰、屠格涅夫、契訶夫等的作品。濟之偶然翻譯出一二篇托爾斯泰的短篇小說來，大家都很喜悅它們。」〔註3〕瞿秋白、耿濟之等直接從俄文閱讀俄羅斯文學，鄭振鐸等則找來英譯俄羅斯文學作品閱讀。讀好的外文作品而產生翻譯的衝動，是很自然的。鄭振鐸們也不例外：「我們這時候對俄國文學的翻譯，發生了很大的興趣。秋白、濟之，還有好幾位俄專裏的同學，都參加翻譯工作。

〔註2〕葉聖陶：《〈鄭振鐸選集·序〉》，福建人民出版社1984年4月版。

〔註3〕鄭振鐸：《記瞿秋白同志早年的二三事》，見《憶秋白》一書，人民文學出版社1981年8月版。

我也譯些契訶夫和安德烈耶夫的作品，卻都是從英文轉譯的。同時，也看些用英文寫或譯的俄國文學史，像小小的綠皮的家庭叢書裏的一本《俄國文學》，就成了我們懷中之寶。秋白他們譯托爾斯泰、屠格涅夫、高爾基的小說，普希金、萊蒙托夫的詩，克雷洛夫的寓言，其中有關於作家的介紹，就是由我從那本小書裏抄譯出來的。我當時曾寫信給在日本的田漢同志，希望他能介紹些俄國文學史給我們。」〔註4〕瞿秋白、耿濟之等人對俄羅斯文學的翻譯，是中國直接從俄文原著翻譯俄羅斯文學之始。這期間，有幾種他們翻譯的俄國文學作品集出版。瞿秋白、耿濟之等翻譯的《托爾斯泰短篇小說集》由共學社出版，鄭振鐸、耿濟之等多人翻譯的《俄國戲曲集》由商務印書館出版，耿濟之、沈穎等翻譯的《俄羅斯名家短篇小說集》第一集由北京新中國雜誌社出版。在翻譯俄羅斯文學的同時，鄭振鐸、瞿秋白，耿濟之等人還有不少介紹、評析俄羅斯文學的文章。俄羅斯文學對中國現代文學產生了巨大而深刻的影響。這一時期，瞿秋白、鄭振鐸、耿濟之等一群北京大專院校的學生對俄羅斯文學的翻譯與評介，實際上在間接地從事著中國新文學的創造。

1920 年 10 月，瞿秋白以北京《晨報》和上海《時事新報》特派記者的身份起程赴蘇俄。1921 年 1 月 4 日，中國第一個文學社團「文學研究會」在北京中央公園來今雨軒宣告成立。當時公佈的 12 位發起人是：周作人、朱希祖、耿濟之、鄭振鐸、瞿世英、王統照、沈雁冰、蔣百里、葉紹鈞、郭紹虞、孫伏園、許地山。這 12 人中，周作人、朱希祖是北大教授，他們同蔣百里、葉紹鈞、沈雁冰、孫伏園等人應該是比較外圍的人物，他們在一定程度上是被拉來壯聲勢的，且葉紹鈞、沈雁冰也並未來京參加成立大會。耿濟之、鄭振鐸、瞿世英、王統照、許地山這幾個學生無疑是「文學研究會」真正的籌劃者。「文學研究會」的成立，並非心血來潮之舉。鄭振鐸、瞿秋白、耿濟之等人幾年間在從事俄羅斯文學的翻譯評介過程中，逐漸形成了發起成立一個文學社團的想法。「文學研究會」正式成立時，瞿秋白已離開北京，所以無緣成為發起人，但應該認為瞿秋白是實際上的發起人之一。另一個應該強調的問題是，「文學研究會」完全是俄羅斯文學所催生的。「文學研究會」的宗旨是要在中國創造新文學，至於如何創造新文學，是以俄羅斯文學為參照、為榜樣的。鄭振鐸起草的宣言中說：「將文藝當作高興時的遊戲，或失意時的消遣

〔註4〕鄭振鐸：《記瞿秋白同志早年的二三事》，見《憶秋白》一書，人民文學出版社 1981 年 8 月版。

的時候，現在已經過去了。我們相信文學也是一種工作，而且又是於人很切要的一種工作。治文學的人，也當以這事為他一生的事業，正同勞農一樣。」這樣的一種對文學的認識和要求，也是俄羅斯文學賦予的。是果戈理、托爾斯泰、屠格涅夫、契訶夫等人讓鄭振鐸們對文學具有了這樣一種觀念。

這時期，北京的清華學校也活躍著一批熱衷於新文學創作和研究的學生。聞一多 1913 考入清華學校，1922 年離開清華學校赴美留學。聞一多的新詩創作和研究，起步於清華學校求學時期。1923 年 9 月，聞一多的第一部詩集《紅燭》出版。《紅燭》全書分為「李白篇」、「雨夜篇」、「青春篇」、「孤雁篇」、「紅豆篇」，其中「李白篇」、「雨夜篇」、「青春篇」都寫於清華學校時期。在熱情地創作新詩的同時，聞一多還熱心於新詩的理論批評與研究。在 1921 年 3 月 11 日出版的《清華周刊》第 211 期上，聞一多發表了《敬告落伍的詩家》一文，對清華學校國文部的文化保守傾向進行了尖銳的批評。文章一開頭便強調「詩體底解放早已成了歷史的事實」，而清華學校卻「人人都搖起筆來，『平平仄仄……』的唱開了，把人家鬧了幾年的偌大一個詩體解放底問題，整個忘掉了。」聞一多進而寫道：「我誠誠懇懇地奉勸那些落伍的詩家，你們要鬧玩兒，便罷，若要真做詩，只有新詩這條道走，趕快醒來，急起直追，還不算晚呢。若是定要執迷不悟，你們就刊起《國故》來也可，立起『南社』來也可，就是做起試帖來也無不可，只是千萬要做得搜藏一點，顧顧大家底面子。有人在那邊鼓著嘴笑我們腐敗呢！」〔註 5〕不僅是聞一多熱衷於新文學的創作和研究。那時的清華學校學生梁實秋後來回憶道：「我從事文藝創作是在我進入高等科之初，起先是幾個朋友（顧毓秀、張忠紱、翟桓等）在校慶日之前熱熱鬧鬧翻譯了一本《短篇小說做法》……我們的組織名為『小說研究社』，向學校借佔了一間空的寢室作為會所。後來我們認識了比我們高兩級的聞一多，是他提議把小說研究社改為『清華文學社』，添了不少新會員，包括朱湘、孫大雨、聞一多、謝文炳，饒子離（孟侃）、楊子惠（世恩）等。……這時候我和一多都大量的寫白話詩，朝夕觀摩，引為樂事。」〔註 6〕

〔註 5〕聞一多：《敬告落伍的詩家》，見《聞一多青少年時代詩文集》，雲南人民出版社 1983 年 8 月版。

〔註 6〕梁實秋：《清華八年》，見《梁實秋文壇沉浮錄》，黃山書社 1992 年 1 月版，第 143～144 頁。

　　1925 年 5 月，聞一多中止在美國的留學，回到國內，任國立藝術專門學校教務長，對新詩的熱情仍未稍減。徐志摩主編《晨報副刊》，每周出詩刊一次，這詩刊就由聞一多編輯。這期間，聞一多的書房成了一群新詩人聚會的場所。聞一多將自己的書房裝飾得別具一格，因而給來過的人都留下深刻的印象。例如，賽先艾在《憶聞一多同志》中有這樣的回憶：「他的那間書房，凡是到過的人都記得很清楚，完全用黑紙裱糊，詩人仿武梁祠畫像，細筆勾勒了一些人物、車馬的圖形，在高懸的電燈照耀之下，顯得格外神秘、陰森；當然也別具一種藝術風格。」〔註 7〕到聞一多書房來讀詩、品詩、談詩者，大都是在北京求學的學生。沈從文在《談朗誦詩》中對這時期聞一多書房的詩歌活動有這樣的介紹：「在客廳裏讀詩供多數人聽，這種試驗在新月社即已有過，成績如何我不知道。較後的試驗，是在聞一多先生家舉行的。他正從國外學畫歸來，在舊北京美術專門學校任教務長職，住家在學校附近京畿道某號房子。那時他還正存心作畫師，預備用中國歷史故事作油畫，還有些孩子興趣或摩登幻想。把家中一間客廳牆壁表糊得黑黑的，（除了窗子完全用黑紙糊上！）攔腰還嵌了一道金邊。《晨報》社要辦個詩刊，當時京派詩人有徐志摩、聞一多、朱湘、劉夢葦、孫大雨、饒孟侃、楊子惠、朱大枏諸先生。為辦詩刊，大家齊集在聞先生家那間小黑房子裏，高高興興的讀詩。或讀他人的，或讀自己的。不特很高興，而且很認眞。結果所得經驗是，凡看過的詩，可以從本人誦讀中多得到一點妙處，以及用字措詞的輕重得失。凡不曾看過的詩，讀起來字句就不大容易明白，更難望明白它的好壞。聞先生的《死水》，《賣櫻桃老頭子》，《聞一多的書桌》，朱先生的《採蓮曲》，劉夢葦先生的《軌道行》以及徐志摩先生的許多詩篇，就是在那種能看能讀的試驗中寫成的。這個試驗既成就了一個原則，因此當時的作品，比較起前一時所謂五四運動時代的作品，稍稍不同。修正了前期的『自由』，那種毫無拘束的自由，給形式留下一點地位。對文學『革命』而言，有點走回頭路，稍稍回頭。劉夢葦先生的詩，是在新的歌行情緒中寫成的。饒孟侃先生的詩，因從唐人絕句上得到暗示，看來就清清白白，讀來也節奏順口。朱湘先生的詩，更從詞上繼續傳統，完全用長短句形式製作白話詩。新詩寫作原則是賴形式和章節作傳達表現，因此幾個人的新詩，都可讀可誦。」〔註 8〕中國現

〔註 7〕 賽先艾：《憶聞一多同志》，見《聞一多紀念集》，三聯書店 1980 年 8 月版。
〔註 8〕 沈從文《談朗誦詩》，見《沈從文全集》第 17 卷，北嶽文藝出版社 2002 年 12
　　　　月版。

代詩歌史上的所謂「新格律詩派」，就是這樣形成的。

在新文學的第一個十年裏，大專院校的師生扮演著重要的角色。

二

在新文學的第一個十年裏，當然並非所有文學創作和文學思潮都與中國現代大學有直接的關係。郭沫若的《女神》就是在日本留學時期寫成的。1921年6月出現的「創造社」，發起者也都是留日學生。進入三十年代，文壇上有所謂「京派」與「海派」之分。屬於「海派」的文學，雖然也並非與現代大學毫無關係，但總體上則是與大學相分離的。而屬於「京派」的文學，卻仍然與現代大學保持著密切的關係，它基本上是一種大學師生的文學。其時北京（北平）的北京大學、清華大學和燕京大學的教師和學生，構成了「京派」文學的基本隊伍。在北大任教的朱光潛，以批評家的身份積極介入了當時的新文學活動；在清華任教的朱自清、聞一多，本身便是新文學的重要作家。通過他們，新文學與現代大學的關係延續著、發展著。

1933年7月，結束了八年留歐生活回到國內的朱光潛，把他的《詩論》初稿送到了北京大學文學院院長胡適手邊。胡適讀後立即決定聘請朱光潛為北京大學西語系教授，開設西方名著選讀和文學批評史課程。朱光潛還同時在北大中文系、清華中文系、北平大學、中央藝術學院、輔仁大學等處兼課，講授「文藝心理學」和「詩論」。朱光潛在講課的同時，還對其時的文壇投注了很大的熱情。直到抗戰爆發，朱光潛一直住在地安門裏的慈慧殿三號，家中的客廳很寬敞。朱光潛在家中定期舉辦「讀詩會」，參加者基本上是北京各大學熱衷於新文學的師生。「『讀詩會』的目的是研究新詩應該怎麼做，研究『誦詩的藝術』，每月一至兩次，參加的人實在不少，北大有梁宗岱、馮至、孫大雨、羅念生、周作人、葉公超、廢名、卞之琳、何其芳、徐芳等；清華有朱自清、俞平伯、李健吾、林庚、曹葆華等；此外還有冰心、凌叔華、林徽因、周煦良、蕭乾、沈櫻、楊剛、陳世驤、沈從文、張兆和，以及當時在北京的兩位英國詩人尤連·伯羅和阿立通等等。」〔註9〕沈從文對朱光潛家中的「讀詩會」則有這樣的回憶：

〔註9〕 商金林：《朱光潛與中國現代文學》，安徽教育出版社1995年12月版，第95頁。

　　北方《詩刊》（引按：指聞一多主持編輯的《晨報・詩鐫》）結束十餘年，……北平地方又有了一群新詩人和幾個好事者，產生了一個讀詩會。這個集會在北平後門朱光潛先生家中按時舉行，參加的人實在不少。計北大梁宗岱、馮至、孫大雨、羅念生、周作人、葉公超、廢名、卞之琳、何其芳、徐芳……諸先生，清華有朱自清、俞平伯、王了一、李健吾、林庚、曹葆華諸先生，此外尚有林徽因女士，周煦良先生等等。這些人或曾在讀詩會上作過有關於詩的談話，或者曾把新詩，舊詩，外國詩，當眾誦過，讀過，說過，哼過。大家興致所集中的一件事，就是新詩在誦讀上，有多少成功可能？新詩在誦讀上已經得到多少成功？新詩究竟能否誦讀？差不多集所有北方系新詩作者和關心者於一處，這個集會可以說是極難得的。

　　這個集會雖名為讀詩會，我們到末了卻發現在誦讀上最成功的倒是散文。徐志摩、朱佩弦（自清）和老舍先生的散文。記得某一次由清華邀來一位唐寶鑫先生，讀了幾首詩，大家並不覺得如何特別動人。到後讀到老舍先生一篇短短散文時，環轉如珠，流暢如水，真有不可形容的妙處。從那次試驗上讓我們得到另外一個有價值的結論，一個作者若不能處理文字和語言一致，所寫的散文，看來即或順眼，讀來可不好聽。新詩意義相同。有些詩看來很有深意，讀來味同嚼蠟。一篇好散文或一首好詩，想在誦讀上得到成功，同時還要一個會讀它的人。

　　當時長於填詞唱曲的俞平伯先生，最明中國話體文字性能的朱自清先生，善法文詩的梁宗岱、李健吾先生，習德文詩的馮至先生，對英文詩富有研究的葉公超、孫大雨、羅念生、周煦良、朱光潛、林徽因諸先生，此外還有個喉嚨大，聲音響，能旁若無人高聲朗誦的徐芳女士，都輪流讀過些詩。朱、周二先生且用安徽腔吟誦過幾回新詩舊詩，俞先生還用浙江土腔，林徽因女士還用福建土腔同樣讀過一些詩。總結看來，就知道自由詩不能在誦讀上有什麼意想不到的效力。不自由詩若讀不得其法，也只是哼哼唧唧，並無多大意味。多數作者來讀他自己的詩，輕輕的讀，環境又優美合宜，因作者誦讀的聲容情感，很可以增加一點詩的好處。若不會讀又來在較多人數集會中大聲的讀，就常常不免令人好笑。

這個集會在我這個旁觀者的印象上，得來一個結論，就是：新
詩若要極端「自由」，就完全得放棄某種形式上由聽覺得來的成功。
但是這種「新」很容易成為「晦」，為不可解。廢名的詩是一個極端
的例子。何其芳、卞之琳幾人的詩，用分行排比增加視覺的效果，
來救聽覺的損失，另是一例。若不然，想要從聽覺上成功，那就得
犧牲一點自由，無妨稍稍向後走，走回頭路，在辭藻與形式上多注
點意，得到誦讀時傳達的便利，林徽因、馮至、林庚幾人的詩，可
以作例。〔註10〕

從沈從文的回憶可看出，這些大學的師生，在一起進行著深層次的文學交
流，他們從事著創作實驗，探討著創作規律。不妨說，整個北方文壇，幾
乎就定期裝在了朱光潛的客廳裏。大學與文學，在朱光潛的客廳裏如此難
解難分。

1925 年，清華學校設立大學部，朱自清即被聘為國文教授。1928 年，國
民政府改清華學校為國立清華大學，以《玉君》等小說聞名的新文學作家楊
振聲擔任文學院院長兼中文系主任，朱自清積極協助楊振聲創建了中文系。
1928 年度第二學期開學，朱自清便開設了「中國新文學研究」課。將新文學
引進大學課堂，這無論對於中文系的教學研究還是對於新文學發展，都具有
劃時代意義。清華大學不僅開設了「新文學研究課」，還開設了「新文學習作」
課。學生在課堂上聽到對新文學的講解，又動手從事新文學創作，即使培養
不出像樣的新文學創作者，至少可培養出像樣的新文學欣賞者，而這對新文
學的發展也是至關重要的。1930 年度第一學期開學，朱自清又應燕京大學中
文系主任郭紹虞邀請，到燕京中文系兼課，講授「中國新文學研究」。1933 年，
朱自清又應北師大國文系主任錢玄同邀請，到北師大國文系兼課，也講授「中
國新文學研究」。這說明朱自清的這門課，在其時的北京高教界，是很有影響
的。作為大學教授，朱自清的「本業」是中國古典文學。既研究和講授古典
文學，又研究和講授新文學，同時還以著名新文學創作家的身份活躍於文壇，
──大學與新文學，在這樣的教授身上，本來完美地統一著。

1932 年 8 月，聞一多離開青島，回到清華園，應聘為國立清華大學中
文學系教授。這時期，聞一多自己雖新詩創作的熱情已衰退，但關心新文學

─────────────────────

〔註10〕沈從文《談朗誦詩》，見《沈從文全集》第 17 卷，北嶽文藝出版社 2002 年 12
月版。

發展之心、扶助新文學成長之意，並未稍衰，對各大學有志於新文學創作的學生，聞一多尤其盡力指導、獎掖。1933 年夏，時為北京大學四年級學生的林庚出版詩集《夜》，聞一多親自為其繪製封面〔註11〕。也是在這一年，青島大學學生臧克家出版了他的第一本詩集《烙印》，聞一多慨然為之做序。當時的北京大學學生卞之琳，後來回憶說：「我雖然不是聞先生的『及門弟子』，但在我大學畢業前不久，在他從青島大學調來清華大學以後，我也曾面聆過他寫詩方面的不少教言。話，我都記不清了，只感到對我大有教益。儘管他出語有時顯得偏激，胸襟卻是十分寬博。例如，他早年寫過不少愛情詩，卻也面誇過我在年輕人中間就不寫這類詩。又如，就外來影響說，他自己寫詩，主要受過英國十九世紀詩、特別是浪漫派詩的一些影響，但是他也能欣賞我受過法國象徵派詩一些影響的一部分不同的格調。又如，他自己講究格律，但是他也完全不排斥我同時試寫自由體。他自己治學謹嚴，寫詩到《死水》階段，用畫法作比，可以說筆力遒勁，線條硬朗，但是，又舉例說，他會就我一首日後自己廢棄的鬆散的自由詩，不自覺的加了括弧裏的一短行，為我指出好像暈色法添一層意味的道理。」〔註12〕聞一多與學生一起談詩、品詩，為學生詩集繪製封面、撰寫序言，還「不自覺」地為學生改詩。這時期，聞一多、葉公超還合編《學文》月刊，刊發的也多是北京地區大學師生的著譯。

　　1937 年，抗戰全面爆發，政治、經濟和文化的格局都發生重大變化。但西南聯大仍然繼承了北大、清華等大學的傳統，新文學創作的風氣依舊強勁。朱自清、聞一多、楊振聲、沈從文、陳夢家、李廣田、葉公超、錢鍾書、馮至、卞之琳等都曾在西南聯大任教。西南聯大外文系還聘請了威廉·燕卜遜任教。燕卜遜是英國的著名詩人，更是新批評的重要人物，其理論著作《朦朧的七種類型》在當時影響巨大。西南聯大正是有這了這樣一些寫詩、講詩、關心詩、熱愛詩的中外教師，才在學生中產生了一個詩人群。穆旦、鄭敏、杜運燮、袁可嘉、王佐良、趙瑞蕻等，當時都是西南聯大的學生。以穆旦為突出代表的西南聯大詩人群，在中國新詩史上有著重要的地位。燕卜遜、朱自清、李廣田、聞一多、馮至、卞之琳等人的理論、翻譯、講授、指導和鼓勵，加上西南聯良好的人文環境，造就了這個詩歌群體。王佐良後來總結性

〔註11〕見《聞一多年譜長編》，聞黎明、侯立鵬編，湖北人民出版社 1994 年 7 月版，
　　　　第 438 頁。
〔註12〕卞之琳：《完成與開端：紀念詩人聞一多八十生辰》，見《聞一多紀念文集》。

地說：「中國的新詩也恰好到了一個轉折點。西南聯大的青年詩人們不滿足於『新月派』那樣的缺乏靈魂上的大起大落的後浪漫主義；如今他們跟著燕卜遜讀艾略特的《普魯弗洛克》，讀奧登的《西班牙》和寫於中國戰場的十四行詩〔註 13〕，又讀狄侖・托馬斯的『神啓式』的詩，他們的眼睛打開了，——原來可以有這樣的新題材和新寫法。」〔註14〕

聞一多、馮至、卞之琳、李廣田等人對西南聯大青年詩歌群體的影響也是巨大的。1940 年 12 月，西南聯大的一些熱愛新文藝的學生組織了文藝團體「冬青社」，成員中就有杜運燮、蕭珊、汪曾祺、巫寧坤、穆旦。聞一多、馮至、卞之琳、李廣田欣然應邀擔任他們的導師〔註15〕。1944 年 4 月 9 日，又一群學生要成立一個詩社，到聞一多家中，請聞一多擔任導師，聞一多同樣高興地應允了，並強調這個詩社應表現出「新」意，於是這個詩社就被命名爲「新詩社」。後來，當年的「新詩社」成員以史集的集體筆名寫了《聞一多與新詩社》的回憶文章，其中說：「聞先生非常認眞地評講了大家帶來的習作，他非常支持我們組織詩社的願望，興奮地爲我們講述了他對詩的見解。從批判中國傳統的所謂『詩教』，講到寫詩和做人的道理，談他在現實生活中的感受，更坦誠地談他對我們詩社的期望。他說：『我們的詩社，應該是「新」詩社，全新的詩社。不僅要寫新詩，更要做新的詩人。你們當然比我懂得更多，在這年頭，你們會明白究竟應該做一個什麼樣的詩人。』這就是我們所以把醞釀成立的詩社命名爲『新詩社』的由來。……雖然在一周之後，我們又在聯大西南區教學區旁的學生服務處小會堂，開了一個有更多同學參加的新詩社成立大會，但是我們仍然把司家營和聞先生一起的集會作爲新詩社成立的紀念日。」〔註 16〕以後，聞一多常常參加「新詩社」的活動，與同學們一起讀詩、品詩、研究詩。聞山在《教我學步的人——聞一多先生逝世十週年祭》中，回憶說：「夜晚，在一座小樓上，一群喜愛詩的年青人熱哄哄地聚在一起。各人帶來自己最近寫的詩，交換看看，聞先生也來了。他是大家的詩的讀者，也是臨時的批評家。房子太小，人多，又沒有凳子，於是拿稻草打成的圓墊子迭起來，靠著牆坐了一排，屏風欄上也坐滿了人。聞先生原先被尊敬地安

〔註13〕奧登這時期曾訪華並寫下關於中國抗戰的詩歌。
〔註14〕王佐良：《談穆旦的詩》，見《豐富和豐富的痛苦——穆旦逝世 20 週年紀念文集》，北京師範大學出版社 1997 年 1 月版。
〔註15〕見《聞一多年譜長編》，第 598 頁。
〔註16〕見《聞一多年譜長編》。第 700 頁。

置在床上坐著，但半中間他卻擠到了坐草墊子的那一排去。他朗誦了一些詩，也讀了我的一首。他讀時，我覺著害羞，但又感到幸福的發慌，我只顧聽他怎樣念，以至他如何說我的詩，竟沒有聽進耳朵裏去。談詩談得很熱烈。聞先生笑著，聽著……」〔註17〕

　　談到西南聯大與新文學發展的關係，還應提到沈從文。汪曾祺在《沈從文先生在西南聯大》一文中回憶說，沈從文在西南聯大開過三門課：各體文習作、創作實習和中國小說史。通俗地說，沈從文是在課堂上手把手地教學生寫小說、寫散文了。在《沈從文先生與西南聯大》中，汪曾祺介紹了沈從文的教學方式：「教創作靠『講』不成。如果在課堂上講魯迅先生所譏笑的『小說做法』之類，講如何作人物肖像，如何描寫環境，如何結構，結構有幾種——攢珠式的、桔瓣式的……那是要誤人子弟的。教創作主要是讓學生自己『寫』。沈先生把他的課叫做『習作』、『實習』，很能說明問題。如果要講，那『講』要在『寫』之後。就學生的作業，講他的得失。教授先講一套，讓學生照貓畫虎，那是行不通的。」「沈先生是不贊成命題作文的，學生想寫什麼就寫什麼。但有時在課堂上也出兩個題目。沈先生出的題目都非常具體。我記得他曾給我的上一班同學出過一個題目：『我們的小庭院有什麼』，有幾個同學就這個題目寫了相當不錯的散文，都發表了。他給比我低一班的同學曾出過一個題目：『記一間屋子裏的空氣』！……沈先生為什麼出這樣的題目？他認為：先得學會車零件，然後才能學組裝。我覺得先作一些這樣的片斷的習作，是有好處的，這可以鍛鍊基本功。現在有些青年文學愛好者，往往一上來就寫大作品，篇幅很長，而功力不夠，原因就在零件車得少了。」「沈先生教寫作，寫的比說的多，他常常在學生的作業後面寫很長的讀後感，有時會比原作還長。這些讀後感有時評析本文得失，也有時從這篇習作說開去，談及有關創作的問題，見解精到，文筆講究。」「沈先生教創作還有一種辦法，我以為是行之有效的，學生寫了一個作品，他除了寫很長的讀後感之外，還會介紹你看一些與你這個作品寫法相近似的中外名家的作品看。記得我寫過一篇不成熟的小說《燈下》，記一個店鋪裏上燈以後各色人的活動，無主要人物、主要情節，散散漫漫。沈先生就介紹我看了幾篇這樣的作品，包括他自己寫的《腐爛》。學生看看別人是怎樣寫的，自己是怎樣寫的，對比借鑒，是會有長進的。這些書都是沈先生找來，帶給學生的。因此他每次上課，走進

〔註17〕見《聞一多年譜長編》，第 701～702 頁。

教室裏時總要夾著一大摞書。」〔註 18〕這樣的課程和教授法，不應該理解爲就是爲了「培養」作家，而應該理解爲是在培養懂得文學、具有精細的口味的優秀讀者，這對文學的發展是比「培養」幾個作家更重要的。這樣的課程和教授法，還能培養眞正瞭解創作甘苦的文學研究者。不過，汪曾祺也畢竟在一定意義上是沈從文「培養」的。──「培養」出了一個汪曾祺，其實也就夠了。

三

在十分粗略地考察了現代大學與現代文學之間的關係後，我們首先應該得到這樣一種認識：中國現代大學與中國現代文學之間是一種良性互動的關係，一種相互哺育的關係。中國現代大學，是現代中國最富有自由和民主精神的地方，也是現代中國最富有人文氣息的地方。這樣一種環境，爲新文學創作提供了極其適宜的土壤。在這樣的環境裏，師生普遍具有開放的心態和懷疑的精神，普遍養成了獨立思考、追問求索的習慣。這樣一種精神氣候，對於學術研究十分有利，當然也非常適宜於文學的生長。有這樣一種校園風氣，才有一群熱愛新文學、癡迷新文學的教師和學生。所以，中國現代大學是中國現代文學的重要養育者之一，中國現代文學大大受惠於中國現代大學。但是，如果把中國現代大學與中國現代文學的關係，僅僅理解成養育與被養育、施惠與受惠的關係，卻又是片面的。應該看到，中國現代文學也以自己的方式，從一個獨特的方面，養育著中國現代大學、施惠於現代大學。校園裏有一群醉心於新文學創作的師生，本身就是校園文化中的一種異彩。這些師生的文學活動，強化著校園的人文氣息；這些師生的文學創作，這些師生以文學的方式表達出的對人生、對社會的思考，本身就是現代大學精神的一種體現。如果說文學創作提供的是審美價值，那麼就可以說，校園裏那些醉心於新文學創作的師生，是在「美」化著校園。有了這樣一群醉心於新文學的師生，大學裏就多了一份靈氣，少了一份俗氣；多了一份熱情，少了一份冷漠；多了一份溫馨，少了一份寒意；多了一份無用之用，少了一份急功近利……正是在這個意義上，可以說現代文學也養育著現代大學，也施惠於現代大學。

當然，現代大學與現代文學的良性互動和相互哺育，還應該從一些具體

〔註 18〕汪曾祺：《沈從文先生在西南聯大》，見《蒲橋集》，作家出版社 1989 年版。

的方面來分析。

從事中國古典文學研究和教學的教授，同時又進行新文學的創作，可以使得古代文學與新文學達至最切實最合理的交融，在這種交融中，古代文學成為新文學的一種資源，而新文學創作的實踐，又有助於對古典文學的認識。魯迅、聞一多、朱自清就是很典型的例子。1920 年始，魯迅受聘在多所大學講授「中國小說史」，這促使他對中國小說史進行深入而系統的研究。魯迅對中國古代小說的研究和課堂講解，明顯有利於他的現代小說創作，這是學術界早已有之的認識。而魯迅的現代小說創作，又明顯有利於他對中國古代小說的領會、理解。魯迅現代小說創作的經驗，影響著他對古代小說的認識。只不過不應把這僅僅理解成是對古代小說的妙處有更精微細緻的體味，也應看到對古代小說的局限有更切實的認識。換言之，現代小說的創作，既使得魯迅更好地看到古代小說好的方面，也使得魯迅更好地看到古代小說不好的方面。發生在魯迅身上的現象，也不同程度地發生在聞一多、朱自清身上。聞一多、朱自清作為教授的「本業」，是中國古典文學的研究和教學，但他們又同時是著名的新文學作家，古典文學的研究、教學與新文學的創作之間，無疑也是相輔相成、相得益彰的。就說聞一多吧，古代詩歌的研究，無疑有利於他對新詩的創作實踐和理論思考，而新詩創作的經驗，也無疑有助於他對古代詩歌的認識。

從事外國文學研究和教學的教師和在外文系學習的學生，同時又進行中國新文學的創作，這使得外國文學能夠最直接、最真切、最大限度地成為中國新文學的資源，而在外國文學直接影響下進行中國新文學創作，以明確地仿傚外國文學的方式進行新文學創作，又能使他們對外國文學產生更深刻的理解。馮至、卞之琳，以及以穆旦為代表的西南聯大學生詩歌群體，就是這方面的典型例子。二十年代初，馮至進入北京大學學習德文，開始從原文接觸德國文學，也開始新詩創作。1927 出版詩集《昨日之歌》、1929 年出版詩集《北遊及其它》。三十年初，馮至赴德國留學：「聽雅斯丕斯（雅斯貝爾斯）講存在主義哲學，讀基爾克戈爾特（克爾凱郭爾）和尼采的著作，欣賞梵訶（梵高）和高甘（高更）的繪畫，以極大的興趣誦讀里爾克的詩歌。」〔註19〕馮至在德國留學五年，獲得博士學位後回國，抗戰期間任教於西南聯大外文系。1941 年，馮至寫出了 27 首十四行詩，1942 年結集為《十四行集》出版。

〔註19〕見《馮至選集》第二卷，四川人民出版社 1985 年 8 月第 1 版，第 502 頁。

馮至的這些十四行詩，深受他所心儀的德語詩人歌德、里爾克影響。德語詩歌在這裏成了馮至新詩創作的重要憑藉，而這樣的創作經驗，也自然會不知不覺地使得馮至對那些影響了他的德語詩歌有更精細深切的理解。更重要的是，馮至的這些詩歌又直接地和有力地影響了當時西南聯大的一些熱衷於新詩創作的學生。當時的外文系學生袁可嘉後來回憶說：「1942 年我在昆明西南聯大新校舍壘泥為牆、鐵皮護頂的教室裏讀到《十四行集》，心情振奮，彷彿目睹了一顆彗星的突現。」〔註20〕馮至以教師的身份寫出的《十四行集》，對袁可嘉、穆旦、鄭敏這些學生當然有很大的啟示意義，它啟示著這些學生如何更好的將外國文學化為自身的血肉。在讓外國文學直接成為新文學創作資源方面，卞之琳也是有說服力的例子。三十年代初，卞之琳在北京大學外文系學習時，就在西方現代詩歌影響下創作新詩，課堂上外國文學的教學則對他的新詩創作有明顯影響。後來，卞之琳深情地追憶老師葉公超：「是葉師第一個使我重開了新眼界，開始初識英國三十年代左傾詩人奧頓之流以及已屬現代主義範疇的葉慈晚期詩。」葉公超還將卞之琳所譯的《魏爾倫與象徵主義》《惡之華拾零》發表於《新月》雜誌。「後來他特囑我為《學文》創刊號專譯托斯・艾略特著名論文《傳統與個人的才能》，親自為我校訂，為我譯出文前一句拉丁文 motto，這不僅多少影響了我自己在三十年代的詩風，而且大致對三四十年代一部分較能經得起時間考驗的新詩篇的產生起過一定的作用。」〔註 21〕在課堂上聽老師講外國文學，在課後翻譯外國文學，同時又從事著新文學的創作，這真是一種十分美好的狀態。穆旦與西南聯大外國文學教學的關係，也是大家熟知的。

　　古今和中外的這樣一種交融，不應看成僅僅是一種客觀的效果，實際上在相當程度上是一種主觀的追求。朱自清辭世後，楊振聲在回憶與朱自清共商清華大學中文學系建設規劃時，說道：「除了國文系的教員全體一新外，我們還決定了一個國文系的新方向，那便是（一）新舊文學的接流與（二）中外文學的交流。國文系添設比較文學與新文學習作，清華在那時是第一個。國文系的學生必修幾種外文系的基本課程，外文系的學生也必修幾種國文系的基本課程。中外文學的交互修習，清華在那時也是第一個。這都是佩弦（朱

〔註20〕　袁可嘉：《「給我狹窄的心│一個大的宇宙」──〈馮至詩文選〉序》，見《昨日之歌》，珠海出版社，1997 年 4 月版。
〔註21〕　見《地圖在動》，珠海出版 1997 年 4 月版，第 287〜287 頁。

自清）先生的倡導。其影響必會給將來一般的國文系創造一個新前途，這也就是新文學的唯一的前途。」〔註22〕可見，至少在清華大學，一開始便把「新舊文學的接流」與「中外文學的交流」當作一種目標來追求的。

　　儘管楊振聲認為，「新舊文學的接流」與「中外文學的交流」既是為大學的國文系創造一個「新前途」，也是新文學「唯一的前途」，但 1949 年後，大學不再是原來的大學，文學也不再是原來的文學，大學與文學都發生了巨大的變異，二者之間那種良性互動、相互哺育的關係，也不再存在。對 1949 年以前大學與文學關係的研究，可讓我們明白，重建二者之間那種良性互動、相互哺育的關係，是很必要的，同時又不是那麼簡單的。僅是請一些俗名很大的作家到大學當院長、當教授、當博導，並不能真正實現這種重建。

2008 年 12 月 17 日

〔註22〕見《朱自清年譜》，姜建、吳為公編，安徽教育出版社 1996 年 5 月版，第 80 頁。

月夜裏的魯迅

　　1936 年 10 月 19 日晨 5 時 25 分，魯迅辭世。當天晚上，與魯迅並不相識的日本著名作家佐藤春夫寫了悼念魯迅的文章，文章題爲《月光與少年——魯迅的藝術》（文末注明寫於「十月十九日聞魯迅訃之夜」）。在文章中，佐藤春夫說：「假若你讀魯迅作品時稍加注意，使你奇怪的是《阿 Q 正傳》,《故鄉》,《孤獨者》等比較長的文章不消說，就是在像《村戲》（引按《社戲》）等的小品中，在什麼地方也一定表現著月光的描寫與少年的生活。我想月光是東洋文學在世界上傳統的光，少年是魯迅本國裏的將來的惟一希望。我永遠忘不掉從魯迅文中讀到的雖然中華民國的全部都幾乎使自己絕望，然而這絕望並不能算是眞的絕望，中國還有無數的孩子們的這種意味。假若說月光是魯迅的傳統的愛，那少年便是對於將來的希望與愛。這樣看來，就可理解了魯迅諸作中的月光與少年。」〔註 1〕佐藤春夫指出魯迅小說中經常寫到月光與孩子，而這表明魯迅的內心，並沒有眞的被絕望所充塞，因爲月光和少年，在佐藤春夫看來，都意味著希望和愛。

　　魯迅辭世十多年後，曾經師事魯迅的日本學者增田涉出版了《魯迅的印象》一書，書中，有一篇是《魯迅跟月亮和小孩》，一開頭就說：「魯迅先生好像喜歡月亮和小孩。在他的文學裏，這兩樣東西常常出現。——這是佐藤春夫先生和我談到魯迅時說的話。」佐藤春夫不但在悼念魯迅的文章裏強調魯迅喜歡月光與孩子，還在與他人談到魯迅時強調這一點。與魯迅交往頗深的增田涉，認同佐藤春夫的感覺和判斷。增田涉認爲，作爲詩人的佐藤春夫

〔註 1〕　【日】佐藤春夫：《月光與少年——魯迅的藝術》，見《魯迅先生紀念集》，上　　　海書店 1979 年 12 月根據魯迅先生紀念委員會 1937 年初版複印。

憑藉其敏銳的感受性抓住了魯迅藝術精神的要點。增田涉並且這樣描繪魯迅
的精神形象:「在月亮一樣明朗、但帶著悲涼的光輝裏,他注視著民族的將來。」
增田涉還提供了魯迅喜歡月夜的另一個證據,即魯迅曾對為自己治病的日本
醫生須藤說過這樣的話:「我最討厭的是假話和煤煙,最喜歡的是正直的人和
月夜。」〔註2〕

　　並未與魯迅見過面的佐藤春夫,僅憑閱讀魯迅小說作品,就感覺到魯迅
喜歡月亮,的確是敏銳的。其實魯迅在文學創作中,對月亮的描寫並不特別
多。老舍的中篇小說《月牙兒》,對月亮的描寫非常多,甚至多得有時讓人覺
得有點多餘。張愛玲中篇小說《金鎖記》中開頭和結尾齣現的月亮,也給讀
者留下深刻印象。魯迅小說中對月亮的描寫並不顯得很特別。坦率地說,讀
魯迅文學創作,我沒有感覺到魯迅對月亮分外喜愛。我是在讀魯迅北京時期
的日記時,感到魯迅對月亮特別留意的。魯迅的日記很簡略,而月亮卻頻頻
出現在北京時期的日記中,尤其多見於 1918 年以前的日記中。1918 年,是魯
迅創作《狂人日記》並登上文壇的年份。1918 年以後,月亮在魯迅日記漸漸
消失。我以為。月亮在魯迅日記中從頻頻出現到漸漸消失,為我們提供了一
個觀察、思考魯迅心理狀態變化的角度。

一

　　1918 年 4 月 2 日,魯迅開始寫作《狂人日記》。在用文言寫了幾百字的序
言後,進入正文的寫作。而正文的第一句是:

　　　　今天晚上,很好的月光。

　　這是一個獨立的自然段。魯迅的新文學創作,以《狂人日記》開其端,
而《狂人日記》又以對月光的描寫開其端。在這個意義上,可以說,魯迅的
新文學生涯,是以對月光的言說開始的。《狂人日記》模仿狂人的思維寫成。
魯迅在替一個想像中的狂人寫日記。雖然魯迅必須在必要的程度上讓小說給
人以「胡言亂語」的感覺,但不可能真的是胡言亂語。在「胡言亂語」的外
表下,《狂人日記》其實有著嚴密的內在邏輯。魯迅要通過「狂人」的自述,
表達自身的情思。所以,並沒有哪一句話完全是隨意寫下的。魯迅替一個狂
人寫日記,第一句卻寫的是月亮,應該也不是沒有來由的。其實,在此前六

〔註2〕　【日】增田涉:《魯迅的印象・魯迅跟月亮和小孩》,見《魯迅回憶錄》(專著)
　　　　下冊,北京出版社,1999 年 1 月版,第 1384 頁。

年的魯迅日記中，月亮就經常出現。明白了魯迅在自己的日記中經常寫到月亮，或許就懂得了為何魯迅提筆為一個虛構的狂人寫日記時，首先寫到的是竟是月亮了。

魯迅於 1912 年 5 月 5 日到達北京，第二天即到教育部上班。現在能讀到的魯迅日記，也是從 1912 年 5 月 5 日開始。月亮在魯迅日記中第一次出現，是 1912 年 7 月 27 日，這天的日記，有這樣的記述：

> ……晚與季市赴谷青寓，燮和亦在，少頃大雨，飯後歸，道上
> 積潦二寸許，而月已在天〔註3〕。

這天晚上，魯迅在友人處飯後歸來，大雨過後，路上積水二寸深，但天已放晴，月亮出來了。查萬年曆，1912 年 7 月 27 日是農曆 6 月 14 日，月亮當然很好。明月照著積水，景色是很美的。魯迅用寥寥十來個字，把雨後的月夜寫得令人神往。大雨造成的積水還未開始消退，月亮卻出現在天上。這樣的日記，並非有意識的文學倉創作，但文學性是很強的。

1912 年 8 月 22 日，魯迅日記有這樣的記述：

> ……晚錢稻孫來，同季市飲於廣和居，每人均出資一元。歸時
> 見月色甚美，騾遊於街。

這一晚，又是與友人聚餐後，歸途中與月亮相遇。在 1912 年 5 月 6 日的日記中，有「坐騾車赴教育部」的記載。乘騾車的記載，數見於魯迅北京時期的日記。所以，所謂「騾遊於街」，應該是乘騾車逛街的意思。月色很美。在這樣的月夜裏，魯迅不忍回屋，於是雇了輛騾車，在月夜裏遊蕩著，在月光下留連著。查萬年曆，1912 年 8 月 22 日，是農曆七月初十。初十的月亮，大體可算上弦月，只有半個大小，或者比半個略大些。可就是這半個大小的月亮，也令魯迅愛而不思歸。魯迅的確是喜歡月夜的。

1912 年 9 月 25 日，是農曆中秋節。這一天，魯迅日記有這樣的記載：

> 陰曆中秋也。……晚銘伯、季市招飲，談至十時返室，見圓月
> 寒光皎然，如故鄉焉，未知吾家仍以月餅祀之不。

這天晚上，是回到室內，從窗戶看見圓月的。「舉頭望明月，低頭思故鄉。」北京的中秋月，令孤身寓居紹興會館的魯迅，動了思鄉之情。魯迅日記中，是極難見到情語的。這種思鄉之情的表達雖然並不強烈，但在魯迅日記中，

〔註 3〕見《魯迅全集》，人民文學出版社，1981 年版，第 13 卷；本文所引魯迅日記均見此卷。

已是很特別的了。是寒光皎然的中秋月，讓魯迅動情；也是寒光皎然的中秋月，讓魯迅在日記中表達了流露了情感。

如果以 1918 年 4 月創作第一篇白話小說《狂人日記》為界，將魯迅在北京生活的時期分為前期和後期，那前期日記中，關於月亮的記述還有多處。

1912 年 10 月 30 日：「陰，午後雨。……夜風，見月。」下午本來下起了雨，晚上，風吹雲散，月亮出來了，魯迅覺得可記。

1913 年 1 月 24 日：「雪而時見日光。……晚雪止，夜復降，已而月出。」白天是「太陽雪」的天氣，晚上雪停了，但後來又下了一陣，終於雪過天晴，看見了月亮。順便說明一下，在魯迅北京前期的日記中，「夕」、「晚」、「夜」是分得很清楚的，「夕」指傍晚，「晚」指天雖黑而夜未深的那段時間，「夜」則指更晚至天亮的時光。

1913 年 5 月 13 日：「晴。……夜微雨，旋即月見。」白天是好天，入夜下了點小雨，但很快微雨止、薄雲散，天上有了月亮。查萬年曆，這天是農曆四月初八，只有一彎上弦月。一彎新月，可能讓魯迅注目良久。

1913 年 10 月 14 日：「晴，風。……午後雨，夜見月。」這一天是上午晴，下午雨，而入夜又晴了，看見了月亮。

1914 年 3 月 12 日：「雨雪雜下。……午後雪止而風，夜見月。」這一天，上午是雨夾雪，下午雪停了，起風了，風吹散了雲，於是月亮露出來了。

1914 年 5 月 8 日：「曇。……夜季市來。大風，朗月。」所謂「曇」，就是濃雲密佈。這一天，白天滿天是雲，但入夜後，大風吹散滿天雲，於是明月高照。

1915 年 2 月 25 日：「雨雪。……夜月見。」這一天，白天下著雪，到了夜裏，雪停了，天晴了，月出了。

1915 年 2 月 27 日：「大風，霾。……夜風定月出。」這一天，白天是沙塵暴的天氣，到了夜間，風停了，塵埃落定，月明如畫。

1915 年 4 月 27 日：「雨雪。……夜月出。」這一天，又是白天落雪，而夜間天晴月照。

1917 年 9 月 30 日：「晴。……舊中秋也……月色極佳。」這一天是中秋，又是晴天，月色當然極佳。

當我把魯迅日記中記述了月亮的地方基本標出後，我發現，魯迅喜歡在日記裏記述月亮，尤其喜歡記述雨雪後、雲霾後的月亮。雨停了，雪止了，

雲散了，月亮出來了。雨住雪霽，天分外藍，月也分外潔淨、明亮，魯迅的心情應該也分外好，於是要在日記裏記下這給他帶來好心情的月亮。

既然魯迅在自己的日記裏屢屢記述月亮，當他以一個「狂人」的口吻寫「日記」時，首先寫到月亮，也就不難理解了。1918 年 4 月 2 日，魯迅開始《狂人日記》的寫作。魯迅是習慣於夜間寫作的。1918 年 4 月 2 日的日記，有「午後自至小市遊」的記述。魯迅一般起身很晚，不可能是上午開始寫作的。下午獨自逛了小市，看來沒買到中意而又買得起的舊書、碑帖、古玩。所以，《狂人日記》一定是夜間動筆的。查萬年曆，1918 年 4 月 2 日，是農曆 2 月 21 日。據魯迅日記，這一天北京是晴天。這一天的月亮，大體可算下弦月，出來稍遲，有大半個。前面說過，1912 年 8 月 22 日夜間，魯迅在外飯後回寓途中，見「月色甚美」，於是「驟遊於街」。這一天是農曆七月初十。農曆初十的上弦月與農曆二十一的下弦月，在大小上差不多，只是一個出來較早而一個出來較晚，一個偏東而一個偏西而已。既然初十的上弦月，能讓魯迅覺得「甚美」而樂不思歸，那二十一的下弦月，也會讓魯迅覺得「很好」。我們可以還原一下這天夜間魯迅開始寫作《狂人日記》的情景——時間從「晚」到「夜」了，大半個下弦月升起來了；魯迅坐在紹興會館的窗前燈下，開始構思《狂人日記》；這是在模仿狂人的口吻寫「日記」；既然也是寫「日記」，當然自然會想到「今天」的事情；首先記天氣，是日記的慣例，也是魯迅一直的做法。「今天」的天氣如何呢？魯迅舉眼看窗外，窗外月光皎潔，於是，魯迅替一個想像中的「狂人」寫下了第一句話：「今天晚上，很好的月光。」

魯迅《狂人日記》的第一句話，其實是在「寫實」。

二

寫完了短短的第一節，便寫第二節。第二節也以「月光」開頭：

> 今天全沒月光，我知道不妙。早上小心出門，趙貴翁的眼色便怪：似乎怕我，似乎想害我……

「今天全沒月光」是順著「今天晚上，很好的月光」說的。這當然不再是「寫實」，而是以「狂人」的口吻寫下的「狂言」。這裏說的是「早上」的事，是白天的事，是「今天」而不是「今天晚上」。「早上」、白天，「今天」，當然「全沒有月光」。按照「狂人」的想法，即便在白天，也可能有「月光」，也應該有「月光」的。這固然可以理解為魯迅是在以「狂人」的邏輯說胡話。

但恐怕又不僅僅如此。如果說在這第二節裏,「狂人」因未能在白天看見「月光」而感覺「不妙」,那在第八節裏,「狂人」的確在白天看見了「月光」,並因此而「勇氣百倍」:

> 其實這種道理,到了現在,他們也該早已懂得,……
>
> 忽然來了一個人;年紀不過二十左右,相貌是不很看得清楚,滿面笑容,對了我點頭,他的笑也不像真笑。我便問他,「吃人的事,對麼?」他仍然笑著說:「不是荒年,怎麼會吃人。」我立刻就曉得,他也是一夥,喜歡吃人的;便自勇氣百倍,偏要問他。
>
> 「對麼?」
>
> 「這等事問他什麼。你真會……說笑話。……今天天氣很好。」
>
> 天氣是好,月色也很亮了。可是我要問你,「對麼?」
>
> 他不以為然了。含含糊糊的答道,「不……」
>
> 「不對?他們何以竟吃?!」
>
> 「沒有的事……」
>
> 「沒有的事?狼子村現吃了;還有書上都寫著,通紅斬新!」
>
> 他便變了臉,鐵一般青。睜著眼說,「也許有的,這是從來如此……」
>
> 「從來如此,便對麼?」

「狂人」對這個來訪者步步緊逼,大義凜然。從前後文看,這場對話發生在白天。按中國人的習慣,「今天天氣很好」這樣的話,是白天使用的寒暄語。陌生人的來訪,一般也發生在白天。然而,在這白日裏,「狂人」卻看見「月色也很亮了」。白日見月,固然也可視作是魯迅特意在讓「狂人」顯示其「狂」,但看不見月光「狂人」便「知道不妙」,而月亮很亮,則令「狂人」大義凜然,「勇氣百倍」,又能讓我們感到,月光、月亮,在魯迅的語境裏,的確意味著溫暖、希望、愛,的確象徵著純潔、正義、無畏。白日的天上,雖然並不會「月色也很亮了」,但「狂人」的精神天空上,有明月高懸。

在魯迅北京前期的日記中,月亮出現得較頻繁,後來,月亮在日記中就漸漸少起來,到了上海時期,日記中就幾乎沒有對於月亮的記載了。其原因,簡要說來,就兩種。一是心理狀態的變化,一是生活環境的變化。

　　先說心態。在北京前期，在未登上文壇、成爲著名作家之前，魯迅的內心雖然苦悶、雖然悲觀甚至絕望，但心境又是平靜和悠閒的。那時的教育部，是清水衙門，也是清閒衙門，沒有多少「公」要「辦」。上班要求也並不嚴格，早到一點晚到一點，早走一點晚走一點，似乎都不礙事，生病、有事而曠工一天，好像也不要緊。魯迅孤身寓居紹興會館，也談不上有什麼家務、家累。大部分日子裏，都會去逛逛留黎廠或小市，買幾樣不太破費的東西，也常常與友人聚飲。平靜、悠閒、孤獨、寂寞，人在這種心境中，特別留意自然景物，尤其會留意那些本就爲自己喜愛的自然之物。魯迅本就喜愛月亮，自然也就對月亮分外留意。而 1918 年以後，魯迅的心態發生了很大變化。《狂人日記》石破天驚，魯迅聲名大振，從此進入文學界、思想界，以戰士的姿態摧陷廓清、追亡逐北。要在教育部上班，要寫這樣那樣的文章，要辦刊物，要爲別人看稿，又在幾所學校兼課，終日忙忙碌碌。1919 年底，魯迅結束了孤身寓居紹興會館的生活，把母親、妻子接到了北京，1923 年與周作人失和前，是三代同堂。先前的平靜和悠閒沒有了，也不像孤身一人時那般孤獨和寂寞。在這樣的心境中，就沒有了留意、欣賞自然景物的閒情逸致，哪怕是本來很喜愛的月亮，也難得留意了，即便留意到了，也沒有了在日記裏記上一筆的閒心。

　　再說生活環境。魯迅生活的北京，空曠、遼闊，沒有什麼高樓大廈也沒有多少霓虹燈，空氣中也沒有多少污染，很容易見到月升月落。而魯迅生活的上海，則高樓林立、霓虹閃耀，人們往往生活在狹窄的弄堂和彎曲的巷道里，要見到月亮並不容易。即便在今天，北京也遠比上海更容易賞月。輕易見不到月亮，是上海時期日記裏幾乎不出現月亮的一種原因。

　　喜愛月亮，自然關心月食。魯迅日記中，有多次月食記載。1912 年 9 月 26 日的月食，還引出魯迅在日記中對北人與南人的比較：「七時三十分觀月食約十分之一，人家多擊銅盆以救之，此爲南方所無，似較北人稍慧，然實非是，南人愛情漓盡，即月眞爲天狗所食，亦更不欲救之，非妄信已滌盡也。」這樣的借題發揮，在魯迅日記中並不多見。這裏，作爲南人的魯迅，毫不含糊地褒北人而貶南人。這是一個到北地未久的南人，在月食之夜發泄著對南方的不滿。在南方，魯迅飽受傷害，這些傷害他的人，自然都是南人。他是帶著對南人的厭棄、憤怨到了北方的。但他畢竟到北京才幾個月，不能說對北人有了眞正的瞭解。僅憑北人在月食時擊銅盆以救月而南人並不如此，就

對南北之人做出褒貶，就斷言南人「愛情漓盡」，顯然過於情緒化了。二十多年後的 1934 年，在上海已生活多年的魯迅，寫了《北人與南人》一文，對南北之人進行了正式的比較。這回，觀點有了明顯變化，倒是同情南人的成份居多。當然，文章的重點，是強調南北之人各有長短：「據我所見，北人的優點是厚重，南人的優點是機靈。但厚重之弊也愚，機靈之弊也狡，所以某先生曾經指出缺點道：北方人是『飽食終日，無所用心』；南方人是『群居終日，言不及義』。就有閒階級而言，我以爲是大體的確的。」〔註4〕

實際上，魯迅後來的日記中，也有上海市民救月亮的記載。1928 年 6 月 3 日：「星期。曇。……夜月食，聞大放爆竹。」放爆竹，就是南方人在救月亮。中國人代代相傳的對月食的解釋是天狗在吃月，救月亮的方式是製造聲響嚇跑天狗。北京人以擊銅盆的方式嚇，上海人以放爆竹的方式嚇而已。

說魯迅上海時期的日記裏幾乎沒有對於月亮的記載，當然不意味著絕對沒有。月食之外，也有與北京前期類似的記載。1931 年 9 月 26 日：「晴。……傳是舊曆中秋也，月色甚佳，遂同廣平訪蘊如及三弟，談至十一時而歸。」這天是中秋，又是晴天，月亮大好。在這樣的月夜裏，魯迅坐不住了，於是與許廣平一起走出家門，踏月向三弟周建人家走去，在周建人家談到深夜才回。

三

《野草》中的第一篇是《秋夜》，其中這樣寫到後園的棗樹：

> 棗樹……簡直落盡葉子，單剩幹子，然而脫了當初滿樹是果實和葉子時候的弧形，欠伸得很舒服。但是，有幾枝還低亞著，護定他從打棗的竿梢所得的皮傷，而最直最長的幾枝，卻已默默地鐵似的直刺著奇怪而高的天空……直刺著天空中圓滿的月亮，使月亮窘得發白。

篇末注明寫於 1924 年 9 月 15 日。查萬年曆，這一天是農曆八月十七。魯迅日記這一天的記載是：「曇。得趙鶴年夫人赴，賻一元。晚聲樹來。夜風。」「赴」即「訃」。這一天，得到趙鶴年夫人去世的訃告，送賻金一塊大洋。晚上有一個來訪者。魯迅應該是在來訪者告辭後，開始寫《秋夜》的。中國有俗語曰：「十五的月亮十六圓」。月亮最圓，往往不在十五而在十六，有時則

〔註4〕見《魯迅全集》，人民文學出版社，1981 年版，第 5 卷，第 435～436 頁。

是十七夜裏月亮最圓。總之，農曆八月十七，中秋過後的兩天，應該是有很圓很大的月亮的，只不過升起得稍晚一點。日記說這一天是陰天，又說「夜風」。既然特意記到風，說明風刮得並不小。也可能夜間大風吹散了陰雲，於是朗月在天。如果是這樣，棗樹的樹枝「直刺著天空中圓滿的月亮」就是當夜的寫實。在《秋夜》裏，月亮成了被詰問被質疑被責難的對象，或者說，月亮因其過於明亮圓滿則顯得不太光彩。月亮似乎成了一個負面的形象。

但這與魯迅一向對於月亮的喜愛並不矛盾。如果說月亮在魯迅那裏代表著希望，那魯迅本就有著對希望的懷疑。希望著，同時又懷疑這希望；絕望著，同時也懷疑這絕望。這是魯迅的基本心態。魯迅用「圓滿」來形容月亮，本來就頗奇特。「圓月」、「滿月」，都是常見的說法，但圓滿連在一起形容月亮，卻很稀見。魯迅用「圓滿」形容月亮，目的是要讓月亮受窘、讓月亮因其「圓滿」而難堪。這不是在否定月亮，而是在否定「圓滿」。懷疑「圓滿」、否定「至善」，是魯迅固有的思想，也是魯迅固有的性格。《野草》的第二篇是《影的告別》，寫於 1924 年 9 月 24 日。《影的告別》，是《野草》中特別陰鬱的篇章之一。如果說，《秋夜》中還有著明豔和美麗，那《影的告別》則是一片灰暗。來告別的「影」，首先說出的是這樣的話：

有我所不樂意的在天堂裏，我不願去；有我所不樂意的在地獄裏，我不願去；有我所不樂意的你們將來的黃金世界裏，我不願去。

憎惡地獄，但也並不嚮往天堂，這是魯迅的精神特徵。魯迅執著於人間，魯迅希望人間越來越美好，但又並不相信會有一個黃金世界的到來。對黃金世界的否定，與對「圓滿的月亮」的質疑，在思想感情上是一致的。兩年多後的 1926 年 11 月 7 日，魯迅在廈門給友人寫信，其中說：「我本來不大喜歡下地獄，因為不但是滿眼只有刀山劍樹，看得太單調，苦痛也怕很難當。現在可有些怕上天堂了。四時皆春，一年到頭請你看桃花，你想夠多麼乏味？即使那桃花有車輪般大，也只能在初上去的時候，暫時吃驚，決不會每天做一首『桃之夭夭』的。」〔註5〕拒絕地獄，也拒絕天堂，這與《影的告別》表達的意思一脈相承，也與《秋夜》中對「圓滿」的否定若合符節。

魯迅是在談及廈門的花長開不敗時說了這番話的。鮮花固然美麗，初開時也令人欣喜。但若日復一日、月復一月，總是那麼鮮豔著，卻也令人生厭。在北京生活了好多年，見慣了花雖好而易敗，對廈門的花長開不敗，反而不

〔註5〕見《魯迅全集》，人民文學出版社，1981 年版，第 3 卷，第 374 頁。

習慣了,甚至有些「怕敢看」了。再美好的東西,如果單調、僵滯、呆板,也令魯迅「怕敢看」。魯迅並非不愛花,而是不愛花的長開不敗。對月亮的感情亦復如此。魯迅喜歡月亮,但比起滿月、圓月來,魯迅更喜歡那種缺月、殘月。前面說過,魯迅特別喜愛雨雪之後出現的月亮,現在應該說,魯迅特別喜愛雨雪之後出現的缺月、殘月。這樣的月亮,分外明淨,但又帶著幾分冷寂、淒清。這樣的月亮,讓魯迅感到更真實,也更能令魯迅生出親切之感,而那種過於圓滿的月亮,帶著些熱鬧、喜慶,反而可能讓魯迅感到虛假、感到幻滅。

「我早先豈不知我的青春已經逝去了,但以為身外的青春固在:星,月光,僵墜的胡蝶,暗中的花,貓頭鷹的不祥之言,杜鵑的啼血,笑的渺茫,愛的翔舞……。雖然是悲涼漂渺的青春罷,但畢竟是青春。」這是《野草》中《希望》裏的一段。在列舉「身外的青春」時,魯迅首先說到了星、月光。星、月,象徵著希望,這在小說《故鄉》中也表現得很明顯。《故鄉》中兩次出現「深藍的天空中掛著一輪金黃的圓月」,第一次是「我」回鄉後因母親提及閏土而想起閏土少年時在月光下看瓜捕猹的情形,第二次是結尾:「我在朦朧中,眼前展開一片海邊碧綠的沙地來,上面深藍的天空中掛著一輪金黃的圓月。我想,希望是本無所謂有,無所謂無的。這正如地上的路;其實地上本沒有路,走的人多了,也便成了路。」這象徵著希望的月亮,雖然是「金黃的圓月」,但卻不給人以熱鬧、喜慶之感,倒有幾分冷寂、淒清。

說魯迅對過於圓滿的月亮反而有些拒斥,是在與缺月、殘月相比較而言的。魯迅喜歡月亮,缺殘之月、圓滿之月都喜歡,但比較起來,更喜歡前者,如此而已。月亮因過於圓滿而受質疑,也僅僅在《秋夜》中有過。在《故鄉》中,「圓月」是以正面的形象掛在天上的。在小說《白光》和《孤獨者》中,出現的也是圓月。《白光》中的陳士成,參加十六回縣考,都以失敗告終,精神錯亂了。他的鄰居們,每到縣考後發榜,看見陳士成呆滯、絕望的目光,都早早關了門、熄了燈,不敢惹他。第十六回落第後,鄰居們又是如此。陳士成回到家中,四周一片寂靜,而「獨有月亮卻緩緩的出現在寒夜的空中」。四鄰躲避落第的陳士成,月亮卻偏偏要出現在陳士成的頭頂:

> 空中青碧到如一片海,略有些浮雲,彷彿有誰將粉筆洗在筆洗裏似的搖曳。月亮對著陳士成注下寒冷的光波來,當初也不過像是一面新磨的鐵鏡罷了,而這鏡卻詭秘的照亮了陳士成的全身,就在

他身上映出鐵的月亮的影。

這時的月亮，是以嘲諷者的姿態出現的。月亮像一個智者，看透了陳士成的內心，它以冷峻的眼光注視著陳士成。它無力阻止陳士成瘋狂的升級，它帶著冷峻，也帶著哀憐，來與陳士成告別。這天晚上，精神錯亂的陳士成，死於城外的湖中。在陳士成溺水前，小說又一次寫到月亮：「陳士成似乎記得白天在街上也曾聽得有人說這種話，他不待再聽完，已經恍然大悟了。他突然仰面向天，月亮已向西高峰這方面隱去，遠想離城三十里的西高峰正在眼前，朝笏一般黑魃魃的挺立著，周圍便放出浩大閃爍的白光來。」如果說，月亮是帶著冷峻、帶著哀憐來與陳士成告別，它卻又不忍見到陳士成最後的時刻，於是在陳士成的瘋狂達到頂點前「隱」去了。這是冷酷的月亮，但冷酷的外表下有著溫暖；這是無情的月亮，但道是無情卻有情。

小說《孤獨者》中，當魏連殳的棺蓋正在蓋上時，也有月亮來告別：

敲釘的聲音一響，哭聲也同時迸發出來。這哭聲使我不能聽完，只好退到院子裏；順腳一走，不覺出了大門了。潮濕的路極其分明，仰看太空，濃雲已經散去，掛著一輪圓月，散出冷靜的光輝。

魏連殳的死，令「我」悲哀，但悲哀中卻又有著釋懷。魏連殳以精神自虐的方式表達著對世俗的憤嫉，活著，對於他早已是十分痛苦的事情，死，倒是一種解脫。魏連殳的活著，令「我」牽掛、令我擔憂。現在魏連殳死了，「我」也可以把牽掛和擔憂放下了。魏連殳的死，無論對於他本人還是對於作為友人的「我」，都不僅是壞事，同時也是好事。月亮「散出冷靜的光輝」，說明月亮也不以魏連殳的死為單純的不幸。這是「冷靜」的月亮，更是「濃雲」散去後的月亮。小說以這樣的方式結束：

我的心地就輕鬆起來，坦然地在潮濕的石路上走，月光底下。

在「心地輕鬆」之前，「我」聽見了一種聲音，像是一匹受傷的狼在深夜的曠野中嗥叫，「慘傷裏夾雜著憤怒和悲哀」。這是魏連殳活著時的哀鳴。現在，魏連殳終於從這樣的「憤怒和悲哀」中解脫，「我」也便從對魏連殳的牽掛和擔憂中解脫。在「冷靜」的月光下，「我」輕鬆、坦然地走著。

四

1933 年 6 月 8 日，魯迅寫了《夜頌》。《夜頌》作為雜文收入《準風月談》，是集中的第一篇。這篇《夜頌》也可算是一篇奇文，作為散文詩出現在《野

草》中也完全夠格。《夜頌》以這樣的話開頭：「愛夜的人，也不但是孤獨者，有閒者，不能戰鬥者，怕光明者。」魯迅自己，無疑是一個「愛夜的人」。在魯迅看來，夜間的世界是更真實的人間：

> 人的言行，在白天和在深夜，在日下和在燈前，常常顯得兩樣。夜是造化所織的幽玄的天衣，普覆一切人，使他們溫暖，安心，不知不覺的自己漸漸脫去人造的面具和衣裳，赤條條地裹在這無邊際的黑絮似的大塊裏。

愛夜，是因為在夜間人們往往脫去了偽裝，露出真面目。魯迅強調：「愛夜的人要有聽夜的耳朵和看夜的眼睛，自在暗中，看一切暗。」白日的「光明」並不是真正的光明，是「黑暗的裝飾，是人肉醬缸上的金蓋，是鬼臉上的雪花膏」。而在夜間，由於沒有了「日光」這虛假的「光明」，反而讓善於「聽夜」和「看夜」者，感到夜間的世界比白日的世界更為光明：「愛夜的人於是領受了夜所給與的光明」。白日的黑暗並不比夜間更少，夜間的光明或許比白日更多，這是愛夜者愛夜的理由。

黑暗和光明，是《夜頌》的兩個關鍵詞，也是魯迅全部作品的兩個關鍵詞。魯迅愛夜。魯迅的作品，基本是在夜間完成的。在夜間，魯迅凝視著人間的黑暗；在深夜裏，魯迅更清楚地看到了白日的黑暗。魯迅愛夜，更愛月夜。日光，是黑暗的裝飾，月光卻並不具有這樣的性質。月光不能掩飾人間的黑暗，所以，月光是比日光更真實的光明。

魯迅 1927 年 9 月 10 日的日記是這樣記述的：「舊曆中秋。晴。下午陳延進來，贈以照相一枚。夜纂《唐宋傳奇集》略具，作序例訖。」這一天夜間，魯迅將《唐宋傳奇集》基本編纂好，並寫了《〈唐宋傳奇集〉序例》。這是中秋夜，日記中雖未記述月亮，在《〈唐宋傳奇集〉序例》的末尾，卻寫下了這樣的話：「中華民國十有六年九月十日，魯迅校畢題記。時大夜彌天，璧月澄照，饕蚊遙歎，余在廣州。」〔註6〕「大夜彌天」與「璧月澄照」，形成一種強烈的對照，這是黑暗與光明的對照。再明亮的月夜，也仍然是夜，月亮並不能改變夜的性質；但璧月澄照的夜，畢竟不同於黑絮一般的夜。澄照的璧月雖然不能改變夜的性質，但卻讓夜充滿光明，一種比白日更真實的光明。「大夜彌天」而「璧月澄照」，讓人有無窮的回味。

喜歡月夜的魯迅，有時在與人通信時也談到月亮。1926 年 9 月 22 日，到

〔註6〕見《魯迅全集》，人民文學出版社，1981 年版，第 10 卷，第 143 頁。

廈門未久的魯迅，給許廣平信中說：「昨天中秋，有月。」〔註7〕幾天後的 9 月 25 日，給許廣平信中則說：「今夜的月色還很好，在樓下徘徊了片時，因有風，遂回，已是十一點半了。」〔註8〕 21 日是農曆十五，25 日這天已是農曆十九了。十九的月亮，已是缺月了，升起得也較遲。夜間十一點左右，大半個月亮掛在天上，周遭十分安靜，人們大抵進入了夢鄉，間或有最早的秋蟲開始有一聲無一聲地鳴叫。這樣的月夜，魯迅在屋中坐不住了，走到了月光下。可惜因近海而風大，不然，魯迅會在這樣的月光下徘徊許久吧。

1927 年 1 月 16 日，魯迅在廈門登上海輪，前往廣州。當夜，在船上，魯迅給友人李小峰寫了一封長信，談了些生活中的瑣事。最後，魯迅寫了這樣一段：

> 我的信要就此收場。海上的月色是這樣皎潔；波面映出一大片銀鱗，閃爍搖動；此外是碧玉一般的海水，看去彷彿很溫柔。我不相信這樣的東西會淹死人的。但是，請你放心，這是笑話，不要疑心我要跳了，我還沒有跳海的意思。〔註9〕

查萬年曆，1927 年 1 月 16 日，是農曆臘月十三。十三的月亮，也還是缺月。這種並不「圓滿」的月亮本就是魯迅分外喜歡的。在信的開頭，魯迅說海上「毫無風濤，就如坐在長江的船上一般」。皎潔的月光照在風平浪靜的海面，使碧玉一般的海面銀光閃閃。面對如此美景，魯迅竟然想到了死。這讓我們相信，這樣的月光，觸動了魯迅心中最柔軟的那一塊。這樣的月光，讓魯迅傷感，讓魯迅心中湧現出說不清道不明的情緒。

1927 年 9 月 24 日。魯迅離開廣州前夕，寫了《小雜感》，其中一段是：

> 要自殺的人，也會怕大海的汪洋，怕夏天死屍的易爛。
>
> 但遇到澄靜的清池，涼爽的秋夜，他往往也自殺了。〔註10〕

我以為，這段話表達的意思，與魯迅年初在海上的體驗有關。「澄靜的秋池，涼爽的秋夜」，容易讓人產生死的念頭。這段小雜感沒有說到月亮，但我們分明感到，這是月色醉人的秋夜，這是在月光照耀下銀鱗閃閃的清池。如果沒有皎潔的月光，池塘如何顯現其澄與清呢？所以，要誘人自殺，月光是

〔註 7〕見《魯迅全集》，人民文學出版社，1981 年版，第 11 卷，第 123 頁。
〔註 8〕見《魯迅全集》，人民文學出版社，1981 年版，第 11 卷，第 128 頁。
〔註 9〕見《魯迅全集》，人民文學出版社，1981 年版，第 3 卷，第 401 頁。
〔註 10〕見《魯迅全集》，人民文學出版社，1981 年版，第 3 卷，第 532～533 頁。

必不可少的。

月夜裏的魯迅是傷感的。當我們想像著月夜裏的魯迅，當我們看到魯迅舉頭凝視著那或大或小、或圓或缺的月亮，我們更多地感受到了魯迅性格中溫軟的一面，更深地體味到了魯迅精神上陰潤的一面，更強烈地意識到了魯迅心理上柔弱的一面。我們對魯迅性格中堅硬的一面、對魯迅精神上陽剛的一面、對魯迅心理上強大的一面，已經說了很多。當然不能說已有的這種言說是在歪曲魯迅。但如果僅僅只看到魯迅的堅硬、陽剛、強大，卻感受不到魯迅的傷感，卻體味不到魯迅的溫軟、陰潤、柔弱，那呈現在我們面前的，就不能說是很真實的魯迅。

2013 年 7 月 3 日夜

魯迅的不看章太炎與胡適的不看雷震

一

　　一個人，如果在日記中提到某人時都恭敬有加，那一定是對這人發自內心地尊敬。魯迅在日記中都對之恭恭敬敬者不多，就那麼兩三人。依魯迅與之相識早晚為序，第一人是俞明震。魯迅在南京礦路學堂求學時，俞明震是學堂總辦，也就是校長。魯迅在散文《瑣記》中有這樣的敘述：「但第二年的總辦是一個新黨，他坐在馬車上的時候大抵看著《時務報》，考漢文也自己出題目，和教員出的很不同。有一次是《華盛頓論》，漢文教員反而惴惴地問我們道：『華盛頓是什麼東西呀？……』」這「新黨總辦」，就是俞明震。俞明震字恪士。魯迅在日記中寫到他時，有時稱「俞師」，有時稱「俞恪士師」。俞明震晚年寓居北京，魯迅多次登門看望。例如，魯迅 1915 年 1 月 17 日日記：「下午同陳師曾往訪俞師」，這「俞師」就是俞明震。魯迅 1915 年 4 月 10 日日記有這樣的記載：「午後訪俞恪士師，未遇。」去看望俞明震，俞明震卻不在家，於是魯迅第二天的日記便有這樣的記載：「午後訪俞恪士師，略坐出。」頭一天沒有見到「俞師」，第二天又去了。去了，也就是坐一會就告辭。登門拜訪，本沒有什麼事情，只是想看看過去的老師，想與老師說幾句閒話而已。魯迅在日記中對之恭恭敬敬的第二人是章太炎，第三人是蔡元培。先說蔡元培。俞、章、蔡三人中，魯迅與蔡元培相識最晚。1912 年 1 月 1 日，中華民國臨時政府在南京成立，蔡元培被任命為教育總長，許壽裳是教育部職員。許壽裳向蔡元培推薦了魯迅，於是魯迅也來教育部就職，這才與蔡元培相識。1936 年 10 月，魯迅先於蔡元培辭世，在此之前，魯迅一直與蔡元培保持來往，

所以，俞、章、蔡三人中。蔡元培在魯迅日記中出現次數最多。在日記中，魯迅有時稱蔡元培「蔡先生」，有時稱「子民先生」。從 1912 年與蔡元培相識，到 1936 年辭世，二十幾年間，魯迅與蔡元培一直有交往，對蔡元培的某些言行，魯迅內心未必完全認同，雖然問題並不嚴重，但也可能多少影響到魯迅對蔡元培的態度，所以，在日記中，徑稱「蔡子民」的情況，也是有的。總體上，魯迅對蔡元培是很尊敬的。

魯迅與章太炎相識於東京。1903 年春，章太炎從日本回到上海，並與鄒容相識。鄒容寫了《革命軍》，章太炎爲之作序。1903 年 5 月，《革命軍》由上海大同書局出版發行。6 月 9 日，《蘇報》發表《讀革命軍》一文「以闡揚之」；次日，又發表章氏序文。馮自由在《中華民國開國前革命史》中說，這「是章鄒與蘇報牽合之點」〔註1〕。1903 年 6 月，章太炎又發表了洋洋灑灑近萬言的《駁康有爲論革命書》，6 月 29 日，《蘇報》轉載此文，且將題目改爲《康有爲與覺羅君之關係》。鄒容的《革命軍》，章氏爲《革命軍》所作序言和駁斥康有爲的文章，令清廷亦恐亦怒。在清廷的壓力下，上海工部局逮捕了章太炎、鄒容，是爲「蘇報案」。章、鄒最終被判處監禁三年，監禁期滿，逐出租界。鄒容未等到監禁期滿便瘐死獄中。1906 年 6 月 29 日，章太炎刑滿出獄，當晚便乘船東渡。到東京後，章太炎主持《民報》筆政。與保皇派筆戰之餘，章太炎還應部分留日學生請求，舉辦國學講習會，定期講學。魯迅嫌大班「太雜沓」，便與許壽裳等人商量，請章太炎另開一小班。章太炎欣然應許。於是，又在自己寓所開了一個小班，每個星期日的上午上課，先講《說文解字》，後又講《莊子》，聽講者只有許壽裳、魯迅、周作人、錢玄同、朱希祖等八個人。周作人在《魯迅的故家·民報社聽講二》中，對此有這樣的回憶：「一間八席的房子，當中放了一張矮桌子，先生坐在一面，學生圍著三面聽，用的書是《說文解字》，一個字一個字的講下去，有的沿用舊說，有的發揮新義……太炎對於闊人要發脾氣，可是對於學生很好，隨便談笑，同家人朋友一樣，夏天盤膝坐在席上，光著膀子，只穿一件長背心，留著一點泥揪鬚，笑嘻嘻地講書，莊諧雜出，看去好像是一尊廟裏的哈喇菩薩。」魯迅聽章太炎講學，有的說幾個月，有的說半年多，有的說一年多。總之，雖然時間不長，但學術旨趣、文化觀念，甚至政治思想上，都深受章氏影響。完

─────────────

〔註 1〕 見馮自由《中華民國開國前革命史》，廣西師範大學出版社，2011 年 3 月第一版，第 91 頁。

全可以說，魯迅是章太炎的入室弟子。

對章太炎，魯迅有著發自內心的敬愛，也有著由衷的感激。在日記中，魯迅有時稱「章先生」，例如，1912 年 12 月 22 日日記：「同季市赴賢良寺見章先生，坐少頃」；1915 年 1 月 31 日日記：「午前同季市往章先生寓，晚歸」。但更多的時候，是稱「章師」，例如，1914 年 8 月 22 日日記：「午後許季市來，同至錢糧胡同謁章師」；1915 年 2 月 14 日日記：「午前往章師寓……夜歸」；1915 年 5 月 29 日日記：「下午同許季市往章師寓」；1915 年 6 月 17 日日記：「下午許季市來，並持來章師書一幅」。

然而，在魯迅與章太炎的關係中，卻有一件小小的「公案」。1914 年 6 月初至 15 日，章太炎被袁世凱囚禁於北京南下窪龍泉寺期間，曾絕食抗爭。此事當時動靜很大。這期間，魯迅未曾到龍泉寺看望過章太炎。章太炎絕食，魯迅當然不可能不知道。敬愛的老師面臨生命危險，同居京城，魯迅是否應該去看望、去勸說呢？依常情常理，是很應該的。但魯迅終於沒去，也自有其苦衷。

章太炎絕食期間，魯迅沒有去看望、去勸說，這讓我想到在六十年代初的臺灣，當雷震被國民黨投進監獄後，同居一島的胡適，一次都沒有去探過監。雷震批評蔣氏父子、批判國民黨、辦《自由中國》、爭民主、爭自由，是得到胡適大力支持的。如今，雷震鋃鐺入獄，依常情常理，胡適應該到監獄去看望、安慰雷震，哪怕只去一次。但直至猝然辭世，胡適都沒有踏入過監獄的大門。胡適如此「絕情」，當然也有他的無奈。

二

章太炎在龍泉寺絕食期間，魯迅沒有去看望、勸說，本來沒有被研究者注意。使得此事成為問題的，是許廣平。

許廣平在《民元前的魯迅先生》一文中，用較多的篇幅寫了魯迅與章太炎的關係，其中一段是：

> 魯迅先生對於太炎先生是很尊崇的，每逢提起，總嚴肅地稱他「太炎先生」。當章先生反對袁世凱稱帝的野心時，曾經被逮絕食，大家沒法子敢去相勸，還是推先生親自到監獄婉轉陳詞才進食的。

這裏「還是推先生」中的「先生」，指魯迅。按許廣平的說法，章太炎「被逮絕食」後，魯迅「親自」到章太炎跟前勸說，而魯迅也終於說服了章太炎，

於是章太炎恢復進食；而且，魯迅前去勸說，是「大家」公推的。這「大家」，應該指章太炎在京的諸弟子。諸弟子之所以公推魯迅前去，是因爲其它人「沒法子敢去」。這也就意味著，章太炎絕食期間，魯迅是唯一前去「婉轉陳詞」者。

1979 年 10 月，魯迅研究專家朱正出版了《魯迅回憶錄正誤》一書，其中的《章太炎中止絕食一事與魯迅無關》一文，正的就是上引許廣平這段話之誤。朱正依據多種資料，令人信服地指出：在章太炎於龍泉寺絕食期間，魯迅沒有去探望過，因此也就談不上對章太炎「婉轉陳詞」的問題；而且，在此期間，並非「大家沒法子敢去相勸」，而是弟子們曾「環籲床前，請進食」，所以，魯迅非但不是唯一前去「婉轉陳詞」者，倒可能是少數沒有去勸說者之一〔註2〕。章太炎因絕食而生命垂危，弟子中多人前去看望、勸說，魯迅卻沒有出現在床前，這的確是一個問題。該如何解釋魯迅在龍泉寺的缺席呢？

民國成立後不久，袁世凱擠掉孫中山，坐上了臨時大總統的位置。這時，章太炎是寄希望於袁世凱的，因而也支持袁世凱。袁世凱拒絕南下，堅持以北京爲首都，章太炎公開表示贊同。1912 年 4 月，袁世凱任命章太炎爲總統府高等顧問，於是章太炎也北上到北京定居。章太炎之所以支持袁世凱，是以爲袁世凱眞心擁護共和。袁世凱當然會讓章太炎失望。二人間的矛盾便日見其甚。袁世凱嫌章太炎在北京礙事，便於 1912 年冬任命章太炎爲東三省籌邊使。這只不過是一個虛銜。1913 年 3 月，宋教仁遭刺殺，這令章太炎對袁世凱從失望走到絕望。7 月，章太炎辭去東三省籌邊使的職務，南下上海，會見孫中山，參與了孫中山領導的「二次革命」。「二次革命」很快失敗。章太炎被袁世凱誘騙到北京。章太炎到北京後，袁世凱立即派人將其監視起來。袁世凱要稱帝，就要掃除障礙。一般的人，如袁認爲是絆腳石，就直接肉體消滅。章太炎是袁世凱通往帝位的絆腳巨石。袁世凱當然也想把章太炎直接幹掉。無奈章太炎影響太大、聲望太卓著，欲殺而又實在不敢。將章太炎監視起來、限制其自由，特別是剝奪其發表言論的自由，是袁世凱對付章太炎的唯一辦法。

袁世凱稱帝前的幾年，大搞恐怖主義。1933 年 4 月，魯迅寫了《〈殺錯了

〔註2〕 見朱正《魯迅回憶錄正誤·章太炎中止絕食一事與魯迅無關》，湖南文藝出版社，1979 年 10 月第一版。

人〉異議》一文，對這幾年的情形有所回憶：「袁世凱在辛亥革命之後，大殺黨人……於是，殺，殺，殺。北京城裏，連飯店客棧中，都布滿了偵探；還有『軍政執法處』，只見受了嫌疑而被捕的青年送進去，卻從不見他們活著出來；還有，《政府公報》上，是天天看見黨人脫黨的廣告，說是先前爲友人所拉，誤入該黨，現在自知迷謬，從此脫黨，要洗心革面的做好人了。」

世間有「紅色恐怖」與「白色恐怖」兩說。袁某的狂捕濫殺，稱「紅」稱「白」皆不合適。袁某大搞恐怖主義的目的，是爲自己穿上龍袍、坐進龍椅掃清道路，龍袍龍椅都是黃色的，所以，袁某的狂捕濫殺，勉強可稱之爲「黃色恐怖」。北京城中，「黃色恐怖」自然更甚。袁世凱直接掌控的京畿軍政執法處，有任意監控和捕殺官民之權，完全不受法律制約。這個執法處，抓捕、審訊、判決、行刑，都是秘密的。其時國人，尤其京城人士，談之而色變。執法處的總辦，先是陸建章、後是雷震春，二人皆被國人目爲魔鬼、稱作「屠戶」。關於這軍政執法處，論及者眾多。但如果不讀王建中所著的《洪憲慘史》（亦稱《京畿軍政執法處冤獄錄》），就不能知道這軍政執法處是如何「執法」的。這軍政執法處，是「錯拿了不能錯放」的地方，進去了而能活著出來者極少。爲避免內情外泄，即便發現抓錯了人，也往往處死。所以，軍政執法處的詳情，鮮有人知。而王建中則是極少數活著出來者之一，更是出來後唯一著書揭露執法處內幕者。王建中於 1913 年被選爲全國省議會聯合會會長，又被江蘇省督軍馮國璋聘爲督署諮議。1915 年 9 月，因被袁世凱視作稱帝阻礙而在滬被捕，被捕後不久，被押送京畿軍政執法處。軍政執法處兩次判處王建中死刑，都因馮國璋竭力營救而未能執行。馮國璋的實力，讓袁世凱不能不給個面子。死刑雖暫緩，但拘押卻繼續。直至袁世凱「龍馭上賓」，才走出鬼門關。在《洪憲慘史》的「自序」中，王建中說：「余民國四年避難滬濱，因反對洪憲帝制嫌疑，被捕於英界愛而近路。羅織引渡後，遂羈押上海鎮守使署……是年十月杪，遞解京師，交由京畿軍政執法處非法訊辦。甫經到處、遂加以全身桎梏，押入乙號牢籠。雖戲劇中常演之酆都城、鬼門關、閻羅殿，其森嚴恐怖，尚未足形容該處於萬一也。」至於爲何要寫這本書，王建中的解釋是：「余雖不文，勉爲編述，彰善癉惡，警告同胞，庶使非法殺人機關如京畿軍政執法處者，再不至發現於共和時代，斯乃余之志願，而世界主張人道者，亦固無不樂爲贊同也。」〔註3〕

〔註3〕 王建中：《洪憲慘史·自序》，上海書店出版社，1998 年 3 月第一版。

三

王建中的《洪憲慘史》，敘述了部分政界人士被軍政執法處拘捕、殘害的情況。首先敘述的是張振武、方維被害的經過。張振武是湖北人，在武昌起義中有殊勳，與蔣翊武、孫武齊名，並稱「三武」。張振武「深明大義」而又「不屈不撓」，這就足以令袁世凱忌憚。1913 年 4 月，應袁世凱之召，張振武帶著參謀長方維到京。到京後，蒙袁世凱傳見，且「待遇極優」。這是袁世凱在試探張振武的政治態度，看看自己果然稱帝，張振武是何反應，而之所以「待遇極優」，是也看看張振武是否可誘之以利。但張振武時時處處「以保障共和國體為己任，報章著論，府院上書，意正詞嚴」，這樣，他就非死不可了。一日，袁世凱召張振武赴宴，張振武與方維同乘一馬車前往，行至棋盤街，突遭陸建章所派之人逮捕，「縛以長繩巨鏈」，押至軍政執法處。湖北各團體聞訊，紛紛發電報營救。雪片般飛來的電報，讓袁世凱更看清了張振武在湖北的影響，也就只能加速張振武的死亡。夜半時分，張振武腹痛如廁，即在廁所連飲數彈斃命，而方維亦在囚室中被繩勒而死。

與張振武、方維這些人相比，章太炎實在是大受「優待」了。不過，我們暫且把魯迅與章太炎的事情放下，談談胡適與雷震的事情。

雷震，字儆寰，1897 年生。1949 年以前，也長期是國民黨內的高級官員。後被國民黨開除。1949 年，雷震主編《自由中國》半月刊，從此全身心地投入「爭自由、爭民主」的活動，於是便與蔣家政權時刻處於矛盾衝突中。1960 年 9 月 4 日，國民黨藉故逮捕了雷震、傅正等四人，是為轟動全島的「雷震案」。10 月 8 日，雷震被臺灣警備總部軍事法庭判處有期徒刑 10 年，剝奪公民權利 7 年，另幾人也都獲刑。雷震服刑時，胡適在臺灣任「中央研究院院長」。雙方共同的朋友，都希望胡適能到監獄看看雷震，對雷震有所安慰、鼓勵，因為胡適的安慰、鼓勵，對雷震很重要。但胡適直至離開人世，都沒有去過監獄一次。著名作家聶華苓，曾在《自由中國》半月刊擔任文藝編輯，後來，寫了《雷震與胡適》一文，對胡適頗有微詞，尤其對胡適不願去探望獄中的雷震深為不滿。在文章中，聶華苓寫道：

> 雷震判刑以前，甚至家人也不能探監。判刑以後，家人每星期五可去監獄看他。我們一到星期五就眼巴巴望胡適去看看雷震。他可以不發一言，只是去看看雷震。那個公開的沉默的姿態，對於鐵窗裏的雷震就是很大的精神支持了。星期五到了。星期五又到了。

　　星期五又到了。一個個寂寞的星期五過去了，胡適沒有去看雷震。
我和殷海光、夏道平、宋文明幾個人忍不住了，要探聽他對雷案究
竟是什麼態度，一天晚上，我們去南港看胡適。他招待我們一頓點
心，一點幽默，一臉微笑〔註4〕。

　　「星期五到了。星期五又到了。星期五又到了」，這樣的句式，把聶華苓
對胡適的不滿甚至怨怒，表現得很明確。聶華苓也說明了她對胡適不滿甚至
怨怒的理由。在文章中，聶華苓簡略回顧了胡適與《自由中國》的關係，回
顧了胡適與雷震的交誼。雷震在離開大陸之前，就和正在上海準備乘船赴美
的胡適商議辦一個宣傳自由與民主的刊物，胡適熱情支持。《自由中國》這刊
名，也是胡適想出來的。在赴美的船上，胡適寫就了《自由中國》的辦刊宗
旨。1949 年 11 月，《自由中國》創刊號在臺北問世，胡適人雖在美國，但卻
是刊物的「發行人」。聶華苓說：「《自由中國》畢竟創刊了，他任發行人有關
鍵性的作用。」

　　1951 年 6 月 1 日出版的《自由中國》第 4 卷第 11 期，發表社論《政府不
可誘民入罪》，嚴厲譴責保安司令部在金融管制一事上為獲得「破案獎金」而
「誘民入罪」。社論在全島引起軒然大波。所謂「誘民入罪」，用通俗點的語
言，就是「釣魚執法」。「釣魚執法」，這當然是很惡劣很可恥的事情，於是，
官方有關要人都站出來「闢謠」，並且宣稱《自由中國》誣衊了保安司令部，
發出了逮捕《自由中國》編輯人員的公文。後經時任「總統府秘書長」的王
世杰出面斡旋，下一期的《自由中國》發表《再論經濟管制的措施》的社論，
正面歌頌金融管制和保安司令部，事情才平息。在美國的胡適，讀了兩篇社
論後，致信雷震，要求辭去「發行人」的名義。胡適信中說，他讀了《政府
不可誘民入罪》後，很激動、很興奮，覺得是十分好的文章，「夠得上《自由
中國》的招牌」。而讀了《再論經濟管制的措施》，則很沮喪，很鬱悶，明白
這是刊物受了官府的壓迫而言不由衷地賠罪。胡適說：「我因此細想，《自由
中國》不能有言論自由，不能用負責任態度批評實際政治，這是臺灣政治的
最大恥辱。」所以，「我正式辭去『發行人』的名義，一來是表示我一百分贊
成『不可誘民入罪』的社評，二來是表示我對這種『軍事機關』干涉言論自
由的抗議。」應胡適要求，雷震在《自由中國》發表了胡適的來信。這些年

〔註 4〕聶華苓：《雷震與胡適》，見《往事未付紅塵》一書，陝西師範大學出版社，
　　　　2004 年 9 月第一版。

來，大陸的有關著作，在談及胡適的這封信時，都讚賞胡適抗議臺灣當局的勇氣，但聶華苓等在《雷震與胡適》中卻有不同看法：「1951 年，《自由中國》的一篇社論《政府不可誘民入罪》就激怒了臺灣當局，胡適因為這件事來信辭去發行人名義，引起許多人揣測。有人說《自由中國》和統治權力一有衝突，胡適就要擺脫《自由中國》了，以免受到牽連，既抗議了，又擺脫了，一箭雙雕。」

四

雖然要求辭去「發行人」的名義，也終於於 1953 年 2 月辭去了這名義，但胡適並未斷絕與《自由中國》和雷震的關係。1952 年 11 月，胡適第一次從美國到臺灣，在臺灣的公開演講中，稱頌雷震的為自由民主而奮鬥，認為臺灣人應該為雷震立座銅像。雷震要組建政黨，希望胡適出來當頭，胡適雖謝絕當頭之請，但熱情支持雷震組黨，說自己可從旁協助，可當黨員，並承諾在成立大會上演講。聶華苓等文章中說，胡適還用了孟子的話勉勵雷震：「待文王而後興者，凡民也。若夫豪傑之士，雖無文王猶興。」辦《自由中國》和組黨，正是雷震惹惱當局的兩大原因。這兩件事，都與胡適脫不了干係。完全可以說，胡適與雷震是同案犯，在一定的意義上甚至可以說，胡適是「教唆犯」，現在，雷震身陷囹圄，你胡適仍然當著「中研院院長」，怎麼去監獄探望一下雷震都不肯呢？

要評說胡適不去監獄探望雷震，僅僅知道胡適與雷震的關係還不夠，還須知道胡適與蔣介石、與國民黨政權的關係。不過，我們先回到章太炎。

章太炎一到北京，就被袁世凱「監視居住」，形同軟禁。袁世凱派長子袁克定和親信孫毓筠面見章太炎，請章出任國史館總裁，也被章太炎頂回。章太炎借酒澆愁，但舉杯消愁愁更愁，於是不停地書寫「袁賊」二字，聊以發泄胸中怒氣，袁世凱派人送來綾羅綢緞，章太炎用香煙燒出許多洞洞後，從窗口扔出。有時，還掄起手杖，把室內器具打得粉碎。1914 年 1 月 7 日，章太炎伺機走出，身穿長衫，手持羽扇，以袁世凱授予他的大勳章作扇墜，徑直來到新華門，要求與袁世凱談話。袁世凱自然不見。章太炎在承宣處，從上午 11 時等到天欲黃昏，終於按捺不住，一面大罵袁世凱，一面把承宣處能擊碎的器物一一擊碎。章太炎逝世後，魯迅寫了《關於太炎先生二三事》，其中說：「考其生平，以大勳章作扇墜，臨總統府之門，大詬袁世凱的包藏禍心

者，並世無第二人。」說的就是這回事。的確，在袁世凱正狂捕濫殺、世人道路以目的時候，敢這樣做者，找不出第二人。

章太炎此舉，逼得袁世凱對他的處置升級。章太炎被陸建章直接押解到石虎胡同軍事教練處，「監視居住」上升為「監禁」。稍後，又被轉移到南下窪龍泉寺。6月初，章太炎開始絕食。

這時候，魯迅的處境如何呢？

同處袁世凱的「黃色恐怖」中，大家當然有相同的處境。不過，不同階層、不同社會身份者，又有很大差別。同樣受到袁世凱鷹犬的注意，文人與武人不一樣，官員與平民不相同。同時在東京當過章太炎學生者，如今在北京城裏，社會角色、政治身份也不一致。大多數章氏弟子，在大學任教，社會身份是學者、教授。而魯迅是教育部的官員。作為教育部官員的魯迅，言論和行動的空間，就比一個大學教授要小得多。同是內閣的官員，情形也不可一概而論。魯迅當時的官銜是教育部僉事。當時教育部的僉事有數十人。同是僉事，官階相同，但在袁世凱及其鷹犬眼中，危險性卻並不同。魯迅是在南京時期由蔡元培延攬進教育部的。蔡培培 1912 年 4 月 26 日到北京教育部視事，7 月 14 日即辭去教育總長的職務。辭職，是因為對袁世凱的不滿，這誰都知道。袁世凱要把一切大權都奪到自己手中，這令蔡元培憤怒，遂聯合王寵惠、宋教仁、王正廷這幾名任內閣總長的同盟會會員一起辭職。同盟會四總長聯名辭職的辭職函，便出自蔡元培之手。袁世凱剛從孫中山手中奪得臨時大總統的權位，這四人就要求辭職，顯然是表示不與袁政權合作。袁世凱對蔡元培想必銜恨甚深。蔡元培辭職後，便去了歐洲。而被蔡元培延攬入部、又隨蔡元培北上的魯迅，卻只能留在北洋政府的教育部。既然魯迅是反袁的蔡元培的人，自然會令袁世凱及其鷹犬格外注意。

魯迅 1912 年 11 月 2 日日記：「上午得袁總統委任狀」，可見，魯迅的僉事這個官職，是由總統親自任命的，任命狀由袁世凱簽署。實際上，魯迅在 8 月 21 日就被任命為教育部僉事，只不過袁世凱簽署的任命狀，到 11 月初才下達。僉事這一官銜，是對清代官制的承襲。當時各部僉事的職責，是「承長官之命分掌總務廳及各司事務」，有點像是司長助理。魯迅是教育部社會教育司僉事，還兼任社會教育司第一科科長。這科長大概相當於今天的處長。所以，魯迅的政治身份，用今天的話說，大概是教育部社會教育司司長助理兼某處處長。這樣的官職，說大固然不能算大，但說小又不能算很小。是蔡元

培延攬入部的親信，又當著不大不小的官，足以令袁世凱及其鷹犬不放心了。如果他們認爲魯迅有異動，如果他們認爲魯迅是一塊絆腳石，那是會毫不猶豫地消滅他。

周作人在《魯迅的故家・抄碑的目的》這一節中說：

> 魯迅……從民國元年被蔡孑民招了去，在南京臨時政府的教育部裏任職，隨後跟了教育部移到北京來，一直是僉事兼科長，不曾有什麼調動。洪憲帝制活動時，袁世凱的特務如陸建章的軍警執法處，大概繼承的是東廠的統系，也著實可怕，由它抓去失蹤的人至今無可計算。北京文官大小一律受到注意，生恐他們反對或表示不服，以此人人設法逃避耳目〔註5〕。

文官無論大小都受到注意。魯迅是不大不小的官，又被視作蔡元培親信，自然就分外受到注意。爲了避禍，人人都拼命設法表現自己的胸無大志、胸無異志和玩物喪志。蔡鍔爲迷惑袁世凱而與小鳳仙廝混，就是典型的例子。大小官員都要讓自己有某種嗜好，這樣，袁世凱及其鷹犬看著便多少放心些。狂嫖濫賭、縱酒納妾、玩古董字畫，都是讓袁世凱、陸建章們放心的方式。

五

周作人說，魯迅這時期的玩古董，就是一種避禍方式。魯迅買不起金石品，便只得買些石刻拓本來看。爲消磨時間，魯迅又動手來抄。抄古碑不同於謄清草稿。拓本上往往有斷缺漫漶，有時爲辨認一個字，要左右遠近地看半天，所以，一塊碑文，有時要抄半個月。這也正是魯迅所要的效果。

在《魯迅的故家・俟堂與陳師曾》中，周作人還說：「洪憲發作以前，北京空氣惡劣，知識階級多已預感危險，魯迅那時自號俟堂，本來也就是古人的待死堂的意思，或者要引經傳，說出於『君子居易以俟命』亦無不可，實在卻沒有那樣曲折，只是說『我等著，任憑什麼都請來吧』。」〔註6〕這說明，魯迅是切切實實地感覺到了危險的，是隨時準備走進軍政執法處的。

現在，我們可以來談談魯迅爲何不去龍泉寺看望絕食中的章太炎了。章太炎竟敢在總統府門前大罵袁世凱，這讓袁世凱頗覺丟臉，對袁世凱的威信是一種損害。絕食抗爭，經報章報導，更對袁世凱形成很大壓力。這時候，

〔註5〕 《魯迅回憶錄（散篇）》中冊，北京出版社，1999年1月第一版，第1063頁。
〔註6〕 《魯迅回憶錄（散篇）》中冊，北京出版社，1999年1月第一版，第1026頁。

去看望章太炎的人，如果是那種大學教授，也就罷了。如果是中樞官員，那就會引起袁世凱、陸建章的高度警惕。即便在政治上並不同情章太炎，即便並不會對袁世凱的稱帝構成威脅，但以中樞官員之身而去探望袁世凱的大敵，也是公然對袁世凱權威的挑戰。魯迅是袁世凱親自任命的教育部官員，又是袁世凱、陸建章們特別警惕的官員，他如果跨入龍泉寺，那很可能在歸途中就會失蹤。魯迅感覺到了危險，也做好了危險降臨的準備，但不意味著魯迅就願意冒險。對於可能降臨的危險，能避免就儘量避免，實在避免不了，那也就坦然迎受，這是魯迅的基本態度。經常逛古董攤、夜夜抄古碑，就是在儘量避免災禍。到龍泉寺去看望章太炎，那就是在冒險，也使得平素的買古董、抄古碑都是白費心力。所以，魯迅沒有去看望絕食中的章太炎。

至於胡適的不去獄中看望雷震，與魯迅的不看望絕食中的章太炎，多少有些可比之處。

我們知道，胡適與雷震有很好的交情，但是，胡適與雷震所敵對的蔣介石和國民黨政權之間，同樣有著深情厚誼。胡適與蔣介石的私人交往，開始於30年代初，30年間，雖然有過矛盾衝突，但總體上二人保持著十分親密的關係，私人通信持續不斷。胡適與雷震之間，談不上私誼，純粹是政治上的志同道合。胡適與蔣介石之間的關係，就比較複雜了。對蔣介石和國民黨政權，從一開始，胡適就有一個基本的立場，即從「道義」上予以支持，說得直白些，就是當蔣介石和國民黨政權面臨生死存亡的威脅時，胡適必定堅定地站在蔣介石和國民黨政權一邊。雷震案宣判後，蔣介石與胡適有一次關於此案的談話。胡適日記中記述了此次談話。多種關於胡適的資料，都寫到蔣介石與胡適的這場談話。蔣介石說：「胡先生同我向來是感情很好的。但是這一兩年，胡先生好像只相信雷儆寰，不相信我們政府。」雷震是被視作要推翻政府的人，而胡適如果只相信雷震不相信政府，就意味著與雷震站在了同一政治立場上，就意味著也意欲推翻政府，還意味著胡適突破了長期堅守的「底線」。蔣介石這番話，分量是很重的。在胡適面前如此說話，也說明蔣介石對雷震極其痛恨，對胡適的支持雷震極其在意。胡適當然感覺到了這番話的非同小可，於是立即表白：「這話太重了，我當不起。我是常常勸告雷儆寰的。我對他說過，那年（引按：1949年4月）總統要我去美國，我坐的輪船四月廿一日到舊金山……船還沒有進口，美國新聞記者多人已坐小汽輪到大船上來了。他們手裏拿著早報，頭條大字新聞是『中國和談破裂了，紅軍過

江了！』這些訪員要我發表意見，我說了一些話，其中有一句話：『我願意用我道義的力量來支持蔣介石先生的政府』。我在十一年前說的這句話，我至今沒有改變。當時我也說過，我的道義的支持也許不值什麼，但我的話是誠心的。因為，我們若不支持這個政府，還有什麼政府可以支持？如果這個政府垮了，我們到哪兒去──這番話，我屢次對雷儆寰說過。今天總統說的話太重了，我受不了，我要向總統重述我在民國三十八年四月廿一日很鄭重的說過的那句話。」

胡適重提 1949 年 4 月對美國記者說過的話，是在提醒蔣介石，在國共相爭中，自己是始終堅定地站在國民黨一邊的，更是在強調，自己的基本立場並沒有改變。這一番表白，當然令蔣介石很受用。

以「道義」的力量支持蔣介石的政府，並不意味著無條件地認同這個政府。蔣介石的政府，與胡適理想的政府，相差甚遠。對於胡適來說，支持這個政府的目的，是為了改造它。所以，胡適對蔣介石政府的基本態度應該這樣表述：以道義的力量支持它，以自由主義的理念改造它。在與蔣介石的交往中，胡適是把自己定位為「諍友」的。幾十年間，在「道義」上支持蔣介石政府的同時，胡適又不停地批評這個政府，不停地對這個政府提意見。胡適固然常常以公開的政論方式批評蔣介石政府並提出自己的正面看法，但更多的是在與蔣介石以及其它政要的私下談話和通信中表達自己的批評、政見。

胡適支持雷震辦刊物、支持雷震組建新黨，都是為了讓臺灣的政治漸漸走上他心目中的「正軌」。雷震案發生後，胡適是在公開場合不只一次地表達過對國民黨逮捕雷震的批評的，也曾聯合知識界一些同道要求特赦雷震，更在與蔣介石的私人談話中表達過對如此嚴厲處置雷震的不滿。胡適也從不推脫自己在雷震案中應負的責任。雷震被捕後，胡適曾哀歎：「我雖不殺伯仁，伯仁因我而死」，說明他非常清楚地知道雷震的遭難，與自己對雷震的支持有重大關係。聶華苓在《雷震與胡適》一文中說，雷震案復判的結果，是維持原判，胡適對記者說了六個字：「太失望，太失望。」當記者追問胡適為何不去監獄探望雷震時，胡適的回答是：「雷震會知道我很想念他。」

六

胡適沒有正面回答記者為何不去探監的提問。他沒法正面回答。但他的回答卻表明他也認為自己在「道義」上確實應該去探監的。同居一島，去，

很容易。胡適之所以違背「道義」而不去，也自有其難以對人言的苦衷。

要明白胡適爲何不去監獄看望雷震，還須瞭解蔣介石對胡適的基本態度。

蔣介石十分重視胡適，這毋庸置疑。胡適有巨大的社會影響，尤其在知識界的影響令誰都不敢忽視，這是蔣介石重視胡適的第一個理由。胡適願意在「道義」上支持國民黨政權，當任何一種力量要推翻國民黨政權時，胡適會毫不含糊地站在國民黨政權一邊，這就讓蔣介石在重視胡適之餘，還對胡適懷有感激之情。蔣介石之所以重視胡適，還有一個重要原因，那就是胡適在美國也有著很大影響。胡適是美國培養的。胡適的那一套政治理念，是在美國獲得的。美國朝野，從總統、議員到普通知識分子和民眾，都對胡適有良好的看法。胡適也與包括總統在內的不少美國政要保持著私誼。美國的支持，對蔣介石極爲重要。胡適並無外交長才。抗戰期間蔣介石卻任命胡適爲駐美大使，就是看中了胡適在美國朝野的影響。這些因素，使得蔣介石始終與胡適保持著親密的關係。胡適常常批評蔣介石和國民黨政府。在政治的根本問題上，胡適與蔣介石其實是不可能達成共識的，對胡適的那一些政治理念，蔣介石常常是從心底裏嗤之以鼻的。胡適的「忠言」往往「逆耳」。對胡適的逆耳之言，蔣介石最大限度地保留了忍耐和克制。而對胡適的某些無關政治根本的建議，蔣介石也能在一定程度上採納。讀胡適日記，可知每當有建議被蔣介石採納時，胡適總有一種「爲帝王師」的得意、自豪、幸福。對胡適，蔣介石是十分禮遇的，可以說給足了胡適面子。這也每每令胡適有點受寵若驚。1952 年 11 月，胡適首次從美國到達臺灣，這次回來，是應幾所大學的講學之請，並非政治行爲。但卻成了臺灣政界的大事。11 月 19 日晨飛機抵達臺北，蔣經國代表蔣介石，率領王世杰、何應欽、朱家驊、錢思亮、陳雪屏等政界要人和學界名流在機場迎接。這一天的胡適日記有這樣的記載：「今天的歡迎是臺北空前的，人數大概有五六百人。」雖然像是不經意地記了一筆，但強調「空前」，強調人數，還是讓人感到胡適的得意。第二天台灣的《中央日報》報導說：「胡適博士被歡迎人群重重包圍，爭相握手，被幾十位攝影記者搶鏡頭，擠得寸步難移。他笑著說：『我今天好像是做新娘子』。經過足足有四十分鐘，記者們聯成一個陣線，簇擁著胡適博士談話。」「我今天好像是做新娘子」，這句玩笑話裏，仍然透露出自得、自滿。當天晚上，胡適就與蔣介石共進晚餐。

　　1953 年 1 月 16 日，胡適離臺返美前夕，蔣介石又爲胡適餞行。這一天的日記，胡適記道：「蔣公約我晚飯，七點見他，八點開飯。談了共兩點鐘，我說了一點逆耳的話，他居然容受了。」所謂「容受」，就是沒有當場給胡適臉色看。胡適說的逆耳之言，是什麼呢？是強調臺灣實無言論自由。理由是，第一，無人敢批評臺灣警備司令部實際掌權人彭孟緝；第二，無人敢批評蔣氏父子。胡適還指出，憑據憲法，總統只有減刑與特赦之權，並無加刑之權，而蔣介石多次以「總統」名義對人犯加刑，是公然違憲。總統違憲，整個政府無人敢表示異議，是大可悲之事。胡適強調總統應有諍臣千百人，而開放言論，便是擁有諍臣千百人。這樣的話，的確頗逆「蔣公」之耳，而「蔣公」之所以沒有當場表示不高興，一個很現實的原因，是第二年面臨總統選舉，蔣介石想連任，需要胡適的支持。1 月 17 日，胡適離臺赴美，又是蔣經國代表蔣介石，率陳誠、張道藩、王寵惠、王世杰等政要名流到機場送行，送行人數達七百人。胡適很激動，握著蔣經國的手說：「總統對我太好了，昨天我們談得很多，請你替我謝謝他。」「總統對我太好了」──這有點感激涕零了。胡適雖然是信奉英美式自由主義的現代知識分子，但畢竟還是一個中國人，一個中國的讀書人，身上還是有著中國讀書人的特性的。蔣介石的禮遇，蔣介石的給足面子，雖然不至於讓胡適感到「皇恩浩蕩」，不至於讓胡適生出「士爲知己者死」的決心，但發自內心的感激，還是有的。

　　蔣介石對胡適當然也不是一味地禮遇，一味地給面子。當胡適的言行，讓蔣介石覺得明顯干擾了他的政治大計，他也會給胡適顏色看。不到萬不得已，蔣介石不會與胡適撕破臉。但蔣介石可以授意、放縱中下層黨徒在會議上、報刊上對胡適猛烈攻擊、恣意謾罵。對此，胡適還有苦難言。你不反反覆覆地強調要有言論自由嗎？批判胡適，當然也是言論自由的表現。你胡適總不能說只應有批評蔣介石的自由而不能有批評胡適之的自由吧！所以，對於鋪天蓋地的攻擊、謾罵，胡適連表示抗議的權利都沒有。1929 年的「人權運動」中，國民黨就使過這一招。1929 年，胡適在上海任中國公學校長，以《新月》雜誌爲陣地，發起「人權運動」，尖銳批評國民黨的專制獨裁、踐踏人權，甚至指名道姓地批評孫中山和蔣介石。國民黨除了從上層給予胡適壓力，還發動中下層黨徒對胡適進行狂轟濫炸式的攻擊謾罵。胡適終於在上海住不下去，灰溜溜地回到國民黨勢力薄弱的北京。

七

1956 年 10 月 31 日，是蔣介石七十壽辰。雷震們把《自由中國》第 15 卷第 9 期做成「祝壽專號」，其實是借祝壽之名，對蔣介石和國民黨政權提出批評，希望推動臺灣的政治民主進程。胡適在「祝壽專號」上發表了著名的《述艾森豪總統的兩個故事給蔣總統祝壽》，文章希望蔣介石向艾森豪威爾學習，信任部屬，不獨斷專行。文章中最刺蔣介石之眼的，是強調「我們憲法裏的總統制本來是一種沒有行政實權的總統制」，這是在希望蔣介石只擔總統虛名而不執掌實際權力。對於蔣介石這種出身的人，權力比生命還重要，一息尚存，便決不肯放棄權力。手握生殺予奪之權，就能讓別人生活在恐怖中；而一旦放棄權力，自己就要生活在恐怖中。另一處令蔣介石感到刺眼的，是胡適勸道：「蔣先生還有近四年任期，何不從現在起，試試古代哲人說的『無智無能無為』的六字訣？」這幾句話，是要蔣介石從現在起就放棄權力，更有著這樣的言外之意：本屆總統任期滿後，蔣介石即離開政壇，退隱林下。上一屆總統選舉，胡適就對蔣介石謀求連任頗為驚訝，因為在胡適看來，這是「違憲」的。1952 年 11 月。胡適第一次到臺，蔣介石明確請求胡適在連任中幫忙。胡適雖然頗有腹誹，還是在 1954 年 2 月趕回臺灣支持蔣介石。3 月 20 日的國民大會第二次會議進行總統選舉，由胡適任大會主席。22 日，蔣介石「當選」總統，25 日，胡適為蔣介石送去「總統當選證書」。胡適內心雖對蔣的連任頗不以為然，行動上卻仍然滿足蔣的要求，還是可用「從道義上支持蔣介石」來解釋。不過這裏的「道義」與胡適常說的不同，不是政治上的大是大非，而純指私人情誼，說白了，就是「總統對我太好了」，所以，「我」不能不支持他一下。

終身未脫書生氣的胡適，以為這一屆任滿，蔣介石決不會再想把總統當下去了。「違憲」且不說，年齡，此屆期滿時蔣介石也 73 歲了。胡適沒有想到，蔣介石不但下一屆仍想當，下下屆，下下下屆，都想當，只要活著，就不放棄這總統的權位。所以，胡適文章中的那些話，令蔣介石十分惱怒。「祝壽專號」上，徐復觀、夏道平、劉博昆等人的文章，從各自的角度敲打著蔣介石和國民黨。「祝壽專號」激怒了蔣介石集團，他們在思想文化領域發起了「向毒素思想總攻擊」的運動，批判、謾罵「毒素思想」的文章、小冊子紛紛出籠，而胡適則是「毒素思想」的總代表。這情形，與 1929 年「人權運動」時十分相似。局勢很明顯：蔣介石決定給胡適們一點顏色看看。不少檄文，

都或明或暗地把丟失大陸的賬算在胡適頭上，理由是由於胡適「五四」時期反對舊文化、提倡新文化，才使得馬克思主義進入中國，最終使得朱毛「共匪」竊據了大陸。一本名爲《胡適與國運》的小冊子說：「不料有人說胡博士要到臺灣講學，我想大陸已經給他講掉了。倘使他不肯饒在臺灣避難同胞的命，還把復興基地臺灣講掉，我們黃帝子孫就眞正萬劫不復了。」〔註7〕在大陸，胡適是重要「戰犯」，是蔣介石的「走狗」、國民黨的「幫兇」，是反動思想的典型代表；在臺灣，胡適則也是「毒素思想」的總代表，甚至是共產黨的大恩人──眞是「一部廿四史，不知從何說起」。在批判胡適等人的運動中，蔣經國掌控的「國防部總政治部」編纂了《向毒素思想總攻擊》的小冊子，小冊子最後說：「這是一場偉大而艱苦的思想戰鬥，我們要立定腳跟，分清敵我，永不動搖，永遠戰鬥，拿我們理直氣壯的革命眞理來壓倒敵人，使其播出的毒素思想逐漸歸於消滅。」〔註8〕

　　1929 年「人權運動」時，胡適還未與蔣介石建立私人關係。這一回，國民黨如此惡毒地攻擊胡適，是胡適與蔣介石交往以來，從來沒有過的。這意味著胡適與蔣介石的關係面臨從未有過的危機。蔣介石輕易不會與胡適徹底翻臉，只想給胡適一點打擊，令其有所收斂。胡適也輕易不會與臺灣決裂。胡適從 1949 年起流寓美國。在美國當寓公的生活，是並不幸福的。心靈的寂寞、精神上的漂泊無依感，一直伴隨著胡適。1956 年的時候，胡適已經 66 歲了。這一年，他在認眞地考慮在何處終老的問題。這一年的 11 月 18 日夜，胡適給趙元任夫婦寫信，一開頭就說：「昨晚在汽車上你們談的關於我的將來的話，我很感激你們對我的關切，但我有一些話，昨晚沒有能夠說明白的，所以今晚補寫一封短信。」這說明，趙元任夫婦和胡適在商討胡適的「將來」。接著，胡適談了自己的計劃，即在臺中或臺北郊外的南港，也即中央研究院所在地，尋一處房子「爲久居之計」，「不管別人歡迎不歡迎，討厭不討厭，我在臺灣是要住下去的。」其時臺灣的「向毒素思想總攻擊」正如火如荼，所以胡適有「歡迎」、「討厭」之說。至於爲何要住在中研院邊上，是因爲那裏的藏書「於我最適用，比國外任何地方的書籍更適用」。胡適說：「我老了，

〔註7〕 見沈衛威《無地自由──胡適傳》，上海文藝出版社，1994 年 10 月第一版，第 422 頁。

〔註8〕 見胡明《胡適傳論》，人民文學出版社，1996 年 6 月第一版，下卷，第 1007 頁。

已到了『退休』年紀，我有一點小積蓄，在美國只夠坐吃兩三年，在臺北或臺中可以夠我坐吃十年而有餘。」這也是胡適決計到臺灣定居的原因。還有一個原因是：「我誠心感覺我有在臺灣居住工作的必要。其中一件事是印行我先父的年譜和日記全部；第二件事是完成我自己的兩三部大書。」胡適被稱作「上卷先生」，《中國哲學史大綱》、《中國白話文學史》，都是早就寫出了上卷而遲遲未見下卷。回臺灣定居，在有生之年把「上卷先生」的帽子摘去，也是胡適要回來的重要原因。

八

1957 年 11 月 4 日，蔣介石發表任命胡適為中央研究院院長的「總統令」，同時電促胡適回國就職。1940 年蔡元培在中研院院長任上去世後，院長一職一直由朱家驊代理。這時候的中研院，已直屬「總統府」，院長由「總統」直接任命。蔣介石任命胡適為院長，首先因為胡適當院長的呼聲很高，同時，也想藉此緩和一下與胡適之間因祝壽事件變得十分緊張的關係。畢竟，與胡適徹底決裂，蔣介石也要付出沉重的代價。當然，胡適願意回國定居，也是被任命為院長的前提。

1958 年 4 月 8 日，胡適回到臺灣，就任中研院院長。蔣介石出席了 4 月 10 日舉行的院長就職典禮並致辭。在致辭中，蔣介石強調中研院要配合當局「早日完成反共抗俄使命」，胡適則在答辭中對此表示了異議，強調「我們所做的工作還是在學術，我們要提倡學術」。胡適在中研院院長就職典禮上當面頂撞蔣介石一事，廣為人知。此前人們不知道蔣介石對胡適的當面頂撞作何感想。蔣介石日記能為人查閱後，人們才知道，蔣介石是相當惱怒的。據陳紅民《胡適與蔣介石研究論綱》〔註9〕一文，蔣介石在當天日記中寫下了這樣的話：

> 今天實為我生平所遭遇的第二次最大的橫逆之來。第一次乃是民國十五年冬，十六年初在武漢受鮑爾庭宴會中之侮辱。而今天在中央研究院聽胡適就職典禮中之答拜的侮辱，亦可說是求全之毀，我不知其人之狂妄荒謬至此，真是一狂人。今後又增我一次交友不易之經驗。而我輕交過譽，待人過厚，反為人所輕侮，應切戒之。

〔註 9〕 見吳景平主編《民國人物的再研究與再評價》一書，復旦大學出版社，2013 年 6 月第一版。

惟仍恐其心理病態已深，不久於人世爲慮也。

「狂妄荒謬」、「狂人」、「心理病態」這些用語，顯示蔣介石的怨毒之深。而「不久於人世」云云，還眞一語成讖。可以說，從這時起，蔣胡之間的關係，發生了本質性的變化。此前蔣介石雖已對胡適不滿，但還沒有到從心內心的友人名單中把胡適刪除的地步。這一次，情形很不同了。蔣介石在日記中寫下的這番話，是在反思自己的交友不愼。說明白些，他認爲自己看錯了胡適這個人，交錯了胡適這個友。這意味著，從這時起，蔣介石在內心深處不再視胡適爲友了。

中研院院長就職典禮上的事，讓蔣介石在內心斷絕了與胡適的私誼。此後，交織著發生、發展的兩件事，則讓蔣介石對胡適的怨恨更甚。1960 年 2 月，又是一次「總統換屆選舉」。蔣介石仍然謀求連任，這讓胡適心生悲憤。蔣介石內心當然希望再一次得到胡適的支持。但這一回，胡適堅決拒絕。上一次，胡適支持蔣介石連任，已經是勉爲其難了，已經十分委屈自己了。在《述艾森豪總統的兩個故事給蔣總統祝壽》一文中，胡適已奉勸蔣介石此屆任職期滿即歸隱林下了。所以，胡適非但不支持蔣的三度連任，而且在各種場合表示自己的反對。據陳紅民《胡適與蔣介石研究論綱》一文，蔣介石在1959 年 11 月 20 日和 11 月 28 日的日記中，都對胡適表示了極度的反感、厭惡。11 月 20 日日記寫道：

> 胡適反對總統連任事，各處運用關係，間接施用其威脅技（伎）倆，余皆置若罔聞。昨其來與岳軍（引按即張群）相談其意，要求與余個人關門密談，並託岳軍轉達其告辭修（引按即陳誠）等相同之意。乃余對岳軍曰：余此時之腦筋，惟有如何消滅共匪，收復大陸，以解救同胞，之外再無其它問題留存於心。至於國代大會與選舉總統等問題，皆在我心中，亦無暇與人討論，否則我即不能計劃反攻復國要務矣。如胡再來詢問時，即以此意答之可也。此種無恥政客，自抬身價，莫名其妙，不知他人對之如何討厭也，可憐實甚。

11 月 28 日，在「星期反省錄」中，蔣介石又寫道：

> 胡適無恥，要求與我二人密談選舉總統問題，殊爲可笑。此人最不自知，故亦最不自量，必欲以其不知政治而又反對革命之學者身分（份），滿心想來操縱革命政治，危險極矣。彼之所以欲我不再任總統之用意，完全在此，更非眞有愛於辭修也。

在當時，蔣介石若不再連任，那副總統陳誠（辭修）便是繼任者。胡適也認爲，蔣介石應該把總統的座椅讓給陳誠。蔣介石三度連任，毫無合法性，所以胡適堅決主張陳誠接任，並要求與蔣二人商談此事。胡適是想在與蔣介石的二人密談中充分表達自己的想法，曉之以政治大義，動之以國家利害，讓蔣介石交出最高權位。但蔣介石是一心要把這總統當到死的。蔣拒絕了胡適單獨談話的請求，並在日記裏痛斥胡適的「無恥」、「不自知」、「不自量」。在蔣介石看來，所謂「政治大義」、所謂「國家利害」，都不過是胡適打出的幌子，眞實的動機，是要一手操縱臺灣政治而已。一些與胡適交情不錯的政要名流，雖然不知道蔣介石在日記裏如此辱罵胡適，但從蔣介石公開的態度中，也看出胡適若再講下去，蔣介石會克制不住，而胡適與蔣介石和國民黨的關係將徹底破裂，這是許多人不願看到的，於是紛紛來勸胡適立即沉默，胡適也終於聽從了友人們的意見，不再說話。

<h1 style="text-align:center">九</h1>

到了 1960 年 10 月，又發生了雷震案。前面說過，雷震案發生後，胡適是公開表示過異議的，在與蔣介石的私人談話中也明確表示過自己對逮捕雷震的不理解，希望蔣介石能改變事態。雷震案復判時，胡適也做過努力，希望初判的十年刑期能有所減少。胡適還與一些人聯名上書蔣介石，請求蔣以「總統」身份特赦雷震。但這一切都是徒勞，——胡適的心，「拔涼拔涼的」。聶華苓在《雷震與胡適》中說，雷震案復判結果出來的那天，胡適在書房裏獨自玩骨牌，可見胡適的心涼到何種程度。據胡頌平《胡適之先生年譜長編初稿》，1961 年 7 月 26 日，胡適在雷震 65 歲生日紀念冊上題寫了這樣的話：「萬山不許一溪奔，攔得溪聲日夜喧。到得前頭山腳盡，堂堂溪水山前村。南宋大詩人楊萬里的桂源鋪絕句，我最愛讀，今寫給儆寰老弟，祝他六十五歲生日。」其實，胡適自己的生命，也只有半年多了。

1962 年 2 月 24 日，胡適在主持歡迎中研院第五屆新院士的酒會上致辭時，一杯在手，猝然倒地。一條清溪，未能流到「山腳盡」，未能流到「出前村」，便被萬山吞沒了。

在猝然倒地前，胡適一直沒有到監獄探望過「儆寰老弟」。他當然知道自己應該去。而之所以沒有去，我想，還是不願與蔣介石和國民黨的關係徹底破裂。「總統選舉」事件和雷震案，使得胡適與蔣介石集團的關係已經是「命

懸一線」。蔣介石對雷震恨之入骨。在胡適與蔣介石的關係「正常」的情況下，胡適做出些令蔣介石不快的舉動，也無大礙，也不會對二人關係產生實質性影響。但在二人關係已經瀕臨破裂的時候，再做出令蔣介石十分不快的事，就會有不同尋常的後果。對胡適的批判、攻擊、謾罵，非但沒有停歇，倒有愈演愈烈之勢。胡適當然承受著巨大的壓力，健康狀況也明顯惡化，不然不會死得那麼早、那麼突然。胡適已經不是流寓海外的民間人士，而是蔣介石親自任命的「中央研究院院長」。一些人在盼著胡適去看雷震，許多人在看著胡適是否去看雷震，還有人擔心胡適果真去看雷震。這些人，心態是各各不同的。既然胡適是否親自到監獄看望雷震成為島上的一個政治懸念，胡適果然去了，那一定會成為一個很大的政治事件。蔣介石當然不希望這樣的事件發生。胡適果然到監獄看望、安慰、鼓勵雷震，就不免令蔣介石和他的「政府」難堪。而胡適的處境會雪上加霜。胡適的舉動再出格，也不會有牢獄之災、殺身之禍。蔣介石對胡適再痛恨，也不敢像對待雷震那樣對待胡適。果如此，美國的反應就讓他吃不消。但是，給胡適施加有形無形的壓力，讓胡適的處境更艱難些，卻是能夠做到的。人通常是勢利的。過去，朝野人士俱對胡適十分尊敬，原因之一，是胡適頗受蔣介石和整個官方的禮遇。而一旦蔣介石和國民黨官方對胡適不那麼禮遇了，許多人對胡適的尊敬也就跟著打折扣。就是辦個事，也會煩難些。胡適老矣，已逾古稀。已經下了在臺灣終老的決心。也只有在臺灣，父親的年譜和日記才能印行，自己的那幾部大書才能完成。難道又一次倉皇去國？難道以古稀之年再度流寓海外？難道讓那些工作計劃都成為泡影？去探望雷震，很可能就成為那「最後一根稻草」。胡適沒有在他與蔣介石的關係上，加上這根稻草，我覺得，是應該令我們同情的。

　　我想，魯迅沒有到龍泉寺去看望章太炎，胡適沒有到監獄去看望雷震，都是不應苛責的。聶華苓女士因為曾與雷震同辦《自由中國》，所以對胡適的不去看望雷震十分不滿，情緒可以理解，由此生出的對胡適的評價，卻是值得商榷的。例如，聶華苓說：「真正的胡適關在他自己的心牢裏。直到 1962 年 2 月 24 日，他在臺灣『中央研究院』歡迎新院士酒會結束後，突然倒地，他才從那心牢裏解脫了。」這就不夠公允。在胡適與蔣介石和國民黨長達 30 年的接觸中，胡適固然有過多次妥協，固然有時也表現出傳統文人的局限，但始終沒有放棄固有的政治理念、政治理想，始終保持對蔣介石和國民黨的

批評姿態，即便蔣介石對他再好，即便蔣介石對他有再大的「恩寵」，他也沒有放棄原則而淪為蔣介石的御用工具，這在現代中國，已經很了不起了。

十

章太炎在龍泉寺絕食，也讓袁世凱驚恐，真的餓死，很在些麻煩。於是，袁世凱著人派來了醫生。《太炎先生自定年譜》中說：「當事懼余餓死，復令醫工來者，得移東城錢糧胡同。……時弟子多為大學教員，數來討論。」章太炎大約於 6 月 16 日停止絕食，當天即從龍泉寺搬到了錢糧胡同。在 6 月 26 日致夫人湯國梨的家信中，章太炎說：「當道疑忌亦漸解釋，惟尚難豁然耳。」章太炎感覺，搬到錢糧胡同後，袁世凱對他的疑忌漸漸消除了，只是還不能徹底放心。章太炎的感覺未必很準確，袁世凱疑忌的「解釋」程度，恐怕不像他自以為的那麼大。但他的處境比在龍泉寺時要好些，袁世凱對他有些放心了，也是事實。

魯迅 1914 年 8 月 22 日日記：「午後許季市來，同到錢糧胡同謁章師。」這時，章太炎移居錢糧胡同已兩個多月。這時以弟子身份來探望老師，應該不會讓袁世凱及其鷹犬太在意，所以魯迅來了。這是章太炎被監視囚禁以來，魯迅第一次去看望，期間章太炎又經歷了絕食，所以魯迅特別用了一個「謁」字。這一「謁」字，透露了魯迅對章太炎罵袁壯舉的敬仰，也讓我們感到他對章太炎的掛念和急於見到的心情。這一天，在章太炎寓所從下午「坐至傍晚歸」，說明談得很投機。魯迅 1915 年 6 月 17 日日記：「下午許季市來，並持來章師書一幅」，這天章太炎為魯迅手書條幅一幅。可見，章太炎並不以絕食期間魯迅未去探望為意，或者說，對於魯迅未去龍泉寺，章太炎是理解的。

新文化運動興起後，章太炎成了守舊派，魯迅與他也沒有了來往。魯迅 1933 年 6 月 18 日致曹聚仁信中說：「古之師道，實在也太尊，我對此頗有反感。我以為師如荒謬，不妨叛之，但師如非罪而遭冤，卻不可乘機下石，以圖快敵人之意而自救。太炎先生曾教我小學，後來因為我主張白話，不敢再去見他了，後來他主張投壺，心竊非之，但當國民黨要沒收他的幾間破屋，我實不能向當局作媚態。以後如相見，仍當執禮甚恭」。雖然在文化觀念上有了嚴重分歧，魯迅對章太炎的敬意並未稍減。

1936 年 6 月 14 日，章太炎病逝於蘇州，其時魯迅也病得很重，只有幾個月的生命了。體力稍恢復後的 10 月 9 日，魯迅寫了《關於太炎先生二三事》，

強調章太炎晚年的參與投壺、接受饋贈，不過是「白圭之玷」，強調「戰鬥的文章」，乃是章太炎一生中最大、最久的業績。寫了這篇悼念文章，魯迅意猶未盡，又於17日開始寫《因太炎先生而想起的二三事》，沒有寫完便又病倒，於19日晨辭世。

　　章太炎比魯迅早死幾個月，才讓我們知道魯迅至死都對章太炎滿懷敬意。如果胡適晚死幾年，會怎樣對待獄中的雷震呢？看看他怎樣對待陳獨秀就知道了。陳獨秀一生五入牢獄，四次都發生在與胡適相識後，而每一次，胡適都積極參與了營救。最後一次，陳獨秀是以中共首領的身份被捕的，在政治立場上，胡適早與陳獨秀分道揚鑣，但胡適仍然盡最大努力，爭取陳獨秀得到「合法審判」。1937年8月，陳獨秀提前出獄，胡適起了關鍵性作用。如果胡適多活幾年，而又與蔣介石的關係有所緩和，他會積極爭取雷震的提前出獄嗎？他會為雷震的減刑而呼籲、而奔走嗎？──我想，應該會的。

2013年8月18日初稿

2014年3月9日改定

魯迅對鶴見祐輔
《思想‧山水‧人物》的翻譯

在魯迅所留下的一千多萬字的譯著中，譯與著的字數大體相等。魯迅翻譯過 14 個國家上百名作家的作品，日本作家鶴見祐輔的《思想‧山水‧人物》是其中之一。

《思想‧山水‧人物》在魯迅的譯作中，本來並不特別突出，並不怎麼受人關注。但上世紀 90 年代以來，卻頻頻為人道及。其原因，就在於魯迅是否為自由主義者，忽然成了一個問題。在討論魯迅與中國現代自由主義的關係時，在爭論「自由主義者」這頂帽子能否戴上魯迅的腦袋時，不同觀點的論者都會談到鶴見祐輔所作、魯迅所譯的這部書。因為這部譯作中，有一篇宣揚自由主義的《說自由主義》，而魯迅在譯本的《題記》中，又特意對這一篇做了這樣的說明：「那一篇《說自由主義》，也並非我所注意的文字。我自己，倒以為瞿提（引按：即德國詩人歌德）所說，自由和平等不能並求，也不能並得的話，更有見地，所以人們只得先取其一的。然而那卻正是作者所研究和神往的東西，為不失這書的本色起見，便特地譯上那一篇去。」這幾句話，既表達了魯迅對自由主義的態度，又表達了他對自由與平等之關係的看法。魯迅直接論及自由主義的文字極少，這幾句關於自由主義的說明，就成為寶貴的「資料」了。

其實，要研究魯迅與自由主義的關係，不僅僅是魯迅對這篇《說自由主義》的翻譯和《題記》中的說明值得注意，魯迅對這整部書的取捨，都值得探討。鶴見祐輔的這部被魯迅稱作「雜文集」的書，其實整體上就是一部宣

揚自由主義的書。那些並未直接論及自由主義的文章，也往往讚美的是那種自由主義的政治態度和生活態度，稱頌的是那種自由主義的精神。

在《壁下譯叢·小引》中，魯迅說：「但我向來不想譯世界上已有定評的傑作，附以不朽的，倘讀者從這一本雜書中，於紹介文字得一點參考，於主張文字得一點領會，心願就十分滿足了。」選擇原作時，不管作者已有的聲望，不理會原作已獲得怎樣的評價，只要自己覺得對此書的迻譯和介紹，可讓中國人「得一點參考」、「得一點領會」，就不妨將其迻譯過來。「參考」和「領會」，其實都是中性的，並不意味著贊同和接受。從魯迅的全部譯作中，人們可以看出魯迅兩方面的翻譯動機。一方面，是因為作為翻譯者的魯迅，喜愛認可原作，迻譯的動機就是想讓中國讀者認同和接受它。另一方面，作為翻譯者的魯迅雖然並不喜愛認可原作，但覺得不妨迻譯過來，讓中國讀者的知識結構更豐富些、精神視野更開闊些。當然，這只是大概的分別。更多的時候，應該是所譯的書或文章，既有為魯迅所喜愛認可的部分，也有令魯迅不以為然不感興趣的部分。將自己喜愛和認可的東西迻譯過來，這不是問題。值得探討的，是魯迅在多大程度上能將那些自己不以為然不感興趣的東西譯成漢語。魯迅固然並不只譯那種自己所喜愛認可的東西，但如果認為在翻譯那種自己並不以為然並不感興趣的東西時是無條件的，那肯定也是誤解。我們應該明白，魯迅有時會把那種自己並不喜愛認可的東西迻譯過來，但不能認為無論怎樣令魯迅憎惡討厭的東西，魯迅都可能將其譯成漢語。而研究魯迅對鶴見祐輔《思想·山水·人物》的取捨，可讓我們在相當程度上懂得魯迅迻譯自己不喜愛不認可的東西時，有著怎樣的條件和限度。

研究魯迅對《思想·山水·人物》的取捨，還能讓我們懂得：簡單地給魯迅戴上一頂「主義」的帽子，簡單地說魯迅是某種「主義者」或不是某種「主義者」，都是不妥的。

一

鶴見祐輔，1885 年生，1972 年去世。生前是日本較為知名的作家和評論家。《思想·山水·人物》是他的一部「雜文集」。2005 年 10 月，我在東京的一家書店，購得一冊鶴見祐輔的《思想·山水·人物》原作。從版權頁上可知，《思想·山水·人物》由「大日本雄辯會講談社」初版於大正 13 年（1924年）12 月。魯迅 1925 年 2 月 13 日日記中有「往東亞公司買《思想山水人物》

一本，二元」的記載。初版在東京問世一兩個月後，魯迅即在北京購得此書，那麼，魯迅據以翻譯的，應該是初版本。魯迅在翻譯《思想‧山水‧人物》時，前 12 篇是邊翻譯邊發表的。魯迅為譯本所寫的《題記》，一開頭就說：兩三年前，當他從這本「雜文集」中翻譯《北京的魅力》的時候，並沒有想到要繼續翻譯下去，最後竟將譯文積成一本書。《北京的魅力》其實是關於北京的一組六篇文章的合稱。這六篇文章依次是《暴露在五百年的風雨中》、《皇宮的黃瓦在青天下》、《驢兒搖著長耳朵》、《到死為止在北京》、《駱駝好像貴族》、《珠簾後流光的眸子》（此處用魯迅譯文。本文在引用《思想‧山水‧人物》時，有魯迅譯文者，則用魯迅譯文，無魯迅譯文時則自譯）。魯迅翻譯的這組《北京的魅力》，最初在 1925 年 6 月 30 日出版的《民眾周刊》第 26 號上發表，至第 29 號發表完畢，連載了四周。

1928 年 3 月 31 日，魯迅譯了《思想‧山水‧人物》的「序言」，發表於《語絲》周刊第四卷第 22 期。魯迅 1928 年 4 月 3 日日記有這樣記載：「譯《思想‧山水‧人物》迄」。1928 年 5 月，魯迅翻譯的《思想‧山水‧人物》由上海北新書局出版。從 1925 年春季開譯，到 1928 年 4 月譯迄，前後三年。

魯迅對鶴見祐輔《思想‧山水‧人物》的翻譯，是一種選譯。在譯本的《題記》裏，魯迅說：「原書共有三十一篇。如作者自序所說，『從第二篇起，到第二十二篇止，是感想；第二十三篇以下，是旅行記和關於旅行的感想。』我於第一部分中，選擇了十五篇；從第二部分中，只譯了四篇，因為從我看來，作者的旅行記是輕妙的，但往往過於輕妙，令人如讀日報上的雜俎，因此倒減卻了迻譯的興趣了。」這樣說來，原著中近三分之一的篇目，被魯迅捨棄了。下面是被魯迅捨棄的篇目：

《失意與修史》。這篇文章開頭就說：「失意的政治家，往往成為偉大的歷史家。」文章首先舉孔子為例，說孔子因失意而作《春秋》，接著，又列舉了日本和西方歷史上的多個由「失意的政治家」而變成「偉大的歷史家」的人物。在文章中，鶴見祐輔表達了自己對「歷史家」的理解和申明了成為「史家」的條件。

《人物月旦之事》。這篇文章談論的是對人物的品評，主要是對英國新出版的一種維多利亞女皇傳的評說和讚美。

《出洋前後》。這裏所謂的「洋」，指西洋。這篇文章談論的是作為一個日本人，去西洋前夕和從西洋歸國後的不同感受、不同心境。

　　《看見富士山》。這篇文章，寫於 1923 年東京大地震後不久，以一個美國人的話開頭。那個美國人對作者說：「現在，從東京的任何地方都能看見富士山了。」這個美國人不經意間說出的話，讓作者生出許多感慨。東京的建築物在大地震中倒塌、焚毀，於是富士山便從東京的任何地方都能看見。這讓作者想到，富士山原本一直聳立在那裏，以前之所以看不見它，是因爲人們的雙目被各種建築物擋住了而已。緊接著，作者就寫到五年前在白宮與美國總統威爾遜晤談的事，說威爾遜在任何時候心中都有一座「富士山」，——這就是那些最普通的美國人民。文章的主旨是對威爾遜的讚美。在《思想・山水・人物》這部隨筆集中，有多篇文章表達了對威爾遜的讚美，這篇《看見富士山》只是其中之一。當然，作者更是在表達自己所秉持的自由主義政治理念。

　　《帝都的復興》。這是一組四篇文章的合稱。四篇短文依次是：《自由》、《創造的精神》、《都市生活者》、《未來的歷史》。四篇文章，主旨都是東京的重建。這裏特別值得注意的，是第一篇文章《自由》。這篇文章一開篇就引用了一句古希臘名言：「幸福源自勇氣，勇氣源自自由。」然後就大力強調在重建東京的過程中，「自由」的重要，主張每一個東京市民都必須以一種「自由」的精神投入到東京的重建中，同時，又必須把東京建成一個讓每個人都享受到「自由」的城市。在思考東京的重建時，首先想到「自由」，這耐人尋味。但這種對「自由」的呼籲，被魯迅捨棄了。關於這篇《自由》，下文還將論及。

　　《文學與政治的歧途》。這篇文章談論的是對文學的興趣和對政治的興趣如何在同一人身上既並存又衝突，文章舉了西方和日本的數種例子來說明這一現象。作者自己就是一個既有強烈的文學熱情又有濃厚的政治興趣的人，文章可認爲是作者自身體驗的表達。魯迅在翻譯《思想・山水・人物》時，將這篇文章捨棄了。但我們知道，魯迅全集中，有一篇重要文章，題目就叫《文藝與政治的歧途》。這本是魯迅 1927 年 12 月 21 日在上海暨南大學一次演講的記錄。在演講結尾，魯迅說：「今天所講的，就是這麼一點點，給它一個題目，叫做……《文藝與政治的歧途》。」這題目顯然借自於鶴見祐輔。魯迅的《文藝與政治的歧途》所談論的問題，比鶴見祐輔的《文學與政治的歧途》要重要得多；魯迅的思考也比鶴見祐輔要深廣得多。但魯迅之所以思考文藝與政治的「歧途」，也許一定程度受到了鶴見祐輔的啓發。

　　《國境生活者》。這是一篇主張學術研究要擴大視野、不能爲「專業」所圍的文章。所謂「國境」，是一種比喻，指各學科各領域之間的界線。作者對通常意義上的「專門家」表示了深深的懷疑和鄙薄，強調重要的科學發現往往來自「門外漢」。用今天的話說，作者呼籲的是學科交叉，強調跨學科研究的重要。所謂「國境生活者」，即是此意。

　　《從紐約南行》。這是一組 12 篇文章的合稱，主要是在美國的遊記，基調則是對美國的讚頌。魯迅在譯本《題記》中所說的「過於輕妙」的遊記當指此類。

　　《南方的回憶》。這也是一組文章的合稱，也是 12 篇。《南方的回憶》在原著中緊接《從紐約南行》。《從紐約南行》寫的是從紐約到南方途中的事，《南方的回憶》則是寫在南方的觀感。這組文章的基調也是在讚頌美國，自然也是魯迅所認爲「過於輕妙」者。

　　《秋天的輕井澤》。這是一篇國內的遊記，寫的是作者 1923 年秋天在輕井澤這個地方旅遊的見聞，且將日本的情形與英美比較，這也應當屬魯迅所說的「過於輕妙」、如同日報「雜俎」的旅行記之列。

　　《北支那的初夏》。這是一組三篇文章的合稱，依次是：《未知的國度》、《奉直戰爭》、《天壇如同紙鎭》。三篇文章，寫的是作者在第一次直奉戰爭期間從瀋陽到北京的見聞。在原書中，《北支那的初夏》之後，便是《北京的魅力》。這兩組文章的基調很接近，在對中國現狀的敘述中，透露出對中國歷史、文化和人民的敬畏。當然，在一些具體的地方，兩組文章給人的感覺有些不同。魯迅捨棄了《北支那的初夏》，選譯了《北京的魅力》。順便指出，在《北支那的初夏》第三篇《天壇如同紙鎭》的最後，還出現了胡適：「數日之後，來訪的北京大學明星胡適君，對著窗外驚叫：『看哪！天壇！』」這讓我們知道，當鶴見祐輔 1922 年逗留北京期間，胡適曾到其下榻的旅館拜訪他。

　　以上是對被魯迅所捨棄的篇目的介紹。魯迅在譯本《題記》裏說，捨棄的是那種「過於輕妙」的「旅行記」。但我們知道，被魯迅捨棄的，並不都是「旅行記」。這些文章之所以被魯迅捨棄，應該說，是比較不爲魯迅喜愛贊同的，是比較不合魯迅口味的。

二

　　那麼，被魯迅選譯的部分，就每一篇都很令魯迅喜愛，每一句都很合魯

迅口味麼？恐怕也不是。應該說，鶴見祐輔的《思想・山水・人物》這本書的總體基調，就與魯迅慣常的思想情感、價值觀念，頗相扞格、齟齬。

在《思想・山水・人物》的《序言》中，鶴見祐輔寫道：「貫穿這些文章的共通的思想，是政治。政治，是我從幼小以來的最有興味的東西。所以這本書名，也曾想題作《政治趣味》或《專門以外的工作》。但臨末，卻決定用《思想・山水・人物》了。」在譯本《題記》裏，魯迅也說：「作者的專門是法學，這書的歸趣是政治，所提倡的是自由主義。我對於這些都不了然。」這本書雖然看起來很散漫，古今「日」外，無所不談，但有一個共同的旨趣：政治。書中寫了許多政治人物，談了許多政治問題；即便原本寫的是與政治毫無關係的事，也往往要繞到政治上來；在說明日常人生中的某種道理時，也總喜歡以政治人物和政治事件為例。鶴見祐輔是政治上的自由主義者，信奉的是自由主義政治理念。他總是以一種自由主義的眼光看待政治，總是以一種自由主義的價值觀念評判政治，所以，這又可以說是一本宣揚自由主義政治理念的書。鶴見祐輔的自由主義理念來自英美，是英美傳統的自由主義的信徒，英美是他的「政治偶像」，是他心目中的榜樣、楷模。書中時時處處流露出對英美的豔羨、愛慕、崇敬。所以，這又不妨說是一本謳歌英美的書。熟悉魯迅的人都不難覺察到：談政治、倡政治自由主義、頌英美，實在與魯迅基本的思想情感、價值觀念，相去甚遠。

先說政治。在《風高放火與振翅灑水》一文中，我曾稱魯迅為「政治懷疑主義者」。對任何一種政治理論魯迅都並不真正服膺，對任何一種治國的方略魯迅都並不真正感興趣。魯迅畢生重視的是「啟蒙」，是民智的開發。魯迅認為，沒有民眾的廣泛覺醒，沒有民智的全面開發，再好的政治理念、再好的政治制度，都無濟於事。曹聚仁曾這樣評說魯迅：「由於魯迅的文字，富於感人的力量；我們讀他的雜感，覺得十分痛快，所以對於他的政治觀，也不十分去深求了。其實他帶了濃重的虛無色彩，並不相信任何政黨會有什麼成就的。筆者的看法，和他有點相近；我認為政治的進步或落伍，和民智開發的進度有密切關係，至於政治學說，主義的內容如何，並不十分相干的。孫中山把《三民主義》說得天花亂墜，結果，國民政府的黑暗政治，比北洋軍閥時代還不如，而貪污程度，遠過於當年的交通系，對政治完全失望，也是民初人士所共同的。」曹聚仁的這番評說，是基本符合魯迅的思想實際的。然而，對政治失望的魯迅，對政治懷疑的魯迅，對政治不感興趣的魯迅，卻

翻譯了一本以政治爲旨趣、大談特談政治的書。

再說自由主義。在譯本《題記》裏，魯迅聲明對鶴見祐輔所提倡的自由主義並「不了然」；又對爲何選譯了《說自由主義》一文特意做了說明。按照魯迅的取捨標準，這篇《說自由主義》，應在捨棄之列。而之所以終未捨棄，是因爲實在無法捨棄。前面說過，鶴見祐輔的這本書，以政治爲旨趣。這樣說還不太準確，應該說是以自由主義政治爲旨趣，是在極力宣揚自由主義政治理念的。至於專談自由的文章，有兩篇，一篇是《帝都的復興》這組文章中的第一篇《自由》，另一篇就是《說自由主義》。可以說，這篇《自由》和這篇《說自由主義》，猶如這本書的雙目。如果把翻譯比作畫像，那是無法把兩隻眼睛都省略的；即使你再不喜歡那兩隻眼睛，也至少要保留一隻。《帝都的復興》這組文章已被全部捨棄了，那這篇《說自由主義》就不得不保留下來。魯迅說是「特地」譯了這一篇，這「特地」正可理解爲「不情願卻又不得不」。魯迅一定覺得，如果譯本把這兩篇以「自由」爲題的文章都捨棄而又要以《思想・山水・人物》爲書名出版，那既對不起作者也對不起讀者。

《說自由主義》雖然保存下來了，但那篇《自由》卻終被捨棄了。作爲今天的一個中國讀者，鶴見祐輔這本書中最令我感動的文章，其實正是這篇《自由》。1923 年 9 月 1 日，東京發生大地震，大地震又引發海嘯、火災，城市幾成廢墟。在思考東京的重建時，鶴見祐輔首先想到的是「自由」，主張要以一種自由的精神去重建東京，呼籲把東京建成一座讓每個市民都充分享有自由的城市，這是十分難能可貴的。1923 年以前的東京，肯定是不那麼自由的。當物質的舊東京毀滅的同時，鶴見祐輔希望精神的舊東京也隨之毀滅。當人們紛紛談論東京在物質上的新生時，鶴見祐輔首先想到的是東京在精神上的新生。下面試將文章的最後兩段話譯出：

> 新都市的建設，必須以給予市民以自由的環境爲目標。我們不是要建設一個以戰爭爲目標的封建都市，也不僅僅是要建設一個熙來攘往的商業中心。我們是要建成這樣一個都市：在這裏，每個人都能過一種有意義有價值的生活。
>
> 過去的東京，是一個讓人覺得不利於工作、不利於思考、也不利於遊玩的不安全的地方。以一等國自誇的日本人，卻建設了一個像三等國首都一般的都城，並且不以爲怪。日本國民天賦之才的發揮，不知因此而受到怎樣的阻礙。建設一個讓每個人的天賦之才都

自由施展的眞正的都城，現在正是時候。

《自由》這篇短文，在我看來，是鶴見祐輔書中最値得譯介給中國讀者的。八九十年前的中國讀者需要它，八九十年後的今天，對於中國讀者，它仍然具有充分的價値。但這篇《自由》卻被八九十年前的魯迅捨棄了。其原因，就在於魯迅對鶴見祐輔所說的道理「不了然」，無興趣，不相信；就在於鶴見祐輔的《自由》不能引起他起碼的共鳴。──能夠把這樣一篇文章捨棄的人，我想，是不能稱之爲「自由主義者」的，就像一個大啖紅燒肉的人，不能稱之爲「素食主義者」一樣。

還應該說到魯迅對英美的態度。對無論哪國的政治，魯迅都並不眞正感興趣，但對北歐、德國和俄國的文學、文化，魯迅則往往頗有好感。對英美，政治上固然無興趣，文學、文化上也無親近感。早年，在《文化偏至論》、《摩羅詩力說》等文章中，曾提及過拜倫、卡萊爾、約翰・穆勒等人，後來就不見他對英美文學、文化有什麼讚美之辭。上海時期，在與親友通信中，則多次表示對英美的厭惡和抗拒。例如，1927 年 11 月 20 日，在致江紹原信中，魯迅說：

> 英文的隨筆小說之流，我是外行，不能知道。……英美的作品我少看，也不大喜歡。

1935 年 5 月 17 日，在致胡風信中，魯迅說：

> 十五日信收到了。前天遇見玄先生（引按：即沈雁冰），談到你要譯《草葉》（引按：即美國詩人惠特曼的《草葉集》）的事，他說，爲什麼選這個呢？不如從英德文學裏，選一部長的，只要有英日文對照看就好。我後來一想，《草葉》不但字數有限，而且詩這東西，譯起來很容易出力不討好，雖《草葉》並無韻。但剛才看了一下目錄，英德文學裏實無相宜的東西：德作品都短，英作品多無聊（我和英國人是不對的）。我看波蘭的《火與劍》或《農民》，倒可以譯的，後者有日譯本，前者不知有無，英譯本都有。

英國的文學，不能令魯迅喜愛，斥之曰：「無聊」。魯迅更明確地說自己與英國人「是不對的」。當胡風想要翻譯惠特曼的《草葉集》時，魯迅又大潑冷水，並推薦波蘭的作品。在晚年，還有一件有趣之事。當魯迅和鄭振鐸合編的《北平箋譜》即將出版時，魯迅於 1934 年 1 月 11 日致信鄭振鐸，寫道：

> 頃接六日信，甚喜。《北平箋譜》極希望能夠早日出書，可以不

必先寄我一部，只望令榮寶齋從速運來，因爲這裏也有人等著。至於我之二十部，實已不能分讓，除我自藏及將分寄各國圖書館（除法西之意，德，及自以爲紳士之英）者外，都早已約出，且還不夠，正在籌劃怎樣應付也。

魯迅打算向各國圖書館贈送《北平箋譜》，但意大利、德國和英國不送。意、德兩國，其時法西斯主義正盛行，不送，自在情理之中。而英國不送，則僅因爲「自以爲紳士」，就有些耐人尋味了。魯迅平生足未曾履英土，與英國人也少有接觸，爲何如此厭惡英國和英國人呢？這種厭惡是早已有之，還是後來才產生的呢？——這些姑且不論。總之，魯迅對英美是不喜愛、無興趣的；而鶴見祐輔的《思想‧山水‧人物》則是時時崇英、處處褒美的。

魯迅基本的思想情感和價值觀念與《思想‧山水‧人物》相齟齬，還從一些具體的地方表現出來。例如，魯迅譯本《思想‧山水‧人物》的第一篇《斷想》，是一組 27 篇文章的合稱，其中第五篇是《費厄潑賴》，文章對英國式的費厄潑賴做了熱情歌頌：「我們在英國史上，屢次接觸到人間的偉大。這就因爲英國是『費厄潑賴』（Fair play）的國度的緣故。參透了競技的眞諦的英國人，便也將競技的『費厄潑賴』，應用到一切的社會生活上去。恬然說謊，從背後謀殺政敵似的卑怯萬分的事，是不做的。而且，這樣的卑怯的競技法，社會也不容許。這樣的人，便被社會葬送了。所以那爭鬥，就分明起來。從中現出人間的偉大來，大概並不是偶然的事。這就因爲英國的空氣的安排，是可以使偉大的人物出現的。」魯迅親手譯出了這篇熱烈讚頌英國的「費厄潑賴」進而讚頌英國「偉大」的文章，卻也親手寫出了《論「費厄潑賴」應該緩行》這篇名文。這篇文章寫於 1925 年 12 月 29 日，其時魯迅已經開始翻譯《思想‧山水‧人物》，其中的那則《費厄潑賴》肯定已經讀過。魯迅既寫文章極力強調「費厄潑賴」在中國「應該緩行」，又將這則《費厄潑賴》譯成漢語、介紹給中國讀者。這明白地證明著：魯迅所翻譯的東西，並非一定是他所喜愛認可的東西。

再例如，在魯迅《思想‧山水‧人物》譯本中，有一則《政治和幽默》，還有一篇《說幽默》，自然都是對「幽默」的讚美。《政治和幽默》中說：「懂得幽默的人，無論在怎樣的境地，都能打開那春光駘蕩的光明世界來。所謂讀書，不過是打開這境地的引子罷了。」至於那篇《說幽默》，在《思想‧山水‧人物》中，要算是一篇長文了，分八個部分論述了「幽默」的必要和可

貴。然而，譯出了這兩篇讚美「幽默」的文章的魯迅，上海時期卻屢屢對林語堂們提倡「幽默」表示非議。1933 年 3 月 2 日這一天，魯迅寫了《從諷刺到幽默》和《從幽默到正經》兩篇文章，都對提倡「幽默」不以爲然。寫於 1933 年 8 月 23 日的《「論語一年」》中，魯迅則說：「老實說罷，他（引按：即林語堂）所提倡的東西，我是常常反對的。先前，是對於『費厄潑賴』，現在呢，就是『幽默』。我不愛『幽默』並且以爲這是只有愛開圓桌會議的國民才鬧得出來的玩意兒，在中國，卻連意譯也辦不到。我們有唐伯虎，有徐文長；還有最有名的金聖歎，『殺頭，至痛也，而聖歎以無意得之，大奇！』雖然不知道這是眞話，是笑話；是事實，還是謠言。但總之：一來，是聲明了聖歎並非反抗的叛徒；二來，是將屠戶的兇殘，使大家化爲一笑，收場大吉。我們只有這樣的東西，和『幽默』是並無什麼瓜葛的。」在魯迅看來，林語堂們在中國提倡「幽默」，是容易「將屠戶的兇殘，使大家化爲一笑，收場大吉」的。魯迅既把幾篇歌頌英國式「幽默」的文章譯介給中國讀者，又極力反對林語堂們提倡英國式的「幽默」。這當然也可作爲一條證據，證明著魯迅所迻譯的，並非就是他所認同的。

三

對鶴見祐輔這部《思想・山水・人物》中的若干文章，魯迅是喜愛和認可的。但總體上，鶴見祐輔這部書並不令他感到親切。書中所提倡的，往往是魯迅不感興趣不以爲然的。在魯迅的全部翻譯活動中，對這部書的翻譯過程，是頗爲特殊的。

魯迅 1928 年 3 月 31 日爲譯本所做的《題記》，一開頭就說：「兩三年前，我從這雜文集中翻譯《北京的魅力》的時候，並沒有想到要續譯下去，積成一本書冊。每當不想作文，或不能作文，而非作文不可之際，我一向就用一點譯文來塞責，並且喜歡選取譯者讀者，兩不費力的文章。這一篇是適合的。爽爽快快地寫下去，毫不艱深，但也分明可見中國的影子。我所有的書籍非常少，後來便也還從這裡選譯了好幾篇，那大概是關於思想和文藝的。」又說：「自檢舊譯，長長短短的已有十二篇，便索性在上海的『革命文學』潮聲中，在玻璃窗下，再譯添八篇，湊成一本付印了。」魯迅 1925 年春季開始翻譯書中的文章，1927 年 10 月初到上海後，才萌生將譯文「湊成一本付印」的打算。可見，魯迅對鶴見祐輔的這本書，一開始就沒有很高的熱情和強烈的

興趣。從 1925 年春到 1927 年 10 月，將近兩年半的時間，才譯了 12 篇，平均幾個月才譯一篇，鶴見祐輔的這本書，在魯迅眼裏，實在有點像雞肋了。當然，在實際的翻譯過程中，各篇之間的時間間隔，又並不是平均的。

讀魯迅《題記》開頭的幾句話，人們容易認為《北京的魅力》是魯迅最先翻譯的書中文章，但其實並不是。1925 年 4 月 14 日《京報副刊》發表魯迅所譯的鶴見祐輔書中的《自以為是》，這才是魯迅發表的第一篇《思想‧山水‧人物》的譯文。查魯迅日記，1925 年 4 月 21 日有「以譯稿寄李小峰」的記載。此譯稿即鶴見祐輔書中《徒然的篤學》，譯文發表於 4 月 25 日《京報副刊》。這是魯迅發表的第二篇《思想‧山水‧人物》的譯文。《北京的魅力》則從 6 月 30 日開始在《民眾周刊》連載，這是發表的第三篇譯文，比《自以為是》晚了兩個半月，一般來說，不會是《北京的魅力》翻譯在前而《自以為是》翻譯在後。魯迅翻譯該書的第四次記載，則在 1926 年 7 月 10 日，這一天，魯迅譯完了《所謂懷疑主義者》一文，並在 25 日出版的《莽原》周刊第 14 期發表。第三次與第四次之間，居然間隔了一年多。第五次出現，則在 1926 年 12 月 7 日，這一天，魯迅譯完了《說幽默》並作《譯者識》，發表於 1927 年 1 月 10 日出版的《莽原》半月刊第二卷第一期。第四次與第五次之間，也隔了近半年。但接下來就快了。1927 年 5 月 31 日，譯了《讀的文章和聽的文章》，發表於 7 月 10 日出版的《莽原》半月刊第二卷第 13 期。1927 年 6 月 1 日，譯了《書齋生活與其危險》，發表於 6 月 25 日出版的《莽原》半月刊第二卷第 12 期。1927 年 6 月 21 日，譯了《專門以外的工作》，發表於《語絲》周刊第 142 至第 143 期。魯迅 1927 年 6 月 27 日日記有「寄矛塵譯稿一篇。寄小峰譯稿三篇」的記載。從日記注釋中可知，寄矛塵者即鶴見祐輔書中的第一篇《斷想》。是年五月，章矛塵任杭州《民國日報》副刊編輯，向魯迅索稿。魯迅遂譯此文「塞責」。《斷想》一組 27 篇，魯迅將其全部譯出。但章矛塵不久即離職，譯稿轉至上海北新書局，連載於《北新》周刊第 45 至第 52 期（1927 年 9 月 2 日至 10 月 20 日），《北新》半月刊第二卷第一期至第五期（1927 年 11 月至 1928 年 1 月）。6 月 27 日這天寄小峰者，則為鶴見祐輔書中《善政和惡政》、《人生的轉向》和《閒談》三篇，均發表於這年七八月間出版的《北新》周刊上。

以上是魯迅定居上海前翻譯發表 12 篇文章的情況。《自以為是》如果是魯迅最先翻譯的文章，那魯迅翻譯這部書的緣起，就很容易理解。可以認為，

魯迅 1925 年 2 月 13 日買回這部書，讀過之後，並沒有馬上萌生譯介的念頭。當《京報副刊》向其約稿時，他才想到從中譯出一文「塞責」。而首先想到這篇《自以爲是》，自在情理之中。這篇文章，批判的是日本人的「驕慢」。文章舉了幾個例子，說明人類歷史上一些原本很優秀的民族，後來都因爲「驕慢」而零落、衰朽、淪亡。文章說：「日本人始終安住在《源氏物語》和《徒然草》的傳統中，做著使日本語成爲世界語的夢，粗粗一看，固然是頗像勇敢的，愛國底的心境似的。但其中，卻含有背反著人類文化的發達的，許多的危險。」「以一個民族，征服全世界，已經是古老的夢了。波斯、羅馬、蒙古、拿破侖，就都蹉跌在這一條道路上。然而攝取了世界的文化，建設起新文明來的民族，卻在史上占得永久的地位的。葳爾的雅典的文化，至今也還是世界文明的淵源。」「我們也應該識趣一點，從誇大妄想的自以爲是中脫出。……我們應該抱了謙虛淵淡的心，將世界的文化毫無顧慮地攝取。從這裏面，才能生出新的東西來。」可以說，這篇文章太對魯迅的胃口了。魯迅痛惡中國人的「驕慢」和自大，認爲中國人應該虛心學習其它民族好的東西。現在，當他看到鶴見祐輔批判日本人的「驕慢」和自大，呼籲日本人虛心向別的民族學習時，關於中國人不應如何和應該如何的看法就更堅定了。讀這篇文章，魯迅一定產生了強烈的共鳴。於是，當《京報副刊》向他約稿時，他便欣然譯出。從這裏可以看出：魯迅翻譯鶴見祐輔這部書的最初動因，仍然是喜愛和認可。

《自以爲是》發表十來天後，魯迅又譯出了《徒然的篤學》。《徒然的篤學》嘲諷和批判了那種空有滿腹知識但卻毫無創見的人，強調不應讀死書、死讀書。這種看法顯然也是魯迅所贊成的。後來，當《民眾周刊》向他約稿時，他又譯出了《北京的魅力》這組文章。三年之後，當魯迅爲即將出版的譯本寫《題記》時，之所以一開頭就提到《北京的魅力》，一來因爲這組文章有六篇，很長，翻譯過程中的甘苦容易留在記憶裏；二來，恐怕也因爲這組文章中有頗令魯迅不舒服的話。《北京的魅力》意在讚美北京。魯迅在北京生活過十六七年，對北京的風土景物很有好感。上海時期，與友人通信中，魯迅時時表示出對北京的留戀，時時流露出北歸之意。也許是對北京的較爲喜愛，使得魯迅動手翻譯《北京的魅力》。但鶴見祐輔在《北京的魅力》中寫的有些話，又肯定是令魯迅大不快的。例如，在《到死爲止在北京》這則文章的最後，鶴見祐輔則寫道：

> 我一面陶醉在支那生活的空氣中，一面深思著對於外人有著「魅力」的這東西。元人也曾征服支那，而被征服於漢人種的生活美了；滿人也征服支那，而被征服於漢人種的生活美了。現在西洋人也一樣，嘴裏雖然說著 Democracy 呀，什麼什麼呀，而卻被魅於支那人費六千年而建築起來的生活的美。一經住過北京，忘不掉那生活的味道。大風時候的萬丈的沙塵，每三月一回的督軍們的開戰遊戲，都不能抹去這支那生活的魅力。

我們知道，對於外國人膚淺或不懷好意地歌頌中國，魯迅是分外痛恨的。鶴見祐輔那些具體地讚美北京風土景物的話，也許能在一定程度上爲魯迅所認同，但那種籠統地對中國人「生活美」的謳歌，一定令魯迅大皺眉頭。尤其《到死爲止在北京》最後的那種論調，令魯迅深惡痛絕，多次予以嚴辭譴責。實際上，魯迅在《燈下漫筆》中，就指名道姓地譴責了鶴見祐輔。在這篇文章的第一部分，魯迅對中國傳統文明進行了猛烈的批判，指出中國人從來就沒有爭到過「人」的價格，強調一部中國歷史，只是兩種時代的交替：「想做奴隸而不得的時代」和「暫時做穩了奴隸的時代」。在文章的第二部分，魯迅一開始就說：

> 但是讚頌中國固有文明的人們多起來了，加之以外國人。我常常想，凡有來到中國的，倘能疾首蹙額而憎惡中國，我敢誠意地捧獻我的感謝，因爲他一定是不願意吃中國人的肉的！
>
> 鶴見祐輔氏在《北京的魅力》中，記一個白人將到中國，預定的暫住時候是一年，但五年之後，還在北京，而且不想回去了。

魯迅這裏說的，正是《北京的魅力》這組文章中的《到死爲止在北京》。在引用了《到死爲止在北京》中最後的幾段話後，魯迅予以了激憤的批駁：「中國人的耐勞，中國人的多子，都就是辦酒的材料，到現在還爲我們的愛國者所自詡的。……古人曾以女人作苟安的城堡，美其名曰『和親』，今人還用子女玉帛爲作奴的贄敬，又美其名曰『同化』。所以倘有外國的誰，到了已有赴宴的資格的現在，還在替我們詛咒中國的現狀者，這才是眞有良心的眞可佩服的人！」「所謂中國的文明者，其實不過是安排給闊人享用的人肉的筵席。所謂中國者，其實不過是安排這人肉的筵席的廚房。不知道而讚頌者是可恕的，否則，此輩當得永遠的詛咒。」這篇《燈下漫筆》寫於 1925 年 4 月 29 日，與翻譯《北京的魅力》在同一時期。現在難以確定《燈下漫筆》的寫作與《北

京的魅力》的翻譯孰前孰後。但不管孰前孰後，人們都不難看出這樣的「矛盾」：正是如此痛惡鶴見祐輔此種論調的魯迅，將此種論調譯成了漢語、介紹給了中國讀者。

四

　　鶴見祐輔《思想‧山水‧人物》中，寫中國的文章有兩篇，一篇是《北支那的初夏》，一篇是《北京的魅力》，兩篇文章寫的是同一趟旅程中的見聞感受。1922 年第一次直奉戰爭期間，鶴見祐輔來到中國，從瀋陽到北京。《北支那的初夏》寫從瀋陽到北京的觀感，字裏行間對中國的「文明」、對中國人的「忍耐力」、對中國的「民眾輿論」，充滿崇敬。《北支那的初夏》由三則短文組成，第二則《奉直戰爭》，寫的是途中所見的即將奔赴戰場的奉軍士兵，說這些士兵怎樣紀律嚴明、怎樣不懼艱辛、怎樣視死如歸。文章最後還特意描寫了一個十三四歲的少年，說他怎樣從容、鎮定。鶴見祐輔深為這些士兵的神情舉止所感動。文章以這樣的話結尾：「深深打動我的，既不是被稱作將軍的吳佩孚，也不是被稱作元帥的張作霖，而是這眾多身著土布制服奔赴戰場的中國青年的身影。」在魯迅看來，軍閥的混戰，不過是在「爭奪地獄的統治權」。魯迅翻譯《北京的魅力》，已經讓人有些費解，如果他把這篇《北中國的初夏》也譯介給中國讀者，那就更讓人難以理解了。《北中國的初夏》終於被魯迅捨棄，那是毫不奇怪的。至於《北京的魅力》中那些令魯迅痛恨的話，魯迅是為了尊重作者和讀者才譯出的。在翻譯時，可以整篇地捨棄，但一篇中有部分言論再令自己不快，也照樣譯出，這是魯迅翻譯時的一條原則。魯迅之所以在翻譯它的同時，又著文批判其中的部分言論，正有著「消毒」的考慮。但《北京的魅力》的翻譯，肯定令他感到了不快。當他必須為那些他所深為厭惡的日文尋找合適的漢語表達時，他的心緒一定不會很好。

　　不妨認為，正是《北京的魅力》倒了魯迅的胃口，在譯完這組文章、又在《燈下漫筆》中對之做出了「消毒」後，魯迅便把鶴見祐輔的這部書放下了。魯迅之所以在譯本《題記》中強調當翻譯《北京的魅力》時沒有想到會續譯下去、積成一本書，恐怕就因為魯迅在譯完《北京的魅力》後，就決意不再碰這本書。魯迅再次翻譯這部書中的文章，是在一年多以後的 1926 年 7 月。魯迅於 7 月 10 日譯完《思想‧山水‧人物》中的《所謂懷疑主義者》。譯文發表於 25 日出版的《莽原》周刊第 14 期。在而在 7 月 6 日日記中有「下

午往中央公園，與齊壽山開始譯書。」的記載。這是與齊壽山合作，開始依據德文本重譯荷蘭作家望・靄覃的長篇童話《小約翰》。在《小約翰》開譯不久，又譯《所謂懷疑主義者》，一定是爲了給《莽原》填版面或撐門面而趕譯的；而之所以從《思想・山水・人物》中選譯了《所謂懷疑主義者》，恐怕也因爲一時找不到更合適的可譯之文。從譯完《北京的魅力》而放下鶴見祐輔的這部書，到爲翻譯《所謂懷疑主義者》而重新拿起這部書，這一年多的時間裏，魯迅的創作量很大，雜文、小說、散文、散文詩等，豐富多彩。這期間，在創作的同時，也翻譯了許多單篇文章。1929 年 4 月出版的《壁下譯叢》，是魯迅所翻譯的文藝論文的結集，共收譯文 25 篇，其中近一半文章，譯於這一年多里。在一年多的時間裏，翻譯了這許多東西，但卻置《思想・山水・人物》於不顧。

實際上，魯迅集中地翻譯《思想・山水・人物》，是在辭去中山大學一切職務但仍逗留廣州時期和定居上海初期。從 1925 年 4 月發表第一篇譯作《自以爲是》，到 1926 年 12 月 7 日譯出第五篇《說幽默》，用了 20 個月。1927 年 4 月 21 日，魯迅辭去中山大學一切職務，就集中地翻譯起《思想・山水・人物》來。定居上海前所譯 12 篇中，有 7 篇譯於 1927 年六、七、八這幾個月。而那篇《斷想》，由 27 則文章組成，實際上相當於其它文章二十來篇。所以，從字數上來說，定居上海前，絕大部分是在這幾個月間完成的。我們知道，從辭去中山大學一切職務到離粵赴滬的數月間，魯迅的心情極壞，思緒也很亂，精神和思想都面臨著危機和重整，因此也是典型的「不想作文」和「不能作文」的狀態。於是就只好翻譯。應該認爲，是一時找不到更好的可譯之作，這才又拿起《思想・山水・人物》，一氣譯出多篇。1927 年 10 月 3 日，魯迅到達上海。到上海後，當然也一時心緒難寧。今後到底做什麼，也難以遽然決定。而魯迅是一個閑不下來的人。何況，生計方面的壓力，也不容魯迅長時期無所事事。這時候，看看《思想・山水・人物》的譯文字數已經不少，才萌生了索性再譯數篇，「湊成一本付印」的想法。這樣，剛到上海的魯迅，又趕譯了八篇，它們是：《讀書的方法》、《論辦事法》、《往返的心》、《指導底地位的自然化》、《說自由主義》、《舊遊之地》、《說旅行》、《紐約的美術村》。八篇之外，又譯出了《序言》。

從辭去中山大學一切職務，到在上海定下心來，這段時間，某種意義上是魯迅精神和思想的過渡期，是心理狀態和生存方式的調整期。而《思想・

山水‧人物》的翻譯，基本上完成於這一時期。所以，譯作《思想‧山水‧人物》，是這種過渡和調整時期的產物。如果沒有這種過渡和調整時期，恐怕《思想‧山水‧人物》這本譯作也不會有。在這種過渡和調整時期集中地翻譯這部書，對於魯迅來說，是一種聊勝於無的工作。換句話說，譯本中除少數幾篇真正為魯迅喜愛贊同，其它文章，對於魯迅來說，都是可譯可不譯的。譯出來，可作為中國讀者的「參考」，或讓中國讀者得一點「領會」；不譯，也沒有什麼可惜。

魯迅在為譯本所寫的《題記》中，有這樣一番話：「這裏要添幾句聲明。我的譯述和紹介，原不過想一部分讀者知道或古或今有這樣的事或這樣的人，思想，言論；並非要大家拿來作言動的南針。世上還沒有盡如人意的文章，所以我只要自己覺得其中有些有用，或有些有益，於不得已如前文所說時（引按：即『不想作文，或不能作文，而非作文不可之際』），便會開手來迻譯，但一經迻譯，則全篇中雖間有大背我意之處，也不加刪節了。因為我的意思，是以為改變本相，不但對不起作者，也對不起讀者的。」「……倘要完全的書，天下可讀的書怕要絕無，倘要完全的人，天下配活的人也就有限。每一本書，從每一個人看來，有是處，也有錯處，在現今的時候是一定難免的。我希望這一本書的讀者，肯體察我以上的聲明。」魯迅在為自己的譯作所作的序跋性文字中，花費如此多的筆墨說明所譯者未必是自己所贊同認可者，是絕無僅有的。

但魯迅對自己所迻譯的這些文章的不贊同不認可，是絕對的無條件的，還是相對的有條件的，仍然是值得思考的。魯迅在為廚川白村的文藝評論集《出了象牙之塔》所做的《後記》中，有這樣一番說明：「惟原書在《描寫勞動問題的文學》之後還有一篇短文，是回答早稻田文學社的詢問的，題曰《文學者和政治家》。大意是說文學和政治都是根據於民眾的深邃嚴肅的內底生活的活動，所以文學者總該踏在實生活的地盤上，為政者總該深解文藝，和文學者接近。我以為這誠然也有理，但和中國現在的政客官僚們講論此事，卻是對牛彈琴；至於兩方面的接近，在北京卻時常有，幾多醜態和惡行，都在這新而黑暗的陰影中開演，不過還想不出作者所說的好招牌，——我們的文士們的思想也特別儉嗇。因為自己的偏頗的憎惡之故，便不再來譯添了，所以全書中獨缺那一篇。」在翻譯廚川白村的《出了象牙之塔》時，獨把這一篇《文學者和政治家》捨棄了。而捨棄的原因，只因為這文章不合其時中國

的「時宜」。所以魯迅對這篇文章的「憎惡」，是有條件的和相對的，他自己也意識到這種「憎惡」的「偏頗」。我們知道，《思想・山水・人物》中，也有一篇《文學與政治的歧途》，被魯迅捨棄了。而魯迅捨棄鶴見祐輔《文學與政治的歧途》的原因，與捨棄廚川白村《文學者和政治家》的原因應該是相同的。對於這篇被捨棄的《文學與政治的歧途》，魯迅的不贊同不認可也並不是絕對的和無條件的。至於那些被選取而又並不贊同並不認可的文章，如《費厄潑賴》、《政治和幽默》、《說幽默》等，就更應該看到魯迅對它們不贊同不認可的相對性和有條件性。魯迅固然寫過《論「費厄潑賴」應該緩行》，但強調的也是「緩行」，而不是決不可行。至於「幽默」，魯迅本來並不反對。只是在 30 年代那種「風沙撲面，狼虎成群」的特定時期，魯迅認為對「幽默」的提倡有可能使「幽默」變質，成為有害的東西，才對提倡「幽默」表示反對，其實魯迅的本意，恐怕也不過認為對「幽默」的提倡「應該緩行」。

這也使我們意識到：魯迅一生反對過許多東西，但並非都是絕對地和無條件地反對。不懂得魯迅反對過什麼，固然就不能懂得魯迅；但如果不懂得魯迅對許多東西反對的相對性和有條件性，也同樣會嚴重誤解魯迅。前面說過，魯迅與鶴見祐輔的這部宣揚政治自由主義的《思想・山水・人物》有一種總體性的扞格、齟齬，但這種扞格、齟齬也並非絕對的和無條件的。其實魯迅只是對自由主義不感興趣，認為這種「主義」並不能解決中國的問題，對自由主義理念本身，並無特別的惡感。

研究魯迅對鶴見祐輔《思想・山水・人物》的取捨，也讓我們懂得：魯迅決不是通常意義上的自由主義者，但也決不是自由主義的敵人。

2007 年 5 月 1 日

魯迅與中國托派的恩怨

一

《答托洛斯基派的信》，在 1936 年 7 月是以魯迅的名義在幾個刊物同時公開發表的。在信的末尾，說明是魯迅「口授」而「O.V.筆寫」。在 1949 年後，這封行文頗有幾分惡劣的公開信收入《魯迅全集》時，對「O.V.」做了注釋，讓讀者知道這「筆寫」者即馮雪峰。雖然是他人「筆寫」，但畢竟是魯迅「口授」，因此人們都自然地把這封公開信視作魯迅文章之一，與其它出自魯迅之手的文章無異。由於這封公開信曾長期被收入中學語文課本，因而也成為魯迅的名文。

這封公開信的惡劣，在下面這番話中表現得特別明顯：

　　……因為你們高超的理論為日本所歡迎，我看了你們印出的很整齊的刊物，就不禁為你們捏一把汗，在大眾面前，倘有人造一個攻擊你們的謠，說日本人出錢叫你們辦報，你們能夠洗刷得很清楚麼？這決不是因為從前你們中曾有人跟著別人罵過我拿盧布，現在就來這一手以報復。不是的，我還不至於這樣下流，因為我不相信你們會下做到拿日本人的錢來出報攻擊毛澤東先生們的一致抗日論。你們決不會的。我只要敬告你們一聲，你們的高超的理論，將不受中國大眾所歡迎，你們的所為有背於中國人現在為人的道德。

　　我要對你們講的話，就僅僅這一點。

這番話，先暗示托派拿日本人的錢辦報攻擊中國的抗日運動，意在讓大眾懷疑中國的托派是被日本人收買、受日本人驅使的漢奸。接著又連說「我不相信」、「你們決不會」。先以虛擬的口氣把謠言放出來，緊接著再來闢謠。我們

知道，世間只有三樣東西可以抵禦和消解謠言，這就是：無情的時間、鐵一般的事實和明智的頭腦。而以話語的方式鬥謠，往往是無用的，有時反而會越抹越黑。由造謠者自己來鬥謠，就更是難以讓人信服了。實際上，這裏的「我不相信」、「你們決不會」云云，也並不是要鬥謠，而只是要推卸造謠的責任。魯迅畢生痛惡構游詞污人名節的行徑，自己也幾番被謠言重創。至於既要造謠又不敢負責，因而陰陽怪氣、閃爍其辭，就更為魯迅所不齒了。陳源當年就是以這種方式造出魯迅剽竊之謠而讓魯迅深受傷害。既如此，魯迅自己怎麼也會以這種卑劣的方式對付他人呢？

中國的托派，對魯迅本來是普遍具有崇敬之心的。《答托洛斯基派的信》以魯迅的名義公開發表，對托派自然是沉重的打擊，也使得托派中許多人對魯迅由崇敬變為失望和鄙視。曾任托派中央委員的鄭超麟，在國民黨的監獄裏讀到這封《答托洛斯基派的信》。在 57 年後的 1993 年，鄭超麟仍有如此回憶：「我⋯⋯對於魯迅這封答信特別反感。魯迅不是說過『辱罵和恐嚇決不是戰鬥』的麼？他不是一向反對國民黨御用報刊上常常出現的『盧布說』麼？他為什麼自己用『日圓說』來辱罵人呢？他有什麼證據呢？信中惟一的證據就是說：托派寄給他的是『很整齊的刊物』。一個地下活動的黨派，難道非接受外國間諜機關收買就不能出版印刷『很整齊的』宣傳品麼？」「魯迅這封答信貶低了他在我心目中以前的地位。我想，中國文人對於更強大的敵人用的是一種論調，對於更弱小的敵人用的又是另一種論調」。〔註 1〕鄭超麟當年讀《答托洛斯基派的信》後的感受，在托派中無疑是具有代表性的。

由於《答托洛斯基派的信》在 1949 年後長期收入高中語文課本，幾代人都是從這封公開信中接觸到「托派」這個詞，並且在接觸「托派」這詞的同時，就知道「托派」即「漢奸」，甚至「托派漢奸」成了一個習慣性的用語。《答托洛斯基派的信》和對這封信的講解、注釋，給幾代人傳達這樣的信息：當年的托派，從事的是破壞抗日運動的勾當；他們之所以寫信給魯迅，無非就是要拉魯迅下水，與他們一起賣國。

我是在「文革」期間上中學的。我也是從高中教材上的《答托洛斯基派的信》中首次接觸「托派」一語的，我也接受了托派即漢奸並且要拉魯迅下水的信息。在對托派和托派的理論稍稍有所瞭解後，我對托派仍無多少好感。

〔註 1〕 鄭超麟：《讀胡風〈魯迅先生〉長文有感》，《鄭超麟回憶錄》，東方出版社 2004年 3 月版，下冊第 353 頁。

我一點也不喜歡他們的理論。我認爲他們也同樣是一群「教條主義者」，而且比一般的教條主義者要更其頑固。然而，說他們當年是漢奸，則無疑是天大的冤枉。當託派陳其昌化名陳仲山給魯迅寫信時，應該不會想到會引出這樣一封公開作答的信，更不會想到這封答信後來竟成爲中學生的教材。

那麼，託派陳其昌怎麼會想到給魯迅寫這樣一封意在拉攏的信呢？

二

在列寧生前，蘇共黨內就有斯大林派和托洛茨基派兩大陣營出現。斯大林和托洛茨基在許多重大問題上都有嚴重分歧，在對中國革命的看法上倆人也相差極大。除了這種理論性的對立外，更現實的矛盾則在於列寧死後最高權力由誰掌控。1924 年 1 月列寧死去，斯大林攫取了最高權力，同時也就開始了對托洛茨基及其追隨者的打壓、清算和消滅。托洛茨基雖然在政治上失勢，但仍在理論上與斯大林進行頑強的對抗，托洛斯茨派成爲蘇共黨內的反對派。託派的一系列理論著作，對其時在蘇聯留學的一部分中國留學生也產生了影響，使他們在蘇聯成爲托洛茨基的信徒，成爲追隨托洛茨基的託派。所以，中國的託派，產生於莫斯科。

中共黨內一部分人成爲託派，一個重要的原因是 1927 年 4 月國民黨的清黨導致中共的慘受損失。在斯大林及其所主宰的共產同際的強制要求下，1923 年中國共產黨與中國國民黨開始「合作」，中共黨員以個人身份加入國民黨。而托洛茨基則一開始就堅決反對國共合作，主張中共獨立地領導「中國革命」。1927 年 4 月，蔣介石突然以嚴厲手段「清黨」、對中共黨員進行捕殺，給中共以沉重打擊的同時，也給了斯大林當頭一棒。爲推卸責任，也爲挽回臉面，斯大林必須在中共黨內尋找替罪羊，而扮演這替罪角色者，當然非其時的中共總書記陳獨秀莫屬。但陳獨秀是何等人物，豈肯替斯大林背這口黑鍋。無論瞿秋白等人如何勸說，陳獨秀就是不肯「配合」，終於與中共分道揚鑣。斯大林的此種行徑，也招致陳獨秀以外的一些中共人士的反感。國共合作的破裂和中共的慘境，無疑也給了托洛茨基派一個批判斯大林的理由。托洛茨基派不失時機地撰文指出斯大林在中國問題上的失誤。蘇聯託派的這些文章，首先給一部分中國留學生以強烈的衝擊，並使他們堅定地站在了托洛茨基一邊。被夏衍稱爲「中國託派的『老頭子』」〔註2〕的王凡西（王文元），

〔註2〕 見夏衍《懶尋舊夢錄》，三聯書店 1985 年 7 月版，第 268 頁。

在上世紀五十年代所寫的《雙山回憶錄》中，這樣回憶了 1927 年在莫斯科中山大學留學時接觸托派文章後的感受：「我最早讀到的一個文件是齊諾維也夫的《不得已的答覆》，然後是托洛茨基的《反斯大林提綱》，以及反對派的《政綱》。這些個文件以其全部力量吸引了我，不但因為它那無堅不摧的邏輯的力量，也因為它那鋒利精彩的文章的美；至於論斷和警告之一一為歷史事實所證明，特別關於中國革命部分，那是太顯然了，任誰看了都要驚歎和贊成的。齊諾維也夫的文章雖然沒有托洛茨基的一貫而有力，但當時也深深地感動了我。看了這幾個文件，我心中雪亮了，二三年來悶積於胸的、關於中國黨領導中國革命的一些不可解的策略上的疑問，這時就全部清楚了。原來在根本上與重要的方針上它都受命於斯大林一系的，決非陳獨秀個人的錯誤；這些錯誤原來並非沒有人見到，因而並非不可能預防的。聯共中的反對派，特別是托洛茨基，差不多在所有的問題上，都曾預早而及時地提出過警告，提出了不同主張。只因斯大林——布哈林們固執了自己的錯誤，排拒、壓制並打擊了反對派的批評，所以共產黨在中國革命中才會一個錯誤接著一個錯誤，終於完全斷送了它。」〔註3〕同王凡西一樣，其它許多人，也是讀了托洛茨基等人的文章而如夢初醒、而醍醐灌頂，終於而義無反顧地走到斯大林的對立面，成為堅定的托派。

在蘇聯成為托派的中國學生，陸續被驅逐回國。他們回國後成立了好幾個托派組織。他們當然還帶回了托洛茨基主義。中共黨內原來同情、支持陳獨秀的那些人，接觸到托洛茨基的理論後，幾乎都迅速成為托洛茨基的信奉者，陳獨秀派便整體性地成為中國托派。但陳獨秀本人在成為中國托派領袖前則有過慎重的考慮。鄭超麟晚年回憶說：「我們都很快就接受託洛茨基主義了，大概經過一二個星期的互相討論，互相交換意見之後，基本上都變成托洛茨基派了。但陳獨秀抵抗得最長久。……他同彭述之，尹寬，汪澤楷等人辯論，他們說服他。……陳獨秀看了托派文件，每次都提出不同的意見，然後他們同他辯論；但他下次來時，就放棄他上次的不同意見，而以他們所說意見為基礎而提出進一步的不同意見了。他們進一步說服他，當場他沒有接受，可是再一次來時他又以上次他們的意見為基礎而再進一步提出新的不同意見了。如此類推。說服他時，尹寬用力最多。但最後，到了革命政權問題上（是不是無產階級專政），陳獨秀沒有被說服，或沒有完全被說服。劉仁

〔註3〕 王凡西：《雙山回憶錄》，東方出版社 2004 年 3 月版，第 67 頁。

靜回國以後，甚至同其它三派談判的期間，陳獨秀也沒有完全接受託洛茨基關於政權性質的意見。」〔註4〕陳獨秀畢竟是陳獨秀。他是經過如此認真的探究後才決定介入托派活動的。但他始終沒有完全認同托洛茨基主義，這也解釋了他爲何最終也與托派揮手告別，以無黨無派之身獨立地發表政見。

當陳獨秀決定介入托派活動時，中國國內活動著四個托派組織。據有關資料，1931 年 5 月 1 日至 3 日，中國托派在上海召開了「統一大會」，四個托派組織統一爲「中國共產主義者同盟」。大會選舉陳獨秀爲書記，王文元、鄭超麟等爲中央委員。

這些成了托派並另立中央的人，自然也就被惟斯大林馬首是瞻的中共中央開除出黨。

三

本來，托派與無黨無派的魯迅，不會有什麼瓜葛。他們之所以給魯迅寫去拉攏的信，源於對魯迅的一定程度的誤讀。

1935 年 7 月，斯大林所主宰的共產國際，要求中共與國民黨和解，與包括國民黨在內的各黨派建立起反抗日本帝國主義的「民族統一戰線」。中共駐共產國際代表團團長王明於 8 月 1 日以中共中央和中國蘇維埃中央政府的名義起草了《爲抗日救國告全國同胞書》，這也就是通常所謂的《八一宣言》。這份宣言呼籲「兄弟鬩於牆外禦其侮」，並向國內各界表示：願意與國民黨「親密攜手共同救國」。11 月，中共駐共產國際代表團成員張浩（即林彪堂兄林育英）從莫斯科來到陝北，向毛澤東們傳達了共產國際關於建立「民族統一戰線」的指示，自然也帶回了《八一宣言》。以毛澤東爲首的中共中央並沒有立即接受再次與國民黨「親密攜手」的指示。但當 1936 年 5 月 5 日，毛澤東、朱德聯名向南京各界發出《停戰議和一致抗日通電》、並終於喊出「兄弟鬩於牆外禦其侮」這句老話時，表明毛澤東、朱德們已在策略的意義上認可了共產國際的指示。要與國民黨再度稱兄道弟，那就不是一廂情願之事，還須國民黨也願意捐棄前嫌、握手言歡。但這時，國共力量對比懸殊，蔣介石認爲徹底消滅中共殘餘武裝不過指顧間事，他當然不願意功虧一簣。於是，迫使蔣介石脫下白手套、伸出再度「合作」之手，就是中共必須做到的事。中共把這稱作「逼蔣抗日」。對蔣的「逼」，在幾個方面同時進行。在上海等大城

〔註4〕鄭超麟：《陳獨秀與托派》，《鄭超麟回憶錄》下冊，第 493～494 頁。

市發動各界民眾對蔣施壓，是「逼蔣」的一個重要方面。進入 1936 年後，上海灘上「救國會運動」風起雲湧。在中共地下黨的積極組織策劃下，各行各業都成立了自己的「救國會」。隨後，「全國各界救國聯合會」也在上海成立。沈鈞儒、陶行知、章乃器、李公樸、鄒韜奮、王造時、史良等，則是「救國會運動」表面上的領導人物。他們組織遊行、請願、示威，他們忙於喊口號、發宣言、做演講，目的都是逼迫蔣介石停止剿共，承認中共的合法性。

對於中共在斯大林和共產國際的要求下所採取的這種政策，中國托派是堅決反對的。托派認為，這是為了民族鬥爭而放棄階級鬥爭，這才是真正的「右傾投降主義」。1936 年春，托派刊物《鬥爭》創刊，在創刊號上，就發表了由王凡西起草的《給中國共產黨的公開信》，對中共的新路線進行尖銳的批評。對此，王凡西在《雙山回憶錄》中回憶道：「《鬥爭》於斯時創刊，可說滿足了一個非常迫切的政治要求。它的出現是頗合時宜的。國內外的形勢進入了大動亂中，階級鬥爭與民族鬥爭突然緊張起來，令人迷惑的現象層出不窮，人人都要瞭解，人人都想行動。《鬥爭》在小小範圍內，多少能滿足一些人的要求。……中共在客觀形勢的打擊下，從無以復加的『左』方跳回來改作民主鬥爭時，卻變成無以復加的右了。他們幾年來替托派的民主政綱惡意描繪的那幅漫畫，現在則放上自己的嘴臉而作為民主的真容了。他們道道地地的將取消主義的實質冒充了民主鬥爭。昨天，他們將任何形式的國民會議要求稱為叛變；今天，他們非但要求國民會議（除去了革命內容的），甚至，為了要取得國民黨承認的『合作』，竟不惜放棄階級鬥爭，取消紅軍編制，改宗三民主義……這個轉變確是太大了，太突兀了，以致不但使黨外人看了莫明其妙，便是黨內人也都覺得非常奇怪。」〔註5〕

斯大林及其主宰的共產國際之所以強令中共放低姿態與國民黨和解，之所以要讓中國的各種政治軍事力量停止鬥爭、停止廝殺從而結成反抗日本的「民族統一戰線」，並不是為中國考慮，而是從蘇聯的根本利益出發的。當時，瘋狂了的日本，並不以侵佔中國為滿足。那些年間，斯大林非常擔心的一件事，就是日本在中國站穩腳跟後，以東北為跳板進攻蘇聯。斯大林為了避免蘇聯遭受日本的攻擊，採取了多種措施。積極謀求與日本訂立「互不侵犯條約」，是措施之一種。蘇方經過數年努力，終於在 1941 年 4 月與日本訂立了《蘇日互不侵犯條約》。而讓中國長久地牽制日本、使日本無力抽身侵蘇，也

〔註5〕 王凡西：《雙山回憶錄》，東方出版社 2004 年 3 月版，第 187～188 頁。

是斯大林的謀略之一。如果國共之間的內戰不停，對日本侵佔中國當然是極有利的。要使中日之間的戰爭長期處於膠著狀態，國共之間的內戰就必須停止。正是基於這種算計，斯大林和共產國際才要求中共來個180度的大轉彎，低首下心地向國民黨求和。中國的託派認為這是犧牲了政治信念，但像斯大林這樣的人，從來不會把政治信念放在第一位的；中國託派認為這是在拿原則做交易，但像斯大林這樣的人，原則從來就是拿來做交易的。

中國託派對中共新路線的反對，自然對斯大林的謀略是一種干擾和破壞。為了化解這種干擾和破壞，共產國際決定給中國託派的腦袋上扣上「漢奸」的帽子，並且捏造出託派接受日圓津貼的罪名。所以，「託派漢奸」之說以及接受日圓謠言，也是起源於莫斯科。

四

當託派積極反對中共的新路線時，魯迅的思想動態引起了他們的注意。

1930年3月，當「左聯」在上海成立時，魯迅是參加了的。但魯迅與「左聯」的關係，與其說是與一種組織的關係，毋寧說是與瞿秋白、馮雪峰等幾個較談得來的友人的關係。幾年後，瞿、馮離開上海到瑞金，「左聯」由魯迅所極不喜歡的周揚等人完全控制，魯迅與「左聯」的關係其實也就名存實亡。1935年底，共產國際的指示和《八一宣言》的精神傳到上海，周揚們決定解散「左聯」。不管王明等人是否明確地下達過解散「左聯」的指示，周揚們做出解散「左聯」的決定，都是符合斯大林為中共設定的新路線的。既然在政治上要與國民黨舊夢重溫、伯歌季舞，要與各種力量結成廣泛的「民族統一戰線」，在文藝上又豈能不服從這一總路線。對於解散「左聯」，魯迅一開始是不能接受的。他不能明白「民族統一戰線」為何不能與「左聯」並存。繼而要求，在解散時發佈一個宣言。在魯迅看來，無聲無息地散夥，那不是「解散」而是「潰散」。但周揚們急於要去鬧騰「救國會運動」，終於連這點意見也未能接受，還是令「左聯」作鳥獸散。在周揚們看來，「左聯」是黨領導下的組織，如何成立如何解散，都只能聽命於黨的指示和服從於黨在當下的方針政策；而魯迅反對解散「左聯」，魯迅要求發佈解散「宣言」，都是無理取鬧。當年與周揚一起工作的中共黨員王翰，在1979回憶往事時，還有這樣的說法：「對於工作的轉變，也存在一些分歧。文委提出解散文總和各個『聯』，建立廣泛的群眾性組織，組成抗日民族統一戰線，這當然是

正確的。文委籌建救國會是有成績的。魯迅對解散左聯一事指責周揚，這種指責是不對的。一則從全局看，為建立抗日的民族統一戰線，陝甘寧革命根據地政府和紅軍都改名了，那麼，為了適應轉變，左聯等組織改變名稱更無可非議了；二則當時黨的力量有限，要另配一套幹部做救國會工作是不可能的。」〔註6〕

「左聯」「潰散」後，又有「兩個口號之爭」。周揚們針對新的形勢提出了「國防文學」的口號，而魯迅、胡風等認為「國防文學」過於模糊，主張用「民族革命戰爭的大眾文學」。對於周揚們來說，「口號」是至關重要的，在這個問題上決不能讓步。一時間爭論十分激烈。一些擁護「國防文學」口號者，甚至指責魯迅「破壞統一戰線」。

「左聯」「潰散」後，上海灘上各種名目的「救國會」不計其數，周揚們也在文藝界策劃了新的組織，但魯迅拒絕加入其中的任何一種。周揚們張羅新的組織，當然非常需要魯迅的捧場。但周揚們百計拉攏，魯迅卻一律拒絕。據胡風回憶，時任中共江蘇省委臨時委員會書記的鄧潔，還親自約見魯迅，試圖說服魯迅出馬，但也未能成功。〔註7〕不願意介入新的組織，自然就會被認為是對「統一戰線」的抗拒，因而也就罪大惡極了。

凡此種種，其時也在上海灘上活動的托派，當然看在眼裏，熱在心裏。魯迅與文藝上的新路線的不合作，魯迅與「統一戰線」之間的緊張關係，都讓托派覺得魯迅是自己的「同路人」。王凡西在《雙山回憶錄》中這樣回憶當時的情形：「我沒有清楚當時發生於上海左翼文人中間的爭論的情形。後來也不曾有機會去閱讀那一爭論的有關文章，不過大體是知道的，它多少牽涉到文學中的階級鬥爭立場和階級合作立場之爭，代表前者的是魯迅，他較執著於左翼作家們的原有立場；代表後者的是徐懋庸、周起應（即周揚）等，他們無條件擁護新政策的文學路線。故若從更大的背景看，這簡單是斯大林由『第三時期』轉入『人民陣線』時引起的一點新舊之爭。徐周等人提出了『國防文學』的口號，魯迅不甚贊同，他認為應該提『民族革命戰爭的大眾文學』口號。我們並不以為『第三時期』比『人民陣線』較為正確；但在魯迅和徐懋庸等人的爭論，亦即他和斯大林政策新轉變的爭論中，卻多少表示了真誠

〔註6〕 王翰：《「一二·九」運動後上海地下黨工作路線的轉變》，載《「一二·九」以後上海救國會史料選輯》，上海社會科學院出版社 1987 年 12 月版。
〔註7〕 見《胡風回憶錄》，人民文學出版社 1993 年 11 月版，第 64 頁。

的革命者對於階級鬥爭的堅定，對於無條件投降於國家主義的厭惡。魯迅始終不是一個馬克思主義者，但這位偉大的文學家永遠是一個同情被壓迫與被踐踏者鬥爭的戰士，因而即使不是思想上，至少在感情上他仍是階級鬥爭學說的服膺者。何況，在他思想和行動的逐漸成長中，反對各式各樣國家主義學說的鬥爭，曾起了決定性作用。現在（一九三六年），提倡了多年的『普羅文學』，與國民黨御用文學及所謂『第三種人』等作了長期尖銳鬥爭之後，忽而要掉轉槍頭，化敵爲友，從事什麼『國防文學』了，在他心裏當然不會舒適安靜的。於是引起了爭論，而且這個『內部』爭論，傳到了我們耳中。陳其昌聽到了這個消息後非常興奮，於是寫了一封信（此信後來附印在魯迅的覆信後面，被收入全集中），附上《鬥爭》及另外幾冊中譯的托洛茨基的小書，由內山書店轉送魯迅。」〔註8〕

五

王凡西指出是對國家主義的厭惡，使得魯迅反對「國防文學」的口號，對中共新路線採取不合作的態度，這是相當準確的。不過，這是王凡西的看法，而且是王凡西20年之後的看法。而陳其昌「拉攏」魯迅，並非托派中央的決定，只是陳其昌個人的心血來潮。何況即使是王凡西，也沒有看到魯迅與托派根本的不同。托派反對中共新路線，是因爲民族鬥爭壓倒了階級鬥爭，而魯迅所擔憂的，是救亡壓倒了啓蒙。托派是從階級鬥爭的立場反對中共新路線的，而魯迅是從「立人」的立場拒絕周揚們變戲法式的方針政策的。魯迅所憂慮的，是救亡徹底壓倒了啓蒙。因爲在魯迅看來，救亡與啓蒙是並不矛盾的，非但不矛盾，甚至啓蒙即救亡，而且只有啓蒙才是最徹底最有效最可靠的救亡。因爲只有完成了「立人」的大業，只有中國這「沙聚之邦」終於「轉成人國」，中國才能眞正得救，否則，廣大的民眾只有兩種境遇：要麼淪爲異族的奴隸，要麼做自己人的奴隸。

出於對魯迅的這種誤解，托派陳其昌執筆給魯迅寫信。

陳其昌，河南洛陽人，本名陳清晨。1922年進入北京大學學習，在校期間加入中共，是王實味加入中共的介紹人。在北大期間，就對魯迅十分崇拜。1928年加入托派組織並成爲活躍分子。1942年在上海被日寇逮捕殺害。1936年6月3日，陳其昌化名陳仲山致信魯迅，在攻擊了斯大林和中共之後，說：

「先生的學識文章與品格，是我十餘年來所景仰的，在許多有思想的人都沉溺到個人主義的坑中時，先生獨能本自己的見解奮鬥不息！我們的政治意見，如能得到先生的批評，私心將引以爲榮。現在送上近期刊物數份，敬乞收閱。」陳其昌寫此信，當然有「拉攏」之意，但此意並不明顯。坦率地說，陳之所爲，並非匪夷所思之事，實乃極其尋常之舉。給一個有重大影響的人物寫信、寄書刊，表明自家的立場、宣傳自家的觀點，以求得理解、同情和支持，無論是組織還是個人，都是很常見的。換句話說，魯迅收到的是一封很普通的信，陳仲山不過是無數慕名而來者之一。對這封信，魯迅最可能也最應該採取的方式，是置之不理。陳氏並沒有將托派觀點強加於魯迅之意，魯迅自身也並非政治人物，以公開信的方式義憤填膺地駁斥陳氏私人來信中的觀點並義正詞嚴地表明自己的政治立場，與魯迅的身份和一貫的性格頗不相合。退一步說，實在要以公開信的方式做答，也只須一是一、二是二，表明自己與托派道不同不相與謀即可，吞吞吐吐、陰陽怪氣地說出「日本人出錢」一類的話，亦殊非魯迅作風。

對這封公開信的問世，馮雪峰在寫於 1951 年的《黨給魯迅以力量》中，有這樣的敘說：「魯迅先生愛我們的黨，是由於對於我黨的認識，所以，他雖不是一個黨員，他的黨性卻實在非常的強……而他就最厭惡那種聽見別人造謠誣衊自己的同志而也坦然處之，或甚至也跟著傳播謠言的人。他的這種表示，我是親眼見過多次的。我還可以舉一個例子，就是當一九三六年六月間，最無恥的托派存心不良地寫一封信給他，在信中對斯大林同志和我黨中央大施攻擊的時候，他對托派的憤怒和憎惡眞可謂到了極點了。他那時病在床上，我去看他，他還沒有對我說一句話，我也還沒有來得及坐下，他就忙著伸手向枕頭下面摸出那封信來，沉著臉遞給我，憤恨地說：『你看！可惡不可惡！』我看了後說：『他們自己碰上來，你迎頭給他們一棍罷！』他說：『等我病好一點的時候，我來寫一點。』可是，雖然決定要給以打擊了，而憤怒仍不稍減，又沉著臉說了一句：『可惡不可惡！』兩天之後他仍舊在沉重的病中，我就提議一個辦法，請他說個大意由我筆錄，寫幾句作公開信回答，他同意了。我主張早日答覆，是認爲打擊托派固然很重要，而同時也實在爲了他可以早日減輕憤怒以免加重他的病。」〔註9〕這番對事情經過的回憶，其實頗有令人

〔註 9〕 馮雪峰：《黨給魯迅以力量》，見《魯迅回憶錄》（散篇）中冊，北京出版社 1999 年 1 月版。

生疑之處。這姑且不論。馮雪峰在回憶此事前，先強調魯迅厭惡「造謠」和「傳播謠言」，這是確實的。然而，那封公開信中關於托派收受日本人金錢的話，卻分明是在「造謠」和「傳播謠言」。1951 年的馮雪峰，在寫這篇回憶文章時，大概沒有意識到這種矛盾。

六

陳其昌的信來到時，魯迅正臥病在床，以致連日記亦廢止。查魯迅 1936 年 6 月日記，只記到 6 月 5 日，從 6 日至 30 日均空缺。6 月 30 日這天，魯迅大概勉強可以起坐了，遂在 6 月 5 日的日記後面，寫了這番話：「從此以後，日漸委頓，終至艱於起坐，遂不復記。其間一時頗虞奄忽，但竟漸愈，稍能坐立誦讀，至今則可略作數十字矣。但日記是否以明日始，則近頗懶散，未能定也。六月三十下午大熱時誌。」這期間，魯迅固然都在重病中，但也有較好一點和更差一些的時候。「頗虞奄忽」的那幾日，是哪幾日呢？《魯迅全集》中收錄的一封信，做了回答。1936 年 6 月 19 日，魯迅親筆給邵文熔回了一封信，其中說：「弟從三月初罹病後，本未復原，上月中旬又因不慎招涼，終至大病，臥不能興者匝月，其間數日，頗虞淹忽，直至約十日前始脫險境，今則已能暫時危坐，作百餘字矣。」〔註10〕魯迅 6 月 6 日開始中斷日記，6 月 19 日這天說「約十日前始脫險境」，那麼，6 月 6 日至 6 月 9 日這幾天，正是「頗虞奄忽」的幾日。陳其昌來信寫於 6 月 3 日，應該在後一兩日到達魯迅手中。《答托洛斯基派的信》寫於 6 月 9 日。這樣我們就明白了：收到陳氏來信和寫公開信作答的這幾日，正是魯迅病得最重、病得要死之時。明白了這一點，我們就難以相信馮雪峰關於此事的說法了。馮雪峰說公開信是魯迅「說個大意」，由其「筆錄」。「大意」和「筆錄」是相矛盾的。「筆錄」者，將他人口頭表述轉化為文字，是完全忠實於口頭表述的。如果他人只是說個「大意」，執筆者根據這「大意」寫成文章，就不能稱為「筆錄」。

幸虧胡風沒有瘐死獄中，幸虧胡風在出獄後還能有幾年寫作的時間。胡風出獄後關於魯迅的一些文字，對澄清一些歷史問題起了寶貴的作用。作為見證人，胡風寫於 1984 年、發表於 1993 年的長文《魯迅先生》，就對《答托洛斯基派的信》以及那篇《論現在我們的文學運動》如何出籠，有這樣的回憶：

〔註10〕見《魯迅全集》第 13 卷，人民文學出版社 1981 年版，第 388 頁。

重要的是發表了魯迅的《答托洛斯基派的信》和《論現在我們的文學運動》。兩文都注明了是他口述，O.V.筆錄。其實都是馮雪峰擬稿的。O.V.影寓我的名字，免得猜到是他。他是黨的領導人，我覺得掩護他是我應盡的責任。

口號問題發生後，國防文學派集全力進攻。馮雪峰有些著慌了，想把攻勢壓一壓。當時魯迅在重病中，無力起坐，也無力說話，連和他商量一下都不可能。恰好愚蠢的托派相信謠言，竟以為這是可乘之機，就給魯迅寫了一封「拉攏」的信。魯迅看了很生氣，馮雪峰拿去看了後就擬了這封回信。「國防文學」派放出謠言，說「民族革命戰爭的大眾文學」是托派的口號。馮雪峰擬的回信就是為了解消這一栽誣的。他約我一道拿著擬稿去看魯迅，把擬稿念給他聽了。魯迅閉著眼睛聽了，沒有說什麼，只簡單地點了點頭，表示了同意。

馮雪峰回去後，覺得對口號問題本身也得提出點理論根據來。於是又擬了《論現在我們的文學運動》，又約我一道去念給魯迅聽了。魯迅顯得比昨晚更衰弱一些，更沒有力氣說什麼，只是點了點頭，表示了同意，但略略現出了一點不耐煩的神色。一道出來後，雪峰馬上對我說：魯迅還是不行，不如高爾基；高爾基那些政論，都是黨派給他的秘書寫的，他只是簽一個名……

他的聲音驚醒了我，覺得有點意外。並不是蘇聯這種做法使我意外，而是在這種情況下說這種話，而且是用著那樣的腔調。魯迅病得這樣沉重，應該盡一切可能搶救他，應該盡最大的努力避免刺激他打擾他。至於口號的理論問題……不應該用魯迅的名義匆忙地做出斷語。……魯迅在思想問題上是非常嚴正的，要他對沒有經過深思熟慮（這時候絕不可能深思熟慮）的思想觀點擔負責任，那一定要引起他精神上的不安，對病情產生不利的影響。但他對魯迅的不耐煩的神色，反而用了那樣冷淡的口氣表示了他自己對魯迅的不滿，不能不使我感到了意外。

到病情好轉，恢復了常態生活和工作的時候，我提了一句：「雪峰模仿周先生的語氣倒很像……」魯迅淡淡地笑了一笑，說：「我看一點也不像。」〔註11〕

─────────────

〔註11〕 胡風：《魯迅先生》，見《胡風全集》第 7 卷，湖北人民出版社 1999 年 1 月版。

　　無論從哪方面來說，胡風寫於 1984 年的回憶，都遠比馮雪峰寫於 1951 年的回憶更可信。當時的魯迅，處於生與死的臨界線上，不可能進行嚴肅認真的理論思考，不可能進行「口授」，也不可能說什麼「大意」。《答托洛斯基派的信》，還有那篇《論現在我們的文學運動》，完全出自馮雪峰之手，只是在寫成後，在病危的魯迅耳邊念了一遍而已。可以想見，魯迅不可能字字句句都聽得清楚明白，充其量聽個「大意」而已。

　　胡風不能理解馮雪峰爲何一再以此類實屬不急之務的理論問題來嚴重打擾病危的魯迅，還是因爲他對政治的不敏感。馮雪峰是政治人物，是「黨的領導人」，他的接近魯迅，與胡風的走近魯迅，一開始就有不同的原因。胡風是被魯迅的思想精神吸引過去的，而馮雪則是因爲魯迅的巨大影響而被黨派遣過去的。接近魯迅，讓魯迅爲黨的政治服務，是黨交給馮雪峰的任務。當收到陳其昌的信時，魯迅也許眞的很生氣，但馮雪峰肯定很高興。因爲這等於給了馮雪峰一個公開表明自己並非托派的機會，更給了黨一個嚴厲打擊托派的絕好戰機。以魯迅的名義痛斥托派，並散佈托派乃漢奸的謠言，這作用是黨內人士無法取代的。可以說，這封以魯迅名義發表的公開信對托派的打擊，勝過以中共名義發表的無數篇文章。這樣的戰機，馮雪峰豈能錯過，豈能不迫不及待？胡風認爲馮雪峰應該顧慮魯迅的身體，應把魯迅的生命放在第一位，這也不過是書生之見。馮雪峰本就是爲利用魯迅而接近魯迅的。正因爲魯迅病危，正因爲魯迅隨時可能停止呼吸，所以以魯迅的名義打擊托派，以魯迅的名義表達一些理論觀點，就刻不容緩。如果魯迅眞的遽爾「奄忽」，那不就什麼都遲了嗎？

七

　　《答托洛斯基派的信》以魯迅名義公開發表後，陳其昌悲憤不已，於是又提筆給魯迅寫了第二封信。魯迅博物館魯迅研究室所編的《魯迅研究資料》第四輯全文收有這封信。後來，陳漱渝主編的《一個都不寬恕——魯迅和他的論敵》，也將此信全文收錄。陳其昌第一封信態度是極爲友善謙卑的，第二封信則言辭十分激烈，可以想見寫信時的怒火中燒。除了慷慨激昂地申述托派的政治觀點，還對魯迅的個人品德嚴辭譴責：「你躲躲藏藏的造謠，說日本人拿錢叫我們辦報等等，眞虧你會誣衊得這樣周到！」「你得不到我的同意就把我的信與你的答覆故意以那樣的標題公開發表，並且還不僅發表在一個雜誌上。而你那公開回信的內容，又不談我向你誠懇提出的政治問題，而只是

由我而侮辱到中國布爾什維克列寧派，並誣衊到托洛斯基，你是講『道德』
的人，你既然這樣作了，我就不得不再誠懇的請求你把這封信公佈在曾登過
你的回信的雜誌上。標題用《托洛斯基一分子對魯迅先生的答覆》，這裏，我
在熱烈的企待著魯迅先生的雅量，革命者向不迴避堂堂正正的論戰，你如願
意再答，就請擺開明顯的陣勢，不要再躲躲藏藏的造謠誣衊。你的話在中國
人中是有吸引力的，如出言不慎，那必將遺害青年，必損傷你的盛名，並有
害革命。」以魯迅的性格，這樣的言辭，是足以令他憤怒的。但魯迅只在 7
月 7 日的日記中記道：「得陳仲山信，托羅茨基派也。」此外，便未對這第二
封信有任何反應。我想，陳氏第二封雖然對魯迅戟指怒斥，而魯迅卻默然無
語，應該是魯迅自己本就對那公開信懷有歉意。換句話說，陳氏的嚴厲斥責，
魯迅也許認爲是自己應得的「報應」。

　　1993 年胡風的長文《魯迅先生》發表，垂暮之年的鄭超麟讀後興奮異常，
寫了《讀胡風〈魯迅先生〉長文有感》，最後說：

> 　　讀了胡風這篇《魯迅先生》長文，頓使魯迅在我心目中的形象
> 高大起來，回到了我在國民黨監獄中看到這封有名的信以前的地位。

> 　　馮雪峰告訴胡風說：「魯迅還是不行，不如高爾基，高爾基那些
> 政論，都是黨派給他的秘書寫的，他只簽一個名。」胡風說，他聽
> 後感到「有點意外」。我則認爲馮雪峰這些話不是貶低魯迅，而是在
> 我心目中提高了魯迅的地位，知道了我們中國的高爾基畢竟高出於
> 俄國的高爾基。我的殘餘的愛國主義將會引以爲自豪的。〔註12〕

　　上世紀九十年代以來，北京、南京、太原等地的幾個以罵魯爲業的人，
拿著放大鏡尋找著魯迅的毛病。他們往往把魯迅的某幾句話，從具體的語境
和時代背景中抽取出來，然後或聲色俱厲、或痛心疾首地分析和譴責。《答托
洛斯基派的信》，也早成爲他們攻擊魯迅的口實。前些年，有人提出把《答托
洛斯基的信》（還有《論現在我們的文學運動》）從《魯迅全集》）中剔除出去。
剔除出去倒未必有必要。不妨讓它們仍然留在《魯迅全集》中，但應該有詳
細、客觀的注釋和說明，讓讀者知道文章產生的經過，尤其要讓讀者知道魯
迅對文章的不很認可和對馮雪峰的不很耐煩。

2008 年 4 月 6 日

〔註12〕　鄭超麟：《讀胡風〈魯迅先生〉長文有感》，《鄭超麟回憶錄》，東方出版社 2004
　　　　年 3 月版，下冊第 357 頁。

風高放火與振翅灑水——
魯迅的不罵蔣介石與胡適的敢罵蔣介石

問題的提起

　　魯迅與胡適確實有著多方面的可比性。而最近幾年，將這二人放在一起談論、比較者，也時有所見。當然，這些論者的視角、眼光和結論，往往是頗有差異的。從是否指名道姓地罵過蔣介石這一角度對魯、胡二人進行比較，我也不只一次地從他人的口頭或筆下見識過。這種比較的理路是，1927 年後，魯、胡二人都長期批評過國民黨，但魯迅卻從未指名道姓地斥責過作為國民黨「黨魁」的蔣介石，而胡適則在有生之年多次這樣做過。從這一事實，便能夠「邏輯」地得出這樣的結論：胡適比魯迅更有勇氣、更富於戰鬥精神、更不在乎一己安危；或者說，與胡適相比，魯迅更世故、更善於自我保護、更膽怯懦弱。這種角度的比較，還是以這樣的背景為前提的：過去數十年，我們一直強調「魯迅的骨頭是最硬的」，一直說魯迅在與國民黨政權的鬥爭中是「毫無畏懼」的，是「前腳跨出門去，後腳就不準備再跨進來」的，一直把魯迅說成是「民族魂」；而對胡適，則加諸種種惡諡，說他是國民黨的「走狗」，說他軟弱妥協，說他稍遇壓力便「寧彎不折」……而今天從是否指名道姓地罵過蔣介石這一角度對二人進行比較，則無疑有著「撥亂反正」、「把顛倒的歷史重新顛倒過來」之意。

　　僅僅在是否指名道姓地罵過蔣介石這一點上做文章，殊是無謂。但這一問題確又是牽一髮而動「二」身的那根「髮」。從這一角度出發，深究下去，會接觸到魯、胡二人不同的政治觀念、現實姿態等一系列大問題。

　　1927 年 4 月南京國民政府的成立，是與對共產黨的清洗同時進行的，或者說，「清黨」，是南京政府真正的「開國大典」。對蔣介石的「清黨」這一舉動，魯、胡二人就有著不同的態度。面對國民黨的捕殺中共黨人，魯迅是驚訝、憤怒和痛恨，而胡適則表示了理解和支持。其時自歐美返國而在日本逗留的胡適對國民黨的「清黨反共」發表了這樣的看法：「我這十個月在歐洲美洲，不知國內的詳細情形。但我看最近的政變……蔣介石將軍清黨反共的舉動能得到一班元老的支持。你們外國朋友也許不認得吳敬恒、蔡元培是什麼人，但我知道這幾個人，很佩服他們的見識與人格。這個新政府能得到這一班元老的支持，是站得住的。」同時，又表示：「蔡元培、吳敬恒不是反動派，他們是傾向於無政府主義的自由論者，我向來敬重這幾個人，他們的道義力量支持的政府，是可以得著我們的同情的。」〔註1〕胡適於 1926 年 7 月出國，在海外生活了 10 個月，對國內發生的事情所知不詳。但他素來敬重、信任蔡元培、吳稚暉等前輩。當他得知蔡、吳諸元老都堅決主張蔣介石的「清黨反共」，並支持南京國民政府後，便決定與他們取同一步調，表示也要在「道義」上支持這個政府。胡適對南京政府的這種最初的表態，也並非權宜之計或隨便說說。實際上，他此後對這最初的表態從未後悔過，即便在他與蔣介石和國民黨的衝突最嚴重時，也未悔初衷。可以說，在蔣介石的南京政府誕生之時，魯迅和胡適就對之有著頗為相異的心態。魯迅一開始就對蔣介石和南京政府持一種決絕的態度，更談不上對之有什麼希望和期待，換句話說，魯迅一開始就以敵對的目光怒視著蔣介石對南京政府的締造，一開始就把蔣介石和他的南京政府當作了不共戴天的仇敵，並且這樣一種心態和姿態終生未改。胡適則一開始就對蔣介石和南京政府取支持和合作的態度，儘管這種支持和合作並非是無條件的，換句話說，胡適是以期待的目光注視著蔣介石對南京政府的締造的，他對蔣介石和南京政府是懷有希望的，此後，這種期待和希望無論怎樣受挫，胡適也沒有讓自己陷入對蔣介石和國民黨的徹底絕望，因此，也不妨說，胡適對蔣介石和國民黨的有條件的支持，也是持續終生的。

〔註 1〕見胡明《胡適傳論》，人民文學出版社 1997 年版，第 667 頁。

也許有人會說，既然魯、胡二人對蔣介石和國民黨的態度有如此差異，那指名道姓地罵蔣介石的，更應該是魯迅而不是胡適——如果這樣考慮問題，就過於皮相了。實際上，正因為魯、胡二人對蔣介石和國民黨的心態和姿態的不同，決定了他們在批評、指責蔣介石和國民黨時採取了不同的方式。如果魯迅真的不曾指名道姓地罵過蔣介石，那原因就在於他的敵對和決絕的心態與姿態，使得他難以在責罵蔣介石時指名道姓；而胡適之所以一次次地對蔣介石指名道姓地批評，也就正因為他對蔣介石和國民黨還懷有希望和期待，還願意有條件地對之支持和與之合作。

魯迅對國民黨的批評之尖銳、嚴厲，是人所共知的。應該說，他即便真如有人所說從未指名道姓地「罵」過蔣介石，也多次把矛頭對準過蔣介石，只不過沒有點出「蔣介石」這三個字而已。這裏姑舉一例。1933 年 4 月 10 日的《申報・自由談》上，發表了曹聚仁的《殺錯了人》一文，其中說，在「革命」的過程中，「殺人」是難免的，但「革命殺人應該有標準，應該多殺中年以上的人，多殺代表舊勢力的人」。「可是中國每一回的革命，總是反了常態。許多青年因為參加革命運動，做了犧牲；革命進程中，舊勢力一時躲開去，一些也不曾剷除掉；革命成功以後，舊勢力重複湧了出來，又把青年來做犧牲品，殺了一大批。」因此，曹聚仁認為，這是「殺錯了人」。魯迅讀了此文後，寫了一篇《〈殺錯了人〉異議》〔註2〕，發表於 4 月 12 日的《申報・自由談》，文章從袁世凱為了「做皇帝」而大肆殺人，說到「現在的軍閥混戰」：「他們打得你死我活，好像不共戴天似的，但到後來，只要一個『下野』了，也就會客客氣氣的，然而對於革命者呢，即使沒有打過仗，也決不肯放過一個。他們知道得很清楚。」「所以我想，中國革命的鬧成這模樣，並不是因為他們『殺錯了人』，倒是因為我們看錯了人。」明眼人一看便知，這裏所謂「看錯了人」，既指過去「看錯」了袁世凱，更指現在「看錯」了蔣介石。

不過，倘若具體地看，胡適對蔣介石的批評，的確往往比魯迅更直接、更明白，指名道姓的公開批評，也不止一次。在 1929 年「人權運動」時期，他就幾次點名批評了蔣介石。在《人權與約法》〔註3〕一文中列舉國民黨當局侵犯人權的事例時，就有事涉蔣介石本人的一例：「如安徽大學的一個學長，因為語言上挺撞了蔣主席，遂被拘禁了多少天。他的家人朋友只能到處求情，

〔註2〕收入《偽自由書》。
〔註3〕見《人權論集》。

決不能到任何法院去控告蔣主席。只能求情而不能控訴，這是人治，不是法治。」這是要將蔣介石也置於可控告之列，也就是強調要做到任何人都不能高踞於法律之上。又如，在《我們什麼時候才可有憲法？》﹝註4﹞中，胡適寫道：「我們實在不懂這樣一部約法或憲法何以不能和訓政同時存在。我們必須要明白，憲法的大功用不但在於規定人民的權利，更重要的是規定政府各機關的權限。立一個根本大法，使政府的各機關不得逾越他們的法定權限，使他們不得侵犯人民的權利──這才是民主政治的訓練。程度幼稚的民族，人民固然需要訓練，政府也需要訓練。人民需要『入塾讀書』，然而蔣介石先生，馮玉祥先生，以至於許多長衫同志和小同志，生平不曾夢見共和政體是什麼樣子的，也不可不早日『入塾讀書』罷？」胡適在這裏強調的是民主政治的實行，需要訓練。而需要接受這種訓練的，不僅僅是人民大眾。包括蔣介石在內的所有此前不懂民主政治的政府官員，更需要接受訓練。這是要蔣介石在民主政治面前甘當小學生，老老實實地背起書包、坐進課堂，從 ABC 學起。

但胡適敢指名道姓地罵蔣介石而魯迅不敢，就證明了胡適比魯迅更勇敢、更無所畏懼、更富於批判精神嗎？不！不能得出這樣的結論！決定著胡適「敢」而魯迅不「敢」的，不是個人的勇氣、膽量、批判精神，而是別的一些更複雜的因素。

「做戲的虛無黨」與「要一個政府」

要明白為何魯迅不「敢」指名道姓地罵蔣介石而胡適卻「敢」，還得從二人迥然有異的政治觀念談起。

說到魯迅的政治觀念，實在很難歸入既有的品類。魯迅明顯受過無政府主義思潮的影響，但也很難說他就是夠格的無政府主義者。他實際上也並未宣稱過信奉無政府主義，也沒有積極地正面宣傳過無政府主義的思想、觀念。大概可以說，魯迅對任何一種政治理論都是不能真正服膺的，對任何一種治理國家的政治方略都是不太感興趣的。這源於魯迅對「政治」本身的深刻懷疑。魯迅畢生關注中華民族的生死存亡、榮辱興衰，但卻幾乎不從國家政體、社會制度等政治層面去探索這一問題。他有著一個十分固執的觀念，即只有最廣大的中國人都覺醒了，只有大小小的阿 Q、閏土們都被切切實實地啟蒙

﹝註 4﹞見《人權論集》。

了，中華民族才能屹立於世界民族之林，才能最終免於被欺侮、被凌辱的命運。如沒有民智的眞正開發，如沒有民眾的眞正覺悟，則無論怎樣現代的國家政體，無論怎樣先進的政治制度，都不過是沙上的建築、紙糊的衣冠。在這個意義上，不妨說魯迅是一個「政治懷疑主義者」。曹聚仁在《魯迅評傳》裏這樣說到魯迅的「政治觀」：「筆者自幼受了一句話的影響，這句話，出自《尚書》，叫做『毋求備於一夫』。……其意是說各人有各人的見識，各人有各人的特長，不能萬物皆知，萬物皆懂的；這麼一想，我們對於魯迅提不出積極的政治主張，也不必失望了。由於魯迅的文字，富於感人的力量；我們讀他的雜感，覺得十分痛快，所以對於他的政治觀，也不十分去深求了。其實他帶了濃重的虛無色彩，並不相信任何政黨會有什麼成就的。筆者的看法，和他有點相近；我認爲政治的進步或落伍，和民智開發的進度有密切關係，至於政治學說，主義的內容如何，並不十分相干的。孫中山把《三民主義》、《建國方略》說得天花亂墜，結果，國民政府的黑暗政治，比北洋軍閥時代還不如，而貪污程度，遠過於當年的交通系，對政治完全失望，也是民初人士所共同的。」〔註5〕

魯迅之所以「提不出積極的政治主張」，與其說是力有所不逮，毋寧說是意有所不屑。既然對政治有著深深的懷疑，既然認定無論多麼美妙的政治主張都不過是空談，那當然也就不會自己再去提出什麼政治主張了。在魯迅看來，政治，尤其是中國的政治，都不過是「做戲」，各種各樣的政客們，都不過是「做戲的虛無黨」。在《馬上支日記》中，魯迅說：「看看中國的一些人，至少是上等人，他們的對於神，宗教，傳統的權威，是『信』和『從』呢，還是『怕』和『利用』？只要看他們的善於變化，毫無特操，是什麼也不信從的，但總要擺出和內心兩樣的架子來。要尋虛無黨，在中國實在很不少；和俄國的不同的處所，只在他們這麼想，便這麼說，這麼做，我們的卻雖然這麼想，卻是那麼說，在後臺這麼做，到前臺又那麼做……。將這種特別人物，另稱爲『做戲的虛無黨』或『體面的虛無黨』以示區別罷。」對政界的「做戲」，魯迅多次施以辛辣的嘲諷。這種政治如同「做戲」的觀念之形成，原因當不只一種，而辛亥以後中國政局的動蕩和混亂，應是促使魯迅視政治如「做戲」的直接原因。這也正如他自己所說：「見過辛亥革命，見過二次革命，見過袁世凱稱帝，張勳復辟，看來看去，就看得懷疑起來，於是失望，

〔註5〕 曹聚仁：《魯迅評傳》，東方出版中心1999年版，第205頁。

頹唐德很了。」〔註6〕

魯迅的政治觀，或者說魯迅視政治如「做戲」的觀念，在寫於 1933 年 4 月的《現代史》〔註7〕一文中，表現得最直接最典型。文章雖名曰「現代史」，卻通篇寫的是街頭的「變戲法」。在描寫了街頭空地上的幾種騙人的把戲後，魯迅說：

> 這空地上，暫時是沉寂了。過了些時，就又來這一套。俗語說，「戲法人人會變，各有巧妙不同。」其實是許多年間，總是這一套，也總有人看，總有人 Huazaa，不過其間必須經過沉寂的幾日。

> 我的話說完了，意思也淺得很，不過說大家 Huazaa Huazaa 一通之後，又要靜幾天了，然後再來這一套。

> 到這裏我才記得寫錯了題目，這真是成了「不死不活」的東西。

按照表面的文章，題目自然應該定為「變戲法」，因為並沒有一字一句提到「現代史」。而之所以把「變戲法」三字「錯」寫成「現代史」，就因為在魯迅看來，一部現代史，無非是變戲法而已。對政治的這種深刻懷疑，使得魯迅不對「政治家」寄予任何希望，也不認為政治制度的變革和建設有什麼實質作用。而胡適則不同。胡適雖然也重視啟蒙，也終生花大氣力做改造國人深層的思想意識、價值觀念的工作，但他並不把思想文化方面的啟蒙視作是唯一值得做的事情，也不把它與政治制度的革新對立起來，不在二者之間有所偏廢。在胡適看來，思想文化方面的啟蒙是重要的，國人深層的心理、意識、觀念的改造是重要的，但現實的政治操作層面的變革同樣是刻不容緩的。所以胡適也對政治層面的建設投以巨大的熱情。如果說魯迅建設性的努力只用於思想文化方面的啟蒙，對現行政治則只是冷嘲熱諷，自己並沒有什麼正面的意見要表達，並沒有什麼「主義」要宣傳，那胡適則在兩方面都正面地、建設性地用力。

而胡適之所以在現行政治層面也能夠滿懷熱情地做出正面的建設性的努力，就因為他有正面的建設性的政治信念在驅使，就因為他有深信不疑的「主義」要宣傳。必須走英美式的憲政民主的政治之路，必須在中國全面廢除人治而實行法治，必須終止由當政者隨心所欲的「變戲法」一般的政治操作而走向「有計劃的政治」，必須切實保障人權，必須允許反對黨的存在，等等，

〔註6〕《自選集・自序》。
〔註7〕收入《偽自由書》。

這就是驅使胡適採取正面的建設性的政治行動的信念，這也是胡適所要宣傳的「主義」。胡適的信念，胡適的「主義」，也就是通常所說的英美式自由主義政治理念。

而胡適之所以能有如此堅定的政治信念和執著信奉的「主義」，就因為他相信現行政治層面的改革和建設，不是可有可無的，不是無關宏旨的。他深信「有政府」與「無政府」、「好政府」與「鳥政府」〔註8〕是有著根本的區別的。胡適十分重視思想文化方面的啓蒙，但卻不能認同那種只有民眾的思想文化素質都提高到了必要的程度才有可能從事制度建設的觀念。胡適是「政治工具主義者」，即把政治看作是治理國家的一種必要的工具。「有政府」與「無政府」、「好政府」與「鳥政府」的區別，也就是「有工具」與「無工具」、「好工具」與「鳥工具」的區別。「工欲善其事，必先利其器」。要國家富強、要民眾安樂，首先要把「政治」這件工具打磨好，用胡適慣常的說法，就是政治要「上軌道」。從當時到現在，都有許多人認為，有了再好的工具，而從政府官員到廣大民眾，都不懂得這工具的性能、都不能夠合理地使用這工具，那也是白搭。而胡適則認為，要讓從政府官員到廣大民眾都真正理解和善於運用好的工具，就必須先有這工具。也許一開始大家都不能正確地理解和運用這工具，但在對這工具的使用過程中，漸漸地就能理解得準確和使用得合理。在前面曾引用了胡適《我們什麼時候才可有憲法？》中對民主政治需要訓練的強調。胡適認為，要走向法治，要實行民主，必須首先要打造出一部憲法，然後從蔣介石、馮玉祥到廣大民眾，才可能知道什麼叫權利、什麼叫義務，才有可能慢慢學會守法用法。類似的觀點，胡適一生多次「宣傳」過。例如，早在1922年8月為《努力周報》寫的《這一周》〔註9〕中，胡適就說：

> 我們要明白：民治主義是一種信仰。信仰的是什麼呢？第一，信仰國民至多可以受欺於一時，而不能受欺於永久。第二，信仰制度法律的改密可以範圍人心，而人心受了法制的訓練，更可以維持法治。第三，民治的本身就是一種公民教育。給他一票，他今天也許拿去做買賣，但將來總有不肯賣票的一日；但是你若不給他一票，他現在雖沒有賣票的機會，將來也沒有不賣票的本事了。

> 若因為「組織未備，鍛練未成」，就不敢實行民治，那就等於因

〔註8〕 「鳥政府」亦為胡適用語，見胡適詩《雙十節的鬼歌》。
〔註9〕 收入《胡適文存二集》。

> 為怕小孩子跌倒就不叫他學走了。學走是免跌的惟一法子，民治是
> 「鍛練」民治的惟一法子！……

胡適強調，必須在民治中學會民治，必須在對工具的使用中學會對工具的使用。胡適相信，制度本身具有著教育功能，它能引導、訓練官員和民眾逐步理解它和運用它。若說必須等到官員民眾都真正理解了一種制度後才去建設這種制度，那就如說必須先學會了游泳才能下水一樣荒謬。

通常都說胡適是「好政府主義者」。其實，胡適首先是一個「有政府主義者」。「好政府」是針對「烏政府」而言的。但倘若連一個「烏政府」都沒有，倘若社會陷入某種形態的「無政府」狀態，那所謂「好政府」就更無從談起。在這種情形下，只得先爭取有一個「政府」。所以，「有政府」是針對「無政府」而言的。在 1921 年 6 月 18 日的日記中，胡適寫道：「現在的少年人把無政府主義看作一種時髦東西，這是大錯的。我們現在決不可亂談無政府，我們應該談有政府主義，應該談好政府主義！」在胡適眼裏，國民黨當年的「一黨專政」、「以黨代政」，也是一種「無政府」。「政黨」是「政黨」，「政府」是「政府」，這二者決不能混為一談。若是只有「政黨」的無尚權威，「政府」絕對聽命於「政黨」，那就是「政治不上軌道」，就是「無政府」。也正是基於這種認識，在 1930 年 9 月 3 日的日記中，胡適又寫道：「民國十一年，我們發表一個政治主張，要一個『好政府』。現在——民國十九年——如果我再發表一個政治主張，我願意再讓一步，把『好』字去了，只要一個『政府』。」

如果說魯迅多多少少有一點「無政府主義」的色彩，那胡適則絕對是一個「有政府主義」者；如果說在魯迅看來政府換來換去都如同「變戲法」，一種形式的政府取代另一種形式的政府，也不過是「招牌雖換，貨色照舊」，那在胡適看來，不同形式的政府差別甚大，打造一個「好政府」則至關重要。

魯、胡二人不同的政治觀念和政治態度，決定了他們在國民黨一統天下後，對之必然懷有不同的心態和採取不同的姿態。

「試看最後到底是誰滅亡」與「救得一弊是一利」

作為「政治懷疑主義者」的魯迅，對任何政黨都不會很信任，對任何政府都不會很擁護。魯迅所謂的「現代史」，無非就是民國以來的歷史。而魯迅身歷的民國史，由北洋軍閥當政和國民黨當政兩個時期構成。對北洋政府，魯迅是極為不滿的，從《記念劉和珍君》等北京時期寫下的眾多文章中，我

們能感受到魯迅對北洋政府的強烈痛恨。但魯迅對國民黨政權的痛恨卻更其甚於北洋政府。1927 年國民黨的「清黨」，使魯迅「目瞪口呆」，從此他就對國民黨怒目而視。他曾對日本友人增田涉明確表達過對國民黨「清黨」的不能接受，並且說：「在這一點上，舊式軍閥爲人還老實點，他們一開始就不容共產黨，始終堅守他們的主義。他們的主義是不招人喜歡的，所以只要你不靠近它、反抗它就行了。而國民黨採取的辦法簡直是欺騙；殺人的方法更加狠毒。……打那以來，對於騙人做屠殺材料的國民黨，我怎麼也感到厭惡，總是覺得可恨。他們殺了我的許多學生。」〔註 10〕這樣一種對國民黨的分外痛恨和敵視，使得魯迅不可能與之有任何政治性的合作。魯迅甚至是以渴盼的心情等著國民黨政權的垮臺的。在 1933 年 7 月 11 日致日本友人山本初枝的信中，魯迅說：「日本風景美麗，時常懷念，但看來很難成行。即使去，恐怕也不會讓我登陸。更重要的是，我現在也不能離開中國。倘用暗殺就可以把人嚇倒，暗殺者就會更加囂張起來。他們造謠，說我已逃到青島，我更非住在上海不可，並且寫文章罵他們，試看最後到底是誰滅亡。」

對國民黨，胡適其實也是相當不滿的。早在 1922 年 8 月爲《努力周報》寫的《這一周》中，胡適就對國民黨做出了尖銳的批評。陳炯明與孫中山發生衝突後，一些孫派的國民黨人便指責陳炯明「悖主」、「叛逆」、「犯上」。胡適特別不能容忍這種指責，斥之爲「舊道德的死屍的復活」：「我們試問，在一個共和的國家裏，什麼叫做悖主？什麼叫做犯上？至於叛逆，究竟怎樣的行爲是革命？怎樣的行爲是叛逆？蔡鍔推倒袁世凱，是不是叛逆？吳佩孚推倒段其瑞，是不是叛逆？吳佩孚趕走徐世昌，是不是叛逆？若依孫派的人的倫理見解，不但陳炯明不應該推翻孫文，吳佩孚也不應該推翻段其瑞與徐世昌了；不但如此，依同樣的論理，陳炯明應該永遠做孫文的忠臣，吳佩孚也應該永遠做曹錕的忠臣了。我們並不是替陳炯明辯護；陳派的軍人這一次趕走孫文的行爲，也許有可以攻擊的地方；但我們反對那些人抬出『悖主』、『犯上』、『叛逆』等等舊道德的死屍來做攻擊陳炯明的武器。」胡適強調的是：陳炯明的反孫行爲本身是否合理是一回事，他的行爲是否可稱爲「悖主」、「犯上」、「叛逆」則是另一回事；即便陳的行爲是可指責的，在一個共和的國家裏，也不能認爲這種行爲是什麼「悖主」、「犯上」、「叛逆」。胡適進一步指出，在國民黨內之所以會有這種「舊道德的死屍的復活」，乃是因爲孫中山是「用

〔註 10〕見增田涉《魯迅傳》。

秘密結社的方式辦政黨」，因而國民黨根基太壞：

> 同盟會是一種秘密結社，國民黨是一種公開的政黨，中華革命
> 黨和新國民黨都是政黨而帶著秘密結社的辦法的。在一個公開的政
> 黨裏，黨員爲政見上的結合，合則留，不合則散，本是常事；在變
> 態的社會裏，政治不曾上軌道，政見上的衝突也許釀成武裝的革命，
> 這也是意中的事。但此次孫陳的衝突卻不如此簡單。孫文鑒於國民
> 黨的失敗，仍舊想恢復秘密結社的法子來組政黨。因爲陳炯明是新
> 國民黨的黨員，不曾脫黨，而攻擊黨魁，故用秘密結社的道德標準
> 看起來，陳炯明自然是叛黨的罪人了。陳氏至今不敢發一個負責任
> 的宣言，大概也是爲了這個原故。我們旁觀的人只看見一個實力派
> 與一個實力派決裂了，故認作一種革命的行動，而在孫氏一派人的
> 眼裏，只見得一個宣過誓的黨員攻擊他應該服從的黨魁，故抬出「叛
> 逆」、「叛弑」等等舊名詞來打他。這是我們現在的觀察。

胡適對國民黨的這種「罵」，應該說是相當尖銳的，這等於是在掘祖墳。
在嚴厲地批評國民黨、在與國民黨發生尖銳衝突這一點上，胡適其實比魯迅
早得多。既然國民黨根基很壞，那在南京政府成立、國民黨掌握統治大權後，
胡適與它的衝突就是不可避免的。南京政府 1927 年成立，1929 年胡適等自由
主義知識分子就掀起了一場批判國民黨的「人權運動」。在某種意義上，胡適
1929 年對國民黨的批判，是 1922 年對國民黨批判的繼續。當然，1929 年的
批判，聲勢要浩大得多，批判的面也廣得多。

然而，胡適即便如魯迅一樣對國民黨政權滿懷痛恨和敵視，他也不會如
魯迅一樣盼望這個政權盡快「滅亡」，更不會認同以暴力革命的方式推翻它。
這裏就顯出「政治懷疑主義」與「政治工具主義」的區別。在胡適看來，國
民黨政權雖是一件並不理想的「工具」，但在中國當時的情況下，若以暴力的
手段摧毀這件「工具」，取而代之的「工具」未必就更理想，而國家民族卻要
付出血流成河的慘重代價。在社會的進步、國家的富強、民族的振興上，胡
適是不相信有什麼一蹴而就的方法的，他只相信「一點一滴的改良」，而不相
信任何人能有一夜之間真正扭轉乾坤的神力。所以對於以暴力的方式解決政
治問題，他倒是有著深深的懷疑：「我們是不承認政治上有什麼根本解決的。
世界上兩個大革命，一個法國革命，一個俄國革命，表面上可算是根本解決
了，然而骨子裏總逃不了那枝枝節節的具體問題；雖然快意一時，震動百世，

而法國與俄國終不能不應付那一點一滴的問題。」〔註11〕

既然以暴力的方式摧毀這件「工具」並不可取，那怎麼辦呢？胡適的回答是：一點一滴地改造它。胡適在強調暴力革命不能真正解決問題的同時，也強調：「我們應該把平常對政治的大奢望暫時收起，只存一個『得尺進尺，得寸進寸』的希望，然後可以冷靜地估量那現實的政治上的變遷。」〔註12〕這也清楚地表明，胡適認為，唯一可行的，是以漸進的方式，一寸一尺地把「秘密結社」和江湖幫會式的國民黨改造成現代民主政黨，把中國改良成現代民主國家。這種觀念，也就決定了胡適與國民黨政權之間必然是那種既合作又對抗的關係。改造的前提是保存。如果這個「工具」從根本上被摧毀了，所謂「得尺進尺，得寸進寸」的「希望」也就無所附麗。所以，在國民黨政權面臨生死存亡時，胡適會從「道義」上支持它。改造還意味著要接近它、接觸它、與它保持必要的「合作」，若是一味地疏離、迴避、對抗，所謂「改造」也就無從談起。當然，改造更意味著批判指責，意味著從正面提出要求，這同時也就意味著一種經常性的對抗。「合作」是手段，「改造」是目的，而沒有「對抗」也就無所謂「改造」。從1927年南京政府成立，到1962年胡適與世長辭，胡適與國民黨之間的關係，都可用「合作與對抗」來概括。

我們知道，魯迅是懷著「試看最後到底是誰滅亡」的心態與國民黨「戰鬥」的，而胡適則是懷著「補偏救弊」的目的對國民黨進行批判、指責的。在「人權運動」爆發後的1929年7月2日，胡適在日記中寫道：「我們的態度是『修正』的態度，我們不問誰在臺上，只希望做點補偏救弊的工作。補得一分是一分，救得一弊是一利。」驅使魯、胡二人批判國民黨的不同心態，也決定著他們必然採取不同的批判方式。

「最好閉嘴」與「想想國家的重要問題」

魯、胡二人對國民黨的批判，在方式上表現出鮮明的差異。

魯迅慣用雜文這種文體進行批判，通常都很短小、凝煉。而胡適則通常是用長篇論說文的方式表達自己的見解。這種不同文體的選擇，除了其它一些主客觀原因外，恐怕也因為二人在政治學的理論修養上相差很大。魯迅那些針砭現實政治的文章，之所以都寫得短小精悍，也因為他其實不可能洋洋

〔註11〕見《這一周》。
〔註12〕見《這一周》。

灑灑、長篇大論地談論政治問題。說得直白些，魯迅缺乏對政治問題進行刨根究底、瞻前顧後地分析、評說的理論修養（當然，他也不屑於具備這種修養）。而胡適幾乎從不純感性、純直觀地談論政治問題，他總要依據自己的信念、自己的「主義」、自己的政治理論修養，並且還依據自己在美國對民主政治的目睹和參與，來對中國的政治問題展開論述，來表達自己的褒貶臧否。在這個意義上，胡適那些談論政治問題的文章，是標準的「政論」，而魯迅那些談論政治問題的雜文，則不宜稱作「政論」（當然，他也不屑於這種稱呼）。

　　對於現實政治問題，魯迅總是從反面出擊，往往是「攻其一點，不及其餘」，抓住要害，一針見血。而且總是以嘲諷為基調的。魯迅止於對現狀的冷嘲熱諷，卻並不對應該如何發表正面的看法。當年，在與自由主義者的爭論中，梁實秋曾寫了《「不滿於現狀」，便怎樣呢？》〔註13〕一文，其中說：「現在有智識的人（尤其是夙來有『前驅者』『權威』『先進』的徽號的人），他們的責任不僅僅是冷譏熱嘲地發表一點『不滿於現實』的雜感而已，他們應該更進一步的誠誠懇懇地去求一個積極醫治『現實』的藥方。」梁實秋要求知識精英不要止於對現實的「冷譏熱嘲」，而要正面地發表積極的、建設性的意見。這種要求首先是針對魯迅的雜感而發的。魯迅對此的回答是：「被壓榨得痛了，就要叫喊，原不必在想出更好的主義之前，就定要咬住牙關。」〔註14〕。說沒有正面的意見要表達，就不能對現狀表示不滿，這固然荒謬。但時刻對現狀感到不滿的魯迅本沒有多少正面的意見要表達，卻也是真的。魯迅之所以在談論政治現狀時總是從反面出擊，也因為他無法從正面發表政治意見（當然，他也不屑於正面地發表政治意見）。魯迅沒有政治上的「信念」要堅守，沒有政治上的「主義」要宣傳，所以，從反面談論政治問題，也是極自然的選擇。而從反面談論問題，言必嘲諷也是難以避免的。魯迅也曾有這樣的夫子自道：「我……好作短文，好用反語，每遇辯論，輒不管三七二十一，就迎頭一擊。」〔註15〕好用反語，固然有性情、氣質方面的原因，但本就沒有堅定而系統的正面意見要表達，恐也是原因之一種吧。而胡適則不同。胡適對中國的政治，有一整套現實的設計，甚至有短期、中期和長期等不同時段的目標規劃。這也使得胡適有可能總是從正面對國民黨的政治提

〔註13〕載《新月》第 2 卷第 8 期。
〔註14〕見《「好政府主義」》，收入《二心集》。
〔註15〕《兩地書‧十二》。

出批評；總是不但指出國民黨做得不對，還指出為何做得不對，更詳細地指出怎樣做才對。正面的建設性的批評再尖銳，給聽者的感覺也與反面的嘲諷是大不一樣的。

魯、胡二人的批判還有一點不同，也許也值得一說。這就是，魯迅是不斷地變換筆名發表自己的文章，而胡適則始終堅持用真名實姓。魯迅頻繁地變更文章的署名，自有不得已的理由，這裏也並無說魯迅不該如此之意。但這在客觀上也畢竟與胡適形成一種對照。胡適是把是否以真姓名發表言論視作一個原則問題的。在 1931 年 1 月 15 日致蔣介石侍從室主任陳布雷的信中，胡適這樣評說《新月》的「人權運動」：「《新月》在今日輿論界所貢獻者，唯在以真姓名發表負責任的文字。此例自我提倡出來，我們自信無犯罪之理。所謂『負責任』者，我們對於發表言論，完全負法律上的責任……此類負責任的言論，無論在任何文明國家之中皆宜任其自由發表，不可加以壓迫。若政府不許人民用真姓名負責發表言論，則人民必走向匿名攻訐或陰謀叛逆之路上去。」到了 1959 年，胡適還對臺灣的《自由中國》雜誌提出了這樣的要求：「必須用真姓名、真地址，否則一概不予登載。」〔註16〕魯迅不斷地更換筆名自有他的苦衷，而胡適堅持用真姓名也自有他的理由。這裏不對二者做出孰是孰非的評說，只指出：一篇用筆名寫的批判文章，與一篇用真姓名寫的批判文章，給人的感覺也是兩樣的。

在文章的整體風格上，魯迅以尖銳、潑辣著稱。他對雜文的要求是應該如匕首和投槍，應該能「一擊致敵於死命」。他自己的雜文當然是這方面的典範。郁達夫曾說魯迅的文章「簡練得象一把匕首，能以寸鐵殺人，一刀見血」。〔註17〕這說出的是魯迅讀者的普遍感受，當然也是國民黨當局對魯迅文章的感受。而胡適作文追求的是平易暢達，怎樣才能最清楚明白地表達他的見解、宣傳他的「主義」，他就怎樣寫。即便同樣是對國民黨的嚴厲批評，如果說魯迅給人的感覺是總如「寸鐵殺人」的匕首，那最嚴厲時的胡適，也只是像手術刀。同是利器，匕首和手術刀也讓人產生完全不同的感覺。再鏽鈍的匕首，也是殺人的「兇器」，因而也讓人感到一種寒冽、一份恐懼；而再鋒利的手術刀，也是救人的工具，因而也總讓人感到一種慈愛、一份溫情。魯、胡二人批評現實的文章，的確有「殺人」與「救人」、「放火」與「滅火」之別。在

〔註16〕見胡明《胡適傳論》第 1032 頁。
〔註17〕見《中國新文學大系・散文二集・導言》。

《花邊文學》的「前記」裏，針對《申報·自由談》「籲請海內文豪，從茲多談風月」的啓事，魯迅寫道：「談風雲的人，風月也談得」，而「想從一個題目限制了作家，其實是不能夠的。……『月白風清，如此良夜何？』好的，風雅之至，舉手贊成。但同是涉及風月的『月黑殺人夜，風高放火天』呢，這不明明是一聯古詩麼？」魯迅的意思是，像他這樣談慣了「風雲」的人，即便只能談「風月」，也照樣可以談出刀光劍影，照樣可以談得烈焰灼人。有趣的是，在「人權運動」遭到打壓後，胡適也用一則古典表明過心跡。1929年 12 月，胡適將「人權運動」中的文章集爲《人權論集》出版，並在序言中說：「我們所要建立的是批評國民黨的自由和批評孫中山的自由。上帝我們尚且可以批評，何況國民黨與孫中山？」又寫道：

周櫟園《書影》裏有一則很有意味的故事：

昔有鸚鵡飛集陀山。山中大火，鸚鵡遙見，入水濡羽，飛而灑之。天神言：『爾雖有志意，何足云也？』對曰：『嘗僑居是山，不忍見耳。』

今天正是大火的時候，我們骨頭燒成灰終究是中國人，實在不忍袖手旁觀。我們明知小小的翅膀上滴下的水點未必能救火，我們不過盡我們的一點微弱的力量，減少良心上的一點譴責而已。」

當魯迅手中的匕首寒光閃閃時，胡適則充其量拿著一柄手術刀；當魯迅總想著「月黑殺人」、「風高放火」時，胡適想的是「入水濡羽，飛而灑之」。寫到這裏，可以來談談魯迅不「敢」指名道姓地罵蔣介石而胡適卻「敢」的一種原因了。

既然魯、胡二人批評國民黨的心態大不一樣，採取的方式和想要達到的目的也極爲有異，那國民黨當局對待二人的心態以及採取的方式和要達到的目的也就極爲不同。從魯迅的文字裏，當局只感到濃重的敵意和殺氣，而體會不到絲毫「善意」和「好心」。能將魯迅聲音徹底封殺固然好，不能做到這一點，也應該把魯迅的刀光劍氣控制在一定的限度。1930 年春，國民黨的浙江省黨部對魯迅的所謂「通緝」，就是一件頗有意味的事。魯迅就在上海，要抓他易如反掌，本用不著「通緝」；而且，魯迅在上海活動，卻由浙江省黨部來「通緝」，也很滑稽。這說明，國民黨當局並不想眞的逮捕魯迅而使自己陷入被動。「通緝令」只是警告魯迅不要太過分，要注意言行的分寸。以魯迅的敏銳和精明，對這種用意是十分明瞭的。他曾對內山完造說，「通

緝令」其實是不要緊的，如果真要抓人，就不下什麼「通緝令」了；這只是在警告你：你有點討厭，「最好閉嘴」，如此而已。〔註18〕我們知道，魯迅向來反對「赤膊上陣」，反對快意一時卻輸光老本的犧牲，他主張「壕塹戰」，主張在保存自己前提下的「韌性的戰鬥」。所以，對於當局以「通緝」方式發出的警告，他不會毫不介意。曹聚仁曾這樣說到魯迅：「我以為他是坐在坦克車裏作戰的，他先要保護起自己來，再用猛烈火力作戰，它爬得很慢，但是壓力很重。……畢竟他是紹興師爺的天地中出來，每下一著棋，都有其謀略的。」〔註19〕僅僅明白當局在警告自己要注意分寸還不夠，還要明白這「分寸」到底在哪裏。而我以為，不指名道姓地公開批評蔣介石，就是魯迅所理解的一種「分寸」，一種「限度」。在魯迅看來，如果自己指名道姓地公開罵蔣介石，當局就不得不採取某種實際的行動，即便不捕不殺，也要讓自己在國內無立足之地，至少在上海不能安身。魯迅與李立三會面並不歡而散，由於馮雪峰、周建人等在回憶中都寫到，已為人所熟知。1930 年 5 月 7 日晚，魯迅應時任中共中央宣傳部長李立三之約，往爵祿飯店與李會面。李立三對魯迅提出了這樣的要求：「你在社會上是知名人物，有很大影響。我希望你用周樹人的真名寫一篇文章，痛罵一下蔣介石。」魯迅當即回絕：「文章是很容易寫的。不過，我用真名一發表文章，在上海就無法住下去，只能到外國去當寓公。」可見，在魯迅看來，一旦用真名發表過於激烈、過於直白、指名道姓地罵蔣介石的文章，就越過了當局的容忍限度，就等於是跳出了「壕塹」、爬出了「坦克車」，就是在「赤膊上陣」。而不願意走到這一步，也是符合魯迅一慣的處世方式的。

國民黨當局對待胡適的態度就是另一種樣子了。在「人權運動」中，當胡適對國民黨提出尖銳的批評，甚至指名道姓地責罵蔣介石時，國民黨內當然也是群情激憤，尤其一些中下層黨徒更是咬牙切齒，紛紛呈請「緝辦」胡適，甚至必欲食肉寢皮而後快，並掀起了一陣圍剿胡適的言論狂潮，把「反革命」、「反黨」、「反動」、「帝國主義的走狗」等種種帽子一股腦兒地扣到胡適頭上。國民政府也飭令教育部出面「警告」胡適，並迫使胡適辭去中國公學校長一職，灰溜溜地離開了上海。從這一方面來看，當局對胡適們的批評也是壓制得十分厲害的，以致於曹聚仁認為「胡適的處境在那時期，並不比

〔註18〕見內山完造《魯迅先生》。

〔註19〕見《魯迅評傳》第 161 頁。

魯迅更自由些」。〔註20〕但胡適與當局的嚴重對立並受到當局的大力打壓，只是事情的一個方面。在另一方面，即便在胡適與當局的衝突最緊張時，他也與當局的核心層之間有著一種「感應」與「對流」。沉寂在《論胡適與蔣介石的關係》一文〔註21〕中，對此一方面的情況論述較詳。下面參照沉寂文章，聊舉三例：

其一、胡適1929年5月發表《人權與約法》一文，要求「快快制定約法以確定法治基礎！」「快快制定約法以保障人權！」國民黨6月間召開的三屆二中全會所公佈的「治權行使之規律案」第二項即規定：「人民之生命財產與身體之自由，皆受法律之保障，非經合法程序，不得剝奪……」這裏強調了政府執法是為了「保障人權」，等於在一定程度上接受了胡適建議的實質。所以胡適在6月19日的日記中說國民黨此舉「與我的《人權約法》一文有關」。

其二、胡適在1929「人權運動」中發表了《新文化運動與國民黨》的長文，從文化復古、壓制思想自由等方面論證了國民黨的「反動」。胡適說：「我們至少要期望一個革命政府成立之日就宣佈一切法令公文都改用國語（引按：在此即指白話文）。……但是國民黨當國已近兩年了，到了今日，我們還不得不讀駢文的函電，古文的宣言，文言的日報，文言的法令！」並指出「至少從新文化運動的立場看來，國民黨是反動的」。文章最後要求「廢止一切『鬼話文』的公文法令，改用國語。」「通令全國日報，新聞論說一律改用白話。」胡適此文語氣激昂，大有戟指怒斥之態。而1930年2月，教育部即奉國民黨中執會指令，通令全國屬行國語教育。而且通令本身也不再用胡適所謂的「鬼話文」而改用了白話文。按沉寂先生的說法，「這個通令全國屬行國語教育的舉動，無疑也是國民政府對《新文化運動與國民黨》一文所作出的反應。」

其三、胡適對國民黨當局的批評，或者說，胡適對國民黨政治的「改造」，不但以公開發表文章的方式，也以直接「上書」的方式進行。胡適常常直接致信包括蔣介石在內的國民黨要人，對他們的言行直言指責，並正面提出應該如何的意見（在這一點上，胡適也與魯迅顯出重大差別）。而他的意見也時被某種程度地採納。1934年4月4日，胡適託人帶給蔣介石一封信，要求蔣「明定自己的職權，不得越權侵官，用全力專做自己權限以內的事」。並說：

〔註20〕見《魯迅評傳》第101頁。
〔註21〕見《胡適研究》第二輯，安徽教育出版社2000年7月版。

「名爲總攬萬機，實則自居下流，天下之惡皆歸之。」據沉寂先生研究，胡適的「這一直諫幾天以後即起了效應」：中央社 9 日電，報導蔣介石的一個解釋：「日前手令出版物封面，非必要不得用外國文字年號」事，他說該手令是「命令行營政訓工作人員」的，「而政訓處竟送中央全委通令全國，實屬荒謬。我蔣介石非中央黨部，非政府。我的手令如何能給中央宣委會，且通令全國，豈非笑話。望職員以後辦事，務請認清系統，明白手續，方能爲在上者分勞，不致將事辦錯云！」胡適對此事的評說是：「各報所載文字相同，可見是他有意發表的，此事可見他知錯能改過。只可惜他沒有諍友肯時時指謫。」（1934年 4 月 10 日日記）。而沉寂先生這樣評說胡適對蔣的評說：「這細小的納諫，增強了胡適的信心。所以胡適處處維護這個政權。當有人起來反蔣時，他就說：『今日無論什麼金字招牌，都不能減輕掀動內戰，危害民國之大責任。』甚至說『我們不反對一個中央政府用全力戡定叛亂』。」

胡適對國民黨和蔣介石的「罵」，能在一定程度上爲對方所接受，說明以蔣介石「爲核心」的國民黨最上層，對胡適的「罵」並未採取全面排斥的態度。這當然不是說，當局對胡適言論的容忍就是無限度的。我們知道，對國民黨政權，胡適的態度是保存、合作、對抗。保存，即意味著反對旨在推翻這個政權的任何行爲，尤其是暴力行爲，說得具體說，即意味著當共產黨的「暴力革命」令蔣介石頭痛萬分時，胡適堅決站在了蔣政權一邊，以自己的「道義力量」支持著它。這是胡適自定的底線。而這也是當局對胡適容忍的限度。在這個限度以內，胡適的「罵」再尖銳激烈，也能讓當局感到一種「善意」，一片「苦心」。以蔣介石「爲核心」的國民黨最高當局，雖然也必然時時感到胡適的「忠言」很「逆耳」，但他們同時也十分清楚，這畢竟是「忠言」，不能與魯迅寒光閃閃的「匕首投槍」混爲一談。這樣，即便胡適的言論「過火」些，甚至不時指名道姓地批評了蔣介石，蔣介石和最高當局也能容忍了。當然，這裏的所謂「容忍」，是指不採取通緝、逮捕、暗殺等措施，至於默許甚至慫恿中下層黨徒和報刊對胡適進行攻擊、謾罵，甚至指使有關職能部門出面對胡適發出「警告」，就是另一回事了。

以蔣介石爲首的國民黨當局，能在相當程度上容忍胡適的批評，當然也與胡適的批評總是從正面出發，總是能提出積極的建設性的意見有很大關係。對於胡適的正面意見，以蔣介石爲首的黨國要人，通常表現出很重視的姿態。「人權運動」時期，就在中下層黨徒對胡適表現出忍無可忍的激憤時，

「國舅」宋子文卻約胡適晤談，請胡適代他們「想想國家的重要問題」〔註22〕
在後來的生涯中，胡適與蔣介石等當政要人直接對話溝通、當面建言獻策，
更成一種常事。蔣介石們這樣做，有作秀的成份，也有爭取胡適們支持的用
心，當然，也不無聽取意見的誠意。

魯迅為何不「敢」指名道姓地罵蔣介石，解釋起來比較容易。而胡適為
何「敢」這樣做，要說清楚則稍稍困難些，因為胡適與國民黨政權的關係，
較之魯迅要複雜得多。國民黨內部並非鐵板一塊，有不同觀念的矛盾和較量，
有不同派系的明爭或暗鬥。而胡適們之所以能尖銳激烈地批評國民黨，甚至
「敢」指名道姓地罵蔣介石，也在某種程度上借助了國民黨內部的思想和權
力紛爭，正如沈衛威先生所說，「是鑽當局的空隙，利用了國民黨內部的矛
盾」。〔註23〕沈衛威的書中，對「《新月》背後的政治關係」有精彩的分析，
在此就不贅述。

我知道，我並沒有把魯迅的不「敢」和胡適的「敢」說清楚。好在我真
正關心的，也不是這個很具體的問題，而是魯、胡兩個同時代有巨大影響的
知識分子不同的現實姿態和政治取向。——這個問題要說清楚，就更不容易
了。

2003 年 2 月 15 日

〔註22〕見沉寂《論胡適與蔣介石的關係》。
〔註23〕見《自由守望——胡適派文人引論》，上海文藝出版社 1997 年版第 217 頁。

作爲一場政治運動的魯迅喪事

引　言

　　魯迅生前多次談到「死後」一事。在逝世前不久寫下的《死》中，魯迅「立」了七條「遺囑」，其中第二條是「趕快收斂，埋掉，拉倒」，第三條是「不要做任何關於紀念的事情」。不過，魯迅確實是「人」而不是「神」，不論他怎樣對「死後」擔憂、恐懼，不論他怎樣希望無聲無息地入土爲安，一瞑之後，他也只能任人擺佈。實際上，魯迅的喪事是辦得極其隆重極具聲勢的，以致於給一些組織和參加者留下了十分強烈的印象。

　　讀顧準「文革」期間以「二度右派」之身寫的「歷史交代」，你會發現這樣的回憶：「我記憶中的 1936 年 3 月至 1936 年 9 月爲止的職救工作的經過，還是像《回憶》中所寫的，只剩下這樣一些印象了：這個時期主要是組織示威遊行　　三八、五一、魯迅葬儀等等，其它情節全記不起來了。」〔註 1〕所謂「職救」是上海其時的「職業界救國會」的簡稱。上海當時的各界「救國會」由中共地下黨在暗中直接領導，而林楓、顧準、雍文濤、王紀華等人則是「職救會」的中共負責人。儘管在魯迅葬儀的日期上有一點小差錯，但時隔 30 年，顧準在做「歷史交待」時還記得「魯迅葬儀」，可見這次「葬儀」的確非同尋常。顧準同時告訴我們，這場「魯迅葬儀」實際上是他作爲中共地下黨員參與「組織」的一次「示威遊行」。所以，魯迅的喪事，尤其是葬禮，遠不是一般意義上的哀悼行爲，它是一場有組織的政治運動，組織者和參加

〔註 1〕顧準：《顧準自述》，中國社會科學出版社 2002 年 1 月版，第 43 頁。

者也並不只是要表達對死者的哀思，更是要利用這個機會對國民黨政府表達一種政治性的訴求。

要明白顧準們當時為何為魯迅大辦喪事，就得明白其時的國際國內局勢和中國共產黨的處境。

1935 年日本加速對中國的侵略進程，策動「華北自治」，華北形勢嚴重惡化。以「北上抗日」的名義到達陝北的中共中央，不失時機地提出了「停止內戰，一致對外」的口號，並於 1935 年 8 月 1 日發表了著名的《八一宣言》（即《抗日救國告全國同胞書》），號召大家「停止內戰，以便集中一切國力（人力、物力、財力、武力等）去為抗日救國的神聖事業而奮鬥。」1935 年 12 月 27 日，毛澤東在陝北瓦窯堡黨的活動分子會議上做了《論反對日本帝國主義的策略》的報告，其中十分明確地指出：「黨的基本的策略任務是什麼呢？不是別的，就是建立廣泛的民族革命統一戰線。」中共中央其時正以全力「逼蔣抗日」，而「逼蔣聯（容）共」則是「逼蔣抗日」的題中應有之義，或者說，是真正的目的所在。對於中國共黨人來說，這種主動表示捐棄前嫌、願與國民黨並肩抗日的策略，無疑是高明到極致的，這的確體現了毛澤東和中共中央的高瞻遠矚和目光如炬，因為這決不僅關乎「中華民族的生死存亡」，更關乎中國共產黨本身的生死存亡。但要讓蔣介石停止對「蘇區」的進攻和對紅軍的圍剿，僅有宣言和口號當然不夠，還要用實際的行動來迫使蔣介石不得不如此。中共為此目的而策劃、組織和領導的第一場大運動便是在北平的「一二・九運動」。關於「一二・九」，有許多資料可供引用，不過，我們還是照抄《辭海》上的釋義：「土地革命時期，中國共產黨領導的一次大規模學生愛國運動。1931 年日本帝國主義侵佔中國東北後，又進一步控制了河北和察哈爾，……在嚴重的民族危機面前，中共發表了《八一宣言》，號召全國人民起來抗日救國。1935 年 12 月 9 日，北平（今北京）學生六千餘人舉行示威遊行，提出『停止內戰，一致對外』、『打倒日本帝國主義』、『反對華北自治運動』。國民黨政府出動大批軍警鎮壓，打傷和逮捕了很多學生。次日，北平各校學生宣佈總罷課。16 日學生和市民一萬餘人又舉行示威遊行，迫使『冀察政務委員會』延期成立。杭州、廣州、南京、天津、上海、武漢、長沙等地學生相繼舉行遊行示威，各地愛國人士紛紛成立各界救國會，要求國民黨政府停止內戰，實行抗日，掀起了全國人民抗日救國的新高潮，推動了抗日民族統一戰線的建立。」「一二・九運動」大大擴大了中國共產黨的影響，同時，中

共慷慨激昂的「抗日話語」也贏得了廣大民眾的好感和信任。「一二・九運動」之後，全國民眾強烈要求國民黨不再視共產黨爲「匪」，停止與共產黨爲敵，這對蔣介石形成巨大的壓力。許多不同程度地參與了運動的青年學生，則義無反顧地加入了共產黨，並在「七七事變」後投奔了延安等共產黨佔領區。在中共黨史上，「一二・九運動」其實是極其「輝煌」的一章，但因爲這並不是「武裝鬥爭」，其「意義」便長期未能得到應有的估價。毛澤東在 1935 年 12 月 27 日做《論反對日本帝國主義的策略》的報告時，說「學生運動已有極大的發展」，應該就是指正在蔓延的「一二・九運動」。「一二・九」之後的國內形勢，明顯有利於共產黨。「一二・九」之後，中共雖然在各地借各種機會組織了旨在「逼蔣抗日」的示威遊行，但規模都不能與「一二・九」相比，而在運動的規模上堪與「一二・九」相提並論者，則是 1936 年 10 月 22 日的魯迅遺體出殯和葬禮。在一定的意義上，魯迅的喪事，是中國共產黨在上海組織領導的又一場「一二・九」。

「把『停止內戰，一致抗日』的旗幟打出去」

「一二・九」以後，上海各界的抗日熱情高漲，救國運動風起雲湧，大有眾手移山之勢。1987 年 12 月，上海社會科學院出版社出版了由中共上海市委黨史資料徵集委員會編選的《「一二・九」以後上海救國會史料選輯》，「編輯說明」中說：「在黨的領導下，一九三五年十二月九日，北平爆發了震驚中外的愛國學生運動。上海人民和全國人民一起，積極響應『一二・九』運動。在黨的抗日民族統一戰線的號召下，宋慶齡、何香凝、馬相伯、沈鈞儒、章乃器等一批愛國領袖和進步的知識分子，出面組織救國會，出版救亡報刊，開展廣泛的抗日救亡活動。自『一二・九』運動至『七七事變』止，在一年多的時間內，以『救國會』爲主要形勢的救亡團體廣泛建立。在團結禦侮的鬥爭中，救國會所掀起的要求停止內戰、共同抗日的群眾救亡運動，對逼蔣抗日、推動國共兩黨再次合作、建立抗日民族統一戰線以及實現全面抗戰等，起了重要的歷史作用。」翻閱這些史料，仍然感到被一種強烈的救國熱浪所淹沒。各種各樣的組織、形形色色的宣言、此起彼伏的遊行示威、接二連三的請願、罷工、罷課，告訴我們在當時的上海，救國運動是怎樣如火如荼的展開。根據性別、職業等，成立了上海婦女界救國會、上海文化界救國會、上海各大學教授救國會、上海職業界救國會等多個組織，在這些組織之上，

則有上海各界救國聯合會負統一協調指揮之責。1936 年 5 月 31 日，全國各界救國聯合會也在上海成立。「救國會」運動，雖然表面上是一種民間自發行為，但實際上是中共地下組織在暗中策動、組織和領導的。從上海各界救國會到全國各界救國聯合會，公開的領導人是宋慶齡、馬相伯、沈鈞儒、章乃器、史良、沙千里、李公樸這些人，但實際領導著「救國運動」的則是馮雪峰、鄧潔、王堯山、胡喬木、胡愈之、潘漢年、林楓、錢俊瑞、沙文漢、周揚、徐雪寒等中共黨員。在各個分支救國會裏，起實際作用的，也是中共地下組織，例如，顧準就是職業界救國會的中共領導人之一。徐雪寒回憶說：「在抗日救亡運動中，救國會諸領袖與共產黨員是緊密配合、親密無間的。他們對黨的意圖是積極貫徹執行的，……據我瞭解，潘漢年、馮雪峰有時直接和他們見面。李公樸同艾思奇、柳湜等黨內同志有很密切的關係。……據我所知，1936 年全市性重大的抗日救亡運動中，內部有一個極其秘密的行動指揮部，參加者有胡喬木、徐雪寒、王紀華、沙文漢四人。這個指揮部是錢俊瑞通知我去參加的。指揮部內，著重研究每一次行動的具體部署，開完會就分頭貫徹。」〔註 2〕吳大琨則回憶說：「黨對救國會的領導是不具形式的，在『全救』是通過錢俊瑞貫徹黨的意圖的。據我所知：馮雪峰和沈鈞儒，潘漢年和章乃器有些問題是直接見面的。」〔註 3〕

其時的中共中央，對上海的「救國運動」是十分重視的。親歷者王翰回憶說：「據說劉少奇是『一二・九』運動以後到北方局工作的。一九三六年初，他派人（傳說是黃敬）來上海聯繫工作。劉少奇認為上海便於聯繫華中、華南，上海地方大，便於掩護。他主張把全國各界救國聯合會和全國學聯設在上海，並提出把『停止內戰，一致抗日』的旗幟打出去。後來救國會就是用這個口號發動群眾，在全國影響很大。以後，張申府教授等和北平、天津的學生代表就來上海聯繫了。劉少奇在一次閒談中提到：他在北方局，還管著上海呢。」〔註 4〕「停止內戰，一致抗日」在那時的確是耀眼的旗幟和響亮的口號。

這期間魯迅的心態和行為如何呢？「九一八」之後，對國民黨政府的態

〔註 2〕 徐雪寒：《回憶全國各界救國聯合會片斷情況》，見《「一二・九」以後上海救國會史料選輯》，上海社會科學院出版社 1987 年 12 月版。

〔註 3〕 吳大琨：《黨與救國會》，見《「一二・九」以後上海救國會史料選輯》。

〔註 4〕 王翰：《「一二・九」運動後上海地下黨工作路線的轉變》，見《「一二・九」以後上海救國會史料選輯》。

度，魯迅也是不能理解的，並屢屢予以抨擊。但對民眾的愛國豪情和救國豪舉，魯迅卻並不無條件地認同和讚美。例如，當馬占山在東北對日軍奮起抵抗時，上海青年組織了一個「青年援馬團」，聲稱要趕赴東北援助馬占山。魯迅針對此事寫了《中華民國的新『堂‧吉訶德』們》〔註5〕，其中說：「……中國式的『堂‧吉訶德』的出現，是『青年援馬團』。不是兵，他們偏要上戰場；政府要訴諸國聯，他們偏要自己動手；政府不准去，他們偏要去；中國現在總算有一點鐵路了，他們偏要一步一步的走過去；北方是冷的，他們偏只穿件夾襖；打仗的時候，兵器是頂要緊的，他們偏只重精神。這一切等等，確是十分『堂‧吉訶德』的了。然而究竟是中國的『堂‧吉訶德』，所以他只一個，他們是一團；送他的是嘲笑，送他們的是歡呼；迎他的是詫異，而迎他們的也是歡呼；他駐紮在深山中，他們駐紮在真茹鎮；他在磨坊裏打風磨，他們在常州玩梳篦，又見美女，何幸如之（見十二月《申報》《自由談》）。其苦樂之不同，有如此者，嗚呼！」這就不僅嘲諷了「青年援馬團」，也嘲諷了以「歡呼」送迎他們的民眾。「青年援馬團」曾抬棺遊行，並有人斷指寫血書，魯迅在文章中又說：「不錯，中外古今的小說太多了，裏面有『輿櫬』，有『截指』，有『哭秦庭』，有『對天立誓』。耳濡目染，誠然也不免來抬棺材，砍指頭，哭孫陵，宣誓出發的。然而五四運動時胡適之博士講文學革命的時候，就已經要『不用古典』，現在在行為上，似乎更可以不用了。」魯迅曾一再說中國人慣於「做戲」，在他看來，「青年援馬團」之類的言行，也不過是「做戲」吧。對其時的「愛國學生運動」，魯迅也頗有保留。在 1935 年 12 月 19 日致曹靖華信中，魯迅說：「青年之遭慘遇，我已目睹數次，真是無話可說，那結果，是反使有一些人可以邀功，一面又向外誇稱『民氣』。……高教此後當到處掃地，上海早不成樣子。我們只好混幾天再看。」這幾句話顯然是針對眼前的「一二‧九」而說，其中的意思是頗堪尋味的。寫此信兩天後的 12 月 21 日，《申報》刊出上海學生為聲援北平學生遊行而跪在市府前請願的照片，當天，魯迅在致臺靜農信中說：「北平學生遊行，所遭與前數次無異，聞之慘然，此照例之飾終大典耳。上海學生，則長跪於府前，此真教育之效，可羞甚於隕亡。」認為學生的跪於市府，比亡國還可羞恥，——這話份量是很重的。1933 年初，有人在刊物著文，指責北平的大學生因日軍侵佔榆關而要求提前放假，並且宣稱「即使不能赴難，最低最低的限度也不應逃難」，魯

〔註5〕見《二心集》。

迅馬上寫了《論「赴難」和「逃難」》〔註6〕一文，針鋒相對地主張「倘不能赴難，就應該逃難」，並且說：「我們不可看得大學生太高，也不可責備他們太重，中國是不能專靠大學生的」。「左聯」自行解散後，周揚們為「擴大統一戰線」而成立新的組織，但魯迅寧可被戴上「破壞統一戰線」的帽子也決不加入。1936年2月29日致曹靖華信中，魯迅說：「文人學士之種種會……我不加入任何一種，似有人說我破壞統一，亦隨其便。」1936年4月23日致曹靖華信中，說：「這裏在弄作家協會，先前的友和敵，都站在同一陣圖裏了，內幕如何，不得而知，……我鑒於往日之給我的傷，擬不加入，但此必將又成一大罪狀，聽之而已。」1936年5月23日致曹靖華信中，說：「作家協會已改名為文藝家協會，其中熱心者不多，大抵多數是敷衍，有些卻想藉此自利，或害人。」……這段時間裏，魯迅在與人通信中頻頻對文藝界新的組織冷嘲熱諷。可以說，對於這期間上海急風暴雨般的「救國運動」，魯迅基本上是冷眼旁觀，並且偶爾還要潑點冷水的。

「要把葬禮搞成一個運動」

1936年10月19日晨五時許，魯迅病逝。關於魯迅喪事，有許許多多的介紹。這裏，我們選取馮雪峰、宋慶齡、夏衍和胡子嬰的回憶。

1936年4月，馮雪峰以中共中央的「欽差大臣」身份，從陝北來到上海，領導上海的地下黨工作。一到上海，馮雪峰就與魯迅密切接觸。馮雪峰回憶說，魯迅逝世後30分鐘，他就趕到了，「不久宋（慶齡）先生就到了，當即商量成立了治喪委員會……毛澤東同志的名字也是列在治喪委員會裏面的，此外是宋慶齡、蔡元培、沈鈞儒、茅盾等先生，還有其它幾個人；但毛澤東同志的名字，當時除了一個報紙曾披露過一次以外，其它報紙都不敢披露；後來，我看見別人記錄魯迅先生喪事的文章，也沒有把毛澤東同志的名字列入，這是因為當時上海是在反動國民黨政權統治之下的緣故。第二天，我黨中央的弔唁的電報就到上海了……我是遵奉我黨的指派去參與喪事的處理的，但我只能藏在周建人先生的家裏同沈鈞儒先生以及許廣平先生、周建人先生等商量問題，連出殯我都不可能參加。」〔註7〕

宋慶齡則這樣回憶：「……一天早晨，我忽然接到馮雪峰的電話，在魯

〔註6〕見《南腔北調集》。
〔註7〕馮雪峰：《回憶魯迅·一九三六年》。

迅家我曾見過馮一面。當我這次去魯迅家時，馮同我走進臥房，只見這位偉大的革命家，躺在床上溘然長逝了。他夫人許廣平正在床邊哭泣。」「馮雪峰對我說，他不知怎樣料理這個喪事，並且說如果他出面就必遭到國民黨反動派的殺害。當時我想到一位律師，他就是年邁的沈鈞儒。我立即到沈的律師辦事處，要求他幫助向虹橋公墓買一塊墓地。沈一口答應，並馬上去辦理。」〔註8〕

夏衍其時是中共在文化界的領導者之一，他這樣回憶：「不幸的事終於到來了。兩天之後，我正在吃早飯，章漢夫急匆匆地打電話給我，說魯迅先生在這天清晨去世了，要我立即到周揚家去。……當天晚上，我和漢夫又去找了沙千里，知道喪事已由宋慶齡和沈鈞儒在主持，並說馮雪峰已向黨中央發了電報。治喪委員會的名單也已由雪峰和許廣平商定，還決定停靈在萬國殯儀館，定於十月二十三日出殯（按：實爲22日）。」「在宋慶齡幫助下，商定了魯迅治喪委員會名單，……在商定名單時，馮雪峰提了毛澤東的名字，宋慶齡也表示同意，但當時一般報紙都不敢刊登，只有日文的《上海日日新聞》在這一報導的副題中特地標明毛澤東也是治喪委員會委員。」〔註9〕

胡子嬰是當時上海各界救國聯合會的理事會總幹事和婦女救國會的領導者之一，她回憶說：「一九三六年十月魯迅先生逝世，上海各界聯合會決定爲魯迅先生舉行葬禮。當天，我們婦女救國會正在史良家開會，我接到宋慶齡的電話，告訴我這個噩耗，並說魯迅先生的遺體將送到萬國殯儀館，要把葬禮搞成一個運動。」〔註10〕

綜合這幾人的回憶，可推斷出魯迅喪事的「決策」過程，也可看出其中的疑問：

一、馮雪峰來到魯迅家中，見魯迅已逝世，他來不及悲傷，立刻思量喪事該如何辦的問題。而他立即打電話通知宋慶齡，說明他此刻頭腦是很清醒的，的確具備地下黨高層領導的的素質。他與其說是通知宋慶齡來弔唁，毋寧說是要宋慶齡盡快趕來商量喪事，或者說，是要宋慶齡趕來「接受任務」。馮希望宋慶齡等人出面主持喪事，宋答應了，並「立即」赴沈鈞儒律師辦事處，請沈代購墓地。

〔註8〕 宋慶齡：《追憶魯迅先生》，載《人民日報》1977年10月19日。
〔註9〕 夏衍：《懶尋舊夢錄》，三聯書店1985年7月版，第338～341頁。
〔註10〕 胡子嬰：《回憶「一二・九」到「七・七」上海抗日救亡運動的發展》，見《「一二・九」以後上海救國會史料選輯》。

　　二、在宋慶齡離開魯迅寓所去託沈購買墓地時，馮雪峰也應該離開了魯迅寓所，去向其時在陝北保安的中共中央發電報，報告魯迅逝世並請示如何應對，而中共中央也立即回電，對喪事做了指示。這裏的疑問是，治喪委員會名單的商定是在中共中央的指示到來之前還是在此之後。宋慶齡並未談及商定名單事，只說在馮雪峰希望由她出面主持喪事後，她「立即」去找沈鈞儒，似乎名單的商定是稍後的事。而馮雪峰則回憶說在宋慶齡聞訊趕來後，「當即」商定了治喪委員會名單。如果名單商定是在中共中央指示到來之前，那就意味著馮雪峰提議毛澤東列名治喪委員會是自作主張；如果是在指示到來之後，那馮雪峰很可能就只是奉命行事。不過，不管是馮雪峰自作主張還是奉命行事，提議將毛澤東列名魯迅治喪委員會，都是十分高明的一步棋。中共在國民黨統治區發動各種各樣的「救國運動」，意在「逼蔣抗日」。而「逼蔣抗日」的真正目的是「逼蔣聯（容）共」，是迫使蔣介石停止對共產黨的圍剿，並承認共產黨及其武裝存在的合法性。儘管面臨很大的壓力，蔣介石在此時仍然不肯讓步，仍然視共產黨及其武裝為「匪」並視毛澤東為「匪首」，仍然想著要「滅此朝食」。此時讓毛澤東以魯迅治喪委員的名義出現在各種報紙上，就會給國民黨出一個大大的難題。如果不予理睬，就等於承認毛澤東和共產黨存在的合法化。但魯迅喪事，就其本義來說，與政治無關，「治喪」本身也不是一種政治行為，即便毛澤東在國民黨眼裏是「匪首」，他也有哀悼魯迅和為魯迅治喪的權利，國民黨如果對刊有毛澤東名字的報紙嚴加追究，又有些師出無名，並且很失人心。令馮雪峰們遺憾的是，各種報紙都感到了茲事體大，以致於此招未能成功。從此事也可看出，在魯迅喪事上，馮雪峰們是很善於算政治賬的。

　　三、宋慶齡要求各分支救國會「把葬禮搞成一個運動」，這應該不是她的「創意」，而是來自馮雪峰的要求或請求；而馮雪峰則應該是按照中共中央的指令去要求或請求宋慶齡、沈鈞儒等救國會頭面人物的。馮雪峰說自己「是遵奉我黨的指派去參與喪事的處理的」。「我黨」既「指派」馮雪峰參與處理喪事，那也一定對喪事應如何辦以及要達到什麼樣的政治目的，有明確要求，而「要把葬禮搞成一個運動」，應該就是中共中央的指示精神。魯迅喪事雖是在國民黨統治區的十里洋場上舉辦，但某種意義上，卻是遠在陝北保安的中共中央在遙控。

「四一二以來規模最大的遊行示威」

對於中國共產黨，魯迅的逝世是一個表達和宣傳自己的機會。保安方面以中國共產黨中央委員會和蘇維埃中央政府的名義發出了三份電報。一份由「上海文化界救國會轉許廣平女士」，這應該是向作爲魯迅親屬的許廣平致唁，但標題卻是《爲追悼魯迅先生告全國同胞和全世界人士書》。一份是直接面對「全國同胞和全世界人士」的《爲追悼魯迅先生告全國同胞和全世界人士書》，一份則是《爲追悼與紀念魯迅先生致中國國民黨中央委員會與南京國民黨南京政府電》。在後兩份電報中，保安方面一方面宣告和承諾了「爲追悼和紀念魯迅」，自己這一面要做的事，另一方面，則對國民黨提出了要求。

保安方面這樣宣告和承諾：「中國共產黨中央委員會、蘇維埃人民共和國中央政府爲了永遠紀念魯迅先生起見，決定在全蘇區內：（一）下半旗致哀，並在各地方和紅軍部隊中舉行追悼大會；（二）設立魯迅文學獎金基金十萬元；（三）改蘇維埃中央圖書館爲魯迅圖書館；（四）蘇維埃中央政府所在地建立魯迅紀念碑；（五）收集魯迅遺著，翻印魯迅著作；（六）募集魯迅號飛機基金。」

保安方面對南京方面則有這樣的「話語」：「貴黨與貴政府爲中國最大部分領土的統治者，敝黨敝政府敬向貴黨貴政府要求：（一）魯迅先生遺體舉行國葬並付國史館立傳；（二）改浙江省紹興縣爲魯迅縣；（三）改北京大學爲魯迅大學；（四）設立魯迅文學資金獎勵革命文學；（五）設立魯迅研究院，搜集魯迅遺著，出版魯迅全集；（六）在上海北平南京廣州杭州建立魯迅銅像；（七）魯迅家屬與先烈家屬同樣待遇；（八）廢止魯迅先生生前貴黨貴政府所頒佈的一切禁止言論出版自由之法令，……敝黨敝政府的要求，想必能獲貴黨貴政府的同意，特此電達。」〔註11〕

電報當然不過是一紙空文，紹興仍然叫紹興，北大也並未成爲魯大。對此，曹聚仁有如此評說：「關於紀念魯迅的事，我們可以看到許多極有趣的畫面。當時，有人建議國民政府把紹興改爲魯迅縣，國民黨的政權，本來十分顧預的，也許是可能的，終於不可能，否則對於魯迅自己也是一個諷刺。爲了魯迅縣的擱淺，連改績溪爲胡適縣，也作罷論。留下來的倒是那位官方發言人王平陵，在他的溧陽縣，首先有了平陵路了。這也是一種諷刺。爲了紀念魯迅，中共就

〔註11〕關於保安方面電報內容，見《魯迅年譜》（增訂本）第四冊，人民文學出版社
2000 年 9 月版。

在延安來了紀念，設立了魯迅藝術學院。在那兒，訓練了抗戰時期的革命青年。中共是懂得政治宣傳的。中共的首腦中，值得紀念的，非無其人，而獨紀念了魯迅，這是他們的聰明手法，顯得蔣介石政權的愚蠢。」〔註12〕

電報雖然是一紙空文，但「把葬禮搞成一個運動」則切切實實在進行著。「救國會」內的各級中共地下黨組織都行動起來了：「當時，（救國會）幹事會還決定做四項工作：第一，組織發動群眾到萬國殯儀館去弔唁。第二，發動各界救國會和群眾送輓聯、花圈。第三，發動群眾送葬……」〔註13〕

「通過『文委』所屬各聯和有關人民團體，連夜組織了一支以『文委』所屬各聯為主的送殯隊伍。包括了學生、店員、女工、家庭婦女，這支隊伍粗粗估計大約會有五、六千人。他們隨著靈車行進，各行各業，每一集團，都安排一個有經驗的『隊長』，以便前後呼應，傳遞消息。群眾沿途高呼口號，在口號中還加入了不少愛國救亡口號。這是一次四一二以來規模最大的遊行示威，它的意義已經超過了追悼一位偉大的作家，而成了一次要求國民黨停止內戰、團結抗日的示威」；「由於事前考慮得比較周到，所以魯迅出殯在幾百萬上海人中成了一次政治性的大示威」。〔註14〕

「十月二十二日的下午二時，他的遺體，送到萬國公墓去埋掉了！從一點鐘起，萬國殯儀館門前，已擠滿了黑壓壓的人群，青年男女學生、工人、作家，都四人一排地列成鋼鐵般的隊伍。……送葬的行列，終於在二點啓程了！隊伍最前面的是一幅『魯迅先生殯儀』的白布橫額，跟著便是輓聯隊，花圈隊，軍樂隊，輓歌隊，巨幅遺像，靈車，家屬，執紼者，徒步送殯者，最後送殯的汽車。這隊伍足足拖長有兩里多，由作家田（蕭）軍任總指揮，巴金等分任糾察，所以沿途秩序很整肅，有一種無比的壯烈的力量，感召著路上的行人和居民！路線是膠州路、愛文義路、靜安寺路、大西路、中山路，折入虹橋路。一路上，大家循著軍樂隊的聲音，唱著悲壯的輓歌。……大隊到達萬國公墓時，已經五點，太陽也西墮了。喪儀，便在禮廳的石階前舉行。」〔註15〕

「為了悼念這位偉大的先驅，經過顧準在內的救國會黨內外領導人一致

〔註12〕 曹聚仁：《魯迅評傳》，東方出版中心1999年版第148頁。

〔註13〕 胡子嬰：《回憶「一二‧九」到「七‧七」上海抗日救亡運動的發展》，見《「一二‧九」以後上海救國會史料選輯》。

〔註14〕 夏衍：《懶尋舊夢錄》，三聯書店1985年7月版第338～341頁。

〔註15〕 靜芬：《從萬國殯儀館到萬國公墓》，見《「一二‧九」以後上海救國會史料選輯》。

策劃，精心組織，10 月 22 日下午，上海數萬名愛國青年和各界人士，聚集在膠州路萬國殯儀館門口，手挽手排成長龍一般的隊伍，高喊進步口號，高唱抗日歌曲，爲魯迅送葬。」〔註16〕

「打回老家去」

　　魯迅本非政治人物。在上海期間，甚至連「社會公職」也沒有。他的死，應該說與「政治」沒什麼必然聯繫。他也並非死於抗日戰場，甚至對正熱火朝天的「救國會運動」也作壁上觀，把魯迅的遺體變成「逼蔣抗日」的道具，也實在有些牽強。一般人的喪事，也就只是親友的事。魯迅的喪事之所以成爲一個社會性的事件，因爲他是大文學家。在爲他治喪時，人們應該緬懷和稱頌他的文學成就。然而，在爲魯迅送葬時，「文學」已經不在場，人們高呼的是這樣的口號：「紀念魯迅先生，要打倒日本帝國主義！」；「紀念魯迅先生，打倒出賣民族利益的漢奸！」；「紀念魯迅先生，努力爲民族解放鬥爭！」；「中華民族解放萬歲！」〔註17〕──倘若眞有外星人，一定會以爲靈柩裏躺著的是一位陣亡將士。從那些親歷者的回憶看，這萬人的送葬隊伍，一方面是咆哮著的、怒吼著的，一方面卻是秩序井然的，這也充分顯示了中國共產黨人組織群眾的卓越能力。

　　「救國會」特意爲魯迅出殯製作了輓歌。輓歌借用《打回老家去》的曲譜。《打回老家去》是其時流行的「救亡歌曲」之一，由任光作詞譜曲。這裏的「老家」自然指其時已淪亡的東北。魯迅輓歌填上了這樣的新詞：「你的筆尖是槍尖，刺透了舊中國的臉。你的發音是晨鐘，喚醒了奴隸們的迷夢。在民族解放的戰鬥裏，你從不曾退卻，擎著光芒的大旗，走在新中國的前頭，啊，導師，啊，同志，你死了，在艱苦的戰地，你沒有死去，你活在我們的心裏！你沒有死去，你活在我們的心裏！你安息吧！啊，同志，我們踏著你的路前進，那一天就在到來，我們站在你的墓前，報告你，我們完成了你的志願。願你安息，安息，願你安息，安息在土地裏。願你安息，願你安息，願你安息，安息在土地裏。」〔註18〕喪儀出發前，進行了簡短的培訓：「萬國

〔註16〕高建國：《顧準全傳》，上海文藝出版社 2000 年 1 月版第 100～101 頁。
〔註17〕靜芬：《從萬國殯儀館到萬國公墓》，見《「一二‧九」以後上海救國會史料選輯》。
〔註18〕靜芬：《從萬國殯儀館到萬國公墓》，見《「一二‧九」以後上海救國會史料選輯》。

殯儀館前，早已給群眾擠滿了，雖然擠到幾乎喘不過氣來；但是群眾很耐心的站立著，跟著歌詠指揮學習唱哀悼歌。」〔註19〕近萬人的由各色人等臨時組成的送葬隊伍，竟能在出發前分批輪訓、學唱輓歌，這組織的嚴密真令人驚歎。不過，這又有些多餘，因為在送葬時，唱著唱著，人們又唱回《打回老家去》的原詞上去了。「本來是《打回老家去》的譜子的「輓歌」，有人唱錯了『打回老家啊！……』」於是，「大家忽然瘋狂地跟著歌：『打回老家去啊！……』」〔註20〕「一路上老是唱著哀悼魯迅的歌，終於不耐煩了，於是《打回老家去》、《義勇軍進行曲》都從群眾的口裏發出來了。」〔註21〕唱「哀悼魯迅的歌」而「終於不耐煩」，可見來送葬本意並非為「哀悼魯迅」，而是為「遊行示威」，為「逼蔣抗日」。而唱回去了的歌詞便變成：「打回老家去！打回老家去！他殺死我們同胞！他強佔我們土地！東北同胞快起來！華北同胞快起來！我們不願做亡國奴隸！……」

　　國民黨政府的確是有些愚蠢而虛弱的，在上海以外的地方，禁止悼念魯迅的活動，但越是禁止，越是讓這種活動高度政治化和神聖化。實際上，在許多地方，都在中共地下黨人的策劃下，舉辦了規模不等的追悼活動。就是在首都南京，也舉行過追悼會，而幕後指揮者，是後來「潘（漢年）楊（帆）案」中的楊帆。據沈踐《一次不尋常的魯迅追悼會》回憶，追悼會在南京鼓樓附近薛家巷 8 號國立戲劇學校的禮堂舉行。該劇校是由其時任國民黨中央執行委員、交通部次長的張道藩向國民黨中央建議創辦的，張並親任劇校訓導委員會主任委員。楊帆其時的公開身份是劇校訓導委員會秘書。在準備追悼會時，「為了防止張道藩的阻撓破壞，各項籌備工作都悄悄地進行，分工由一屆同學準備悼詞與演講，學過美術的淩頌強（即當今著名電影導演淩子風）負責繪製魯迅像；二屆同學在當過音樂老師的沈風指導下練唱輓歌。準備工作就緒以後，一聲鈴響，大家都集合到禮堂開會，除本校同學和部分教師外，還有聞訊而來的校外人士，共約一百人。當時學校規模不大，在校師生總共只有一百三十人左右，禮堂也很小，只能容納七八十人。許多人只能站在室外天井裏參加追悼會。」「特別值得提起的是，這次魯迅追悼會的積極支持者

〔註19〕 魏護：《十月的殯儀》，見《魯迅先生紀念集》，上海書店 1979 年 12 月根據魯迅先生紀念委員會 1937 年初版複印。

〔註20〕 白塵：《戰士的葬儀》，見《魯迅先生紀念集》。

〔註21〕 衡：《出殯的行列》，見《魯迅先生紀念集》。

是學校訓導委員會的秘書石蘊華，即解放初期上海市公安局局長，『潘楊事件』的當事（人）之一楊帆同志。他當時表面上是張道藩的『助手』，張不到校時，他負責『訓導』工作，實際上是在黨的領導下從事革命活動。在校外，他是南京文化界救國會的負責人之一，在校內與曹禺等進步教師保持密切聯繫，與學生打成一片，幫助他們組織讀書會，學習革命理論、討論時事，而且利用合法身份多方保護進步同學。……在籌備魯迅追悼會的過程中，石蘊華不僅主動與同學們一道研究分工，出主意，還參加布置會場，大會費用原定由參加者自願認捐，後來也由這位訓導委員會秘書簽字在學校報銷了。」「當時正值抗日戰爭前夜，劇校同學在悼詞與演講中不僅深深表達他們對魯迅先生的敬愛與哀悼之情，而且誓言要繼承魯迅的事業，投身到抗日救亡的洪流中去為民族解放而奮鬥。後來他們確實都實踐了自己的誓言，不少人奔赴延安參加革命隊伍，如第二屆學生王大化在魯迅藝術學院戲劇部工作，參與創作並演出秧歌劇《兄妹開荒》，得到毛澤東、周恩來的讚許，後來他不幸在東北犧牲。前文提到的凌頌強畢業以後經武漢去了延安……」〔註22〕

　　毛澤東曾說，長征是「宣傳隊」和「播種機」，魯迅喪事和各地悼念活動，某種意義上也可作如是觀。

2004 年春

〔註22〕沈踐：《一次不尋常的魯迅追悼會》，見《上海魯迅研究》第七輯。

兩個瞿秋白與一部《子夜》
——從一個角度看文學與政治的歧途

一

　　《子夜》至今仍被視作是茅盾最具代表性的作品。而《子夜》某種意義上是茅盾和瞿秋白共同創作的，這一點也是中國現代文學史的常識。《子夜》出版後，瞿秋白曾撰文大加推崇，評價甚高。然而，瞿秋白眞是發自內心地喜歡《子夜》嗎？

　　瞿秋白與茅盾可謂是多年知交。二人 1923 年相識於上海大學。其時，從蘇聯回國不久的瞿秋白除了黨內工作外，還在上海大學任社會學系任主任，而沈雁冰（「茅盾」筆名要到 1927 年開始寫小說才用）則在上海大學中國文學系兼課，講授「小說研究」。瞿、沈二人當時是「黨內同志」，主要擔任的都是黨內的任務，上海大學的教務不過是一種副業。不但在黨內活動中二人經常碰面，在居處上，兩家也成了鄰居。沈雁冰夫人孔德沚還由瞿秋白夫人楊之華介紹加入中共。1927 年 3 月，瞿秋白爲籌備中共「五大」而離開上海到了武漢。同時，沈雁冰也被中共中央派往武漢工作，並且在瞿秋白的直接領導之下。瞿、沈二人雖都以共產黨員的身份從事著政治活動，但二人的政治熱情是並不相同的。這時期的瞿秋白，處於政治生涯的上陞時期，熱情高、幹勁足，抱重病而日以繼夜地忙碌。沈雁冰則態度有所不同。鄭超麟在《回憶沈雁冰》一文中寫道：「當時，我們做黨內工作的人對於沈雁冰的評價，認爲他不是一個積極的黨員，但如果黨組織派給他什麼任務，他會毫不遲疑地

完成的。」〔註1〕1927年7月，汪精衛在武漢「分共」，國共全面決裂。共產黨人在武漢亦遭捕殺。沈雁冰潛回上海，開始寫《蝕》三部曲（《幻滅》、《動搖》、《追求》），也開始脫離共產黨組織。1928年7月，寫完了《追求》的茅盾（其時，沈雁冰已開始以「茅盾」筆名名世），去了日本。

1928年5月，瞿秋白到了莫斯科，籌備中共「六大」。會後，作為中共駐共產國際代表團團長而留在蘇聯。1930年8月，瞿秋白回國。在此前不久的1930年4月，茅盾也從日本回到了上海。於是二人恢復了聯繫。在1931年1月初召開的中共六屆四中全會上，米夫煽動王明、博古等所謂「二十八個布爾什維克」造反奪權，全面掌控中共，瞿秋白則被踢下政治舞臺，隱居在上海，像一塊閒置的抹布。在政治上被那批「紅衛兵小將」踢出局了的瞿秋白，便想到文學界來尋求安慰和支撐。瞿秋白與茅盾恢復聯繫後不久，茅盾開始構思和寫作《子夜》。在寫作《子夜》的過程中，茅盾與瞿秋白在寫什麼和怎樣寫的問題上，有過細緻的討論，瞿秋白懷著強烈的興趣，提了許多建議。1933年2月，《子夜》出版，瞿秋白在4月3日的《申報‧自由談》上以樂雯筆名發表《〈子夜〉與國貨年》，又在8月13、14日的《中華日報‧小貢獻》上，以施蒂爾的筆名發表《讀〈子夜〉》，兩文都對《子夜》做了熱烈的稱頌。

1935年2月，瞿秋白在福建長汀被捕，被囚於36師師部。6月18日被殺。知道自己生命已走到盡頭的瞿秋白，在獄中寫下了一生中最真實也最重要的文字《多餘的話》。這篇兩萬多字的《多餘的話》，是這樣結束的：

> 最後……
>
> 俄國高爾基的《四十年》、《克里摩‧薩摩京的生活》，屠格涅夫的《魯定》、托爾斯泰的《安娜‧卡里寧娜》，中國魯迅的《阿Q正傳》，茅盾的《動搖》，曹雪芹的《紅樓夢》，都很可以再讀一讀。
>
> 中國的豆腐也是很好吃的東西，世界第一。
>
> 永別了！

瞿秋白喜愛文學，也有很高的文學鑒賞力。在這番臨死前「徹底暴露內心的真相」的「多餘的話」中，瞿秋白也不忘談到自己留戀的文學作品。所舉出的七部作品中，四部是俄國的，這且不論。而其餘三部中國作品中，居然有一部是茅盾的《動搖》。留戀《阿Q正傳》，留戀《紅樓夢》，都很好理解。

〔註1〕見《鄭超麟回憶錄》，東方出版社2004年3月版下冊。

但留戀茅盾的《動搖》，就很耐人尋味了。如果茅盾的作品根本沒有「入選」，誰也不會覺得奇怪。作爲一個頗富有文學修養的人，臨死前仍留戀的數部作品中，本就不應有茅盾的位置。退一步說，對於瞿秋白來說，臨死前如果還留戀茅盾的某部作品，那也應該是《子夜》。《子夜》中有瞿秋白的理念和心血。《子夜》問世後，瞿秋白也熱情地肯定。至於《動搖》，應該是當初作爲政治家的瞿秋白所鄙棄的。但瞿秋白臨死前所留戀的茅盾作品，居然不是《子夜》而是《動搖》，這原因何在呢？

二

從 1931 年春夏間開始，到 1934 年 1 月初離滬赴江西「蘇區」，這三年半的時間裏，瞿秋白積極介入了「左聯」的工作，成爲「左聯」的領導人之一。而「指導」《子夜》的寫作，則是瞿秋白介入「左聯「的開始。

王觀泉在《一個人和一個時代——瞿秋白傳》中，根據相關資料和當時的實際情況，做出了兩個「假設」。一是 1930 年 9 月中共「三中全會」後至翌年 1 月的「四中全會」前，瞿秋白曾向茅盾談及「立三路線」，這形成了《子夜》寫作提綱中的相關內容。二是瞿秋白讀了《子夜》第四章初稿後，對茅盾談到了「立三路線」對城市工作的危害，並談到了基層組織對「立三路線」的抵制，這自然也影響了茅盾對相關問題的敘述。據此，王觀泉做出這樣的判斷：「這就證明了未來的《子夜》在共產黨和國民黨鬥爭，上海工人運動，共產黨內部路線問題，『左傾』冒險主義的決策與執行之間的矛盾和抵制，『小熱昏』碰上了『冰桶』，等等所有這些構成《子夜》宏大氣勢的政治情節的原則，是瞿秋白向茅盾提供的。」〔註 2〕這就意味著，在「立意」方面，瞿秋白就對《子夜》有深度影響。不妨說，在一定程度上，瞿秋白假茅盾之手，以文學的方式，表達了其時自己的政治理念和經濟觀點，表達了其時自己對中國社會的看法。

茅盾在多處地方談及了瞿秋白對《子夜》寫作的「指導」，其中以回憶錄《我走過的道路》中《〈子夜〉寫作的前前後後》一章所述最詳。茅盾主要回憶了瞿秋白對《子夜》情節和細節方面的「指導」。「秋白在我家住了一兩個星期，那時天天談《子夜》。秋白建議我改變吳蓀甫、趙伯韜兩大集團最後握

〔註 2〕 王觀泉：《一個人和一個時代——瞿秋白傳》，天津人民出版社 1991 年 3 月第一版第 518～519 頁。

手言和的結尾，改爲一勝一敗。這樣更能強烈地突出工業資本家鬥不過金融買辦資本家，中國民族資產階級是沒有出路的。」這是瞿秋白以改變情節的方式體現自己的理念。「秋白看原稿極細心。我的原稿上寫吳蓀甫坐的轎車是福特牌，因爲上海那時通行福特。秋白認爲像吳蓀甫那樣的大資本家應當坐更高級的轎車，他建議改爲雪鐵龍。又說資本家憤怒絕頂而又絕望就要破壞什麼乃至獸性大發。以上各點，我都照改了。」這說的是細節方面。《子夜》一開頭，就有三輛「雪鐵籠汽車像閃電一般駛過了外白渡橋」，原來是瞿秋白讓這「雪鐵籠」出現的。《子夜》第 14 章，寫慘敗後的吳蓀甫，在書房裏如暴躁的困獸。「他瘋狂地在書房裏繞著圈子，眼睛全紅了，咬著牙齒；他只想找什麼人來泄一下氣！他想破壞什麼東西！他在工廠方面，在益中公司方面，所碰到的一切不如意，這時候全化爲一個單純的野蠻的衝動，想破壞什麼東西！」恰在此時，傭人王媽捧著燕窩粥進來，吳蓀甫便把王媽姦污了。讀過《子夜》的人，恐怕都會對這個細節有深刻的印象。原來，最初的「創意」來自瞿秋白。但瞿秋白只說吳蓀甫應該「破壞什麼乃至獸性大發」。急中生「欲」地強暴女傭，卻是茅盾的想像。——茅盾也眞能想。

　　瞿秋白的意見，卻也並非都爲茅盾所接受。在《回憶秋白烈士》一文中，茅盾說：「秋白見了我們很高興，問我在寫什麼，我說正在寫《子夜》，他很有興趣地問了故事的大概情節。……過了幾天，我帶了寫好的幾章去，從下午一時，他邊看邊談，直到六時。談得最多的是關於農民暴動的一章，寫工人的部分也談了不少。因爲《子夜》中寫工人罷工有盲動主義的傾向，寫農民暴動沒有提到土地革命，秋白告訴我，黨的政策哪些是成功的，哪些是失敗的，建議我據以修改《子夜》中寫農民暴動和工人罷工的部分。（關於農民暴動，由於我當時連間接的材料都沒有，所以沒有按秋白的意見修改，而只是保留了游離於全書之外的第四章。）……」〔註3〕晚年茅盾說到當初未按瞿秋白意見修改寫農民暴動的一章時，把原因歸結爲「連間接的材料都沒有」。而晚年鄭超麟在《回憶沈雁冰》中，則提供了另外的解釋：茅盾從根本上反對中共在農村所發動的農民暴動。鄭超麟說，1927 年，沈雁冰從武漢回到上海後，他登門探望：「我們談了許多話。我忘記了談話的內容，但有一點是不曾忘記的，即是他明白向我表示反對當時黨在鄉村所實行的武裝鬥爭路

〔註3〕茅盾：《回憶秋白烈士》，見《茅盾全集》第 13 卷，人民文學出版社 1986 年
　　　　版。

線。……那天他還引了太平天國時期的一件故事。似乎在安徽某地太平天國
進行了土地革命一類的事情，即沒收地主土地分給農民，到了太平天國失敗
以後恰好是這個地方的農民特別反對太平天國的。」這樣說來，茅盾之所以
未按瞿秋白意見去寫農民暴動，並不是因爲對農民暴動「連間接的材料都沒
有」，至少這不是全部的原因。並不贊成瞿秋白們曾經熱衷的農民暴動，並不
以中共在農村進行的「土地革命」爲然，是茅盾不能按瞿秋白意見寫農民暴
動的原因，至少是原因之一部分。當然，後來茅盾在回憶當年時，不可能把
這方面的原因說出來。

　　《子夜》出版後，瞿秋白在《〈子夜〉與國貨年》中做了這樣的評說：「這
是中國第一部寫實主義的成功的長篇小說，帶有明顯的左拉的影響……自
然，它還有許多缺點，甚至於錯誤，然而應用眞正的社會科學，在文藝上表
現中國的社會關係和階級關係，在《子夜》不能夠不說是很大的成績。茅盾
不是左拉，他至少已經沒有左拉那種蒲魯東主義的蠢話。」因爲茅盾在貫徹
瞿秋白意圖時，還有著保留，所以在瞿秋白看來，小說「還有許多缺點，甚
至於錯誤」。但茅盾畢竟基本上貫徹了瞿秋白的意圖，所以瞿秋白仍然對小說
做了很高的評價。在《讀〈子夜〉》中，瞿秋白則說：「在中國，從文學革命
後，就沒有產生過表現社會的長篇小說，《子夜》可算第一部；它不但描寫著
資本家、買辦階級、投機分子、土豪、工人、共產黨、帝國主義、軍閥混戰
等等，它更看出許多問題，主要的如工業發展問題、工人鬥爭問題，它都很
細心的描寫與解決。從『文學是時代的反映』上來看，《子夜》的確是中國文
壇上新的收穫，這可說是值得誇耀的一件事。」

三

　　《子夜》雖並不令瞿秋白完全滿意，但畢竟也算是瞿秋白的「心血之作」。
當瞿秋白熱情地「指導」《子夜》的創作和熱情地歡呼《子夜》的出版時，是
應該對《動搖》這樣的作品不屑一顧甚至予以否定的，因爲《幻滅》、《動搖》
這類作品，表達的是「革命青年」的「幻滅」和「動搖」、失望和彷徨。在《回
憶沈雁冰》中，鄭超麟說，曾看到瞿秋白在刊物上發表文章，「借用『幻滅』、
『動搖』、『追求』的字眼諷刺沈雁冰」。但瞿秋白臨死前所留戀的茅盾作品，
卻並不是也凝聚著自己心血的《子夜》而是自己原本並不首肯的《動搖》。其
中原因，就在於讚美《子夜》的瞿秋白和留戀《動搖》的瞿秋白，並不是同

一個瞿秋白。讚美《子夜》的瞿秋白,是作爲政治家的瞿秋白,或者說,是作爲馬克思主義理論家的瞿秋白;而留戀《動搖》的瞿秋白則是作爲文學家的瞿秋白,或者說是作爲一個普通的文學讀者的瞿秋白。

雖然瞿秋白介入《子夜》的創作時,已經被王明們轟下了實際的政治舞臺,但他作爲政治家的角色意識並未消失,至少,馬克思主義理論家的角色意識是十分強烈的。瞿秋白是以「指導」《子夜》的寫作爲起點介入「左聯」的活動的。而瞿秋白完全是以一個政治家和馬克思主義理論家的身份「指導」茅盾寫《子夜》的。按照他所理解的馬克思主義理論,當時的中國社會是一種什麼性質的社會,中共那幾年在城市和農村施行的策略和實際的做法,哪些是正確而成功的、哪些又是錯誤而失敗的,是他據以「指導」茅盾寫作的基本原則。當瞿秋白稱頌《子夜》的「寫實主義」時,我們要知道,茅盾所寫的,只是瞿秋白所認爲的應然之「實」,而決非其時中國城鄉實然之「實」。《子夜》中的第三次罷工,茅盾原打算寫成由趙伯韜挑動起來,而瞿秋白認爲這「不合理」,把工人階級的覺悟寫低了。〔註4〕現實中是否會有趙伯韜這樣的資本家出於某種目的挑動工人罷工,現實中的工人的覺悟到底如何,這並不重要。重要的是小說必須把工人階級的覺悟寫得很高,必須讓所有的罷工都由工人方面主動。瞿秋白的所謂「不合理」,並非指不合現實之「理」,而指不合他的理論之「理」。小說第14章吳蓀甫姦污王媽的細節,本身無可厚非。但瞿秋白的理論卻大有問題。瞿秋白的理論是:「資本家」在憤怒絕望之極時,會「獸性大發」、會想要「破壞什麼」。但這實在是人性的一種普遍表現。坐「雪鐵龍」的資本家會這樣,拉黃包車的工人也會這樣;錦衣玉食的地主會這樣,飢寒交迫的貧農也會這樣。在「階級性」與「普遍人性」之關係的認識上極其偏至,是瞿秋白這類政治家和理論家的一大特徵。《子夜》出版後,瞿秋白也完全是以一個政治家和馬克思主義理論家的身份對之進行評說的。瞿秋白著眼的是小說在政治上的正確與否,是小說對所謂的「社會科學」圖解得如何。──這不是以文學的心靈在感知小說,而是以政治的鐵尺在度量小說。

從「指導」茅盾寫《子夜》開始,瞿秋白深度介入了「左聯」的活動,成爲「左聯」某種意義上的指導者和領導者。而瞿秋白也完全是以一個政治家和馬克思主義理論家的身份指導和領導「左聯」的文藝活動的。瞿秋白熱愛文學,這不錯,但他從未以文學爲職業,文學家的角色意識從未建構起來

〔註4〕 見茅盾《我走過的道路·〈子夜〉寫作的前前後後》。

過。因此，當他指導和領導「左聯」時，也只有政治家和馬克思主義理論家的角色意識在起作用。指導和領導「左聯」，與此前指導和領導城鄉暴動，並無實質性區別，都是爲中共的政治服務。瞿秋白固然有著不俗的文學修養和審美能力，但在政治目標和政治信念面前，文學修養和審美能力不過是巨石壓著的小草。小草雖然不至於被巨石壓得徹底死去，但也只能在巨石底下蠟黃地蜷縮著，苟延殘喘。在指導和領導「左聯」時，瞿秋白大力倡導所謂的「唯物辯證法的創作方法」。而所謂「唯物辯證法的創作方法」，認爲作家的「世界觀」對其創作起著直接的決定作用，「社會科學」完全取代著藝術思維、藝術想像和藝術方式，通過人物刻畫、場景描繪、故事敘述而體現「唯物辯證法」，被認爲是文學創作的基本目的，對政治理念和所謂的「社會科學」的圖解，就成了天經地義。「唯物辯證法的創作方法」是被「國際革命作家聯盟代表大會」所確認的。在這塊巨石面前，瞿秋白本來具有的詩人氣質、藝術秉賦、文學感覺，全都被壓得不能動彈，僵死過去。「唯物辯證法的創作方法」在 1930 年 11 月被確認，不久就有正開始寫《子夜》的茅盾找上門來，這使瞿秋白得以有機會牛刀初試。

　　介入「左聯」後，瞿秋白曾大力提倡所謂的「文學大眾化」並親自操刀實踐，以方言寫了多首所謂的「大眾歌謠」。「九・一八」後，瞿秋白以上海話和北方話兩種方言寫了「亂來腔」《東洋人出兵》〔註5〕。這是「上海話」的第一段：「說起出兵滿州格東洋人，／先要問問爲仔啥事情。／只爲一班有錢格中國人，／生成狗肺搭狼心，／日日夜夜吃窮人，／吃得來頭昏眼暗發熱昏。／有仔刀，殺工人，／有仔槍，打農民，／等到日本出兵占勒東三省，／烏龜頭末就縮縮進，／總司令末叫退兵，／國民黨末叫鎮靜，／不過難爲仔我伲小百姓，／眞叫做，拿伲四萬萬人做人情。」這是「北方話」的第一段：「說起出兵滿州的東洋人，／先要問一問原因才成。／只因爲一班有錢的中國人，／狼心狗肺是生成，／天天晚晚吃窮人，／吃得個頭昏眼花發熱昏。／有了刀，殺工人，／有了槍，打農民，／等到日本出兵佔了東三省，／烏龜頭就縮縮進，／總司令在叫退兵，／國民黨在叫鎮靜，／可是難爲了咱們小百姓，／眞是把我們四萬萬人送人情。」那時候的瞿秋白，認爲這才是「革命文學」的正宗，這才是「革命文學」的方向。——也正是這樣的一個瞿秋白，在熱情肯定《子夜》。

〔註5〕見《瞿秋白文集》文學編第二卷，人民文學出版社 1985 年版。

四

1935 年 2 月，瞿秋白被捕。在獄中，瞿秋白寫了六首舊體詩詞。這是《浣溪沙》：「廿載浮沉萬事空，／年華似水水流東，／枉拋心力作英雄。／湖海棲遲芳草夢，／江城辜負落花風，黃昏已近夕陽紅。」這是七律《夢回》：「山城細雨作春寒，／料峭孤衾舊夢殘。／何事萬緣俱寂後，／偏留綺思繞雲山。」6 月 18 日晨 8 時許，瞿秋白正寫集句詩《偶成》，36 師參謀長走進囚室出示槍決令。寫完這首《偶成》，瞿秋白擲筆走向刑場。這首絕筆詩寫道：「夕陽明滅亂山中，／落葉寒泉聽不窮。／已忍伶俜十年事，／心持半偈萬緣空。」把這些獄中詩詞與寫於上海的《東洋人出兵》一類「大眾歌謠」相比較，很難相信是出自同一人之手。二者也確實不是出自同一人之手：在上海灘上寫《東洋人出兵》一類「大眾歌謠」的，是作為政治家和馬克思主義理論家的瞿秋白，在長汀獄中寫那些舊體詩詞的，是作為詩人的瞿秋白，是作為文學家的瞿秋白，是作為一個文弱書生的瞿秋白。

從 5 月 17 日至 22 日，瞿秋白寫了《多餘的話》。寫《多餘的話》時，瞿秋白作為政治家和馬克思主義理論家的角色意識蕩然無存。實際上，瞿秋白寫《多餘的話》的基本目的，就是要清算自己的政治生涯和理論生涯，就是要清除自己作為政治家和馬克思主義理論家的角色意識。這是臨死前重新建構自我意識，臨死前重新塑造自身形象。《多餘的話》一開頭就說明寫作此文的目的是：「但願以後的青年不要學我的樣，不要以為我以前寫的東西是代表什麼什麼主義的。」緊接著，瞿秋白便以「歷史的誤會」為題，簡短地回顧了自己的政治生涯。「我自己忖度著，像我這樣性格、才能、學識，當中國共產黨的領袖確實是『歷史的誤會』。我本是一個『半弔子』的文人而已。直到最後還是『文人結習未除』的。」——「文人」，這是瞿秋白臨死前重新確立的「自我認同」。而到最後還「文人結習未除」，也是實話。正因為還有著這未被「革命」徹底榨乾的「文人結習」，瞿秋白還能在臨死前找回自己。如果說，這「文人結習」此前也像被巨石壓著的小草，那當巨石滾落後，小草便瘋長。「馬克思主義的主要部分：唯物論的哲學，唯物史觀——階級鬥爭的理論，以及經濟政治學，我都沒有系統的研究過。資本論——我就根本沒有讀過。尤其對於經濟學我沒有興趣。我的一點馬克思主義理論的常識，差不多都是從報章雜誌上的零星論文和列寧幾本小冊子上得來的。」我們當然沒有絲毫理由認為瞿秋白在撒謊。但我們卻不由得不想到瞿秋白當初在理論界的

叱吒風雲。批判戴季陶、批判陳獨秀、批判彭述之，這些且不說了。單說指導和領導「左聯」時大力倡導所謂「唯物辯證法的創作方法」吧，如今在瞿秋白自己看來，也會覺得荒謬——既然自己並沒有「系統的研究」過「唯物論的哲學」，又怎麼能夠充當「唯物辯證法的創作方法」的擎旗手。至於說「尤其對於經濟學我沒有興趣」，我們就不能不想到瞿秋白當初對《子夜》的強烈興趣了。《子夜》，那可是文學化的經濟學著作，文學其表，經濟其裏，內裏牽涉種種複雜的經濟學問題。如果說瞿秋白對經濟問題「尤其」沒有興趣，那當初為何一聽茅盾談起《子夜》的構思就表現出強烈的興趣？又為何連日間不知疲倦地與茅盾談論、探討，方方面面地出謀劃策？更為何在《子夜》出版後一而再地撰文頌揚？——從《多餘的話》中我們也能找到答案：「但是我想，如果叫我做一個『戲子』——舞臺上的演員，倒很會有些成績，因為十幾年我一直覺得自己在扮演一定的角色。扮著大學教授，扮著政治家，也會真正忘記自己而成為『劇中人』。雖然，這對於我很苦，……然而在舞臺上的時候，大致總還扮得不差，像煞有介事的。」「不過，扮演舞臺上的角色究竟不是『自己的生活』，……等到精力衰憊的時候，對於政治舞臺，實在十分厭倦了。」原來，批戴季陶、批陳獨秀，批彭述之，是在「演戲」；高舉「唯物辯證法的創作方法」，是在「演戲」；提倡「大眾文學」並親自寫作「大眾歌謠」，是在「演戲」。那麼，「指導」《子夜》的寫作、歡呼《子夜》的出版，當然也是在「演戲」了。

當瞿秋白寫著《多餘的話》時，他看著過去的自己，像臺下的觀眾冷眼看著戲臺上的表演。5月22日這一天，《多餘的話》接近尾聲，瞿秋白想起了幾部值得留戀的文學作品。當他寫下茅盾的《動搖》時，不可能不想到《子夜》。然而，已親自動手把政治家和馬克思主義理論家的面目撕卜的他，不可能再留戀這《子夜》了：既然連整座舞臺並臺上的表演著的那一個自己，都厭惡了，又怎麼會留戀一件小小的道具？

2008 年 1 月 22 日

瞿秋白的不得不走、不得不留
與不得不死

一

所謂「不得不走」，是指 1934 年的年初，瞿秋白不得不離開上海，前往其時被共產黨人稱作「蘇區」的江西瑞金；所謂「不得不留」，是指 1934 年 10 月，瞿秋白不得不留在「蘇區」，而不能隨紅軍「長征」。瞿秋白因了這 1934 年的不得不走與不得不留，才有了 1935 年的被捕與被殺。

瞿秋白短暫的一生，如果做稍細一點的劃分，可以分為八個時期。

1899、1～1916、12，是瞿秋白人生的第一時期。這時期，基本在家鄉常州度過，只是 1916 年 2 月至 11 月，由於家境的極度困窘，曾在無錫一所鄉村小學任教。這期間，特別值得一提的，是與張太雷在常州府中學堂同學。因張太雷一堂兄與瞿秋白同班，故少年瞿與少年張相識並成為好友。後來，在莫斯科，瞿秋白先是經張太雷介紹，加入俄共；後又經張太雷介紹，加入中共。瞿秋白在獄中寫了《多餘的話》，以蒼涼悲戚的心情，回顧了自己的政治生涯，並認為是一場「歷史的誤會」。——在某種意義上，不妨說，在與張太雷相識的那一刻，這種「誤會」就開始了；從這一刻起，瞿秋白自認為的悲劇命運就被決定了。

1916、12～1920、12，是瞿秋白人生的第二個時期。這時期基本在北京度過，只是 1916 年冬至翌年春，曾在湖北投親靠友。1916 年初，瞿秋白所深愛的母親不堪貧困的重壓而自盡，從此親人們為活下去而天各一方，一家星

散。這是真正的家破人亡。1916 年 12 月，瞿秋白辭去無錫鄉村小學的教職，隻身到了湖北。在武昌和黃陂都曾逗留。其間還考入武昌外國語專科學校學習英語，但終因學費昂貴等原因而中途退學。1917 年暮春時節，瞿秋白到了北京，投靠堂兄瞿純白。瞿秋白本想依靠堂兄資助而進北京大學學習，但堂兄卻愛莫能助，於是只好去應北洋政府的普通文官考試，卻又未能考上。但其間，曾去北大旁聽胡適等人講課。後來，因為教育部所屬的俄文專修館無須繳學費而又「有出身」，瞿秋白便考入學俄文。在那時的中國，願意學俄文者並不多，瞿秋白最初也對之並無興趣。終於學起了俄文，實在是無可選擇的「選擇」。但這一次「選擇」，也將對瞿秋白此後的人生產生深刻的影響。在北京期間，因辦刊物而拜訪過陳獨秀，因參加李大釗等人創立的「馬克思學說研究會」而結識李大釗。在這期間，北京爆發了「五四運動」，瞿秋白作為俄文專修館的學生，積極投身於運動並兩度被捕。在北京時期，瞿秋白開始在報刊上大量發表文章，其中相當一部分是關於社會問題和政治問題的。這期間，值得一說的，還有與鄭振鐸、耿濟之、許地山等的相識。同瞿秋白一樣，這些人也對俄羅斯文學一往情深。1920 年 11 月，瞿秋白與這些人一起，創建了中國新文學史上第一個文學團體「文學研究會」。──「文學研究會」實在可說是俄羅斯文學所催生的。

　　1920、12～1922、12，是瞿秋白人生的第三個時期，這一時期在蘇聯度過。瞿秋白在俄文專修館未畢業，便應北京《晨報》和《時事新報》招聘，以兩報特派記者身份赴蘇。這期間，向國內發回大量關於蘇聯的通訊，對國人瞭解和誤解蘇聯起了重要作用。1921 年初，瞿秋白與張太雷在莫斯科相遇。張太雷於 1920 年 10 月參加北京共產主義小組，1921 年初，則被派赴莫斯科任共產國際遠東書記處中國科書記，是中共派往共產國際的第一人。1921 年 5 月，張太雷介紹瞿秋白加入了俄共；1922 年 2 月，張太雷又介紹瞿秋白正式加入中共。1921 年 6 月，瞿秋白曾以記者身份參加共產國際第三次代表大會。這期間，曾到莫斯科東方大學中國班任教，劉少奇、任弼時、彭述之、羅亦農、蕭勁光、柯慶施等，都算是瞿秋白的學生。1922 年 11 月，陳獨秀、劉仁靜赴蘇參加共產國際第四次代表大會，瞿秋白擔任陳獨秀的翻譯。由於國內工作急需用人，陳獨秀命瞿秋白會後即回國。瞿秋白遂於年底回國。

　　1922、12～1928、4，是瞿秋白人生的第四個時期。這五六年，是瞿秋白政治生涯中的上陞時期，因而也是他最為活躍的時期。這期間，他曾任上海

大學社會學系主任，積極介入了國共第一次合作，更是寫下了大量的理論文章和小冊子。瞿秋白的理論修養實在談不上深厚，但寫作能力卻十分驚人，往往一兩個晚上，就能寫出一本小冊子。但按當時的情形來說，在開始的幾年間，他政治上的「進步」還不算很快，遲至1925年1月在中共「四大」上，才成為中央委員。但進入1927年，則「進步」神速。1927年5月，在中共「五大」後的中央委員會第一次全體會議上，成為政治局委員；在1927年6月，成為政治局常委。在1927年的「八七會議」上，則成為中共實際上的最高領導。此後的七八個月裏，在瞿秋白的領導和支持下，中共在各地發動了多次兒戲般的「武裝暴動」，以「紅色恐怖」的方式對抗國民黨政權。

1928、4～1930、8，是瞿秋白人生的第五個時期，這一時期在蘇聯度過。兒戲般的「武裝暴動」，當然是其興也忽、其敗也速，以致於瞿秋白們自己，也感到是在「玩弄暴動」。一連串的失敗和血的遊戲之後，「六大」的召開就成了當務之急。但「紅色恐怖」的後果，是在中國的土地上，已沒有可稍稍放心地開「六大」之地。於是中共請求共產國際批准其在蘇聯召開「六大」。共產國際同意了這一請求，並要求瞿秋白、周恩來先期赴蘇進行籌備。1928年5月，瞿秋白間道赴蘇。6月18日，中共「六大」在莫斯科近郊開幕。在「六大」上，瞿秋白雖仍是政治局委員，但會後留在了莫斯科，任中共駐共產國際代表團團長。實際上，從這時起，瞿秋白就退出了中共決策層，也結束了他政治上的黃金時期。這次在蘇聯的兩年多，瞿秋白過得極為艱難。王明（陳紹禹）、博古（秦邦憲）等所謂的「二十八個布爾什維克」在莫斯科中山大學崛起。他們在米夫的支持下，對瞿秋白進行了「殘酷鬥爭、無情打擊」。米夫其時是斯大林的紅人，在共產國際東方部任專管中國事務的副部長，同時兼任中山大學校長。王明們的全部資本，雖然不過是在蘇聯以學生的身份吃過幾年麵包，但由於有米夫的支持，瞿秋白便只有被動挨打的份。這期間，斯大林發動了「清黨」運動，蘇聯境內一片「紅色恐怖」。不久前在「白色中國」實行「紅色恐怖」的瞿秋白，在「紅色蘇聯」飽嘗了「紅色恐怖」的滋味。米夫、王明們，也想借「清黨」之機從肉體上消滅瞿秋白的。他自己雖然有驚無險，但在中山大學學習的胞弟瞿景白，卻在「清黨」中「失蹤」——無聲無息地消失。

1930、8～1934、1，是瞿秋白人生的第六個時期，這一時期在上海度過。1930年三四月間，瞿秋白中共駐共產國際代表團團長的職務被解除。8月26

日，瞿秋白夫婦途經西歐返回上海。這一時期，王明、博古等一批在蘇聯被膨化了的「青年幹部」，也躊躇滿志地殺回國來，意欲奪取中共最高領導權，全面掌控中共。瞿秋白仍是他們重點打擊的目標和必得清除的障礙。在 1930 年 9 月的中共六屆三中全會上，瞿秋白雖然仍是政治局委員，但在 1931 年 1 月的四中全會上，卻被趕出了政治局。實際上，從此就離開了政治舞臺。在這次會議上，王明團夥在米夫的支持下「閃亮登場」。原本連中央委員都不是的王明，被米夫一把抱進了政治局。1931 年 4 月，中共方面的「特務大師」顧順章被捕後立即叛變。顧順章的叛變導致了總書記向忠發在 6 月間被捕。向被捕後也立即叛變。於是，王明成爲代理總書記。顧順章的叛變，使中共地下組織遭到毀滅性的打擊。上海灘上，不斷有中共黨員被捕。對於王明們來說，上海灘上風聲鶴唳、草木皆兵。總書記的寶座，是王明苦苦追求的。但寶座誠可愛，生命價更高。1931 年 10 月，驚恐萬狀的王明，終於決定放棄這寶座，驚蛇入草一般逃往蘇聯。24 歲的博古，接替王明成爲最高領導。王明也好，博古也好，都視瞿秋白爲眼中釘、肉中刺。在政治上將瞿秋白完全邊緣化了，在組織上讓瞿秋白徹底出局了。這還不夠。還要在思想上、在理論上把瞿秋白批倒批臭，還要完全徹底地摧毀瞿秋白的聲譽。這期間，雖然在政治上、在組織上，瞿秋白成了無事可做的閒人，但卻仍然要沒完沒了地接受批判，仍然要沒完沒了地自我批判。在被黨內同志侮辱著和損害著的同時，瞿秋白走向了文學，介入了「左聯」，結識了魯迅。

1934、1～1935、2，是瞿秋白人生的第七個時期，這一時期在「蘇區」首府瑞金度過。1933 年底，中共中央從瑞金發來的電報，要求本已被閒置、被拋棄的瞿秋白赴「蘇區」。瞿秋白要求夫人楊之華同行，但被拒絕。1934 年 1 月初，瞿秋白離開上海，於月底輾轉到達江西瑞金，任「中華蘇維埃共和國人民委員會教育人民委員」。因爲一切依照蘇聯的體制和稱謂，才有這種彆扭的說法，用更像人話的話來說，就是「蘇區政府」的教育部長。瞿秋白在「蘇區」的一年，物質上過著連鹽也吃不上的生活，重病的身體當然談不上治療和養息了。其時瑞金是博古當政，爲了避嫌、爲了遠禍，即便是一些老朋友，也不敢與瞿秋白接觸，瞿秋白精神上的苦悶就更不難想像了。這裏的問題是：博古中央既早已將瞿秋白踢開，爲什麼又不肯讓他在上海住下去，非把他從上海、從楊之華身邊拉開不可呢？——這是本文要說明的問題之一。

1935、2～1935、6，是瞿秋白人生的第八個時期，也是最後一個時期。

這一時期在國民黨的監牢中度過。1934 年 10 月,「蘇區」的第五次「反圍剿」失敗,「中央紅軍」開始「長征」,瞿秋白卻被博古中央留下,不准隨軍撤離。「中央紅軍」走後,「蘇區」漸被國民黨軍隊佔領,瞿秋白這些被留下的人,終於無處存身。1935 年 2 月 26 日(這一日期,有 2 月 22 日、24 日、26 日三種說法),瞿秋白等人在「突圍」途中被捕。被捕後,瞿秋白寫了《多餘的話》。1935 年 6 月 18 日,瞿秋白被槍殺於福建省長汀縣羅漢嶺。這裏的問題是:非要把瞿秋白弄到「蘇區」的博古中央,為何撤離時卻又像扔破爛一般扔下他不管呢?——這也是本文想要說明的問題。

二

先說第一個問題:博古中央為何一定要把瞿秋白從上海弄到「蘇區」?

對這個問題的解答,牽涉到王明、博古們為何能扳倒瞿秋白,奪取中共最高權力。王明 1904 年生,小瞿秋白五歲。博古 1907 年生,小瞿秋白八歲。儘管年齡相差並不大,但在中共的代際上,瞿秋白與他們,卻實在是兩代人。當瞿秋白在莫斯科與他們相遇時,在「革命資歷」上,他們只能算是乳臭未乾的黃口小兒。若無強有力的支持,憑他們個人的能力,是不可能扳倒瞿秋白的。當然,若無強有力者的教唆,他們也根本不敢在乳臭未乾時,就生出踢開前輩、掌控全黨的野心。直接教唆和支持他們的,是米夫,而米夫的背後,則是共產國際,說得更直白些,是斯大林。

對於米夫為何要極力支持王明、博古們打倒瞿秋白,有關研究者習慣於從米夫的個人品德上找原因。米夫 1901 年生,小瞿秋白兩歲。20 年代初,米夫開始從事民族和殖民地問題研究,並很快成為蘇共黨內和共產國際研究中國問題的所謂「專家」,在有關中國問題上,具有重大的話語權。1925 年,米夫出任莫斯科中山大學副校長。1926 年底,米夫在共產國際執委會上拋出了《中國問題提綱》(即所謂「米夫提綱」),深受斯大林賞識。1927 年,米夫升任中山大學校長,同時在共產國際東方部任專管中國事務的副部長。其時,蘇共黨內的鬥爭已很激烈,而米夫則是鐵桿的斯大林派。

代表共產國際專管中國事務的米夫,以中國問題上的「理論權威」自居。而瞿秋白則是中共黨內的「理論權威」。這兩個「理論權威」,在關於「中國問題」上,看法卻有多方面和實質性的分歧。本來,即便瞿秋白一直在國內工作,也必然會與米夫相衝突。也算是造化弄人,1928 年 6 月,中共「六大」

在莫斯科開完後，瞿秋白留下來當了中共駐共產國際代表團團長，這樣，米夫就成了他的頂頭上司，兩人就有了一種日常性的接觸。在中共人士面前，米夫咄咄逼人，不可一世。而瞿秋白當然也不會眞心佩服這個中國問題上的「洋專家」。瞿秋白自然會對米夫顯示出「應有」的尊重和服從，甚至也能做到強顏爲笑。但本質上是書生的瞿秋白，卻不能做到徹底隱藏和清除自己的觀點、思想，「摧眉折腰事米夫」。這當然會令米夫時有不快。有一件事庶幾可證明瞿秋白的書生氣：在忍無可忍時，瞿秋白曾向共產國際提出撤換米夫的請求。

撤換米夫的請求，當然只能徒然增加米夫對瞿秋白的仇視。米夫除了直接打擊瞿秋白外，更要「以華制華」，而他選中自己在中山大學的學生王明、博古等人，也自在情理之中。王明給人們留下了野心家的強烈印象。但王明其人，其實是典型的「銀樣蠟槍頭」，是那種繡花枕頭式的人物。應該看到，王明們的政治野心，首先是被米夫煽動起來的。是先有米夫鼓動王明們在中共黨內造反奪權，才有王明們的野心勃勃。被米夫煽動起來的王明等所謂「二十八個布爾什維克」，其實非常像「文革」中被煽動起來的「紅衛兵」。王明們要在黨內造反奪權，首當其衝的，自然是駐莫斯科的中共代表團和團長瞿秋白了。他們用種種手段對瞿秋白進行「無情打擊」、與瞿秋白進行「殘酷鬥爭」。此中詳情，難以盡述。這裏，只抄錄其時也在中山大學留學的陳修良《懷念楊之華同志》一文中的一段話：

> 當時「中大」內部宗派鬥爭很激烈，王明等人控制了「中大」的黨支部，所以又叫做「支部派」。他們想奪取中國黨的領導權，對中共代表團是採取對立態度的，他們特別反對秋白同志，誣蔑他是「右傾機會主義分子」，……他們甚至在牆報上把秋白同志畫成一隻猴子，同時，他們也公開侮辱之華同志。〔註1〕

王明們的野心是被米夫煽動起來的。而大陸的有關研究者，在論及米夫爲何煽動和支持王明、博古這些「革命小將」不擇手段地打擊迫害瞿秋白時，總強調是米夫本人想要通過王明們絕對控制中共，似乎瞿秋白的命運悲劇都應該由米夫來負責。這樣理解瞿秋白與米夫的衝突，應該是很不夠的。正像不能完全用個人野心來解釋王明們對瞿秋白的殘虐，也不能完全用個人品德來解釋米夫對王明們的煽動、支持。如果說王明們的支持者是米夫，那米夫

〔註 1〕陳修良：《懷念楊之華同志》，見上海《婦運史資料》1981 年第 1 輯。

的支持者則是斯大林。最準確最簡捷的說法應該是：斯大林意欲絕對控制中共，讓中共全心全意爲蘇聯服務，這樣才有米夫煽動和支持王明等一干在蘇聯喝了幾年狼奶的「革命小將」造反奪權。

以王明等一干「革命小將」取代陳獨秀、瞿秋白等老一代領袖，只因爲老一代領袖使喚起來，不十分得心應手。這當然有多方面的原因。拋開別的方面不論，僅從性格上來說，陳獨秀從頂峰跌入深谷、最終被開除出自己手創的共產黨，也是不可避免的。陳獨秀桀驁不馴，非任人驅使之輩，而斯大林則衣冠梟獍、順昌逆亡。這樣兩個人碰到一起，當然不會和諧。瞿秋白雖然個性遠較陳獨秀溫順，但也有著起碼的中國傳統文人的節操，有著起碼的書生氣。更重要的是，陳獨秀、瞿秋白等老一代革命者，都多多少少有一點民族情懷，「救中國」，原是他們投身革命的始因。這一份民族情懷、這一絲救國初衷，就成了他們絕對聽命於斯大林和共產國際的一種阻礙，自然也是斯大林和米夫所深爲痛惡的。

中國大陸以外的研究者林梵在《瞿秋白之死》一文中說：

> 眾所週知，瞿秋白自中共一九二七年的「八七」會議後，曾出任總書記一職，直到一九三一年一月七日的中共六屆四中全會上，開除瞿秋白的政治局委員一事上，前後約擔任中共最高領導人達四年左右。

> 中共黨史學家，歷來把這一段時期稱爲第二次國內戰爭初期，也就是國共分裂後，中共展開城鄉暴動與土地革命戰爭，接二連三地遭受失敗之際。以蘇聯斯大林爲首的共產國際，爲了推卸自己指導失敗責任，二則爲了培植完全聽命於斯大林的王明、博古之類留蘇效忠派，因此把中共初期共產主義者，具有民族主義節操的瞿秋白、陳獨秀等中共老一輩領導人做爲替罪羊，用盡「殘酷鬥爭」的手段予以無情打擊。〔註2〕

林梵這番話中，特別令我注意的，是「民族主義節操」這句話。陳、瞿等中國的第一代共產義者，雖然也認同了「工人階級沒有祖國」、「全世界無產階級聯合起來」等口號，但國家、民族的意識卻又畢竟是根深蒂固的。儘管革命的最終目的是在全世界「實現共產主義」，但在中國鬧革命，首先要解

〔註2〕林梵：《瞿秋白之死》，見萬亞剛《國共鬥爭的見聞》一書，臺灣李敖出版社1995年7月版。

決中國的問題，至少不能完全無視中國人民的利益。僅僅這樣一種「民族主義節操」，就使得斯大林有充分的理由要踢開他們。王明、博古們則不同。他們沒有陳、瞿們的「民族主義節操」。他們的心中的確「沒有祖國」而只有蘇聯。殺回國內後，他們也像是蘇聯派出的一支別動隊。如果說陳、瞿們總有著在中國鬧革命要從中國的實際出發這樣一種意識，那麼，王明、博古們則不同。他們是從蘇聯的實際出發而在中國鬧革命。他們是「身在漢營心在曹」，身在中國心在蘇。只要對蘇聯有利，只要斯大林們歡喜，犧牲全部的中國為蘇聯服務，他們也不眨一下眼睛。也曾是「二十八個布爾什維克」之一的盛岳（盛忠亮），晚年在美國所寫的《莫斯大林中山大學和中國革命》一書中說得好：「不成問題，所謂的二十八個布爾什維克是俄國人精心培養的。俄國人這樣做的惟一目的，是為了控制中共，把它改造成一個無限忠於蘇俄和共產國際的政黨。」〔註3〕

　　清除了陳獨秀之後，瞿秋白之所以成為米夫們著力打擊的第一對象，除了瞿秋白是繼陳獨秀之後的第二任中共領袖外，一個重要的原因還在於瞿秋白作為中共黨內理論權威的身份。米夫要讓自己的理論成為中共的信條，就必須不但要在政治地位上打倒瞿秋白，還要在思想、觀念方面徹底清除瞿秋白的影響。在政治上讓瞿秋白出局，這比較容易。開一個會，米夫一通聲色俱厲的發言，王明們一番吠影吠聲的鼓譟，就能解決問題。但要在思想和理論上徹底清除瞿秋白長期以來產生的影響，就不是開幾次會能做到的。這需要較為長期的批判和迫害，尤其需要在名譽上把瞿秋白搞臭。這也正是瞿秋白在政治上被閒置被拋棄後，王明團夥仍咬住他不放、仍對他進行批判、侮辱、摧殘，甚至必欲置之死地而後快的原因。王明逃離上海、跑回他精神上的「祖國」蘇聯後，由博古執掌中共最高權力。博古從王明手中接過權杖的同時，也接過了打壓瞿秋白的大棒。由於顧順章的叛變，中共地下組織在上海越來越難以存在，中共中央不得不遷往瑞金。1933 年初，博古到達瑞金。中央機關遷往瑞金後，在上海成立了中央上海局，「二十八個布爾什維克」之一的李竹聲任上海局書記。打壓瞿秋白的大棒，又從博古手中傳到李竹聲手中。李竹聲則把這支大棒舞得更高、掄得更狠。順便指出，「二十八個布爾什維克」有三分之一以上的人，被捕後立即叛變，成為國民黨的「中統」特務。李竹聲於 1934 年 6 月被捕叛變，加入「中統」。接替李竹聲的，是《莫斯科

〔註3〕盛岳：《莫斯科中山大學和中國革命》，東方出版社 2004 年 1 月版，第 243 頁。

中山大學和中國革命》一書的作者盛岳。盛岳於 1934 年 10 月被捕,也立即叛變,加入「中統」。這些當初瘋狂迫害瞿秋白而終於當了「中統」特務的人,得知瞿秋白被捕後寧死不屈,不知作何感想。

　　話說回來,瞿秋白在政治上被踢出局之後,之所以還不斷受到王明團夥的打擊迫害,也有「咎由自取」之處。本來,米夫、王明們把瞿秋白從政治上踢出局後,就希望他從此銷聲匿跡。而如果瞿秋白果真從此匿影藏形,或許王明團夥打擊迫害的勁頭會漸衰,因為打一隻早已皮開肉綻的死老虎,自己也會感到厭煩。也許是不甘寂寞,也許是不識時務,瞿秋白偏偏仍以一支筆,強勁地顯示著自己的存在和自己的價值。學術界一般都認為,瞿秋白是並未得到中央派遣的情況下,積極主動地介入「左聯」的。以瞿秋白的革命資歷和曾經的政治地位,以瞿秋白在文學藝術上的修養造詣,很快便成為「左聯」的精神領袖和實際上的領導人之一。瞿秋白則更是在文藝理論問題上筆耕不輟。這一點已足以令王明團夥嫉恨了。更糟糕的是,在實際的政治問題和理論性的政治問題上,瞿秋白仍然堅持發言。從 1931 年 1 月在中共六屆四中全會上出局,到 1934 年 1 月被迫離開上海,這三年的時間裏,瞿秋白在黨內黨外的刊物上,不斷發表談論政治問題的文章,或對那種重大的政治問題發表看法,或對一些關鍵的理論問題進行闡釋。這就必然令王明團夥惱羞成怒。在王明團夥看來,這是一種搗亂,是一種對抗與挑戰。瞿秋白過去的思想理論「流毒」已令他們頭痛,豈容瞿秋白繼續「放毒」,豈容瞿秋白在精神上「另立中央」。既然瞿秋白「人還在,心不死」,既然瞿秋白仍然「頑強地表現自己」,那「殘酷鬥爭」和「無情打擊」就是必須繼續的。

　　1933 年春夏,瞿秋白在中共中央機關刊物《鬥爭》上,用狄康的筆名,連續發表了《國民黨最大借款的目的》、《廬山會議的大陰謀》等近 20 篇政論時評。這批文章雖然主旨是在抨擊國民黨,但博古們卻也感到了異樣的疼痛。9 月 22 日,博古中央突然發佈《中央關於狄康(瞿秋白)同志的錯誤的決定》,在全黨範圍內發動對瞿秋白的批判。該《決定》強調瞿秋白在《鬥爭》等刊物上發表的一系列文章,是「完全與中央的反對五次『圍剿』的決議相對抗,企圖以他的機會主義觀點來解除黨動員群眾的武裝。這一錯誤的實質是右傾機會主義,主要的是由於他對於目前的革命形勢的估計不足,看不到蘇維埃與紅軍的偉大力量,因此在新的任務面前表示驚慌失措,又來偷運和繼續他過去的腐朽的機會主義,同時在客觀上,他是整個階級敵人在黨內的應聲蟲。」

《決定》號召：「各級黨部對於狄康同志的機會主義錯誤，應在組織中展開最無情的鬥爭……以保證徹底執行中央關於反對五次『圍剿』的決議。」〔註4〕10月30日出版的中共中央理論刊物《紅旗周報》，發表題爲《白區黨在反對五次「圍剿」中的戰鬥任務》的社論，社論強調批判瞿秋白是白區黨完成反對五次「圍剿」各項任務的必要前提，社論號召對瞿秋白要「開展最無情的鬥爭」，甚至引用了高爾基的名言：「敵人不願意解除武裝，我們就必須消滅他。」在中央上海局主政的李竹聲，忠實地、甚至是變本加厲地執行了博古中央的這個《決定》。瞿獨伊在《懷念父親》一文中有這樣的回憶：

> 一九三一年初，在黨的六屆四中全會上，王明一夥把我的父親排斥於中央領導機關之外。王明寫的那本《爲中共進一步布爾什維克化而鬥爭》小冊子中，多處攻擊我父親——維它同志。父親在黨刊《鬥爭》上發表了若干不符合王明一夥觀點的文章，他們就誣衊他是「階級敵人在黨內的應聲蟲」，「犯有非常嚴重的有系統的機會主義錯誤」，從而對他進行殘酷鬥爭、無情打擊。我聽母親說：在一次小組會上，父親對這種歪曲和誣衊進行了平靜的申述，但是，宗派主義分子竟蠻橫地吼道：「像你這樣的人，只有一棍子敲出黨外去！」並且重新提起父親在「八七」會議之後犯的錯誤。〔註5〕

對於瞿秋白的「政治殘年」，這次的打擊，可算是最後一擊。博古中央在全黨範圍內發動批瞿的同時，做出了令瞿秋白離滬赴贛的決定。——這樣，瞿秋白就不得不走了。

三

博古中央在對瞿秋白進行殘酷打擊的同時，又命令其奔赴「蘇區」，當然並不意味著在上海已難以存身，更不意味著「蘇區」的工作需要瞿秋白。周揚、夏衍等人就一直在上海隱蔽下來並且平安無事。瞿秋白無論在哪種意義上，都比周揚、夏衍們更有理由留在上海。一來他早已被閒置拋棄，二來重病在身。對於博古中央來說，除了作爲「反面教材」而「供批判使用」外，已無絲毫價值。但他卻不能在上海養病而必須到生活條件異常艱苦的瑞金。儘管瞿秋白極其不願意離開上海，但博古中央既然有命令，他就不得不執行。

〔註4〕見《六大以來》下冊，人民出版社1981年版。
〔註5〕瞿獨伊：《懷念父親》，見《憶秋白》一書，人民文學出版1981年8月版。

問題是，博古中央爲何非要把瞿秋白弄到瑞金不可呢？這應該有兩層用意。一是爲了更好地對瞿秋白進行監管。在上海，瞿秋白還可以「亂說亂動」，還可以在文化界和思想理論界，繼續發揮自己的影響。以瞿秋白的書生氣質，只要留在上海，就不可能不繼續在各種問題上發言。而到了瑞金，又在博古們的眼皮底下，瞿秋白就成了眞正的死老虎了。實際上，瞿秋白赴贛後，就果然再也沒有寫過政論性文章。

另一層用意或許更卑劣惡毒。常人認爲，瞿秋白重病在身，所以應該留在上海養病。但博古們或許正是爲了不讓瞿秋白在上海安心養病，才決定把他弄來「蘇區」。瞿秋白的病體越是需要上海這樣的環境，就越是不讓瞿秋白留在上海；「蘇區」的條件越是不利於瞿秋白的健康，就越是要讓瞿秋白來到「蘇區」。——所謂「殘酷鬥爭」，所謂「無情打擊」，所謂「就必須消滅他」，不就是這意思麼？如果說瞿秋白到「蘇區」後，身體一天天惡化，那正是博古們高興看到的。只有這樣理解博古們的用意，才能理解他們爲何強令瞿秋白到「蘇區」卻又堅拒楊之華同行的請求。瞿楊結合後，十分恩愛。楊之華不但是瞿秋白精神上的安慰者，也是生活上無微不至的照顧者。對此十分清楚的博古們，當然就不會同意楊之華與瞿秋白同來「蘇區」了。既然令瞿秋白來「蘇區」本就是以人身迫害爲目的，又怎麼會同意楊之華這個瞿秋白離不開的人，不與瞿秋白分離呢？說得更直白些，博古們令瞿秋白到「蘇區」，不僅是要把瞿秋白從上海拉開，也是要把瞿秋白從楊之華身邊拉開。在莫斯科時期，王明團夥就想從肉體上消滅瞿秋白。不妨說，此番令瞿秋白隻身赴「蘇區」，仍是要了莫斯科時期未了之願，仍是要竟莫斯科時期未竟之業。

博古們強令瞿秋白隻身赴贛，可能還有更陰暗的心理在驅使。從被王明們一腳踢下政治舞臺，到離滬赴贛的這幾年，某種意義上是瞿秋白一生中最快意的幾年。前面說到的林梵《瞿秋白之死》中，亦的這樣的論說：「自此之後，瞿秋白與楊之華雙雙棲居隱蔽地在上海生活多年。兩人相依爲命，甘苦憂患共嘗，並結識了魯迅，成爲摯友，瞿秋白還搞了自始至終鍾愛的文學創作與翻譯工作。可謂度過了一生中最美好的時光。」「但是好景不長，王明、博古對瞿秋白在上海夫唱婦隨的隱居生活，仍繼續進行打擊。」「十分清楚，指令瞿秋白去江西中央蘇區與藉口工作需要，強迫瞿、楊分離，是當時執掌中共大權的王明、博古派對瞿、楊自莫斯科結下的宿怨，予以無情打擊的繼

續。」〔註6〕這幾年，瞿秋白夫妻生活很甜蜜，與魯迅、茅盾等人的交往，也讓他品嘗到真正的友情。雖然在政治上出局，雖然仍然遭受王明團夥的打擊，但在愛情和友情的雙重滋潤下，瞿秋白的心態有了一種從未有過的安寧、愜意。王明團夥處心積慮地把瞿秋白踢下去，沒想離開政治舞臺後的瞿秋白似乎生活得比以前更好。這當然是王明、博古們所不願看到的。僅僅在全黨發動批瞿，還不足以摧毀瞿秋白的這種甚至令他們嫉妒的生活狀態，於是才使出了令瞿秋白隻身赴贛的狠招。讓瞿秋白隻身赴贛，是把他從上海拉開，從楊之華身邊拉開，也是把他從魯迅、茅盾等人的誠摯友情中拉開。

關於瞿秋白到達瑞金後的生活狀態，抄幾段有關人士的回憶，或許可看出個大概。瞿秋白是所謂中央政府「教育部長」，徐特立曾任「副部長」。上世紀 50 年代，徐特立在一封寫給楊之華的信中，有這樣的回憶：「秋白同志到蘇區時敵人封鎖最嚴重，糧食按人分配，……為著解決蘇區全部糧食問題，每一個黨員和群眾都自動的節省。……有一天我到教育部去了，他留我吃飯，他說有某同志送給他幾兩鹽，留我吃一頓有鹽的菜。」〔註7〕陸定一與瞿秋白相識多年，且算得上是瞿秋白的學生。陳清泉、宋廣渭合著的《陸定一傳》，寫到陸定一在「蘇區」情形時，有這樣的敘述：「這個時候，瞿秋白在上海呆不下去了，也到蘇區來了，陸定一很想去看看他，但是他們都受王明路線的打擊，都被視為『調和路線』的人物。為了避免麻煩，陸定一始終沒有去看瞿秋白。咫尺天涯，他感到十分遺憾！」〔註8〕物質上，食不果腹，連鹽也吃不上。懾於博古們的淫威，連多年老友，也不敢做一次哪怕是禮節性的探望。瞿秋白身心兩方面，都處於受煎熬的狀態。

1934 年 10 月，「蘇區」的第五次「反圍剿」失敗，「中央紅軍」開始「長征」。有一部分中高級幹部必須留下。誰走誰留，成了十分敏感的問題。當時由博古、李德、周恩來組成的「三人團」，成了最高決策機構。博古負責政治、李德負責軍事計劃、周恩來則負責督促軍事計劃的實施。高級幹部的去留問題，由「三人團」決定。這首先是一個政治問題，實際上就由博古決定。瞿秋白雖然早不是什麼高級幹部，然而，他的去留問題，無疑是博古非常關心

〔註 6〕 林梵：《瞿秋白之死》，見萬亞剛《國共鬥爭的見聞》一書，臺灣李敖出版社1995 年 7 月版。

〔註 7〕 見《憶秋白》一書，人民文學出版社 1981 年 8 月版第 322 頁。

〔註 8〕 陳清泉 、宋廣渭：《陸定一傳》，中共黨史出版社 1999 年 12 月版第 178 頁。

的。其時，國民黨大軍壓境，「蘇區」危在旦夕。走，是人人渴望的。既如此，博古當然不會同意瞿秋白走，博古當然會把瞿秋白扔掉。「延安整風」時期，張聞天（洛甫）有這樣的回憶：「當時關於長征前一切準備工作，均由以李德、博古、周恩來三人所主持的最高『三人團』決定，我只是依照最高『三人團』的通知行事，我記得他們規定了中央政府可以攜帶的中級幹部數目字，我就提出了名單交他們批准。至於高級幹部，則一律由最高『三人團』決定。瞿秋白曾向我要求同走，我表示同情，曾向博古提出，博古反對。」〔註9〕手無縛雞之力，眼有高度近視；肺疾重而血常咯，熱不止則風難禁。——這就是當時的瞿秋白。這樣的瞿秋白，留下，則如鼎魚幕燕，生之可能性十分渺茫。可憐的瞿秋白，不知是否曾硬著臉皮去向博古這個僅次於王明的第二號兇敵求情。反正，他向張聞天開口了。張聞天也是「二十八個布爾什維克」之一，其時也是王明團夥的要員，地位僅次於博古。張聞天當時的頭銜之一是人民委員會主席，算是瞿秋白的頂頭上司。瞿秋白能向他開口，也算是萬般無奈了。當得知自己可能會被留下時，瞿秋白一定是頗為惶恐不安的。他又曾向毛澤東求助。時任「經濟委員部副部長」的吳亮平（又名吳黎平）回憶說，在毛澤東主持的一次「中央政府」討論轉移的會議上，毛澤東宣讀了「部級幹部」隨軍轉移的名單，其中沒有瞿秋白（「瞿秋白同志去當面向毛澤東同志要求參加長征。毛主席當場沒有回答，只是說，你這個問題下面再說。」）。〔註10〕以瞿秋白的「革命資歷」，以瞿秋白的「從政經驗」，能在這樣的會上當場要求隨軍轉移，實在有些六神無主、驚慌失措了。毛澤東其時雖是所謂「蘇維埃政府主席」，但也是博古們打擊排擠的對象，早已「大權歉旁落」，頗有些自身難保的意味。如果不是因為他在軍中的實力和影響，博古們也照樣會將他「一棍子敲出去」。毛澤東當然清楚瞿秋白的命運已定，但在這樣的會上，也只能以「下面再說」搪塞過去。

10個月前，瞿秋白請求楊之華同赴「蘇區」而被拒絕。當明白自己不得不隻身離滬、與楊之華生離死別時，瞿秋白當然有傷心、有悲憤，但也還有著希望。這回，當得知自己不得不留下來時，瞿秋白的心，則應是寒到了極

〔註9〕 張聞天：《從福建事變到遵義會議》，見《遵義會議文獻》，人民出版社 1985年 10 月版。

〔註10〕 吳黎平：《憶與秋白同志相處的日子及其它》，載《學習與研究》1981 年第 5 期。

點。吳黎平又回憶說：

> ……博古他們不讓瞿秋白同志（當時是中央政府教育部長）跟
> 紅軍走。聽到這事以後，我心裏很難受。一方面向毛澤東同志說：「這
> 怎麼成？秋白同志這樣一個有名的老同志難道能夠不管，要他聽任
> 命運擺佈？」請求毛澤東同志給中央局說說。毛澤東同志說，他也
> 很同情秋白同志，他曾說過，但他的話不頂事。另一方面，我向張
> 聞天同志提出了同樣的請求。聞天同志說：這是集體商量決定的，
> 他一個人不好改變。秋白同志自己聽到了這決定，精神上甚爲不安。
> 我請秋白同志到家裏吃飯。這次秋白同志情緒特別激動，喝酒特別
> 多。他說：「你們走了，我只能聽候命運擺佈了，不知以後怎樣，我
> 們還能相見嗎？如果不能想見，那就永別了。……」這是我和秋白
> 同志的最後會面，不料竟是永訣。〔註11〕

毛澤東願意瞿秋白隨軍轉移，應該是眞的。有關研究者在論及這一點時，總
把瞿秋白歷史上曾支持過毛澤東說成是毛此時同情瞿的原因。這樣看問題，
恐怕還有失全面和深入。國民革命軍北伐時期，毛澤東在湖南大搞其「農民
運動」。對此，中央上層頗有不以爲然者。而瞿秋白卻是毛澤東的積極支持者。
1927 年春，毛澤東著名的《湖南農民運動考察報告》在中共黨刊《嚮導》上
發表了一半，就被彭述之等人阻止。瞿秋秋白則將全文交中共在武漢辦的長
江書局出版單行本，並爲之寫了熱情洋溢的序言，稱毛澤東爲「湖南農民之
王」。其時毛澤東正抱病武昌，見到這小冊子，自是十分感激的。此一層因緣，
當然可認爲是毛澤東此刻在「蘇區」同情瞿秋白並希望瞿隨軍轉移的一種原
因。但毛澤東此刻之所以願意帶上瞿秋白，恐怕還有深層的考慮。以瑞金爲
中心的「蘇區」，本是毛澤東的天下。博古們一到，就把毛澤東擠到一邊。毛
澤東當然不會善罷甘休。他正在積極積聚力量準備反攻。團結一切可以團結
的力量，當然是毛澤東的基本戰略。把本來屬於自己的力量牢牢掌握住，讓
與自己一樣也被王明團夥打壓的人圍攏在自己身邊，對王明團夥內部也實行
分化瓦解，這三條，是毛澤東在後來的遵義會議上擊敗博古的「三大法寶」。
由於王明團夥背後站著的是斯大林和共產國際，此時的毛澤東已意識到，與
他們的鬥爭將是長期的。在遵義會議上，毛澤東雖然迫使博古離開總書記的

〔註11〕 吳黎平：《在黨的歷史的緊急關頭──關於遵義會議之前的片斷回憶》，載《學
習與研究》1981 年第 1 期。

寶座，但自己並沒有登上這寶座，而是將同屬王明團夥的張聞天扶上臺。這正是毛澤東的高明之處。這時候，他還不敢顯示出與整個王明團夥為敵的姿態。直到近 10 年後的「延安整風」中，毛澤東才敢於將王明團夥作為一個整體予以打擊。事實上，遵義會議上，毛澤東之所以能成功地迫使博古退位從而將最重要的軍事大權掌握在自己手中，重要的原因，就在於轉移途中，在一些重大問題上，他將張聞天、王稼祥（也屬「二十八個布爾什維克」之列）爭取到了自己一邊。至於瞿秋白，是王明團夥的頭號敵人。雖然在政治上已邊緣化，但由於歷史的原因，他的存在本身，就對博古是一種威懾、一種威脅。何況，像瞿秋白這樣的人，由於歷史上的政治地位和理論地位，是人已微而言不輕的。在轉移這種特定的過程中，只要給他一個發言的機會，他的話就會產生相當大的影響。在遵義會議上，毛澤東力爭讓自己在軍中的追隨者列席，這幫手中有槍桿子的將領，令 27 歲的博古無法招架，最終也幫了毛澤東的大忙。在遵義會議這種場合，瞿秋白也許還幫不上忙。但如果瞿秋白隨軍到達了延安，那在後來的「延安整風」中，則完全可能助毛澤東一「腿」之力。——帶上瞿秋白，可能在關鍵時刻會成為幫助自己的一種不可替代的力量。這應該是毛澤東主張帶上瞿秋白的更深層的原因。

四

但毛澤東能想到的，博古也可能想到。由毛澤東為瞿秋白求情，或許只能堅定博古留下瞿秋白的決心。也許，其時才 27 歲的博古，並沒有 41 歲的毛澤東那樣深謀遠慮。但將瞿秋白留下，卻也並不需要如此這般的謀慮。既然瞿秋白是死敵，既然令其離滬來贛就意在從肉體上慢慢消滅他，那麼，現在有了這樣一個「根本解決」的機會，又怎能放過呢？

這樣，瞿秋白就不得不留下來了。

1934 年 11 月，原屬「蘇區」的長汀縣城、瑞金縣城、於都縣城、會昌等相繼失守。瞿秋白拖著發燒、咯血和浮腫的身體，隨「留守」人員晝伏夜出、東奔西突。1935 年 2 月下旬，在福建省長汀縣水口鎮被國民黨地方武裝保安團捕獲。瞿秋白先是被囚在上杭監獄，後被押解至駐長汀的 36 師師部。被捕之初，瞿秋白偽稱名叫林琪祥，赴閩訪友，「不幸被匪擄去」。5 月上旬，身份暴露。6 月 2 日，蔣介石發來密電，令「瞿匪秋白即在閩就地槍決，照相呈驗。」6 月 18 日，瞿秋白被 36 師「就地槍決」。

　　在今天回首 1935 年，會覺得蔣之殺瞿，實乃愚蠢之舉。瞿秋白是被王明團夥把持的中共所拋棄的人。共產黨既然不要這個人了，你國民黨又何必殺他呢？殺了，於共產黨無損有益；不殺，則於國民黨的「黨國」有益無損。博古們從江西轉移時扔下瞿秋白，本就有「借刀殺人」之意，至少客觀上是如此。而蔣介石竟然眞用手中的刀殺了瞿秋白，豈非又一次「中了共黨的奸計」？如果聯繫到此前國民黨對陳獨秀的處置，人們似乎更有理由相信此番的殺瞿之不明智。1932 年 10 月，國民黨捕獲了共產黨的創始者和首任領袖陳獨秀。結果，只判了數年徒刑。瞿秋白被捕獲時，陳獨秀正在南京老虎橋監獄的單人房裏，讀書、思考、研究，生活得頗爲適意。蔣介石如果眞有胸襟、眼光和自信，何不把瞿秋白也弄來南京老虎橋，讓瞿秋白與陳獨秀在獄中相見，甚至不妨讓他們比鄰而居，讓他們去「共同反省」。他們如果不能「共同反省」，那就讓他們在獄中繼續他們的爭吵吧。陳、瞿如眞在老虎橋相聚，並且能夠促膝長談，對於後人來說，那眞是十分有趣的事。瞿秋白不是一心要研究文學嗎，那就讓他在獄中盡情研究好了。瞿秋白不是對俄羅斯文學情有獨鍾嗎，那就弄來普希金、果戈理、托爾斯泰、陀斯妥耶夫斯、屠格涅夫、契訶夫……讓他去翻譯好了。只要他不怕累死，他就沒日沒夜地譯吧。——若果眞如此，那是何等佳話。

　　但這是作爲後人的我們，多少有些浪漫的想法。1935 年的蔣介石，下令殺了瞿秋白，自有其不得不殺的理由。

　　陳獨秀與瞿秋白，既可比又不可比。可比處，則在於他們都曾是中共領袖。不可比，則在於陳獨秀任中共領袖前，曾是「五四」新文化運動的主帥，早已名滿天下，業績光焰萬丈。而瞿秋白的經歷則很單純，20 出頭就到了蘇聯，一開始就是以共產黨人的身份投身社會的。共產黨人，這是瞿秋白惟一的社會身份。陳獨秀被捕後，有聲勢浩大的營救運動。宋慶齡、蔡元培、胡適、翁文灝、傅斯年等社會知名人士以各種方式，阻止國民黨把陳獨秀送上斷頭臺，甚至國際知名人士杜威、羅素、愛因斯坦等，也致電蔣介石，爲陳獨秀說情。國內外人士在向國民黨和蔣介石力爭陳之不可殺時，也都以他「五四」時期的業績爲理由，這也是惟一的理由。在各國人士的努力下，陳獨秀案走向了公開審判，一時間成爲轟動全社會的大新聞。此前此後，國民黨抓過、殺過、關過、放過許多共產黨人，但都由「軍統」、「中統」或各級黨部處理一切。而陳獨秀則站在了公開審判的法庭，且有章士釗這樣的大律師爲

其辯護。——陳獨秀是惟一的經過了國民政府合法審判的共產黨人。在這一點上，瞿秋白則顯然與陳獨秀毫無可比性。真心想營救瞿秋白者如魯迅，卻又無由營救。自己本就是國民黨的敵人，又怎能請求國民黨不殺一個曾經的共產黨領袖。魯迅如真的公開營救瞿秋白，那才是大滑稽事。宋慶齡、蔡元培、胡適、翁文灝、傅斯年這些人，或者並不關心瞿秋白的生死，或者甚至認為瞿秋白確有可死之罪。即便有人覺得瞿秋白大可不殺，也實在沒有過硬的求情理由。

對於蔣介石來說，陳、瞿之不可比，還在於二人之罪實屬不同性質。陳獨秀執掌共產黨時，國民黨尚未在全國執政。國共兩黨，同屬「革命黨」、「造反黨」，是「難兄難弟」的關係，是共同反對北洋軍閥的「同志」。在陳獨秀時代，國共兩黨還有過幾年親密的「合作」。從 1927 年國共破裂開始，陳獨秀即離開了共產黨的領導層，1929 年 11 月，更被中共中央開除了黨籍。陳獨秀被起訴時，最大罪名是「危害民國」。這裏的「民國」，當然指 1927 年以後蔣介石的「黨國」。而 1927 年以後，陳獨秀成為中共的反對者，後更成為所謂「托派」的領袖。中國的所謂「托派」，是中國共產黨的反對派。「托派」當然也反對國民黨的「黨國」，但不過是「一小撮」書生在那裏空議論而已，並未對「黨國」構成真正的「危害」。

瞿秋白則大不同。對於蔣介石來說，瞿秋白可謂是罪大惡極。1927 年 8 月 1 日的南昌暴動，標誌著中共武裝反抗國民黨的開始。而這一開始，就與瞿秋白有很大關係。就在此前不久，瞿秋白進入中共中央政治局常委，成為六人常委之一。在南昌舉行暴動，正是在常委會上討論決策的。在這一事件上，瞿秋白也起了積極的作用。在數日後的「八七會議」上，瞿秋白則成為中共實際上的最高領袖。從這時開始，瞿秋白策劃指揮了在各地的一系列武裝暴動，大玩其血的遊戲，並積極準備「全國總暴動」。這期間，除著名的湖南「秋收暴動」外，湖北的蒲圻、咸寧、公安、石首、松滋、沙市、通城、通山、崇陽、孝感、麻城、黃安、洪湖等地，江西的修水、德安、弋陽、鄱陽、橫峰、萬安等地、廣東的廣州、海豐、陸豐、瓊崖等地、江蘇的宜興、江陰、無錫、崇明等地、河南的四方山、光山等地、河北的玉田等地、陝西的清澗等地，都曾「霹靂一聲暴動」。有的地方，暴動取得一時成功，建立了「蘇維埃政權」。1927 年 11 月，瞿秋白中央命令張太雷在廣州準備暴動。12 月 11 日，張太雷領導的廣州暴動取得勝利，暴動者佔領了廣州，建立了「廣

州蘇維埃政府」，但在第三天即被擊潰，張太雷也死於亂槍之中。──我們還記得，是張太雷把瞿秋白介紹進共產黨，現在瞿秋白又把張太雷送上了黃泉路。雖然各地的暴動一個接一個地失敗，但瞿秋白中央仍然強調革命正處於「高潮」，仍然認爲「革命形勢」正在「高漲」。在這期間，瞿秋白中央還做出了「儘量施行紅色恐怖」的決策。怎樣施行「紅色恐怖」呢？一個字：殺！瞿秋白中央指示各地：「殺盡改組委員會委員，工賊、偵探、以及反動的工頭」，「殺盡土豪劣紳、大地主、燒地主的房子」，「殺政府官吏，殺一切反革命」。

　　1931 年 6 月，中共第三任領袖向忠發被捕。雖然被捕後立即叛變，供出所知的全部機密，但蔣介石還是下令立即「就地槍決」。蔣介石對瞿秋白的處置雖不同於陳獨秀，但也不同於向忠發。國民黨對瞿秋白，有一個堪稱漫長的勸降過程。只要瞿秋白肯明確地表示「悔意」，只要瞿秋白肯公開聲明脫離中共，即可免死。這首先是因爲瞿秋白的價值遠不同於本質上是草包和流氓的向忠發。像向忠發這樣的人，當國民黨從其口中掏出了全部有用的東西後，他就毫無價值了。豢養他，甚至是國民黨的恥辱。而留下一個「翻然悔悟」的瞿秋白，卻大有利於國民黨的「黨國」。國民黨對瞿秋白的勸降，可謂用盡心機，幾番派「幹員」從南京到長汀。從 5 月上旬身份暴露，到 6 月 2 日蔣介石下達槍決令，這二十多天，勸降工作由「軍統」進行。「軍統」勸降無效，蔣介石才下令殺瞿。槍決令下達後，「中統」頭領陳立夫心有不甘，當然更爲了與「軍統」爭高下，於是便星夜面見蔣介石，請求槍決令暫緩執行，再由「中統」派員往長汀，開始新一輪的勸降。但無論是「軍統」的威迫利誘，還是「中統」的巧舌如簧，都不能令瞿秋白越過「底線」。──這樣，瞿秋白便不得不死了。

　　瞿秋白被「就地槍決」之日，36 師也貼出了布告。布告說：「凡民十六年以後，各地共匪之行動，悉由該匪唆使，以贛皖閩粵湘鄂豫川等省之生命財產，直接間接，受該匪之殺戮焚毀者，不可以計數，其罪大惡極，已不容誅。」〔註12〕

2008 年 1 月 3 日凌晨

〔註12〕林梵：《瞿秋白之死》，見萬亞剛《國共鬥爭的見聞》一書，臺灣李敖出版社1995 年 7 月版。

瞿秋白的「名譽」

「向使當初身便死」

1931 年 4 月 24 日，時任中共中央政治局委員的顧順章，在漢口被國民黨逮捕。〔註 1〕

1931 年 6 月 25 日，時任中共中央政治局總書記的向忠發在上海被國民黨逮捕。

1932 年 10 月 15 日，中共首任領袖陳獨秀在上海被國民黨逮捕。

1935 年 2 月 23 日，中共第二任領袖瞿秋白在福建長汀被國民黨逮捕。

這四人中的前二人，顧順章和向忠發，在被捕後立即叛變。這二人都是工人出身。正因為是工人出身，所以在「工人階級的先鋒隊」裏佔據了要職。又正因為他們實際上是所謂「流氓無產者」，本就毫無政治信念和人格操守可言，於是在被捕後立即向國民黨叛變。在他們的價值天平上，生命重於泰山而名譽則輕如鴻毛。而這四人中的後二人，陳獨秀和瞿秋白，是知識分子出身。如果是為著一己的名利，他們完全用不著去發動和投身革命。是超越

〔註 1〕 顧順章的被捕，引發了轟動一時的所謂「顧順章事件」，這不僅因為顧是中共要人，更因為他的被捕極富戲劇性、傳奇性和「笑料價值」。其時負責中共中央特科工作的顧順章，是為安排和護送張國燾到鄂豫皖「蘇區」而從上海到武漢的。送走了張國燾，本就應隱密地回到上海。然而，顧某不僅曾是煙草公司的工人，還曾經是一個不無知名度的「魔術師」，此前曾在漢口登臺表演過。此番舊地重遊，又是在完成了重要任務後，顧某技癢難耐，一時間變戲法的衝動壓倒了中共要員的角色意識，竟又登臺表演起來，被人認出，於是被捕。（見夏衍《懶尋舊夢錄》，三聯書店 1985 年版 197～198 頁）。

一己名利的壯麗的理想、偉大的信念，使他們成爲了職業革命家。既然本就是放棄了對個人生活舒適的追求而獻身革命，既然在成爲職業革命家的第一天起就時刻準備著爲理想和信念而拋頭顱灑熱血，他們就決不會因爲貪生怕死而出賣理想和信念、而成爲革命的叛徒。退一步說，即便在被敵人捕獲時，原有的理想已動搖、原有的信念已轟毀，他們爲著個人的名譽也不會出賣早已對自己「殘酷鬥爭、無情打擊」的組織和早已同床異夢的「同志」。在他們的價值天平上，不但理想和信念遠重於肉體生命，作爲一個人、一個知識分子的名譽也比生命更重要。說得更直白些，即便他們精神上已然背叛了革命，即便他們在內心深處早已是革命的「叛徒」，他們仍然不會爲求生而如顧順章、向忠發一般現實地出賣革命。實際上，陳獨秀在被捕前早被中共視爲「非我族類」而開除其黨籍，但國民黨對他的勸降仍然無濟於事。1938 年 8 月，因胡適等人的奔走而減刑出獄時，報章發表的司法院呈文中有「愛國情殷」、「深自悔悟」一類說法，陳獨秀立即致函《申報》，爲自己辯誣：「鄙人辛苦獄中，於今五載。茲讀政府明令，謂我『愛國情殷，深自悔悟』。愛國誠未敢自誇，悔悟則不知所指。──我本無罪，悔悟失其對象；羅織冤獄，悔悟應屬他人。鄙人今日固不暇要求冤獄之賠償，亦希望社會人士，尤其是新聞界勿加以難堪之誣衊也。」並希望新聞界勿「以誣衊手段，摧毀他人人格」。〔註 2〕在國民黨的獄中因「深自悔悟」而減刑獲釋，在陳獨秀這類人看來，便意味著「人格」的徹底淪喪；他一出獄便致函《申報》，與其說是在表明自己的理想依舊、信念未改，毋寧說是在表明自己的「人格」不可侮。換句話說，陳獨秀之所以覺得這樣的說法「難堪」，倒並不在於「深自悔悟」這幾個字，而在於「深自悔悟」成爲了減刑獲釋的理由。作爲對歷史高度負責的知識分子，陳獨秀這樣的人如果真的「悔悟」了，是不會刻意隱藏自己的「悔悟」的。實際上，在蟄居江津的最後歲月裏，陳獨秀以一系列文字，如《資本主義在中國》、《說老實話》、《我們不要害怕資本主義》、《給西流的信》、《給連根的信》、《給托洛斯基的信》、《我的根本意見》、《戰後世界大勢之輪廓》、《被壓迫民族之前途》等，表達了對自己原有理想、信念的反思，表達了自己在一些重大理論問題上的省悟。要說這是「深自悔悟」也沒有什麼不可。而這樣的「悔悟」之所以並不令陳獨秀覺得「難堪」，並不讓陳獨秀覺得人格受損，是因爲在表達這樣的「悔悟」前，陳獨秀已宣佈與一切政治力量

〔註 2〕見《陳獨秀被捕資料彙編》，河南人民出版社 1982 年版，第 231 頁。

斷絕關係，已聲明不再聽命於任何人；是因為表達這樣的悔悟已不會有絲毫被誤解、被歪曲的可能。

應該說，陳獨秀真是很幸運的。上蒼給了他以無黨無派之身、可以不計任何利害地獨立思考與表達的幾年時間。如果他當初不是被判處有期徒刑，如果像瞿秋白一樣在被捕後便清楚地知道死期將至，不知陳獨秀是否也會不顧被誤解和被歪曲的可能而寫下他的那些「最後的政治意見」。可以肯定的是，如果寫，他的這些「最後的政治意見」就必然會被看成是向國民黨求饒輸誠的「自白書」，就必然使陳獨秀的「人格」受到「難堪之誣衊」。——而這樣的不幸，就曾落到瞿秋白頭上。

瞿秋白被捕後，面對國民黨的勸降，說過這樣的話：「我不是顧順章，我是瞿秋白，我不願作個出賣靈魂的人。」〔註3〕像顧順章那樣為苟且偷生而現實地出賣原來所從屬的組織和原來的所謂「同志」，在瞿秋白看來，無異於出賣人格和靈魂。像瞿秋白這樣的知識分子，在以被告的身份回答國民黨的政治訊問時，也是決不會把自己當下最真實的思考、反省和悔悟說出來的。這關乎他看得比生命更重的人格、靈魂和名譽，當然也因為他即便自己原有的政治理想和信念有所改變、即便他對自己已有的政治生涯有所悔悟，也不意味著他對國民黨政治的認同。在生死關頭，瞿秋白只可能向真理屈服；而他在國民黨手裏，並沒有看見真理。於是，面對國民黨的政治訊問，他就只能以「政治家」的腔調，說一些策略性的話，說一些無損於自己原本所從屬的政治陣營的話。事實上，瞿秋白在被捕後也的確對國民黨寫過一份「供詞」，周永祥編撰的《瞿秋白年譜》對這份「供詞」有這樣的評價：「（瞿秋白）在長汀獄中，寫了一份所謂《供詞》，真實地反映中央蘇區的政治經濟面貌，熱情地歌頌中共中央，同時譴責國民黨的罪行，駁斥國民黨的種種誣衊和誹謗。」〔註4〕這樣的評價多少有些與事實不符。這篇「供詞」語調是很低緩的，並沒有慷慨激昂，對「蘇區」和「中共中央」的歌頌並沒有到「熱情」的地步，對國民黨的「駁斥」也不給人以義正辭嚴之感。但這篇「供詞」的確是在為共產黨說好話，的確是在為所謂的「蘇區」辯誣。為證明瞿秋白對「蘇區」的描述是「真實」的，周永祥的《瞿秋白年譜》引用了瞿秋白《供詞》中最

〔註3〕 見王觀泉《一個人和一個時代——瞿秋白傳》，天津人民出版社 1991 年版，第 641 頁。
〔註4〕 廣東人民出版社 1983 年版，第 121 頁。

後的話為證：「最後我只要說：我所寫的都是我心上真實的感覺。我所見，所聞，所作，所想的。至於我所沒有見過的，沒有覺到的，或者違背事實，捕風捉影的話，我是不寫的。我不會隨聲附和罵幾句『共匪』，更不會裝腔作勢扮成共產黨的烈士——因為反正一樣是個死，何苦自欺欺人呢？！」這番話其實是大有深意的。與其說瞿秋白是在強調自己對「蘇區」描述的真實性，毋寧說是在暗示、聲明自己描述的不全面或曰片面性。這實際上也就是在強調：自己只能說所寫的是自己「所見所聞」的真實，並不能保證自己所說的就是「蘇區」的全部真實；「蘇區」或許還有著種種不好之處，但自己沒有「見過」和「覺到」，因而不寫。在寫這份專供國民黨審訊者閱讀的《供詞》時，瞿秋白其實採取了這樣的策略，即只寫自己所認為的「蘇區」好的一面，而對那自己所認為的不好的一面則不置一詞，這樣，至少在邏輯上並沒有說假話，也既能無損於自己原本所從屬的陣營，又能無損於自己的人格。但《供詞》當然不過是瞿秋白與國民黨的虛與委蛇，而非他臨死前真想說的話，否則，他就用不著在寫了四千來字的《供詞》後，再去寫二萬來字的《多餘的話》了。

一篇《多餘的話》，招致了身後無窮無盡的是非，這應該是瞿秋白所預料到的。曾是瞿秋白密友的丁玲在《我所認識的瞿秋白同志》一文中，為瞿秋白臨終前寫下這《多餘的話》而深表遺憾。我想，覺得瞿秋白《多餘的話》實在是「多餘的話」者，決非丁玲一人。如果沒有這篇《多餘的話》，如果那篇《供詞》就是瞿秋白最後的政治性文字，那瞿秋白作為堅定的馬克思主義主義者、不屈的無產階級革命家和英勇犧牲的革命烈士的形象，就要單純得多、清晰得多和透明得多。然而，如果沒有這篇《多餘的話》，瞿秋白作為一個歷史人物也要單調得多、輕巧得多和平淡寡味得多。瞿秋白短暫的一生中，寫下了大量的文字，但某種意義上，這一篇不算太長的《多餘的話》比其它全部文字都更重要。時間已經開始證明並且還將繼續證明，瞿秋白做出在臨死前一吐心曲的決定是極其正確的，他最終將以這一篇《多餘的話》而真正捍衛了自己的人格和名譽。無論他生前有過多少過錯、失誤，有了這一篇披肝瀝膽、抉心自食的《多餘的話》，便都能洗刷了。

白居易有《放言》詩云「周公恐懼流言日，王莽謙恭未篡時。向使當初身便死，一生真偽復誰知？」我在讀陳獨秀那些「最後的政治意見」和瞿秋白的《多餘的話》時，每每想到白居易的這幾句詩。如果陳獨秀在移居江津

前就死去，他那些關於民主與獨裁、關於資本主義與社會主義的「最後意見」就將隨著軀體而永久地被埋葬，那將是何等的憾事。同樣，如果國民黨在瞿秋白寫完《供詞》後就將他殺害，根本不給他寫《多餘的話》的時間，那留在歷史上的就只能永遠是一個表面的、「做戲」的瞿秋白，而深層的、真實的、戲臺下面的瞿秋白則隨著一聲槍響而永不為人所知。我想，在中國現代史上，一定還有更多的歷史性人物，因為種種原因，至死都未能把內心最真實的想法表達出來，至死都披著一層偽裝，而陳獨秀和瞿秋白卻得以在「身便死」之前將「一生真偽」向世人展露。在這個意義上，他們真應該感謝上蒼；作為後人的我們，也應該感謝上蒼。

「徹底暴露內心的真相」

但上蒼對瞿秋白並不像對陳獨秀同樣的仁慈。陳獨秀是在宣佈與一切黨派脫離關係、不受任何政治力量左右的「隱居」狀態下，寫下了他那些「最後的政治意見」的，這些「政治意見」也就難以被說成是對國民黨的屈膝投降。而瞿秋白只能在國民黨的監獄裏、利用國民黨提供的紙筆，寫下他的《多餘的話》，這樣，《多餘的話》就必然與瞿秋白的「名譽」糾纏在一起。

瞿秋白是在寫完《供詞》後不久，即開始寫《多餘的話》的。據周永祥《瞿秋白年譜》，1935 年 5 月 13 日，瞿秋白交上《供詞》。而幾天後的 5 月 17 日，瞿秋白便開手寫《多餘的話》。《多餘的話》一開頭，瞿秋白便強調「我願意趁這餘剩的生命還沒有結束的時候，寫一點最後的最坦白的話。——因為『歷史的誤會』，我十五年來勉強做著政治工作——正因為勉強，所以也永久做不好，手裏做著這個，心裏想著那個。在當時是形格勢禁，沒有餘暇和可能說一說我自己的心思，而且時刻得扮演一定的角色。現在我已經完全被解除了武裝，被拉出了隊伍，只剩得我自己了。心上有不能自己的衝動和需要：說一說內心的話，徹底暴露內心的真相。」在《多餘的話》快結束時，又一次強調：「我留下這幾頁給你們——我的最後的最坦白的老實話。」我覺得，瞿秋白在決定是否寫這《多餘的話》時，是有過激烈的思想鬥爭的。從交上《供詞》到動手寫《多餘的話》，中間有過幾天間隔。這幾天，應該是瞿秋白反覆考慮、權衡的時間。瞿秋白深諳黨內鬥爭內幕，此前也飽受黨內的「殘酷鬥爭，無情打擊」之苦，這篇《多餘的話》將給自己的身後名帶來怎樣的連累，他是多少能猜到些的。這些話，是在他心的深處醞釀和湧動了許

久的。他早就渴望有機會一吐為快。但當還在「形格勢禁」的政治舞臺上「扮演一定的角色」的時候，是不可能說出這些話的，否則，恐怕早就死無葬身之地了。但國民黨的監獄也並非「徹底暴露內心的真相」的理想場所。正因為如此，瞿秋白在交上《供詞》後，有過幾天的舉棋不定。但最終，強烈的一吐心聲的「衝動和需要」以及對歷史負責、對自己負責、對後代負責的精神，使他決定不計身後是非，而抓住這獄中「最後」的機會，把自己內心的真相暴露出來。

在《多餘的話》一開篇和快結束時，瞿秋白都強調自己說出的是最真實、最坦白、最老實的話。而我們記得，在那篇所謂《供詞》的最後，瞿秋白也聲明了自己所說的話是真實的。然而，如果將《供詞》與《多餘的話》做些比較，就會感到在一些具體的問題上，二者的說法頗不同。例如，在《供詞》中，說到那時期的所謂「蘇區」時，都是徑用「蘇區」，並不加引號，表示著對這一政治性稱謂毫無懷疑地認可；而在《多餘的話》中，「蘇區」不但往往加上引號，有時前面還冠以「所謂」二字，成了「所謂『中央蘇區』」，其語意明顯不同。當然，更重大的差別還表現在對同一問題的不同評說上。例如，《供詞》中這樣談到「蘇區」的教育：「初進蘇區的感想，首先就是各鄉各區——的政權的確握在另外一些階級手裏，同蘇區以外是相反的。那些『下等人』，無論他們因為文化程度的低而做出些愚蠢或者多餘的事，可是他們是在學習著、進步著，在鬥爭中糾正著自己的錯誤。他們中間產生了不少幹部，……例如江西省蘇維埃主席劉啓堯（現在已經在戰爭中死了），他是一個長工，二十多歲還是一個字不識的，然而三年的蘇維埃革命中，他努力學習，甚至晚上不睡覺——在一九三四年三月間我見著他的時候，他已經能夠看得懂《紅色中華》報，已經能夠指導一個省政府的工作。」在這裏，瞿秋白似乎要以劉啓堯的成長，來證明「蘇區」教育的可觀成就。然而，在《多餘的話》裏，卻寫道：「例如，最近一年來，叫我辦蘇維埃的教育。固然，在瑞金、寧都、興國這一帶的所謂『中央蘇區』，原本是文化非常落後的地方，譬如一張白紙，剛剛著手辦教育的時候，只是創辦義務小學校，開辦幾個師範學校，這些都做了。但是，自己仔細想一想，對於這些小學校和師範學校，小學教育和兒童教育的特殊問題，尤其是國內戰爭中工農群眾教育的特殊問題，都實在沒有相當的智識，甚至普通常識都不夠！」這番話雖然直接的意思是強調自己並沒有在「蘇區」這樣的地方辦教育的資格和能力，但卻能間

接地構成對「蘇區」教育成就的否定。因為瞿秋白在「蘇區」時是所謂「蘇維埃政府」的「教育人民委員」（教育部長），主管「蘇區」的教育。作為「教育部長」的瞿秋白並沒有資格和能力辦教育，那教育又能辦出怎樣的成就呢？言外之意是，只因為原來是「一張白紙」，所以辦些義務小學，辦幾個師範學校，就顯得很有成就了，實際成就是並不可觀的。又例如，《供詞》中這樣說到「蘇區」百姓的經濟生活：「經濟建設方面，除兵工廠、印刷廠、造幣廠等一些國有企業外，農業方面在後方也有可驚的成績。例如去年的春耕運動教會了幾萬婦女犁田。蘇區去年沒有災像是事實，雖然紅軍擴大了好些，就是在家耕田的壯丁少了好些，而米糧能夠吃到今年秋季。……」「蘇區的生活，在一九三四年二月到八九月，還是相當安定和充足的，不過鹽貴些，布缺乏些，這是國民黨封鎖的關係。我見著一般農民當時的飯菜，問他們比革命以前怎樣，他們都說好些，因為分了田。」在這裏，把「蘇區」的物質生活說得不錯，也說到了自己與農民之間似乎很親切的對話。然而，在《多餘的話》裏，卻寫道：「霧裏看花的隔膜的感覺，使人覺得異常的苦悶、寂寞和孤獨，很想仔細的親切的嘗試一下實際生活的味道。譬如『中央蘇區』的土地革命已經有三四年，農民的私人日常生活究竟有了怎樣的具體變化，他們究竟是怎樣的感覺。我曾經去考察過一兩次。一開口就沒有『共同的言語』。而且自己也懶惰得很，所以終於一無所得。」從這番話，就看不出對「蘇區」農民生活的絲毫的讚揚了。當然，瞿秋白並沒有說「蘇區」的農民生活不好，只是說因為自己與他們「沒有共同的言語」，因而無法知道他們對自己的生活「究竟是怎樣的感覺」。幾天前寫的《供詞》中還說農民告訴自己生活比「革命以前」要「好些」，幾天後寫的《多餘的話》卻說因「一開口就沒有『共同的言語』」而對農民生活的考察「一無所得」，這不是很矛盾嗎？

我覺得，瞿秋白《供詞》與《多餘的話》的矛盾，並不很難理解。例如一棵樹，某根樹枝上有幾片綠葉，其它則都是枯枝。說這棵樹上也有著綠葉，這並沒有說假話；說這棵樹滿是枯枝，則更是真話。——瞿秋白在《供詞》和《多餘的話》中對「蘇區」的兩種說法，某種意義上就像對這樣一棵樹的兩種說法。在寫《供詞》和寫《多餘的話》時，瞿秋白的心態是大為不同的。《供詞》是作為階下囚的瞿秋白寫給過去的「敵人」看的自供狀，《多餘的話》是作為將死者的瞿秋白寫給過去的「同志」看的訣別詞。兩篇文字在寫作時都有著明確的「隱含讀者」。《供詞》是明確地說給作為敵人的國民黨聽的，

在寫作時瞿秋白的腦中眼前會始終有著國民黨官員的影子，甚至蔣介石的身影都可能出現；《多餘的話》是明確地說給作爲過去的「同志」的共產黨人士聽的，在寫作時瞿秋白的腦中眼前會始終有著過去的「同志」的影子，甚至王明、毛澤東、周恩來這些要人的身影也會時時出現。即便在「文革」之後，仍有人認爲瞿秋白之所以寫《多餘的話》，是爲了贏得國民黨的好感從而達到求生的目的：「秋白始終存在著一種幻想：他也許能夠騙過敵人的眼目，用不著傷害黨而把自己保存下來。醜化自己，是他付給敵人的一筆贖款，寫《多餘的話》，就是他援救自己的一種嘗試。」〔註 5〕這也就意味著《多餘的話》是一種徹頭徹尾的作僞，是瞿秋白在獄中演的一齣戲，說出的都是最不「坦白」最不「老實」的假話。當然可以從多種角度證明這種理解的荒謬。而從「隱含讀者」的角度一句一句地體會、尋味《多餘的話》，也是證明這種理解之荒謬的一種有效途徑。如果《多餘的話》眞是所謂「付給敵人的一筆贖款」，那它實際上就是寫給「敵人」看的，它的「隱含讀者」就是「敵人」，然而，一字一句地咀嚼《多餘的話》，實在品不出絲毫這樣的意味。

細細琢磨《多餘的話》，可看出這是一個明確意識到自己會成爲「歷史人物」的人對歷史的交待。這種交待的聽眾首先是過去的黨內「同志」。當然，有時候也能感覺到瞿秋白是把話說給世人聽的，有時候則是說給後代聽的，也有幾句話是說給親人聽的。《多餘的話》中也有這樣一段話：「我寫這些話，決不是要脫卸什麼責任──客觀上我對共產黨或國民黨的『黨國』應當負什麼責任，我決不推託，也決不能用我主觀上的情緒來加以原諒或者減輕。我不過想把我的眞情，在死之前，說出來罷了。總之，我其實是一個很平凡的文人，竟虛負了某某黨的領袖的聲名十來年，這不是『歷史的誤會』，是什麼呢？」這番話，可以看成是對世人、對後代說的，也不妨看成是說給國共兩黨共同聽的。至於專門說給國民黨聽的話，半句也沒有。

在《多餘的話》中，許多話乾脆是對著過去的黨內「同志」，以第二人稱的方式喊叫而出的：

> 永別了，親愛的同志們！──這是我最後叫你們「同志」的一
> 次。我是不配再叫你們「同志」的了，告訴你們：我實質上離開你
> 們的隊伍很久了。

〔註 5〕 轉引自林勃《關於〈多餘的話〉的評論之評論》，見《瞿秋白研究》第四輯。

　　唉！歷史的誤會叫我這「文人」勉強在革命的政治舞臺上混了好些年。我的脫離隊伍，不簡單的因為我要結束我的革命，結束這一齣滑稽劇，也不簡單的因為我的痼疾和衰憊，而是因為我始終不能夠克服自己的紳士意識，我終究不能成為無產階級的戰士。

　　永別了，親愛的朋友們！七八年來，我早已感覺到萬分的厭倦。這種疲乏的感覺，有時候，例如一九三零年初或是一九三四年八九月間，簡直屬害到無可形容，無可忍受的地步。我當時覺著，不管全宇宙的毀滅不毀滅，不管革命還是反革命等，我只要休息，休息，休息！！好了，現在已經有了「永久休息」的機會。

　　我留下這幾頁給你們——我的最後的最坦白的老實話。永別了！判斷一切的，當然是你們，而不是我。我只要休息。

如果說瞿秋白寫《多餘的話》是在作偽，是在演戲，是在向國民黨付一筆「贖款」，那就意味著他實際上字字句句都是寫給國民黨看的，在寫作時眼前始終有著蔣介石的影子（因為只有蔣介石才有權決定瞿秋白的生死）。然而，上面的這些話，像是在作偽、像是在演戲、像是在撒謊嗎？讀這些文字，讓人感覺瞿秋白在寫下它們時，已經很有些忘情了，他不但眼前沒有站著一個蔣介石，甚至根本就忘了是在蔣介石的監獄裏。

　　前面說過，瞿秋白這樣的革命知識分子是十分珍愛自己的名譽的。他沒有向國民黨叛變，就說明他把名譽看得比生命更重。然而，從「革命」的立場上看，這篇《多餘的話》卻又分明是在自我作賤、自我貶損，分明是在自毀「革命聲譽」，是在對用多年生命建立起來的「革命形象」進行不留情的摧殘。這該怎樣解釋呢？對此，瞿秋白在《多餘的話》裏也明確地做出了回答：「雖然我現在已經囚在監獄裏，雖然我現在很容易裝腔作勢慷慨激昂而死，可是我不敢這樣做。歷史是不能夠，也不應當欺騙的。我騙著我一個人的身後虛名不要緊，叫革命同志誤認叛徒為烈士卻是大大不應該的。所以雖然反正是一死，同樣是結束我的生命，而我決不願冒充烈士而死。」真有名譽心的人首先是一個真誠的人，否則他愛的就不是「名譽」而是「虛榮」。在《多餘的話》中，瞿秋白說自己多年的政治生涯如同虛假的做戲，而在生命的最後時刻，他卻表現出極大的真誠；在《多餘的話》中，瞿秋白也說自己是軟弱的、是缺乏勇氣的，而在生命的最後時刻，卻表現出驚人的肝膽。品味《多餘的話》，我感覺到瞿秋白在一字一句地寫下它們時，心中有悲哀、有痛悔、

有無奈，但又不僅僅只有這些，還有著興奮、有著痛快；而當他劃上最後一個標點符號時，我相信，他感到了難言的舒暢：「一生沒有什麼朋友，親愛的人是很少的幾個。而且除開我的之華以外，我對你們也始終不是完全坦白的。就是對於之華，我也只露一點口風。我始終戴著假面具。我早已說過：揭穿假面具是最痛快的事情，不但對於動手去揭穿別人的痛快，就是對於被揭穿的也很痛快，尤其是自己能夠揭穿。現在我丟掉了最後一層假面具。你們應當祝賀我。我去休息了，永久休息了。你們更應當祝賀我。」這是在《多餘的話》接近尾聲時寫下的一段話。揭穿別人的假面具是痛快的，自己的假面具被別人揭穿也是痛快的，而自己動手撕下自己的假面具則更是加倍地痛快。寫《多餘的話》的過程，就是瞿秋白親自動手，一分一寸地撕下自己的假面具的過程。因為這假面具戴得太久，已與真實的肌膚相黏連，撕扯的過程中必然要流血，必然有痛楚，然而，也有巨大的快感。撕完之後也必然血肉模糊，然而，瞿秋白寧願以血肉模糊的真面目示人，也不願戴著金碧輝煌的假面具進入歷史。

就是對於最親密的愛人楊之華，「也只露一點口風」，這說明這些「多餘的話」在瞿秋白心中已積鬱多時，他渴望傾訴卻又不能傾訴，他必須在內心築起一道堤壩，並時時防範著它的潰決。而如今，他可以用一支筆掘開這堤壩，讓被禁錮已久的心潮噴湧而出，他怎能不感到從未有過的舒暢呢？不過，這並不意味著瞿秋白之所以寫《多餘的話》，僅是為了逞一時之快。做過多年「所謂『殺人放火』的共產黨的領袖」，作為中國最早的所謂「馬克思主義的理論家」之一，瞿秋白清楚地知道自己必然要進入歷史，必然要被後來的文人、學者、政客評頭品足。與其自己的面目被他人善意或惡意地胡塗亂抹，不如自己臨死前攬鏡自照，畫下自己的真面目；與其自己的歷史角色被他人善意或惡意地隨意分派，不如自己在離開人世前為自己做出準確的歷史定位。——這才是瞿秋白寫《多餘的話》的一部分真正目的。

既如此，對瞿秋白的最真實的尊重，就應該是尊重他的自我描繪和自我定位。

「我願意受歷史的最公平的裁判！」

由於種種原因，《多餘的話》寫出後，竟長期並未對瞿秋白的「革命聲譽」帶來「損害」，這也許是瞿秋白握筆之初所未料及的。1945 年 4 月召開的中共

六屆七中全會所做的《關於若干歷史問題的決議》，對十年前遇難的瞿秋白做
了這樣的「結論」：「瞿秋白同志，是當時黨內有威信的領導者之一，他在被
打擊後仍繼續做了許多有益的工作（主要是在文化方面），在一九三五年六月
他英勇地犧牲在敵人的屠刀之下。所有這些同志的無產階級英雄氣概，乃是
永遠值得我們紀念的。」直到「文革」時期，《多餘的話》才成了嚴重的問題，
瞿秋白被說成為革命的「叛徒」，遭受嚴厲的譴責、謾罵，自己的墓和父母的
墓都被砸。對於瞿秋白，這真是遲來的審判和「報應」。不少人為瞿秋白在「文
革」中的遭遇深感不平。但我以為，瞿秋白如果地下有知，或許既不會感到
突然，也不會覺得怎樣的委屈。

去年，我在舊書店買到一本《瞿秋白批判集》，編輯出版者為「北京師大
革委會井岡紅軍」，出版時間是 1968 年 2 月。這本書收集了從中共高層到「紅
衛兵小將」對瞿秋白的批判，也輯錄了包括《多餘的話》在內的瞿秋白的「反
動言論」。翻過扉頁，背面貼著一張署名「編者」的鉛印字條，上寫「本書原
引戚本禹講話及所有關於戚本禹的論述全部作廢。」在書店時，翻到這張字
條，我啞然失笑，並立即決定買下。

《多餘的話》作為瞿秋白的歷史舊賬，是在「文革」開始前數年便被翻
出的，而這要「歸功」於後來成為「中央文革小組」成員的戚本禹。戚本禹
在 1963 年第 4 期《歷史研究》上發表了與羅爾綱等人「商榷」的《評李秀成
自述》一文，說李秀成被曾國藩捕獲後寫了自供狀，因而是「太平天國革命」
的「叛徒」，將要「遺臭萬年」：「無情的事實說明了：李秀成的自述並不是為
總結太平天國革命的經驗教訓而寫成的『革命文獻』，它只不過是為投降的目
的而寫的一個背叛太平天國革命事業的『自白書』。」此文引發了學術文化界
的一場爭論。爭論正進行時，毛澤東出面支持了戚本禹，在他的文章上批示
道：「白紙黑字，鐵證如山，晚節不忠，不足為訓。」1964 年 7 月 24 日，《人
民日報》又重新發表戚本禹的《評李秀成自述》，8 月 23 日，戚本禹又在《人
民日報》上發表了《怎樣對待李秀成的投降變節行為》。批李秀成只是一個幌
子，目的是牽出瞿秋白。李秀成被捕後寫了「自述」，因而是「遺臭萬年」的
「叛徒」，瞿秋白被捕後寫了《多餘的話》，也自然是「叛徒」無疑。所以，
在「文革」時期的瞿秋白一案中，戚本禹是一個很關鍵的人物。1968 年 1 月，
戚本禹在險惡的政治風浪中翻船，鋃鐺入獄，去寫他自己的「自供狀」了。
1968 年 2 月出版的《瞿秋白批判集》，自然就只能宣佈所有戚本禹的講話和關

於戚本禹的論述「全部作廢」了。「文革」時期的許多事情，從很大很大的事
到很小很小的事，都一方面顯得無比莊嚴神聖，一方面又給人以強烈的兒戲
感，這本《瞿秋白批判集》的出版就是一例：瞿秋白的「叛徒」問題是由李
秀成的「叛徒」問題引起的，而李秀成的「叛徒」問題是由戚本禹提出的；
既然戚本禹的言論都已「作廢」，那李秀成就並不是「太平天國革命事業」的
「叛徒」；既然李秀成並不因被捕後寫了「自述」而成為「叛徒」，那被秀成
所牽扯出的瞿秋白，就也應不因被捕後寫了《多餘的話》而成為「叛徒」；既
然瞿秋白並不是「叛徒」，那就意味著對瞿秋白的批判毫無道理，也就意味著
這本《瞿秋白批判集》出版的理由和前提都不再存在。然而，儘管批判的理
由和前提都已「作廢」，批判卻仍要進行下去。這就像一個滿街叫賣老鼠藥的
人，一面說他的藥老鼠吃了必死，一面又說世上本沒有老鼠這種東西。──
「文革」時期的事情，往往就是如此荒謬。

　　直接把李秀成與瞿秋白掛上鈎的，是某要人。1964 年 6 月，他在中共中
央書記處會議上「首次揭發了瞿秋白投敵變節的事實」。此後，他又在多種場
合提出瞿秋白的「叛徒」問題。據這本《瞿秋白批判集》中的「在瞿秋白問
題上兩條路線鬥爭大事記（1935.6～1967.11）」記載，這位要人 1966 年 8 月
30 日在接見科學院代表時指出：「在知識分子家庭出身的瞿秋白，像李秀成一
樣，晚年變節了。我們應當向青年歷史學家戚本禹同志學習，學習他對李秀
成的分析。」而「這個指示馬上為轟轟烈烈的紅衛兵運動所接受。按照這一
指示，北京師範大學井岡紅軍《文革簡訊》編輯部隨即派人到瞿秋白的家鄉
常州市和瞿秋白重要活動地區上海等地進行調查，除《多餘的話》外，還發
現了瞿秋白在長汀所寫詩詞五首、給郭沫若的信、上偽保守十四團鍾團長信
兩件、偽三十六師審訊記錄、瞿秋白訪問記等一系列瞿秋白叛黨投敵的鐵證。」
這個「大事記」又載：1967 年 1 月 15 日，「北京師大井岡紅軍赴常（州）革
命造反隊出版《文革簡訊·討瞿專號》第一號（總第四期），詳細地揭露了瞿
秋白的叛變事實，分析了瞿秋白投敵變節的思想根源和陸定一之流吹捧瞿秋
白的反革命企圖。」1967 年 8 月 15 日，「《紅旗》雜誌、《人民日報》編輯部
文章《走社會主義道路，還是走資本主義道路？》發表，第一次公開點名批
判了瞿秋白這個歷史上的老機會主義者、老叛徒。」這算是 1949 後中共中央
的機關報刊第一次點名批判瞿秋白。1972 年中發 12 號文件則稱：「瞿秋白在
獄中寫了《多餘的話》，自首叛變了」。

　　把「北京師大井岡紅軍」拋出的這本《瞿秋白批判集》中的文字與瞿秋白的《多餘的話》對照著讀，也有一種滑稽感，覺得在一些關鍵問題上，這些「討瞿」者與瞿秋白本人似乎並沒有根本的分歧：他們義憤填膺地加諸瞿秋白的一些「罪名」，是瞿秋白早就加諸自身了的；他們咬牙切齒地要從瞿秋白身上剝奪的東西，是瞿秋白早就從自己身上撕扯下了的。

　　「叛徒」問題當然是瞿秋白問題的關鍵，《瞿秋白批判集》說道：「瞿秋白在被捕之後投降變節，與國民黨反動派飲酒言歡，……寫了一本叛徒自白書《多餘的話》。我們建議中央開除瞿秋白的黨籍。我們必須肅清瞿秋白的影響，不許叛徒頂著『革命先烈』的頭銜繼續蒙蔽群眾，毒害青年。」（第18～19頁）「瞿秋白這個可恥的叛徒長期頂著『革命先烈』、『傑出的無產階級革命家』的桂冠，矇騙世人，毒害青年。……但是，歷史的事實終究是掩蓋不住的。一九六四年，在戚本禹同志揭示了李秀成的叛徒面目之後不久，毛主席的親密戰友、堅定的無產階級革命家周總理就指出，瞿秋白也是一個李秀成式的大叛徒。於是，瞿秋白這個叛徒的可恥面目終於大白於天下。」（第27～28頁）「一九六四年底，北京中國革命博物館的革命同志為了純潔黨史，主動地撤去了瞿秋白的陳列品。可是，彭真、陸定一的幫兇周揚、許立群、石西民卻在六五年二月五日趕到革命博物館進行檢查。……在彭真的指使下，中宣部副部長姚溱把給中央的請示報告扣押下來，……把叛徒投敵變節的鐵證包起來，讓這個歷史的罪人繼續霸佔我們無產階級的革命史館，接受人們的頂禮膜拜。」——諸如此類的「建議」、「批判」，不就是說應該「開除瞿秋白的黨籍」、應該把瞿秋白看作「叛徒」、應該把瞿秋白趕出「革命博物館」嗎？但瞿秋白在《多餘的話》裏，不是早就明確說過自己應該被開除黨籍嗎：「我已經退出了無產階級的革命先鋒隊伍，已經停止了政治鬥爭，放下了武器。假使你們——共產黨的同志們——能夠早聽到我這裏寫的一切，那我想早就應當開除我的黨籍。……而且，因為『歷史的偶然』，這並不是一個普遍黨員，而是曾經當過政治局委員的——這樣的人，如何還不要開除呢？」「過去的是已經過去了，懊悔徒然增加現在的煩惱。應當清洗出隊伍的，終究應當清洗出去，而且愈快愈好，更用不著可惜。」在《多餘的話》裏，瞿秋白不是也早說過自己是「叛徒」而不是「烈士」嗎：「雖然我現在才快要結束我的生命，可是我早已結束了我的政治生活。嚴格的講，不論我自由不自由你們早就有權利認為我也是叛徒的一種。如果不幸而我沒有機會告訴你們我的

最坦白最眞實的態度而驟然死了，那你們也許還把我當一個共產主義的烈士。」在《多餘的話》裏，瞿秋白不是也預先拒絕了對他的紀念和「頂禮膜拜」嗎：「記得一九三二年訛傳我死的時候，有的地方爲我開了追悼會，當然還念起我的『好處』。我到蘇區聽到這個消息，眞叫我不寒而慄。以叛徒而冒充烈士，實在太那麼個了。」……

　　「文革」結束後，中共中央又爲瞿秋白恢復了「名譽」，許多本意是在歌頌、讚美的稱號、評價又加諸瞿秋白頭上。然而，無論是「文革」前的也好，還是「文革」後的也好，那些被誠實的瞿秋白視作「虛名」的東西，未必是他所樂意接受的。例如，把瞿秋白稱作卓越的馬克思主義理論家，已是一習慣性的說法，然而，在《多餘的話》，瞿秋白實際上回絕了這種稱謂：「馬克思主義的主要部分：唯物論的哲學，唯物史觀——階級鬥爭的理論，以及經濟政治學，我都沒有系統的研究過。資本論——我就根本沒有讀過，尤其對於經濟學我沒有興趣。我的一點馬克思主義理論的常識，差不多都是從報章雜誌上的零星論文和列寧幾本小冊子上得來的。……我擔任了上海大學社會學系教授之後，就逐漸的偷到所謂『馬克思主義的理論家』的虛名。其實，我對於這些學問，的確只知道一點皮毛。當時我只是根據幾本外國文的書籍轉譯一下，編了一些講義。現在看起來，是十分幼稚，錯誤百出的東西。」又例如，宋慶齡 1959 年曾爲常州瞿秋白的母校覓渡橋小學（原名冠英兩等小學堂）題詞：「希望小朋友們學習瞿秋白烈士和其它革命先烈忠於黨，忠於人民的革命精神。……做個黨的好兒女。」〔註 6〕然而，在《多餘的話》一開頭，瞿秋白就告誡後代不要向自己學習，他之所以寫《多餘的話》，原因之一就是防止後代向自己學習：「不幸我捲入了『歷史的糾葛』——直到現在，外間好些人還以爲我是怎樣怎樣的。我不怕人家責備，歸罪，我倒怕人家『欽佩』，但願以後的青年不要學我的樣子，不要以爲我以前寫的東西是代表什麼什麼主義的。所以我願意趁這餘剩的生命還沒有結束的時候，寫一點最後的最坦白的話。」……

　　在《多餘的話》中，瞿秋白曾對著過去的黨內「同志」說：「你們去算賬罷」；又說：「歷史的事實是抹煞不了的，我願意受歷史的最公平的裁判！」對於瞿秋白的賬究竟應該怎樣算，才能被瞿秋白認爲是「歷史的最公平的裁判」呢？

　　　　　　　　　　　　　　　　　　　　　　　　2002 年 12 月 4 日夜

────────────

〔註 6〕見《瞿秋白研究》第五輯。

從瞿秋白到韋君宜——
兩代「革命知識分子」對「革命」的反思

一

　　公開出版的韋君宜《思痛錄》〔註 1〕之十《當代人的悲劇》，是韋君宜爲丈夫楊述寫的悼文，其中說道：「他（楊述）是做青年工作出身的，對中國的青年運動頗有點看法，認爲由於中國的特殊情況，產業工人的力量一開始很薄弱，革命主力部隊由農民中產生，因此知識青年在革命中的作用比西歐國家大得多，應當充分估計，不能照抄西歐黨的看法。他認爲歷來寫的黨史中對階級力量的分析都對此估計不夠。但是就這一點看法，應該說是學術見解吧，因爲不符合黨一貫發佈的宣傳方針，他就只是零星透露，從沒有系統發表過，也不寫一篇像樣的文章。直到臨死前半年，才在腦子已經不好使的情況下，在共青團舉辦的青運史研究會上作了一次遠遠沒有說透的發言。」在中共 1949 年以前的「革命史」上，知識分子其實起著極爲重要的作用，甚至可以說，沒有大批的青年知識分子在不同的時期投身於中共領導的「革命」，這場「革命」要取得最終的勝利是不可想像的。但由於毋庸多言的原因，在1949 後的中共「革命史」敘述中，是沒有多少知識分子的地位的。知識分子出身的楊述雖認爲這是一種「不公正」，但卻不敢大膽地說出歷史的眞實和自己的想法。這其實也不難理解。作爲中共宣傳部門高級幹部的楊述，在如此重大的問題上不能不與「正統」的理論保持一致。

〔註 1〕 北京十月文藝出版社 1998 年版。

如果知識分子在中共「革命史」上起著極為重要作用的說法能夠成立，那就能邏輯地引申出這樣的結論：那一代代投身於中共「革命」的知識分子，對這場「革命」負有重要的責任。

這場「革命」，其道路是十分曲折的。而投身於這場「革命」的知識分子，命運也大多坎坷乖蹇。於是，就有了投身「革命」後的知識分子對自己人生道路的反思，而這種對自身人生道路的反思，又必然或直接或間接地成為對當初的政治理想的反思，成為對這場「革命」本身的反思。這種反思是彌足珍貴的。

從現有的資料來看，中共歷史上最早做出有價值的反思者是瞿秋白，他那篇《多餘的話》實在是有深度的反思「革命」之作。瞿秋白之後，特別值得注意的反思，是陳獨秀做出的。陳獨秀在生命的最後幾年表達的那些「最後的政治意見」，是對自己以往政治觀念的清算，更是對包括蘇聯「革命」在內的已有「共產革命」的冷峻反思。陳獨秀和瞿秋白都是第一代中共黨人，且分別是第一任和第二任中共領袖。如果他們的反思能及時地為「革命者」所聆聽、所領悟，那此後的中國將會少許多腥風血雨，此後的歷史將會避免許多曲折和災難。萬分遺憾的是，這第一任和第二任中共領袖對「革命」的反思，卻長期被遮蔽、被誤解、被批判，同時代和後來的「革命者」，非但不能在他們的反思上磨礪眼光，從他們的反思中獲取智慧和教訓，相反，卻把他們的反思視作他們的「罪證」，卻讓他們的反思成為他們人生中的「大污點」。

由於性情氣質和做出反思時生活處境的不同，瞿、陳二人的反思也表現為不盡相同的方式。瞿秋白的反思主要是基於自身投身「革命」後的感受，並且始終不離這種感受，未對「革命」本身的方式、目的進行純理論性的追問，這可姑稱之為「感受型反思」。陳獨秀則主要是對「革命」本身做一種理論性的思考，是對原有的「革命」理念進行究詰，這不妨稱之為「理念型反思」。

在二十世紀，作為一個投身了中共「革命」的知識分子，要對「革命」本身進行反思，是異常艱難的。瞿秋白和陳獨秀，都是在生命的最後階段，除卻了一切利害與榮辱的考慮之後，才邁入這種反思之境的。正因為這種反思的艱難，正因為這種反思需要有非凡的膽識和勇氣，所以，儘管投身「革命」的知識分子為數眾多，但深刻的反思者卻並沒有大量出現。不過，瞿秋

白和陳獨秀這兩個第一代中共黨人的反思，也並沒有成爲絕唱。在他們的下一代「革命知識分子」中，也有繼承了他們的反思精神和反思路向者，最具代表性的便是韋君宜和顧準。韋君宜 1936 年加入中共，顧準 1935 年加入中共，在中共的代際上，可算第二代人。韋君宜的反思也更多地是萌生於自身的「革命經歷」，是敘寫自身對「革命」的感受，在這個意義上，可說韋君宜接通了瞿秋白的反思方式。顧準則是對「革命」進行一種十分具有學理性和思辨性的反思了，在這個意義上，則可說顧準延續了陳獨秀的反思路向。本文先論說從瞿秋白到韋君宜的「感受型反思」，從陳獨秀到顧準的「理念型反思」將另文論說。

二

中共黨內的「殘酷鬥爭，無情打擊」，是促使瞿秋白和韋君宜這類知識分子對「革命」進行反思的直接原因。懷著滿腔熱忱和忠貞投身「革命」，卻被懷疑、被歧視、被殘酷地凌辱和無情地打擊，最終使他們不由得生出「早知如此，何必當初」的悔恨。

1935 年 2 月 23 日，瞿秋白被國民黨軍隊逮捕，1935 年 6 月 18 日被殺害。5 月 17 日，知道自己死期將至的瞿秋白，開始寫《多餘的話》，5 月 22 日完成。「文革」期間，瞿秋白因爲這篇《多餘的話》而被認定爲「叛徒」，自己的墓和常州母親的墓都被砸。「文革」後，中共中央爲瞿秋白恢復了「名譽」，將瞿秋白的《多餘的話》視作「叛徒的自白書」者，似乎已沒有了，但對《多餘的話》到底想表達什麼，卻仍難有一致的看法。林勃的《關於〈多餘的話〉的評論之評論》〔註2〕，對「文革」後關於《多餘的話》的不同看法做了評介。從林文中可知，對《多餘的話》大體有以下幾種理解。

一、從勇於自我解剖的角度，基本肯定《多餘的話》。這類論者認爲《多餘的話》是一個共產黨人在生命的最後時刻對自己做出的嚴酷的反省和批判，因而也表現了一種難能可貴的勇氣。這種觀點也將《多餘的話》視作反思之作，但反思的對象是作者自身。最早表達這種理解的是陳鐵健發表於《歷史研究》1979 年第 3 期上的《重評〈多餘的話〉》一文。陳文指出：「《多餘的話》是一個活生生的，內心充滿矛盾的，襟懷坦白而又心情複雜的人，在臨終之際所作的一篇自白。它不僅無損於烈士的革命大節，相反，它以罕見的

〔註 2〕《瞿秋白研究》第四輯。

自我解剖，深刻地表現了瞿秋白的內心世界的種種矛盾，它既有長處，也有弱點；既有令人奪目的光輝，也有使人不爽的灰暗。光輝是主要的，灰暗是次要的。」陳文是首先對《多餘的話》做出基本肯定者。該文發表後，引起了茅盾、丁玲等人的共鳴。丁玲在完稿於 1980 年 1 月 2 日的長文《我所認識的瞿秋白同志》中說：「最近，我又重讀了《多餘的話》，並且讀了《歷史研究》一九七九年第三期陳鐵健同志寫的重評《多餘的話》的文章。這篇文章對秋白一生的功績、對他的矛盾都作了仔細的分析和恰當的評價，比較全面，也比較公正。」又說：「他（瞿秋白）這樣把自己的弱點、缺點、教訓，放在顯微鏡下，坦然地、盡心地交給黨、交給人民、交給後代，這不也是一個大勇者嗎？！我們看見過去有的人在生前儘量爲自己樹碑立傳，文過飾非，打擊別人，歪曲歷史，很少有像秋白這樣坦然無私、光明磊落、求全責備自己的。」

　　二、從「正統」的「革命立場」出發，基本否定《多餘的話》。這類論者雖不再明確地認定《多餘的話》爲「叛徒的自白書」，但卻強調《多餘的話》是過於消沉灰暗的、是並不值得肯定的，作爲「革命者」的瞿秋白，以這樣的文字總結自己的一生，是很不應該的。這種觀點最初是在反駁陳鐵健《重評〈多餘的話〉》一文時出現。例如，王亞樸發表於《上海師院學報》1979 年第 2 期的《怎樣看待〈多餘的話〉》指出：「《多餘的話》中，瞿秋白同志在特殊情況下給自己勾劃了這樣一幅政治形象，過去的歷史：『一場誤會，一場噩夢』；現在的狀況：『已經退出了無產階級的革命先鋒的隊伍』；將來的打算：『只做些不用自出心裁的文字工作，以度餘年』，這既不是自我解剖畫像，也沒有『令人奪目的光輝』，假若硬是只看現象不看本質，說這是自我解剖，那眞是『罕見』的了。」再如，劉煉發表於《歷史教學》1980 年第 1 期的《瞿秋白評述》一文，也認爲瞿秋白在《多餘的話》中作了「許多過火的不實事求是的『自我批判』，把自己革命一生全部否定了。」「在敵人獄中作這樣的自我批判和自我否定是不必要的，也是不應該的。」林勃在《關於〈多餘的話〉的評論之評論》中指出，對陳鐵健文章最鮮明完整的反對意見，是王維禮、杜文君兩位論者發表的。他們針對陳文「光輝是主要的」、「自我解剖」等觀點，先後在《歷史研究》1979 年第 3 期、《吉林日報》（1979 年 11 月 17 日）等報刊上發表了三篇文章，提出了反對意見。他們的「基本結論」是：「《多餘的話》的主要傾向是錯誤的，是瞿秋白歷史上一大污點，是不足爲訓的。」

雖「不是投降變節的自白書」，但卻是「革命同志所犯的思想上、政治上的錯誤」，「《多餘的話》集中地反映出瞿秋白同志思想上的動搖和革命意志的衰退。」「反映出瞿秋白同志在對待革命，對待自己，對待生與死這些基本問題的認識上有嚴重錯誤。」因爲時勢的不同，這類論者雖不再明確認定《多餘的話》意味著瞿秋白對「革命」的「背叛」，但從他們的某些論斷中，卻不難邏輯地得出瞿秋白最終「背叛」了「革命」的結論。

　　三、從政治反思的角度，高度肯定和稱頌《多餘的話》。這類論者認爲，《多餘的話》其實有著顯性和隱性兩個文本。顯性文本表現出的是瞿秋白嚴厲的自我清算、自我譴責、自我批判，而隱性文本則表現的是對王明路線的憎惡、反思和聲討。換言之，瞿秋白在《多餘的話》中那口口聲聲對自己的責罵，只不過是一種表象，而實際上他要責罵的是王明一夥的罪惡，是中共黨內的「殘酷鬥爭，無情打擊」。《關於〈多餘的話〉的評論之評論》的作者林勃，便是這種觀點的代表。瞿秋白在《多餘的話》中寫道：「……老實說，在四中全會之後，我早已成爲十足的市儈——對於政治問題我竭力避免發表意見，中央怎樣說，我就依著怎樣說，認爲我說錯了，我立刻承認錯誤，也沒有什麼心思去辯白，說我是機會主義就是機會主義好了；一切工作只要交代得過去就算了。」「……一九三一年初就開始我政治上以及政治思想上的消極時期，直到現在。從那時候起，我沒有自己的政治思想。我以中央的思想爲思想。這並不是說我是一個很好的模範黨員，對於中央的理論政策都完全而深刻的瞭解。相反的，我正是一個最壞的黨員，早就值得開除的，因爲我對中央的理論政策不假思索了。偶然我也有對中央政策懷疑的時候，但是立刻停止懷疑了，因爲懷疑也是一種思索，我既然不思索了，自然也就不懷疑。」……林勃在《關於〈多餘的話〉的評論之評論》中，引述了瞿秋白的這些話後，指出：「這裏，『十足的市儈』、『最壞的黨員』、『早就值得開除』等嚴厲譴責都出現了；而內容則更顯蹊蹺、重大。十分清楚，『厭倦政治』的秋白同志正是在談王明路線，正是在談當時黨內最大的政治：一九三一年一月六屆四中全會，正是米夫——王明篡權上臺的時間；六屆四中全會以後的中央，正是王明中央；『政治思想』、『政治問題』、『理論政策』、『不同政見』——統而言之，正是王明的政治路線！」而瞿秋白的這些關於自己的話「固然是自我譴責，但是，誰也不難看出：譴責自己未堅持與王明中央的『不同政見』，自然更是反對王明中央的政見；痛斥自己對王明路線的屈從，當然更

痛斥王明路線本身；否定對自己的否定，實際就是對自己重新肯定，這自然同樣意味著反對王明路線和王明中央……」「所以，揭露王明路線這一點就集中了這所有自我譴責的主要含義。」林勃的結論是：「揭露王明路線——這是瞿秋白寫作《多餘的話》的主要目的和中心主旨。」「《多餘的話》實質是瞿秋白同志在敵人獄中採用曲折形式和暗示手法，寫給自己同志和我們後人的總結當時革命經驗教訓、揭露王明路線的最後遺言，是他的最後鬥爭。」

我讀到的最新的一篇關於瞿秋白的文章，是吳小龍發表於《隨筆》2002年第4期上的《悲情‧人格‧思考——〈多餘的話〉究竟要說什麼》，這篇長文表達了與林勃所代表的觀點相近的看法，並把問題思考得更深入，對瞿秋白寫作《多餘的話》時的心態把握得更準確精細。吳文認為：「瞿秋白在這篇文字中，表達了他的人生悲情，堅持了他的人格操守，更思考著他所獻身的那個事業的歷史教訓——這是這一篇文字的價值所在。」在《多餘的話》中，瞿秋白自稱「叛徒」。吳文指出，瞿秋白在如此自稱的時候，「是帶著一種真的以這個稱呼來侮辱他的那些人們永遠不可能理解的一種悲愴」。如果「叛徒」意味著向敵人告密求饒，意味著出賣組織和「同志」，那瞿秋白決不是這樣的「叛徒」。然而，「他又確實在內心裏與作為國民黨殺他的理由的那個『事業』拉開了距離，他所經歷的這個運動中的許多事，確實使他感到了某種真誠的失落，感到了自己對這種『政治』的情感上的疏遠和背離……」在這個意義上，可以說瞿秋白早已是他所獻身的那個「事業」的思想和情感上的「叛徒」。吳文也強調，不能從字面上理解瞿秋白對自己的那些「苛評」，也不能簡單地理解瞿秋白表達的那種對政治的倦怠和冷漠：「現在，我們可以不必諱言，造成了瞿秋白這種倦怠和心灰意冷的原因究竟是什麼！思想家的生命有賴於他所認定的價值原則，和體現、實現這種價值原則的事業這兩者的支撐，而在瞿秋白，這兩種支撐都已大半失落：『同一營壘』裏的人對他的所作所為玷污了他與他們共同認定的社會理想和價值理想，以他作為一個知識分子和革命者的真誠，他無法接受這一切，因此，才有那些疲憊，厭倦等深深透著失望的情緒產生；事業上，由於非他所能為力的原因，他現在被『解除了武裝，拉出了隊伍』，成為一個失敗者——這兩者，就是瞿秋白在《多餘的話》裏表現出那種無奈、痛苦、低沉的情緒的根本原因。」至於瞿秋白為何要以一種曲折、隱晦的方式表達自己的真實思想，林勃、吳小龍等都指出，是因為瞿秋白身處敵人獄中，不便於明白直接地談論共產國際和中共黨內的黑幕和表

達自己的反思。

上述三種對《多餘的話》的理解，第一種和第三種雖在評價上相同，即
都對《多餘的話》表示肯定，但肯定的理由卻大相徑庭。第二種和第三種雖
在評價上頗對立，但在對瞿秋白真意的體察上卻更接近。其實，只要對瞿秋
白投身「革命」後的人生遭遇有所瞭解，只要對瞿秋白所身歷的中共黨內「殘
酷鬥爭，無情打擊」的情形略為熟悉，就不難看出第一種理解是過於皮相的。
就我來說，越是細細品味《多餘的話》中的那一行行文字，越感到它是一首
悲愴的詩。它把一個「革命知識分子」對「革命」的反思表達得既朦朧又深
刻，把一個「革命知識分子」臨終之際對自身人生錯位的痛悔表達得既隱晦
又顯豁。

三

瞿秋白 1921 年在彼得堡加入俄共，1922 年正式加入中共。但從 1928 年
開始，便飽嘗黨內「殘酷鬥爭，無情打擊」的滋味。1928 年至 1930 年，瞿秋
白是以中共駐共產國際代表團團長的身份在蘇聯度過的，而正是在這期間身
歷的黨內鬥爭的殘酷無情和荒謬絕倫，使瞿秋白萌發了對「政治」的極度厭
倦，也使瞿秋白開始了對自己人生道路的反思。據陸立之在《深藏在心底的
瞿秋白及其它——王明對瞿秋白的打擊迫害》〔註 3〕中回憶，在蘇聯時期，攀
上了米夫做後臺的王明，就開始對瞿秋白百般陷害，甚至必欲置瞿秋白於死
地而後快。王明等人先是在莫斯科的中山大學內捏造了一個「江浙同鄉會」，
說這是一個「反黨的秘密團體」，而背後的「大頭頭」就是瞿秋白。於是，來
了一場氣勢洶洶的清查運動，向忠發在大會上宣佈：「在共產黨內搞同鄉會活
動的人，都要槍斃！」陸立之回憶說，運動「升級」後，「有人被捕，有人失
蹤，還有人上弔自殺了。列寧學院有幾個中國同學在休假日自己烹調中國菜
小酌，熱鬧了一陣。因為他們的方言別人聽不大懂，王明的耳目就做了彙報，
於是，就說他們在開會，以圖製造『江浙同鄉會』的口實。」在運動中，瞿
秋白的胞弟瞿景白被王明誣為「瘋子」，最後「失蹤致死」，而「這頂瘋帽本
想扣在秋白頭上但沒有得逞，就讓瞿景白做了替身。」「江浙同鄉會」的棍子
未能直接打倒瞿秋白，米夫、王明們便乾脆「向秋白直接誣陷」，「米夫硬說
秋白和黃平都有神經病，強制送精神病院檢查。」再後來，米夫和王明又編

〔註 3〕《瞿秋白研究》第五輯。

寫了一份《共產國際對中共代表團的譴責決議》，把一頂「分裂主義」的帽子
扣到瞿秋白頭上，理由是以瞿秋白為首的中共代表團在中山大學學潮中犯了
「分裂主義」的錯誤，「助長了托派小組織和其它反黨活動。」「最後，米夫
又甩出王牌，必欲將瞿秋白置於死地，也就是把拾在手裏的另一頂『托派』
帽子硬扣瞿秋白，大家可以想像：20年代末和30年代初，這是一道催命符，
米夫甩出這件法寶，喜形於色，料定瞿秋白逃不出他的魔掌。」只是因為斯
大林最終並不認可米夫的構陷，瞿秋白才免於一死。然而，瞿秋白身雖未死，
心卻在開始死去。陸立之文章中說，其時的瞿秋白「對所謂《譴責決議》和
『分裂主義』的新帽子等打擊逆來順受，有時候他還嘲諷自己，輕輕地哼著
越劇『是我錯』的曲調。但實際上他內心裏是極度苦惱的。楊之華說：由於
景白失蹤又被說成是『瘋子』，他告誡（另一胞弟）雲白必須言行謹慎，憂慮
許多可能發生的事，他好幾天連續失眠。以前那種說笑歡快的家庭氣氛也消
失了，夫妻倆都憂心忡忡，不知將會突發什麼事故。但大白天，秋白仍是泰
然自若的樣子。」在這社會主義的蘇聯，瞿秋白其實生活在一種「紅色恐怖」
之中，人生安全毫無保障。他的「逆來順受」，他哼著「是我錯」的自嘲，都
表明他已無意於去與那些「黨內同志」爭是非、論短長，表明他政治熱情的
冷卻。不難想像，在那些連續失眠的夜裏，瞿秋白一定對自己的政治道路有
一遍遍的反思。數年後的《多餘的話》中，有一句自成一部分的話：「我的政
治生命其實早已結束了。」不妨說，在這種「紅色恐怖」中，在這些連續失
眠的蘇聯之夜裏，瞿秋白的「政治生命」正在死去。《多餘的話》最後一章《告
別》，是以這樣一句話開頭：「一齣滑稽劇就此閉幕了！」這句話也自成一部
分。我想，在蘇聯的那些不眠之夜裏，當瞿秋白一遍又一遍地反思著自己的
人生選擇時，一定已有強烈的滑稽感一遍又一遍地襲上心頭。

　　1930年8月，瞿秋白回國。1931年1月，中共六屆四中全會在上海召
開。在這次由共產國際駐中國代表米夫操縱的會上，瞿秋白又成為「殘酷鬥
爭，無情打擊」的靶子。儘管瞿秋白在會上做了「誠懇」的「自我批評」，
並主動承擔此前的三中全會和政治局所犯的「錯誤」，但王明等仍毫不留情
地將瞿秋白逐出了政治局。據邵玉健《試析王明一夥殘酷打擊瞿秋白的部分
原因》〔註4〕一文中說，王明等人在會上宣稱，向忠發「是工人同志，他們
雖有錯誤，我們現在決不讓他們滾蛋，要在工作中教育他們，看他們是否在

〔註4〕《瞿秋白研究》第五輯。

工作中糾正自己的錯誤。如恩來同志自然應該打他的屁股，但也不要他滾蛋，而是在工作中糾正他，看他是否在工作中糾正自己的錯誤。」邵玉健文章說：「之後，六屆四中全會的中央連續兩次強迫身患肺病的瞿秋白寫聲明書，公開承認強加給的莫須有罪名。……瞿秋白於 1 月 17 日和 1 月 28 日兩次違心寫了聲明書。雖然他態度十分誠懇，但王明等仍不依不饒，欲徹底批倒批臭，最後在 2 月 20 日，由中央政治局專門作出了《關於 1929～1930 年中共中央駐國際代表團行動問題的決議案》，硬給瞿秋白戴上『調和態度』、『兩面派態度』、『右傾政治意見』等帽子。在生活上，王明中央每月僅發 16.7 元生活費給瞿秋白，遠低於上海工人的一般工資，僅能勉強糊口，更何談治病，實際上是欲置秋白於死地。」被逐出中共領導層的瞿秋白，可謂貧病交加。但即便這樣，「黨內同志」仍不肯放過他。1933 年 9 月 22 日，已從上海遷到江西「蘇區」的中共中央臨時政治局，突然發佈《中央關於狄康（瞿秋白）同志的錯誤的決定》，對瞿秋白進行了毀滅性的政治打擊。「決定」指責瞿秋白在中共中央機關刊物《鬥爭》上發表的一些文章是「又來偷運和繼續他過去的腐朽的機會主義，同時在客觀上，他是整個階級敵人在黨內的應聲蟲。」並號召「各級黨部對於狄康同志的機會主義錯誤，應在組織中開展最無情的鬥爭」。這個「決定」傳達到上海，上海的黨組織立即召開了對瞿秋白的批判會。瞿獨伊在《懷念父親》中說：「我聽母親說：在一次小組會上，父親對這種歪曲和污蔑進行了平靜的申述，但是，宗派主義分子竟蠻橫地吼道：『象你這樣的人，只有一棍子敲出黨外去！』」〔註 5〕在遭受這樣的打擊迫害後，瞿秋白於 1933 年 9 月 28 日寫了《「兒時」》一文。細味此文，可知瞿秋白其時的心境，也能明白瞿秋白並非是在成了國民黨的俘虜後才開始寫《多餘的話》的。《「兒時」》不長，才數百字，其中說道：

> 生命沒有寄託的人，青年時代和「兒時」對他格外寶貴。這種浪漫諦克的回憶其實並不是發見了「兒時」的真正了不得，而是感覺到「中年」以後的衰退。……衰老和無能的悲哀，像鉛一樣的沉重，壓在他的心頭。青春是多麼的短啊！

> 「兒時」的可愛是無知。那時候，件件都是「知」，你每天可以做大科學家大哲學家，每天都在發見什麼新的現象，新的真理。現

〔註 5〕瞿獨伊《懷念父親》，收入《憶秋白》，人民文學出版社 1981 年版，第 331 頁。

在呢？「什麼」都已經知道了，熟悉了，每一個人的臉都已經看厭了。宇宙和社會是那麼陳舊，無味，雖則它們其實比「兒時」新鮮得多了。我於是想念「兒時」，禱告「兒時」。

完全可以將《「兒時」》視作是《多餘的話》之一部分的先期寫出和發表。本來早已信仰了共產主義並立誓爲「共產主義之人間化」而奮鬥終身的瞿秋白，現在卻感到自己是一個「生命沒有寄託的人」。在感到生命失去了寄託的同時，瞿秋白如此深情又如此惆悵地懷念起「兒時」來。他懷念得之所以如此深情，無非是因爲「兒時」的人，有著種種寄託生命的可能性，他可以選擇做科學家，也可以選擇做哲學家，還可以選擇做其它各種正當有益而又乾淨有趣的事業，是因爲「兒時」的生命是一張白紙，可以在上面畫各種各樣美好的圖畫。而他之所以如此惆悵，是因爲「中年」的他雖感到原有的生命寄託已經失去，但卻無由重新選擇生命寄託；是因爲他感到自己的生命雖像一張畫滿了錯誤圖案的紙，但卻不能把這些圖案抹去重來。在瞿秋白如此深情又如此惆悵地懷念和禱告著「兒時」時，是多麼渴望能從「中年」回到「兒時」，讓生命重新開始；是多麼渴望此生的一切原不過是一場惡夢，一覺醒來，仍然躺在母親的懷裏。

在《中央關於狄康（瞿秋白）同志的錯誤的決定》下達之後，瞿秋白馬上寫了這篇《「兒時」》，但卻並沒有馬上拿出去發表。想來，其時的瞿秋白對於公開發表這樣的言論還有著顧忌。臨近年底，中共中央派人向瞿秋白宣佈了要他去中央「蘇區」的決定。要瞿秋白離開上海赴「蘇區」，實在說不上有什麼正當的理由。在政治上瞿秋白已被打翻在地，當然談不上「蘇區」有什麼工作非他去擔當不可，而以瞿秋白的身體狀況，無疑留在上海更適宜。但信奉「殘酷鬥爭，無情打擊」的「黨內同志」，卻偏是既不讓他好好「工作」，又不容他好好「養病」。當時，有人勸瞿秋白以身體需要調養爲由爭取不去，瞿秋白「有些悵然」，「沉吟了片刻」，說：「去，早晚還是要去的，否則有人要說我怕死呢。」〔註6〕早把命運交給了「革命」的瞿秋白自然只能服從「革命」的安排。瞿秋白只向中央提了一個要求，即允許夫人楊之華一同前往，但卻被莫明其妙地拒絕。對此，有論者這樣評說：「在全黨一派無情鬥爭聲中要瞿秋白去中央蘇區，是好意嗎？他的心情能舒暢嗎？於是不准這個重病號

─────────────

〔註6〕見王觀泉《一個人和一個時代──瞿秋白傳》，天津人民出版社1991年版，第600頁。

要求生死與共的夫人同行，也就可以明白是一種什麼樣的性質的『決定』了。就是人身迫害！當時有同志實在看不慣，要爲瞿秋白申冤叫屈，他馬上制止，不准同志爲他而去作無畏（謂）的犧牲。這個時候的瞿秋白，如果要講一句俗話，簡直是太窩囊了。然而如若不窩囊一點而表示半點不滿，就更沒法活了。」〔註7〕對於瞿秋白這樣的知識分子來說，投身了「革命」，實際上就踏上了一條不歸路，即便在思想上、情感上已與「革命」的極大地疏離，在行動上也只得與「革命」保持一致。他已經沒有爲自己重新選擇道路的「權利」，只能老老實實地被「革命」牽著走，哪怕明知前面是「黨內同志」布下的陷阱，也無由後退。這時，對有著無限可能性的「兒時」的懷念一定又襲上心頭，於是，在離開上海不久前的 1933 年 12 月 15 日，瞿秋白從抽屜裏拿出放了兩個多月的《「兒時」》，交《申報・自由談》發表。

四

1934 年 1 月 7 日的上海之夜，雨雪交加。就在這雨雪交加中，瞿秋白永別了妻子楊之華，踏上了去「蘇區」的路。1934 年 10 月，中共中央連同各路人馬開始了「長征」。瞿秋白當然要求隨中央機關「長征」。然而，這要求卻被斷然拒絕。就像當初想留在上海不走卻不得不走一樣，這回是想跟著走卻不准走。當事人之一的伍修權對有關「長征」和人員去留問題，曾有這樣的回憶：「有的爲『左』傾路線領導者不喜歡的幹部，則被他們乘機甩掉，留在蘇區打游擊。如瞿秋白，何叔衡等同志，身體根本不適應游擊環境，也被留下，結果使他們不幸被俘犧牲，賀昌、劉伯堅等同志也是這樣犧牲的。事實證明，像董老、徐老等年高體弱的同志，由於跟主力紅軍行動，都被保存了下來，安全到達了陝北。」〔註8〕讓瞿秋白這樣的人在如此惡劣的環境下「打游擊」，眞可謂滑稽之至。當然，「打游擊」是假，「甩包袱」是眞，「借刀殺人」是眞。從蘇聯時期起，「黨內同志」就一次次地想置瞿秋白於死地，待到1935 年 2 月瞿秋白以「共黨首領」的身份被國民黨軍隊抓獲，他們也就如願以償了。對這一切，瞿秋白當然是心知肚明的。明白了瞿秋白投身「革命」後在「革命陣營」內的遭遇，就不難理解他爲何以最後的生命時光來寫《多餘的話》了。實際上，瞿秋白早有滿腔悲哀、屈辱、悔恨渴欲一吐爲快。而

〔註 7〕 《一個人和一個時代——瞿秋白傳》，第 604 頁。
〔註 8〕 見《伍修權同志回憶錄》，載《中共黨史資料》1982 年第 1 輯。

在此之前，也在按捺不住時有過零星的吐露。丁玲在《我所認識的瞿秋白同志》中說：「我第一次讀到《多餘的話》是在延安。……我讀著文章彷彿看見了秋白本人，我完全相信這篇文章是他自己寫的……那些語言，那種心情，我是多麼地熟悉啊！我一下子就聯想到他過去寫給我的那一束謎似的信。在那些信裏他也傾吐過他這種矛盾的心情，自然比這篇文章要輕微得多，也婉轉得多。……儘管是迂迴婉轉，還是說了不少的過頭話。」如果說寫給丁玲這些信已經預告著《多餘的話》的懷胎；而離開上海前公開發表《「兒時」》，則表明《多餘的話》已經孕育成熟。

明白了瞿秋白為何寫《多餘的話》，也就能明白他為何在《多餘的話》中寫下這樣的話：「但是我想，如果叫我做一個『戲子』──舞臺上的演員，倒很會有些成績，因為十幾年來我一直覺得自己是在扮演一定的角色。扮著大學教授，扮著政治家，也會真正忘記自己而完全成為『劇中人』。雖然，這對於我很苦，得每天盼望著散會，盼望同我談政治的朋友走開，讓我卸下戲裝，還我本來面目──躺在床上去，極疲乏的念著：『回「家」去罷，回「家」去罷！』這的確是很苦的──然而在舞臺上的時候，大致總還扮得不差，像煞有介事的。」「不過，扮演舞臺上的角色不是『自己的生活』，精力消耗在這裏，甚至完全用盡，始終是後悔也來不及的事情。等到精力衰憊的時候，對於政治舞臺，實在是十分厭倦了。」「一齣滑稽劇就此閉幕了！」「我這滑稽劇是要閉幕了。」……

明白了瞿秋白為何寫《多餘的話》，也就能明白他為何在《多餘的話》中寫下這樣的話：「我已經退出了無產階級的革命先鋒的隊伍，已經停止了政治鬥爭，放下了武器。假使你們──共產黨的同志們──能夠早聽到我這裏寫的一切，那我想早就應當開除我的黨籍。……而且，因為『歷史的偶然』，這並不是一個普通黨員，而是曾經當過政治局委員的──這樣的人，如何還不要開除呢？」「永別了，親愛的同志們！──這是我最後叫你們『同志』的一次。我是不配再叫你們『同志』的了。告訴你們：我實質上離開你們的隊伍好久了。」「永別了，親愛的朋友們！七八年來，我早已感覺到萬分的厭倦。這種疲乏的感覺，有時候，例如一九三〇年初或是一九三四年八九月間，簡直厲害到無可形容，無可忍受的地步。我當時覺著，不管宇宙的毀滅不毀滅，不管革命還是反革命等等，我只要休息，休息，休息！好了，現在已經有了『永久休息』的機會。」……

　　半個多世紀以後，接續著瞿秋白的這種「感受型反思」的，是韋君宜。
韋君宜 1934 年考入清華大學，1935 年積極投身「一二‧九」運動，1936 年
加入中共，抗戰爆發後奔赴延安。1949 年後，也可算是中共高級幹部。1994
年，韋君宜出版了自傳體小說《露沙的路》，對於延安時期「搶救運動」的殘
酷無情和荒謬絕倫有深刻的揭示，對知識分子與「革命」之間的關係有十分
耐人尋味的表現。1998 年，韋君宜出版了回憶錄性質的著作《思痛錄》，對延
安時期的「搶救運動」和 1949 後的「反胡風運動」、「反右運動」、「大躍進」、
「文化大革命」等「革命運動」有冷峻的反思。之所以說韋君宜的反思是瞿
秋白式的，是因為韋君宜同瞿秋白相似，反思中的思維活動始終不離自己的
經歷、感受，很少進入抽象的理論思辨。關於韋君宜的反思，已有許多人作
過評說，尤其《思痛錄》出版後，在思想文化界頗有影響。2001 年，大眾文
藝出版社了《回應韋君宜》一書，其中收錄了數十篇對韋君宜的反思進行論
說和闡發的文章。因此，我在這裏就不對韋君宜的反思多作贅語，只將韋君
宜的反思與瞿秋白作些比較。

　　首先要說明的是，瞿、韋二人的反思雖然立足於自身的經歷、遭遇，卻
並不意味著他們之所以反思，僅僅是因為個人在投身「革命」後飽受苦難。
驅使他們對「革命」進行反思的原因，更主要的是對歷史負責、對後代負責
的精神。在《多餘的話》正文之前，瞿秋白借古人語作卷頭引語：「知我者，
謂我心憂；不知我者，謂我何求。」正是對「革命」的「心憂」，促使瞿秋白
不顧身後的榮辱，提筆寫下了《多餘的話》。《多餘的話》剛開始，瞿秋白寫
道：「但是，不幸我捲入了『歷史的糾葛』——直到現在，外間好些人還以為
我是怎樣怎樣的。我不怕人家責備，歸罪，我倒怕人家『欽佩』。但願以後的
青年不要學我的樣子，不要以為我以前寫的東西是代表什麼什麼主義的。所
以我願意趁這餘剩的生命還沒有結束的時候，寫一點最後的最坦白的話。」
在《多餘的話》快結束時，又寫道：「現在，我已經是國民黨的俘虜，再來說
起這些，似乎多餘的了。但是，其實不是一樣嗎？我自由不自由，同樣是不
能夠繼續鬥爭了。雖然我現在才快要結束我的生命，可是我早已結束了我的
政治生活。嚴格的講，不論我自由不自由你們早就有權利認為我也是叛徒的
一種。如果不幸而我沒有機會告訴你們我的最坦白最真實的態度而驟然死
了，那你們也許還把我當一個共產主義的烈士。記得一九三二年訛傳我死的
時候，有的地方為我開了追悼會，當然還念起我的『好處』。我到蘇區聽到這

個消息，真叫我不寒而慄，以叛徒而冒充烈士，實在太那麼個了。因此，雖然我現在已經因在監獄裏，雖然我現在很容易裝腔作勢慷慨激昂而死，可是我不敢這樣做。歷史是不能夠，也不應當欺騙的。我騙著我一個人的身後虛名不要緊，叫革命同志誤認叛徒為烈士卻是大不應該的。所以反正是一死，同樣結束我的生命，而我決不願冒充烈士而死。」這是在說明為何要寫《多餘的話》。瞿秋白非常清楚，以他的政治身份寫出《多餘的話》這樣的東西，一定會舉世譁然，也會令人百思不解。例如，丁玲這位知心好友，就至死不能理解瞿秋白為何要在臨死前留下這樣的東西。在《我所認識的瞿秋白同志》中，丁玲在肯定《多餘的話》的同時，也說：「何必寫這些《多餘的話》呢？我認為其中有些話是一般人不易理解的，而且會被某些思想簡單的人、淺薄的人據為笑柄，發生誤解或曲解。」連丁玲這樣的知心好友都不知「我」實因「心憂」而「謂我何求」，那「我」的「心憂」要在短時間內廣被理解，實不可能。這一點，瞿秋白是充分意識到了的。甚至死後的戮棺鞭屍，瞿秋白都應該想到了。但他還是要說出這些「多餘的話」。這固然可以理解為是瞿秋白超乎尋常的真誠使然。「革命家」、「革命領袖」、「馬克思主義理論家」等等，諸如此類的頭銜，本不過是舞臺上的戲裝，瞿秋白內心對之厭惡已久，如果在臨死之前不將這些戲裝扯下，那就要在屍體上罩上「革命烈士」這樣一件新的戲裝，而這是瞿秋白決不願意的，於是，他以這些「多餘的話」撕扯下套在身上多年的舊戲裝，也以這種方式預先表示了對「革命烈士」這件新戲裝的拒絕。扯下和拒絕這些戲裝，不僅僅是要以真面目面對歷史，更在於讓真實的自己成為「以後的青年」的一面鏡子，讓「以後的青年不要學我的樣」。韋君宜在《思痛錄》的「緣起」中，則這樣解釋自己為何以餘生進行反思：「要想一想這些，是這個國家的主人（人民）今後生存下去的需要。」在《思痛錄》之四「我所見的反右風濤」中，韋君宜說到在「反右」、「文革」等政治運動中，人們為了自保，往往不惜相互陷害、吮血賣友時，有這樣一番慨歎：「我從少年起立志參加革命，立志變革舊世界，難道是為了這個？為了出賣人格以求取自己的『過關』？如果這樣，我何必在這個地方掙這點嗟來之食？我不會聽從父母之命遠遊美國，去當美籍華人學者？參加革命之後，竟使我時時面臨是否還要做一個正直的人的選擇。這使我對於『革命』的傷心遠過於為個人命運的傷心。」據韋君宜愛女楊團說，在「文革」後期，韋君宜就開始在極為隱秘的情況下寫《思痛錄》：「而『四人幫』粉碎後又過了一段時

間，她才向我公開了她的秘密。她要寫一部長篇回憶錄，從搶救運動開始，一直寫到文革結束。她講，歷史是不能被忘卻的，她十八歲參加共產黨，現在已經六十多歲了，再不把這些親身經歷的悲慘醜惡甚至令人髮指的事情記錄下來，就得帶進棺材裏去了。」〔註9〕瞿秋白也好，韋君宜也好，他們之所以反思，實在不是爲了傾訴個人苦難、發泄一己委屈。《多餘的話》、《露沙的路》、《思痛錄》等，是他們的「心憂書」和「心傷書」，但他們爲之心憂和爲之心傷的，與其說是「革命」給他們帶來的苦痛，毋寧說是「革命」本身。

五

　　瞿秋白和韋君宜的反思，也能夠相互發明、相互闡釋。讀《多餘的話》能更好地理解《露沙的路》和《思痛錄》，讀《思痛錄》也能更好地把握《多餘的話》。就以上面所引韋君宜的話爲例吧。在這段話裏，韋君宜說，參加「革命」之後，她時時面臨的選擇是是否還要「做一個正眞的人」。也即意味著，「正直」與「生存」之間，時時構成一種緊張的衝突。要選擇繼續「做一個正直的人」，「生存」就要受到威脅，就意味著受苦受難，甚至家破人亡；而要免於生存陷入困境，讓自己以及家人能安安穩穩地話下去，就必須拋棄人格尊嚴，出賣和陷害他人。在面臨這樣的選擇時，像韋君宜這樣的知識分子內心是極爲痛苦的。明白了韋君宜的這樣一種痛苦，也就能更好地懂得瞿秋白爲何在《多餘的話》裏稱自己爲「脆弱的二元人物」了；就能更好地理解瞿秋白爲何強調「無產階級的宇宙觀和人生觀」與「仁慈禮讓，避免鬥爭」的「紳士意識，中國式的士大夫意識」以及「小資產階級」的意識，「在我內心裏不斷的鬥爭」，而「無產階級意識在我內心裏是始終沒有得到眞正的勝利的」；也就能更好地領會瞿秋白在《多餘的話》中寫下的這樣一些話了：「雖然人家看見我參加過幾次大的辯論，有時候彷彿很激烈，其實我是很怕爭論的。我向來覺得對方說的話『也對』，『也有幾分理由』，『站在對方的觀點上他當然是對的』。我似乎很懂得孔夫子的忠恕之道。所以我畢竟做了『調和派』的領袖。假使我激烈的辯論，那麼，不是認爲『既然站在布爾塞維克的隊伍裏就不應當調和』，因此勉強著自己，就是沒有拋開『體面』立刻承認錯誤的勇氣，或者是對方的話太幼稚了，使我『箭在弦上不得不發。』」「我有許多標本的『弱者的道德』——忍耐，躲避，講和氣，希望大家安靜些，

〔註9〕　《回應韋君宜·代序》。

仁慈些等等。……」諸如此類的話，都是在「責備」自己的天性始終不能適
應「革命」，「不配做一個起碼的革命者」。獄中的瞿秋白不能像韋君宜那樣
直接表達對「革命」的傷心，只能以「自責」的方式間接地表達對「革命」
的「心憂」。韋君宜是在瞿秋白被殺的那一年投身「革命活動」的。但她在
此後的「革命生涯」中一次次感受到的那種選擇的痛苦，瞿秋白早就一次次
地感受過了。在那些大大小小的會議上，在那些接連不斷的批判中，瞿秋白
一定「時時面臨是否還要做一個正直的人的選擇」並為這種選擇痛苦不堪。
「天性」最終使得他沒法不繼續「做一個正直的人」，於是他只好喟歎自己
「不配做一個起碼的革命者」。「革命」陣營內部的「殘酷鬥爭，無情打擊」，
要求人對人像狼一樣，而瞿秋白、韋君宜這樣的知識分子，卻始終不能讓自
己完全變成狼。「正直」與「生存」之間的選擇雖然痛苦，但更痛苦的卻是
當初的「革命理想」與如今的「革命現實」的反差。瞿秋白、韋君宜這類知
識分子是懷抱著崇高聖潔的理想投身「革命」的。在《思痛錄》的「緣起」
中，韋君宜談到當初為何參加「革命」時說：「共產主義信仰使我認為，世
界一切美好的東西都包含在共產主義裡面了，包括自由與民主。我由此成了
共產主義真理的信徒。」懷抱著這樣的信念投身「革命」，而「革命」的現
實卻是「時時面臨是否還要做一個正直的人的選擇」，這怎能不令他們心傷
和心憂呢？在《多餘的話》中，瞿秋白屢屢說到自己雖置身政治漩渦但卻對
政治麻木、冷漠、厭倦，以致於對於加諸自己的罪名，也照單收下，連爭辯
和洗刷的興趣都沒有。「我逐漸覺得許多問題，不但想不通，甚至想不動了。
新的領導者發揮某些問題議論之後，我會感到鬆快，覺得這樣解決原是最適
當不過的，我當初為什麼簡直想不到；但是──也有時候會覺得不瞭解。」
「我在敷衍塞責，厭倦著政治卻又不得不略為問一問政治的狀態中間，過了
一年。」「最後這四年中間，我似乎記得還做了幾次政治問題上的錯誤。但
是現在我連內容都記不清楚了，大概總是我的老機會主義發作罷了。我自己
不願有什麼和中央不同的政見。我總是立刻『放棄』這些錯誤的見解，其實
連想也沒有仔細想，不過覺得爭辯起來太麻煩了」。這種喪失「原則」、泯滅
「是非」、得過且過的心態，韋君宜在反思時也不只次地說起過。《露沙的路》
中敘述過露沙的這種心態，《思痛錄》裡也說到過自己的這種心態。例如，
在《思痛錄》之「『搶救失足者』」裡，韋君宜寫到丈夫楊述在延安時期的「搶
救運動」中被懷疑為「特務」而「關在整風班裡，但天天凌晨要他們整隊到

無定河邊去冒著寒風幹活（這正是北國的 12 月）。」宣傳部長也「天天來找我，叫我勸楊述趕快『坦白』」，「我」起初還不肯，但「又過了一陣，簡直所有的外來幹部都沾上特務的邊了。」宣傳部長李華生還和我談話，說「組織上也已決定楊述是特務。在這時，我突然產生了信念崩潰的感覺。我所相信的共產黨是這樣對待自己的黨員的，我堅持，為了什麼？我曾上書毛澤東伸冤，也無結果。我還指望什麼？於是，我答應了李華生，自己去整風班，『勸說』楊述。」當瞿秋白、韋君宜們意識到自己其實是陷身於一種整體性和結構性的荒謬之中時，就難免產生「信念崩潰的感覺」，而緊接著產生的便必然是麻木、冷漠、厭倦和得過且過，是不再在這樣一種政治環境中堅持政治上的「原則」和爭辯政治上的「是非」。「說我是機會主義就是機會主義好了」，「說我是特務就是特務好了」，任何堅持、抗爭，都是多餘的和滑稽的。正如有的論者所言，這種心態「在後來習慣於在一次次黨內鬥爭和運動中作『檢討』的人聽來一定會引起很大的共鳴」。〔註10〕

在《多餘的話》中，多次出現這樣的帶著引號的字句：「回到自己那裏去」、「自己的家」、「回『家』去罷，回『家』去罷」、「自己的生活」。這些，是作為所投身的「革命（活動）」的對立面出現的。由於「歷史的誤會」，瞿秋白投身了「革命」，並且還在不短的時間內充當著「領袖」的角色，但其實他早就意識到自己走錯了房間：「當我出席政治會議，我就會『就事論事』，拋開我自己的『感覺』專就我所知道的那一點理論去推斷一個問題，決定一種政策等等。但是，我一直覺得這工作是『替別人做的』。我每次開會或者做文章的時候，都覺得很麻煩，總在急急於結束，好『回到自己那裏去』休息。我每每幻想著：我願意到隨便一個小市鎮上去當一個教員，並不是為著發展什麼教育，只不過求得一口飽飯罷了。在空餘的時候，讀讀自己所愛讀的書，文藝、小說、詩詞、歌曲之類，這不是很逍遙嗎？」「再回頭來幹一些別的事情，例如文藝的譯著等，已經覺得太遲了。從一九二〇年到一九三〇年，整整十年我離開了『自己的家』」……類似的悔恨，韋君宜在反思時也多有流露。在《思痛錄》之一中，韋君宜寫道：

到 1982 年，有一個去美留過學的中年人告訴我：他在美國見到幾位世界知名的美籍老華人科學家，他們在美國的地位極高。其中一個科學家告訴他：「我是『一二·九』那時候的學生。說老實話我

〔註10〕吳小龍《悲情·人格·思考》，載《隨筆》2002 年第四期。

當時在學校只是一個中等的學生，一點也不出色。眞正出色的，聰明能幹、嶄露頭角的，是那些當時參加運動投奔了革命的同學。如果他們不幹革命而來這裏學習，那成就不知要比我這類人高多少倍！」我間接地聽到了這位遠隔重洋的老同學的心裏話。他說的全是事實。我們這個革命隊伍裏有好多當年得獎學金的、受校長賞識的、考第一的，要在科學上有所建樹當非難事。但是我們把這一切都拋棄了，義無反顧。把我們的聰明才智全部貢獻給了中國共產黨的事業。

四十多年前韋君宜們與那些「不革命」的同學分道揚鑣，前者選擇了延安，後者選擇了美國。四十多年中，前者把自己造就成了「地位極高」甚至「世界知名」的科學家，對人類做出了實實在在的貢獻；而後者卻「時時面臨是否還要做一個正直的人的選擇」。而前者當初在資質、才華上本是遠不如後者的。作爲當年清華高才生的韋君宜，在這樣的結局面前，一定感慨良多。在《思痛錄》之四中，韋君宜還寫到，在「反右派」運動中，她曾對黃秋耘說過這樣的話：「如果在『一二·九』的時候我知道是這樣，我是不會來的。」「反右派」的時候，韋君宜還不知當初那些「不革命」的同學在美國的情況，如果知道，「何必當初」的心緒當更強烈吧。

寫《多餘的話》時的瞿秋白，想來沒有預見到後來韋君宜們的遭遇，如果預見到了，他一定會更少顧忌，也一定會把話說得更明白些。

《八一宣言》、「新啓蒙運動」與「左翼」思想在中國的傳播

一、問題的提起

　　1987 年 4 月，中共中央黨史研究室編著的《中共黨史大事年表》由人民出版社出版。「出版說明」中寫道：「《中共黨史大事年表》記述了一九一九年五月至一九八二年九月前後六十多年中共黨史中最重要的事件，勾畫出中共黨史的一個大致輪廓。……力求反映出中共黨史上先後繼起的各個事件之間的內在聯繫。可以說，它實際上是一本簡要的編年體中共黨史。」但是，細讀這本年表，就會發現其中的問題是很多的。應該記述的未記述，可記述可不記述的卻記述了，這種情況不少。應該詳記細述的簡記略述，只須簡記略述的詳記細述，這種情況更多。

　　這本《中共黨史大事年表》，在記述到 1935 年 8 月時，寫道：「八月一日，中國共產黨駐共產國際代表團以中國蘇維埃中央政府和中共中央的名義發表《爲抗日救國告全體同胞書》，號召全國人民團結起來，停止內戰，抗日救國，組織國防政府和抗日聯軍。這個宣言對推動抗日統一戰線工作和抗日救亡運動，起了積極的作用。」這裏說的是在中共黨史上其實至關重要的《八一宣言》。此前此後的其它一些有關著作，要麼把這《八一宣言》一筆勾銷，根本不提；要麼含含糊糊地把《八一宣言》的發佈者說成「中共中央」，讓人誤以爲是其時尚在毛兒蓋一帶狼奔豕突的毛澤東等人發佈了這個宣言。比起此類著作，這本《中共黨史大事年表》對歷史的態度無疑更忠實些，它畢竟記述

了《八一宣言》，也站在中共立場上對其做了肯定的評價。但與《八一宣言》本身的重要性相比，這樣的記述卻又是過於簡略的。比起《八一宣言》對中共大業所起的作用，這樣的評價也是太低調、太保守、太不夠的。

1936 年秋，陳伯達、艾思奇、何幹之等一群中共理論家，在思想文化界發起了一場「新啓蒙運動」。這場運動，極大地促進了馬克思主義、列寧主義和斯大林主義的中國化，更使得中國化的馬克思主義、列寧主義、斯大林主義在中國迅速普及，尤其對青年知識分子產生廣泛而深刻的影響。這對中共最終戰勝國民黨、奪取大陸政權，意義十分重大。這場所謂的「新啓蒙運動」，實在是中共黨史上的一件極大之事。但這本《中共大事年表》對此隻字未提。在「新啓蒙運動」中被「啓蒙」，從而選擇了共產黨的李慎之先生，晚年在論及這場「新啓蒙運動」時說：「翻檢中央黨史部門出版的黨史中，根本沒有提到新啓蒙這回事。理由可能是因為新啓蒙不是黨中央、不是毛澤東發動的一場運動，也從來沒有成為什麼『路線鬥爭』的議題。然而它實實在在是起源於中國共產黨生死存亡之際，而一直影響到它以後發展壯大終成大業的一件頭等大事。」〔註1〕

這裏之所以把《八一宣言》和「新啓蒙運動」並舉，不僅因為二者同被冷落、埋沒，更因為二者有著內在的聯繫，《八一宣言》與「新啓蒙運動」之間，有著因果關係。

二、《八一宣言》的問世

在 1931 年 1 月 7 日召開的中共六屆四中全會上，王明成為中共中央政治局委員，不久又成為政治局常委。雖然向忠發名義上是中共中央總書記，但在共產國際的力挺下，王明實際上掌握了中共的最高領導權。1931 年 4 月，中共特務工作的總管顧順章被捕後叛變，對中共地下組織帶來毀滅性的打擊，不斷有人被國民黨逮捕。1931 年 6 月 22 日，向忠發被捕。同顧順章一樣，向忠發被捕後也立即叛變。雖然向忠發曾跪地求饒，但國民黨還是立即將其處決。向忠發的被捕和被殺，雖然使王明更加名正言順地揮舞中共最高指揮棒，但處境的危險卻又使王明不能盡情享受揮舞最高權杖的快感。王明意識到，自己也隨時可能像向忠發一樣成為國民黨的階下囚。留得青山在，不怕

〔註 1〕 李慎之：《不能忘記的新啓蒙》，見《炎黃春秋》2003 年第 3 期。

沒柴燒。王明決定離開中國，重返莫斯科。當年王明團夥成員之一的盛岳（盛忠亮）後來有這樣的追述：「向（忠發）被捕二日後即於獄中被槍決。……一點不假，上海中共秘密機關的接連遭到破壞，使得中共高級成員驚愧不定，垂頭喪氣。陳紹禹（王明）被倉促選爲中央委員會的總書記，以塡補向忠發的空缺。……他完全可以說是生活在經常的恐怖之中。他的突然提升雖然減輕一些他的危險，卻絕沒有稍減他的恐懼。他就像驚弓之鳥，很少在中央的會議上露面，不敢住旅館、公寓甚至單獨的私人房屋。他經過深思熟慮，決定搬到上海郊區的一座療養院去住。……爲了安全，陳紹禹要租下整個一層樓。……中共中央爲此支付了一筆可觀的租金。陳氏夫婦搬進療養院後，足不出戶，實際上成了隱士。陳紹禹事無大小，全都交給康生、陳雲去辦。由於缺少得力領導，中共的工作實際上陷於停頓。陳紹禹夫婦的隱居生活一直延續到一九三一年七、八月間。七月間，中共中央宣傳部的一個機關及秘密印刷所被破獲，包括羅綺園、楊匏安在內的二十三名宣傳部重要人員被捕。陳害怕再留在上海，在一九三一年七、八月間辭去了中央總書記。他被任命爲中共駐共產國際代表，回到了莫斯科，直到一九三七年才去延安。」〔註2〕盛岳的回憶多少有些誤差。王明夫婦，還有吳克堅、盧鏡如，於 1931 年 10 月 18 日離開上海，11 月 7 日到達莫斯科。王明到達莫斯科後，重建了以其爲團長的中共駐共產國際代表團，成員有康生、楊松（吳平）、張浩（林育英）、周和森（高自立）、孔原、梁樸、歐陽生、趙毅敏等。

到了莫斯科的王明，是仍然以中共最高領導自居的。在他的意識裏，既然自己到了莫斯科，中共中央也就被他帶到了莫斯科。在蘇聯期間，他每每以中共中央的名義發表意見、發佈宣言，更常常對國內的「中央」發佈指示、命令。王明的政治態度本來「左」得嚇人，從來奉行的是「左傾關門主義」。到了莫斯科後卻漸漸有了變化。這時期，斯大林和共產國際，開始強調被帝國主義侵略國家的共產黨，應該與國內各種政治力量結成廣泛統一戰線，以反抗法西斯主義。這使王明頭腦中建立抗日民族統一戰線的思想開始形成。對此，曹仲彬、戴茂林合著的《王明傳》有這樣的評介：「在中國共產黨抗日民族統一戰線這一具有重大意義的新政策提出的歷史過程中，以王明爲首的中共代表團起了積極作用。身處莫斯科的特殊環境，使中共代表團能夠及時掌握共產國際政策的

〔註2〕盛岳：《莫斯科中山大學和中國革命》，東方出版社 2004 年 1 月第 1 版，第 251～252 頁。

轉變，遠離國內槍炮轟鳴的撕（廝）殺戰場，也使中共代表團能夠冷靜下來，認識國內階級關係的變化和民族矛盾的發展，逐步反省過去的政策和主張。1932 年底和 1933 年初，王明爲首的中共代表團在統一戰線問題上的觀念開始發生轉變，逐步提出了建立抗日民族統一戰線的主張。從 1933 年以後，王明雖然仍在一些問題上繼續堅持『左』的錯誤，而且不時提出一些『左』的主張。但從 1933 年到 1937 年間王明發表的文章及其主要活動來看，王明的主要活動開始轉到建立抗日民族統一戰線上來，逐步把建立抗日民族統一戰線作爲中共代表團的主要工作，爲中國共產黨實行抗日民族統一戰線的政策起了積極的作用。」〔註 3〕應該說，共產國際「政策」的轉變，是王明政治態度轉變的根本原因，甚至是唯一原因。但「態度」的轉變，並不意味著「思想」的轉變。說遠離國內的環境使王明冷靜地思考國內問題從而「思想」發生變化，恐怕並不合實情。其實王明從來是只有「態度」而沒有「思想」的。他唯共產國際馬首是瞻。由斯大林所掌控的共產國際，要王明「左」，王明決不會偏「右」半分；令王明「右」，王明決不會偏「左」毫釐。所以，應該把王明「態度」的轉變，完全視作對共產國際政策的響應。

　　1933 年 1 月 1 日，日軍進犯山海關，中國守軍何柱國部奮起抵抗，安德馨營三百人壯烈犧牲，長城抗戰由此拉開序幕。1 月 3 日，山海關淪陷。1 月 17 日，王明起草了《中華蘇維埃臨時中央政府工農紅軍革命軍事委員會爲反對日本帝國主義侵入華北願在三條件下與全國各軍隊共同抗日宣言》（簡稱「一・一七宣言」），以中華蘇維埃臨時中央政府主席毛澤東和中國工農紅軍革命軍事委員會主席朱德的名義發佈。該《宣言》寫道：「中華蘇維埃政府與工農紅軍革命軍事委員會在中國民眾面前宣言：在下列條件下，中國工農紅軍準備與任何武裝部隊訂立作戰協定，來反對日本帝國主義的侵略。立即停止進攻蘇維埃區域；立即保證民眾的民主權利（集會、結社、言論、罷工、出版之自由等）；立即武裝民眾創立武裝的義勇軍，以保衛中國及爭取中國的獨立統一與領土的完整。我們要求中國民眾及士兵，擁護這個口號，進行聯合一致的民族革命戰爭，爭取中國的獨立統一與領土的完整，將反對日本及一切帝國主義的鬥爭與反對帝國主義的走狗國民黨軍閥的賣國與投降的鬥爭聯結起來……」〔註 4〕這個《宣言》雖然仍然提及「國民黨軍閥」，但已經意

〔註 3〕　曹仲彬、戴茂林：《王明傳》，吉林文史出版社 1991 年 5 月第 1 版，第 254 頁。
〔註 4〕　見《中共黨史教學參考資料（一）》，人民出版社 1979 年版，第 546～547 頁。

味著政治態度的巨大轉變，應該說，是《八一宣言》的雛形。1933 年 1 月 26
日，以王明爲首的中共駐共產國際代表團，又以中共中央的名義，發出了《中
央給滿洲各級黨部及全體黨員的信——論滿洲的狀況和我們黨的任務》〔註 5〕
（簡稱「一‧二六指示信」）。這封指示信，對滿洲各級黨部和全體黨員提出
了在滿洲建立全民族的反帝統一戰線的要求。這期間，王明、康生還幾次連
名致信國內的臨時中央，信中都談及建立抗日民族統一戰線的問題。在王明
以個人名義發表的文章中，也總強調這一問題。

　　1935 年 7 月 25 日至 8 月 20 日，共產國際第七次（也是最後一次）代表
大會在莫斯科召開。共產國際執委會總書記季米特洛夫在會上做了《法西斯
的進攻以及共產國際在爭取工人階級團結起來反對法西斯的鬥爭中的任務》
的報告，報告論述了建立反法西斯統一戰線的意義，駁斥了反對建立統一戰
線的各種觀點，並強調：「在所有殖民地和半殖民地國家，反帝統一戰線問題
仍具有重要的意義。」〔註 6〕8 月 20 日，大會通過了《關於法西斯主義、工人
階級的團結和共產國際的任務決議》。針對中國問題，決議指出：「在中國，
必須擴大蘇維埃運動和加強紅軍的戰鬥力，同時要在全國範圍內開展人民反
帝運動。在運動中要提出如下口號：武裝人民進行民族革命戰爭，以反對帝
國主義奴役者，首先反對日本帝國主義及其中國僕從。蘇維埃應成爲聯合全
中國人民進行解放鬥爭的中心。」〔註 7〕

　　王明在 1934 年就參加了共產國際「七大」的籌備委員會，對共產國際在
策略上的重大轉變早有所知。他也早就根據這一新政策對國內臨時中央和東
北各級黨部發號施令。在共產國際「七大」召開前夕，中共代表團認爲有必
要發佈更加鄭重其事的宣言，以指導國內的工作，同時對共產國際代表大會
也是一種配合。在代表團集體討論的基礎上，王明起草了《爲抗日救國告全
體同胞書》。在經斯大林和季米特洛夫審閱認可後，8 月 1 日，以中國蘇維埃
中央政府和中國共產黨中央委員會的名義發表。《八一宣言》寫道：

　　　　今當我亡國滅種大禍迫在眉睫之時，共產黨和蘇維埃政府再一
　　次向全體同胞呼籲：無論各黨派間在過去和現在有任何政見和利害

〔註 5〕見《中共黨史教學參考資料（一）》，人民出版社 1979 年版，第 548 頁。

〔註 6〕見《共產國際有關中國革命的文獻資料》，第二輯，中國社會科學出版社 1982
　　　　年 6 月版，第 391 頁。

〔註 7〕見《共產國際有關中國革命的文獻資料》，第二輯，中國社會科學出版社 1982
　　　　年 6 月版，第 448 頁～449 頁。

的不同，無論各界同胞間有任何意見上或利益上的差異，無論各軍隊間過去和現在有任何敵對行動，大家都應當有「兄弟鬩於牆外禦其侮」的真誠覺悟，首先大家都應當停止內戰，以便集中一切國力（人力、物力、財力、武力）去為抗日救國的神聖事業而奮鬥。蘇維埃政府和共產黨特再一次鄭重宣告：只要國民黨軍隊停止進攻蘇區的行動，只要任何部隊實行對日抗戰，不管過去和現在他們與紅軍之間有任何舊仇宿怨，不管他們與紅軍之間在對內問題上有何分歧，紅軍不僅立刻對之停止敵對行為，而且願意與之親密攜手共同救國。

從 1927 年開始，共產黨與國民黨拼殺了近 10 年，如今突然以「兄弟」相稱，表示願「親密攜手」，確實給人以石破天驚之感。

《八一宣言》發表後，王明也開始積極與國民黨方面接觸，國共第二次「合作」進入實質性的談判階段。可以說，是《八一宣言》使得國共第二次「合作」成為可能。楊奎松在《國民黨的「聯共」與「反共」》中這樣說到《八一宣言》發表時的國內局勢：「就軍事力量對比而言，1935 年秋冬至 1936 年秋冬，國民黨可謂占盡先機和優勢。蔣介石及其南京政府正是在這段時間裏，成功地實現了統一中國的夢想。包括過去偏遠的西南各省，以及長期與南京對立的兩廣勢力，幾乎都被中央化了。而中共領導的紅軍，也一度被趕到甘北一隅之地，陷入極度危險之中，隨時有被消滅的可能。」〔註8〕使得中共全面而徹底地解脫離危機的，是「國共第二次合作」的實現。抗戰八年，中共及其軍隊迅速壯大，終於在日本投降後僅用三年時間即擊敗國民黨，奪取大陸政權。沒有以在《八一宣言》中最典型地體現了的「建立抗日民族統一戰線政策」，就沒有國共的「第二次合作」。而沒有斯大林所掌控的共產國際，就沒有中共的「抗日民族統一戰線政策」。中共必須與國民黨再度合作，必須停止與國民黨的內戰，必須讓蔣介石集中力量對付日本，是斯大林此時對中國問題的基本看法。從根本上說，斯大林才是中國的「抗日民族統一戰線」的締造者。沒有斯大林的旨意，沒有對斯大林態度的確認，王明是決不會、也決不敢從極「左」立場來個180 度的大轉變的。

那麼，斯大林為什麼要迫使中共放棄與國民黨的武裝對抗、與蔣介石再

〔註8〕 楊奎松：《國民黨的「聯共」與「反共」》，社會科學文獻出版社 2008 年第 1 版，第 310 頁。

度合作呢？這完全是從蘇聯自身的利益出發的。斯大林掌控的共產國際，在「七大」上要求各國共產黨在自己的國家建立廣泛的反法西斯統一戰線。具體說來，在歐洲，要求各國共產黨，在自己的國家被希特勒德國所侵犯、侵佔時，與包括本國統治者在內的各階級、各階層團結合作，共同抵抗法西斯德國。這樣做的目的，則是讓這些國家更有效更持久地纏住、拖住、咬住希特勒，使希特勒無力進犯蘇聯。即使不能最終阻止希特勒的犯蘇，也儘量延緩其犯蘇的時間，並儘量削弱其犯蘇的力量。當希特勒兵臨城下時或突破國門後，這些國家的共產黨如果仍然在國內大搞階級鬥爭、武裝暴動，那無疑會使本國抵抗希特勒的力量大大減弱，也正中希特勒的下懷。確切地說，斯大林之所以要求這些國家的共產黨在國內建立廣泛的反法西斯統一戰線，是要讓這些國家成為蘇聯的屏障。至於在亞洲，當日本侵佔東北後，斯大林就認為日本將以中國東北為跳板，進犯蘇聯。「七·七事變」後，日本發動了全面侵華的戰爭。斯大林這時擔心的，是日本一旦在中國全境站穩腳跟，就會抽出身來，與德國從兩面同時向蘇聯進攻，蘇聯就不得不兩面作戰，後果當然不堪設想。因此，讓日本在中國陷入泥潭，讓中日長期處於膠著狀態從而使得日本不可能抽身向蘇，是斯大林考慮中國問題時的基本原則。斯大林當然會認為，在中國，有可能纏住、拖住、咬住日本的，是蔣介石、是國民黨。而共產黨如果繼續與國民黨武裝對抗、國共之間如果繼續內戰下去，就可能使得中國無法抱緊、抱住日本的雙腿。因此，為了蘇聯的利益，中共必須停止與國民黨的武裝對立，必須與國民黨再度合作，必須在抗日民族統一戰線中服從蔣介石的指揮。目前出版的幾種王明傳記，在敘述《八一宣言》的問世時，都談及了斯大林當時的動機。曹仲彬、戴茂林合著的《王明傳》寫道：「中國抗日戰爭爆發後，為了讓中國拖住日本，從而減輕蘇聯的壓力，1937年 8 月 21 日，國民黨政府代表王寵惠和蘇聯駐華大使鮑格莫洛夫共同簽訂了《中蘇互不侵犯條約》。《中蘇互不侵犯條約》的簽訂是對中華民族抗日戰爭的重大支持，但蘇聯政府在抗戰期間對國共兩黨的基本態度是把中國抗戰的成敗主要繫於國民黨身上。斯大林認為，蔣介石政府由於有了英、美和蘇的援助，即使不能打敗日本侵略者，也能拖住日本。因此，他很擔心中國共產黨和毛澤東的獨立自主政策會惹怒蔣介石，共產黨力量的發展會使蔣介石不高興，由此可能造成統一戰線的破裂，拖不住日本，致使蘇聯陷於兩面作戰的境地。因此，共產國際和斯大林要求中國共產黨絕不能破裂（壞）統一戰

線，應當服從蔣介石的統一指揮。」〔註9〕周國全等人合著的《王明評傳》，也說到：「在德、意、日法西斯戰爭危險日益加劇的情況下，蘇聯為了避免兩面作戰的被動局面，急需在東方尋找一個力量阻止日本帝國主義對蘇聯的入侵。當時斯大林認為，中國共產黨的力量還比較弱小，不足以完成這一任務，只有蔣介石和國民黨才能完成這一使命。因而，蘇聯不僅於1935年春同南京政府恢復了外交關係，於1937年8月21日同南京政府簽訂了《中蘇互不侵犯條件》，在軍事上大力援助蔣介石，還要中國共產黨聯合蔣介石一起抗日，並以國民黨為中心結成民族統一戰線，對蔣介石、國民黨多加遷就和服從，支持蔣介石國民黨，盡量避免發生摩擦。」〔註10〕抗戰時期曾任蘇聯駐華武官和蔣介石軍事顧問的崔可夫，晚年在回憶錄《在華使命》中，說到來華前斯大林這樣向他交待任務：「你的任務，我們駐華全體人員的任務，就是要緊緊束縛日本侵略者的手腳。只有當日本侵略者的手腳被捆住的時候，我們才能在德國侵略者一旦進攻我國的時候避免兩面作戰。」〔註11〕

斯大林要求中共盡最大可能與國民黨合作，並盡量避免與國民黨發生摩擦。但他對毛澤東等人能否忠實地執行這一指示並不放心，於是派王明回國，擔負實地監督的任務。

三、《八一宣言》的影響

在中國建立「抗日民族統一戰線」，實際上是斯大林的一種謀略。《八一宣言》本質上不過是這種謀略的體現。斯大林此舉，雖然本意既非救中國，亦非救中共，但客觀上順應了其時中國的民心、民意、民情。所以，《八一宣言》一傳到國內，立刻產生了巨大反響，獲得極其廣泛的擁護和歡呼。

《八一宣言》首先刊登在巴黎出版的《救國報》上。《救國報》是中共駐共產國際代表團於1935年5月創辦的中文報紙，編輯部設在莫斯科，印刷發行則在巴黎。原因很簡單，就是在巴黎發行便於進入各國，尤其是便於進入中國。報紙每期在莫斯科編輯排版，打好紙型，然後航運到巴黎印刷。在1935年10月1日出版的《救國報》上，《八一宣言》公開發表。與此同時，中共

〔註9〕 曹仲彬、戴茂林：《王明傳》，吉林文史出版社1991年5月第1版，第288頁。
〔註10〕 周國全、郭德宏、李明三：《王明評傳》，安徽人民出版社1989年5月第1版，第290頁。
〔註11〕 〔蘇〕崔可夫：《在華使命》，新華出版社1980年9月版，第36頁。

代表團還寫信並郵寄《八一宣言》給美國的中共黨組織，要求他們將《八一宣言》鉛印數萬份，設法寄回中國，讓中國各階層都能看到，都知曉中共政治態度的巨大轉變。

　　《八一宣言》在國內引起的最直接的政治後果，是 1935 年在北京（其時官方名稱為「北平」）爆發的「一二‧九運動」。《八一宣言》傳到北京，北京各界自然歡欣鼓舞者眾多，但表現方式卻不一。而清華、北大、燕京等大學以及一些中學的學生，則以遊行請願的方式，要求國民政府立即接受中共的提議，停止內戰、一致抗日。在 20 世紀 30 年代，清華大學是北京學生運動的中心，也是全國學生運動的領頭羊。這首先因為清華的中共地下組織特別活躍、工作特別有成效。當清華的中共地下組織讀到《八一宣言》後，立即想到發起聲勢盡可能浩大的學生運動來響應中共中央這一政治方向的轉變。周天度、孫彩霞合著的《救國會史》這樣敘述「一二‧九運動」的發生：「華北事變後，中華民族面臨空前的嚴重危機。嚴重的局勢，引起一切不願做亡國奴的人們的深切關注。地處華北前線北平的青年學生政治尤為敏感，他們驚呼：『華北之大，已經安放不下一張平靜的書桌了！』在北京飯店一樓一家法國人開的書店，陳列和出售《共產國際通訊》、《共產國際半月刊》等外文刊物。中共地下黨員清華大學學生姚克廣（即姚依林），從這些刊物上看到共產國際『七大』文件和季米特洛夫的報告，以及中共的『八一宣言』，並將它們買回，分發給一些共產黨員和進步分子傳閱討論。在國內外因素的驅動下，由中共地下黨組織策劃，北平學生為反對日本侵佔華北，反對華北『自治』，挽救祖國危亡，挺身而出，在 12 月 9 日發動了震撼全國的『一二‧九』愛國運動。」〔註 12〕1981 年出版的《清華大學校史稿》則說：「1935 年 8 月中國共產黨的『八一宣言』傳到了清華園（引按：此處時間有誤，《八一宣言》不可能在 8 月就傳到清華園）。清華中共地下組織在半夜裏把它貼在學校的布告欄上。中國共產黨提出的『停止內戰，一致對外』的政治主張，迅速在廣大同學中傳播，得到了同學們的熱烈擁護，黨在群眾中的政治影響日益擴大了。」〔註 13〕

　　清華大學雖然是「一二‧九」學生運動的中心，但不能認為清華大學的學生運動就完全是本校的中共地下黨組織策劃領導的。當時的中共北平市委

〔註12〕周天度、孫彩霞：《救國會史》，群言出版社 2008 年 3 月第 1 版，第 10 頁。
〔註13〕見《清華大學校史稿》，中華書局 1981 年 2 月第 1 版，第 258 頁。

是全市學生運動的總指揮部。12 月 9 日這一天，北京的大中學生衝出校門、走上街頭，形成氣勢頗為壯觀的遊行請願運動，並且喊出了「停止內戰，一致對外」的口號。緊接著，在中共地下黨組織的策劃下，北京各學校實行總罷課。一周後的 12 月 16 日，在中共地下組織的策劃發動下，各校學生再次走上街頭。1935 年 12 月 19 日的《申報》這樣報導北京 12 月 16 日的學生運動：「北平各學校請願罷課風潮發生後，雖經校方當局力加勸導，原期於十六日復課，但學聯會因冀察政務委員會定十六日晨在外交大樓開成立大會，全市數十學校學生遂決定於是日舉行大遊行請願運動。當局方面雖早有戒備，惟各校學生皆於早六時分別出校，赴預先議定之地點集齊，結果卒得舉行成一萬餘學生大遊行示威運動。城內外交通斷絕終日，全市沸騰，誠為五四運動後悲烈壯舉。」在北京的學生運動中，最具有號召力、最能捕獲人心的口號，就是源於《八一宣言》的「停止內戰，一致對外」。由於有了這樣的口號，北京的學生運動贏得了全國各地的聲援。反應最熱烈的是上海。上海各界都發表了反對「華北自治」和聲援北京學生運動的宣言、通告。上海社會科學院出版社 1987 年 12 月出版的《「一二‧九」以後上海救國會史料選輯》，收錄了一部分這類文字。其中發表於 1935 年 12 月 18 日《申報》的「本市九十三同業公會發表維護領土完整宣言」，特別耐人尋味。「宣言」曰：「本市紙業、米號業、糖業、紗業、絲廠業、金業、棉布業、旅業、書業、綢緞業、電機絲織業、五金業、木業、麵粉廠業、竹業、切麵業、彈花業、牛羊業、陽傘業、鮮豬販賣業、鮮豬宰作業、醃臘業、餅乾糖果業、印鐵製罐業、綢緞印花業、眼鏡業、鐘錶業、國貨橡膠業、針織業、押店業、華洋雜貨業、化裝品業、電器業、簡薄業、運貨汽車業、牛羊生皮業、皮毛油骨業、草席業、玻璃業、西顏料業、機器染織業、呢絨業、地貨業、熱水瓶製造業、酒菜館業、鞋皮釘楦業、樹染業、黃砂軋石業、冷氣機冰業、蛋業、花業、鮮肉業、華商洋燭業、華商城業、麵皮業、國產顏料雜貨業、梁燒業、紗布號業、旱煙業、鮮豬行業、熟貨業、冰鮮魚行業、磁業、筆墨業、花粉業、油漆木器業、草呢帽業、紹酒業、燭業、履業、南貨業、柴炭行業、菱筍業、鹹魚業、漁輪業、雞鴨行業、油麻業、桂圓業、汽水果汁業、呢絨工廠業、海味雜貨業、營造廠業、成衣業、打鐵業、土布業、絡麻業、煙葉業、木材業、漆業、時裝業、洋莊茶業、國藥業等九十同業公會，昨聯名發表維護領土完整宣言。」這裏的不少行業，今天的人們已經不知是何營生了。總之是，「停止內戰，一

致對外」的口號，讓上海灘上殺豬宰牛者、打鐵修鞋者、賣雞賣鴨者、賣花
生瓜子者、賣筆墨紙張者、賣鹹魚黃酒者、賣蠟燭草帽者……都行動起來了，
都對這一口號表示了熱烈的響應。《八一宣言》在北京引燃了學生運動，而北
京的大火又蔓延到全國，其中在上海燒得最旺，遠比北京更其持久、熊熊。
12 月 20 日，上海也爆發了大規模的大中學生遊行、請願、示威活動，在寒風
中把市長吳鐵城包圍了兩天一夜，直到吳鐵城表示同意學生的要求。

當然不能說上海灘上的大火，完全是北京的學生運動所引燃。《八一宣言》
傳到上海後，上海灘就開始了躁動。周天度、孫彩霞合著的《沈鈞儒傳》說：
「『八一宣言』在國外發表後，通過多種渠道傳回國內，也傳到了上海，在一
些中共地下黨員和黨外愛國進步人士中流傳。當時，沈鈞儒和上海文化界的
一些愛國進步人士及中共地下黨員經常以聚餐會的形式，一起討論時局，探
求挽救祖國危亡、尋找民族出路的方案。……『八一宣言』給予沈鈞儒新的
啓迪和動力，他抗日救國的愛國激情更加高昂。」〔註 14〕當然不僅僅是沈鈞
儒一個人的愛國熱情因《八一宣言》而更加高昂。應該說，上海灘上許多人
本來就有的愛國熱情因《八一宣言》而凝聚成巨大的力量。1935 年 12 月 12
日，馬相伯、沈鈞儒、鄒韜奮、章乃器、王造時、陶行知、李公樸等 283 人，
在鄒韜奮主編的《大眾生活》第一卷第六期上，聯名發表了《上海文化界救
國運動宣言》。緊接著，上海灘上各種名目的「救國會」爭相亮相。1935 年
12 月 22 日，「上海婦女界救國會」首先成立，緊隨女界之後而登場者，有「上
海文化界救國會」、「上海學生界救國會」、「上海職業界救國會」、「國難教育
社」、「上海工人救國會」、「上海各大學教授救國會」、「上海電影界救國會」、
「上海市小學校救國會」、「上海各國救國聯合會」等。它們發表宣言、遊行
示威，上海灘大有沸騰之勢。

瑞金的中共中央開始「長征」後，上海灘上的中共地下組織就與中央失
去了聯繫。《八一宣言》傳來，算是傳來了中央的聲音，上海灘上的中共地下
黨自然也行動起來。這裏只說文化界的情形。夏衍在《懶尋舊夢錄》裏，回
憶了上海文化界的中共地下組織在《八一宣言》指示下改變工作方向、調整
政治方針的經過。

新「文委」（引按：即「中共中央宣傳部文化工作委員會」）組
成後不久，大約在十月下旬，我在史沫特萊處得到一份在法國巴黎

〔註14〕周天度、孫彩霞：《沈鈞儒傳》，人民出版社 2006 年 7 月第 1 版，第 116 頁。

出版的《救國報》，……在一九三五年十月一日的這張報紙上，以專
載的形式發表了一份題為《中國蘇維埃政府、中國共產黨為抗日救
國告全體同胞書》的文件，文件後面簽署的是：中國蘇維埃中央政
府和中國共產黨中央委員會。由於這個文件是八月一日簽發的，所
以後來就叫作《八一宣言》。這個宣言第一次以黨中央名義提出了：
停止內戰、共同抗日救國、組織國防政府和抗日聯軍等政治口號。
這對我們來說，也正是和黨中央失去了聯繫之後第一次得到的中央
的指示。這之後不久，我們又從南京路惠羅公司後面的一家外國書
店裏買到了一份九月份的第三國際機關報《國際通訊》（英文版），
這上面登載了季米特洛夫在共產國際七月二十五日至八月二十日舉
行的第七次代表大會上所作的長篇政治報告，其主要內容是根據當
時的國際形勢，提出了在資本主義國家建立工人階級反法西斯的統
一戰線，和在殖民地、半殖民地國家建立反帝國主義侵略的民族統
一戰線的方針。

正像大旱遇到甘露，「文委」成員一遍又一遍地閱讀了《八一宣
言》和季米特洛夫報告，然後分別向各聯和所屬單位的黨員進行傳
達。這在思想上是一個很大的轉變，特別是組織國防政府和建立抗
日聯軍這兩個問題，所以我們決定先在黨內討論，取得一致意見後
再向黨外傳達。〔註15〕

《八一宣言》對於周揚、夏衍這類隱藏在上海從事「文化工作」的中共黨員，
既是久旱後的甘霖，也是當頭棒喝。1935 年的 11 月中旬，周揚們收到「左聯」
駐蘇聯代表蕭三從莫斯科寄來的信。蕭三的信在肯定「左聯」此前工作的成
績後，也批評了「左聯」「向來所有的關門主義——宗派主義」，要求「左聯」
的工作「要有一個大的轉變」：

在組織方面——取消左聯，發宣言解散它，另外發起、組織一
個廣大的文學團體，極力奪取公開的可能，在「保護國家」，「挽救
中華民族」，「繼續『五四』精神」或「完成『五四』使命」，「反覆
古」等口號下，吸引大批作家加入反帝反封建的聯合戰線上來，「凡
是不願作亡國奴的作家，文學家，知識分子，聯合起來！」——這，

〔註15〕夏衍：《懶尋舊夢錄》，三聯書店 1985 年 7 月第 1 版，第 293～294 頁。

就是我們進行的方針。〔註16〕

周揚、夏衍們當然能看出，這封信表達的並非蕭三個人的意見，「而是中共駐共產國際代表團對「左聯」的指示。而這一指示，又和國際七大決議、和《八一宣言》是一致的；這時，我們和中央失去組織關係已經九個月了，一旦接到這一指示，我們就毫不遲疑地決定了解散『左聯』和『文委』所屬各聯，另行組織更廣泛的文化、文藝團體。」〔註17〕1936年春，「左聯」自行解散，周揚、夏衍們拋出了「國防文學」的口號。

1936年1月27日，「北平文化界救國會」也宣告成立，並發表宣言。宣言稱：「我們這時候才起來做救國運動，是慚愧到十二萬分。現在上海的文化界已先我們而發動了。他們對國家的苦心熱誠，他們認清了事實的真相，他們下了最大的決心，都是叫我們十二萬分欽佩的；他們兩次宣言提出的一切主張，我們完全贊同。」〔註18〕

在北京，首先在報刊上撰文響應中共《八一宣言》的，是著名人士張東蓀。張氏本對中共多有批評指責，並不認同「馬克思主義」，但《八一宣言》卻令其十分興奮，不但認爲這意味著中共的「轉向」，而且誤認爲意味著中共的「懺悔」。在1936年2月7日出版的《自由評論》第10期上，張東蓀發表了《評共產黨宣言並論全國大合作》一文，對《八一宣言》表示了熱烈的回應。文章說：「一個向來主張廢除私產的黨現在居然說保護財產和營業的自由了。以一個向來主張無產階級專政的黨現在居然說實行民主自由了。以一個向來主張完成世界革命的黨現在居然說爲國家獨立與祖國生命而戰了。以一個向來受命於第三國際的黨現在居然說中國人的事應由中國人自己解決了。以一個向來主張用階級鬥爭爲推動力對於一切不妥協的黨現在居然說願意與各黨派不問已往仇怨都合作起來，這是何等轉向，這個轉向是何等光明！我們對於這樣勇敢的轉向又應得作何等佩服！」張東蓀的文章，引起了中共北方局書記劉少奇的高度重視。劉少奇立即化名陶尚行，給張東蓀寫了一封長信，對張東蓀熱情洋溢地響應中共新政略表示讚賞，也對張東蓀文章中的某些說法做了「糾正」，並請求將此信在《自由評論》公開發表。很快，劉少奇

〔註16〕蕭三：《給左聯的信》，見陳瘦竹主編《左翼文藝運動史料》，南京大學學報編輯部出版，1980年5月第一次印刷。
〔註17〕夏衍：《懶尋舊夢錄》，三聯書店1985年7月第1版，第298～299頁。
〔註18〕見《救國會》，中國社會科學出版社1981年10月第1版，第81頁。

的這封信，以《關於共產黨的一封信》為題，發表於《自由評論》（引按：此信後收入《劉少奇選集》上卷）。

正是在這樣的背景下，時任中共北方局宣傳部長的陳伯達，拋出了《哲學的國防動員──新哲學者的自己批判和關於新啟蒙運動的建議》一文，拉開了「新啟蒙運動」的序幕。

四、「新啟蒙運動」的真意及其話語策略

如果不瞭解「新啟蒙運動」的時代背景，只是孤立地讀陳伯達、艾思奇、何幹之等人當時的文章，會有如墮煙霧之感，會覺得他們把許多不同範疇、不同層面、不同性質的問題一鍋煮，做成了一碗東北餐桌上的「亂燉」。例如，陳伯達點燃「新啟蒙運動」之火的那篇數千字文章，題目就讓人莫明其妙。「哲學」與「國防動員」，可謂風馬牛不相及，如何能扯到一起呢。但如果明白了陳伯達們寫這類文章的時代背景和本來目的，就能明白他們當時的話語策略。懂得了他們的話語策略，才能對他們的文章見怪不怪，才能讀懂他們的假意和真心。

陳伯達的《哲學的國防動員──新哲學者的自己批判和關於新啟蒙運動的建議》一文，發表於 1936 年 9 月出版的《讀書生活》第四卷第九期。副標題中的所謂「新哲學」，就是「辯證唯物論」，或者說「馬克思主義」之意。這篇文章有兩層意思，一層意思是指出「新哲學者」既有工作的不足。陳伯達自認為是「新哲學」的代表者，所以說是「自己批判」。「新哲學者」的不足是什麼呢？陳伯達認為是沒有很好的利用已奪取的陣地：「我們新哲學者應該實行自己批判。中國新哲學者雖則已佔住了自己堅固的陣地，卻還沒有很好地利用這個陣地，盡了自己應當盡的任務。」而這又表現在兩個方面。一是「對於中國的舊傳統思想，一般地缺乏了有系統的批判」，二是「關於哲學的寫作中，也還沒有很好地和現實的政治結合起來，沒有很好地用活生生的中國政治實例來闡釋辯證法，使唯物辯證法在中國問題中具體化起來，更充實起來……這樣子，新哲學就容易變成空談」。第一個方面，即對「傳統思想」的批判方面，姑且不論。第二個方面，強調的是「新哲學」應該更好地為中共的現行政治服務。既然「新哲學者」存在這樣的不足，那怎樣才能「補偏救弊」呢？這就有了文章的第二層意思：「新啟蒙運動」。陳伯達寫道：「當著目前民族大破滅危機的面前，哲學上的爭鬥，應該和一般的人民爭鬥結合起

來，我們應該組織哲學上的救亡民主的大聯合，應該發動一個大規模的新啓蒙運動。新哲學者一方面要努力不倦地根據自己獨立的根本立場，站在中國思想界的前頭，進行各方面之思想的爭鬥，從事於中國現實之唯物辯證法的闡釋；另一方面則應該打破關門主義的門戶，在抗敵反禮教反獨斷反迷信的爭鬥中，以自己的正確理論爲中心，而與哲學上的一切忠心祖國的分子，一切民主主義者，自由主義者，一切理性主義者，一切唯物主義的自然科學家，進行大聯合陣線。」

陳伯達這篇發軔之作，其實已把發動「新啓蒙運動」的目的和實現目的之手段，都說出來了。發動「新啓蒙運動」的目的，是要在中國普及「新哲學」，是要讓「新哲學」更好地爲中共的現實政治服務。至於手段，文章的標題已說得很清楚，那就是在「國防動員」的旗號下，發動「新啓蒙運動」，以「啓蒙」的方式，把「新哲學」灌輸到盡可能多的人的頭腦中去。

緊接著，在 1936 年 10 月 1 日出版的《新世紀》第一卷第二期上，陳伯達又發表了《論新啓蒙運動——第二次的新文化運動——文化上的救亡運動》。陳伯達開始明確地把他們的「新啓蒙運動」與「五四」新文化運動相提並論。「五四」新文化運動是第一次新文化運動，而「新啓蒙運動」則是「第二次新文化運動」。這「第二次新文化運動」不僅是對第一次的繼承，更是對第一次的「超越」，是對第一次所具有的「局限」的「克服」，是更高一級的「啓蒙」。首先撰文響應陳伯達的，是在上海的艾思奇。這年春季，當周揚們提出「國防文學」口號時，艾思奇曾熱烈響應。文學並非艾思奇所操之業，但他卻成爲「國防文學」這一口號的堅決捍衛者。而現在，陳伯達分明提出的是「國防哲學」的口號。哲學則是艾思奇的「專長」，他更沒有理由不立即站出來了。在 1936 年 10 月出版的《生活》星期刊第一卷上，艾思奇發表了《中國目前的文化運動》，熱烈地呼應了陳伯達。艾思奇還在 1937 年 3 月 5 日出版的《文化食糧》創刊號上發表了《新啓蒙運動和中國的自覺運動》，主要是在「愛國主義」上做文章。從 1936 年秋到 1937 年，陳伯達還發表了長文《思想的自由與自由的思想——再論新啓蒙運動》和《論五四新文化運動》（《認識月刊》1937 年 6 月創刊號）、《思想無罪——我們要爲「保衛中國最好的文化傳統」和「爭取現代文化的中國」而奮鬥》（《讀書月報》1937 年第 3號）等文章。艾思奇還發表了《什麼是新啓蒙運動》（《國民周刊》1937 年 6月第 8 期）、《論思想文化問題》（《認識月刊》1937 年 6 月創刊號）等文章。

何幹之發表了《新啓蒙運動與哲學家》（《國民周刊》1937 年 7 月第 1 卷第 13
期）。此外，張申府、沈于田等許多人都參與了討論。柳湜（中共黨員）還推
出了一本小冊子《國難與文化》（黑白叢書社 1937 年 3 月），對「中國文化運
動往何處去的問題，作一個系統的答覆」。1937 年 5 月出版的《讀書月報》創
刊號上，發表了何幹之、吳清友等撰寫的《「新啓蒙運動」座談》。文章開頭
說：「近來我國文化界有人提出了一個『新啓蒙運動』的口號，接著也有人著
文響應這個口號，從而這個運動便在無形中形成了，爲究明這個運動的本質
起見，本刊曾於最近召請了幾位文化人，舉行了一次新啓蒙運動座談」。文章
從五個方面對座談做了綜述。在《月報》第 1 卷第 7 期上，發表了署名「非
白」的《新啓蒙運動在北平》，文末注明寫於 1937 年 6 月 8 日夜。文章以這
樣一段開頭：

> 舊啓蒙運動（五四新文化運動）是以十八年前北京的五四學生
> 運動爲導火線，而掀起的一個思想解放運動；同樣的，我們新啓蒙
> 運動的爆發，也可說是以一二九北平學生救亡運動爲契機的，這好
> 像是歷史的偶然，使舊的和新的兩個啓蒙運動，恰好都發生在北平。
> 其實我們如果從封建的帝都北京，和被敵人蹂躪的國防前線的北
> 平，這兩個不同的背景去考察新啓蒙運動的主要對象，即刻會發現
> 兩個啓蒙運動同樣發生在北京或北平的必然性。

這番話讓我們明白，「新啓蒙運動」之所謂「新」，是相對於「五四新文化運
動」之「舊」而言的。這番話也明確地宣稱，所謂「新啓蒙運動」是「一二·
九運動」引發的。非白還寫道：「從五四紀念以後北平的新啓蒙運動，不僅是
前進的文化人和文化團體在推進，而已得到廣大的救亡團體的支持和推動
了。……在五月的一個月中，由筆者的統計，北平各報紙雜誌上，共發表了
三十六篇討論新啓蒙運動的論文。」

　　1937 年 12 月，何幹之出版了《近代中國啓蒙運動史》（上海生活書店）。
在這本小書中，何幹之從曾國藩、李鴻章的洋務運動說起，依次評說了「康
梁的維新運動」、「辛亥反正的三民政策」、「五四時代的文化運動」、「國民革
命時代及其以後的新社會科學運動」。對這些「啓蒙運動」，何幹之當然也不
能不有所肯定，雖然肯定得常常有些勉強、有些含糊。對這些「啓蒙運動」，
何幹之卻有更明確的否定。何幹之以專著的方式論述這些「啓蒙運動」，目的
就是要清算它們，就是要指出它們的種種「局限」。在清算了此前的歷次「啓

蒙運動」後，何幹之說到了目前的「新啓蒙運動」。何幹之不遺餘力地強調，「新啓蒙運動」是對此前歷次「啓蒙運動」的「超越」，是最合理、最高級的「啓蒙運動」，是眞正能「創造現代中國新文化的運動」。因爲「新啓蒙運動」「只是在形式上反覆著過去運動的姿態，而實質上卻已到了一個新的階段。譬如同是愛國主義運動，但這一次啓蒙運動所選擇的對象不同；同是自由主義運動，但在目前，我們已經鍛錬了一個壁壘鮮明的思想派系了；過去反封建任務未完成，目前在理性運動面前，以公正的姿態，批判一切非理性的東西。」〔註19〕

　　非白的《新啓蒙運動在北平》，把「新啓蒙運動」與「五四新文化運動」相提並論的理由，是二者都由學生運動所引發，這理由其實並不成立。「五四」時期的「新文化運動」，早在 1919 年 5 月 4 日之前就開始了。與其說是「五四學生運動」引發了「五四新文化運動」，毋寧說是「五四新文化運動」引發了「五四學生運動」。「五四學生運動」首先是啓蒙的果實而不是啓蒙的種子。但陳伯達等人所謂的「新啓蒙運動」卻的確是學生運動的產物。應該說，是《八一宣言》引發了「一二・九運動」，而「一二・九運動」及其引發的全國性的救亡熱潮，啓發了陳伯達等中共理論家，使他們巧妙地借助這股熱潮，發起了一場以「啓蒙」命名的思想運動。應該說，陳伯達等人的確是非常善於抓住時機的。在此之前，陳伯達等中共理論家，就致力於宣傳、普及「新哲學」，但那是被國民黨和國民政府所禁止的，因而是一種「地下工作」，一種有風險的工作。正因爲如此，其效果也就有限。而「抗日民族統一戰線」的形成，就意味著共產黨在政治上的合法化。這樣，公開地、大規模地宣傳「新哲學」也就有了可能。當然，陳伯達不會愚蠢到把這場宣傳運動直露地命名爲「新哲學宣傳運動」或「馬克思主義普及運動」，他必須爲這場運動起一個既動聽又堂皇的名目，「新啓蒙」就是這樣一個可讓陳伯達們「明修棧道，暗渡陳倉」的名目。因此，把這場本意在於借助救亡熱潮宣傳、普及「左傾」思想的運動冠以「新啓蒙運動」之名，本身就是一種話語策略。

　　強調思想和言論的自由，也是陳伯達們的話語策略之一。陳伯達們要借救亡大潮獲取公開地、合法地、大張旗鼓地宣傳「新哲學」的權利，當然要極力強調思想和言論的自由，要拼命鼓吹「思想的大解放」。在長文《思想的自由與自由的思想》中，陳伯達激昂地說：「挽救目前思想界的危機，惟一的

〔註19〕見《何幹之文集》，中國人民大學出版社 1989 年 12 月第 1 版，第 400 頁。

道路就是思想的大解放。要掃清數萬萬同胞數千年來的愚昧,使他們能普遍走上救國的覺醒,惟一的道理,也就是思想的大解放。每人都應有自由思想的權利,每人都應有自由的思想。每人都應有批評的權利,每人都應可以被批評。我們所提出的新啓蒙運動,其內容總括來說,就是思想的自由與自由的思想。」陳伯達的《思想無罪》一文,更是以這樣的話開頭:「在專制時代的中國,在中世紀的歐洲,在希特勒的德意志和墨索里尼的意大利,思想是犯罪的。在民主共和的中國,我們要宣佈思想無罪。在這正要喚起民眾來拯救自己祖國的中國新思想更應當無罪,新啓蒙運動更應當無罪。」這讓人看得很明白:強調「思想無罪」的目的,是要為「新思想(新哲學)」爭取生存空間,是要讓「新啓蒙運動」具有政治上的合法性。艾思奇、何幹之等其它中共理論家,也總不忘強調思想和言論的自由。在《新啓蒙運動與哲學家》一文中,何幹之強調「新啓蒙運動是文化思想上的自由主義運動」,是「以愛國主義為目的,以自由主義為方法」。如果以為陳伯達們是在泛泛地主張思想自由,如果相信陳伯達們是在強調各種思想的共存,那就錯了。《哲學的國防動員》一文,是發起「新啓蒙運動」的信號彈。在這篇文章裏,陳伯達已說得很清楚,「新啓蒙運動的目的」是要讓「新哲學」更廣泛地走向社會、更深入地進入人心、更緊密地與現實政治結合、更直接地為中共的現行政治服務。所以,陳伯達所謂的「思想的自由」,就是「左翼」理論家宣傳「新哲學」的自由;陳伯達所謂的「自由的思想」,就是社會大眾、尤其是青年一代接受、信奉「新哲學」的自由。何幹之在《近代中國啓蒙運動史》中把話說得更明白:「自由二字,會引起一部分人的誤解。思想自由,並不是說封建思想、漢奸思想、頹廢思想也有自由存在、自由發展的機會。不是的。」「然而思想自由,並不是說『你對,我對,他對,大家都對』,也不是說『你不對,我不對,他不對,但是大家混在一起,燒成一碗五花八門的燴湯就是對了。』」〔註20〕

所謂「思想的自由與自由的思想」本是一種話語策略。何幹之強調了各種思想的自由競爭,他相信「新哲學」具有強勁的競爭力。而他之所以有如此自信,則源於另一種更重要的話語策略,這就是緊扣住「愛國」和「救亡」來從事「新啓蒙運動」。緊緊地與「愛國」與「救亡」連在一起,是陳伯達們發動和開展「新啓蒙運動」的基本策略,甚至可以說,是一種根本戰略。1933

〔註20〕見《何乾之文集》,中國人民大學出版社 1989 年 12 月第 1 版,第 418～419 頁。

年 10 月，王明、康生聯名從莫斯科寫信給國內的臨時中央局，強調：「『抗日救國』是目前中國民眾最關心最主要的問題，誰能在實際上證明他能解決這個政治問題，誰就能取得廣大民眾的擁護，誰就能成為政治鬥爭的勝利者。」〔註21〕「抗日救國」，分明是一個軍事問題，一個以武力擊敗日本的軍事問題。然而，王明、康生卻把它看成一個「政治問題」，一個「取得廣大民眾擁護」的「政治問題」。換一種說法就是：誰能主動提出「停止內戰，一致抗日」，誰把「抗日救國」的口號喊得最響，誰最積極地表示願與各黨各派在「抗日救國」的前提下合作，誰就最能贏得人心，誰就最受大眾擁護，誰就擁有了最廣大的群眾，誰在政治鬥爭中就勝利了。1935 年秋，蕭三從莫斯科給國內的「左聯」寫信，提出的口號也是：「凡是不願作亡國奴的作家，文學家，知識分子，聯合起來！」陳伯達、何幹之們當然也非常清楚，在中日之間的民族矛盾如此尖銳的時候，在廣大民眾日日夜夜所思所想的都是抗日救亡的時候，任何一種運動，不管是思想運動、政治運動還是社會運動，都必須打出「愛國主義」的旗幟才能吸引民眾，都必須標榜旨在救國才能得到支持、歡呼。陳伯達本意是借機宣傳、普及馬克思主義這種「新哲學」。但馬克思主義與愛國主義不但不同，且極為衝突。「全世界無產者聯合起來！」，這是馬克思主義最響亮的口號；「工人階級沒有祖國」，這是馬克思主義的經典表述。至於列寧，更有名言曰：「愛國主義是流氓最後的避難所。」在救亡大潮中，陳伯達如果仍然這樣宣傳馬克思主義列寧主義，那無疑會招致廣大民眾的強烈反感，無疑會被廣大民眾所唾棄，那救亡大潮非但不能成為他們的宣傳之助，反而會淹沒他們的宣傳、滌蕩他們的宣傳。陳伯達們在救亡大潮中發起「新啓蒙運動」，本意就是在「借勢」，「借」這救亡大潮之「勢」。所以，他們當然會緊緊扣住「愛國主義」做文章，當然會把「抗日救國」作為口頭禪。

陳伯達的《哲學的國防動員》，是「新啓蒙運動」的發軔之作。文章標題就插上了「國防」的旗幟。陳伯達們還拼命強調「理性」。其實，在救亡圖存的緊急關頭，人們往往是難得「理性」的，「哲學的國防動員」這樣莫明其妙的話都有號召力，就能說明人們的「理性」是怎樣的匱乏。但那時候，「國防」、「抗戰」、「救亡」、「愛國」一類字眼，以任何方式出現，都能被接受、都能受歡迎。在《論新啓蒙運動》中，陳伯達則把「新啓蒙運動」說成是「文化上的救亡運動」。在《思想的自由與自由的思想》中，陳伯達強調：「新啓蒙

〔註21〕 曹仲彬、戴茂林：《王明傳》，吉林文史出版社 1991 年 5 月第 1 版，第 261 頁。

運動是民主主義的思想運動，是愛國主義的思想運動。說是民主主義的，就
是說：思想的自由與自由的思想。說是愛國主義的就是說：這種思想的自由
與自由的思想，在目前是爲著喚醒四萬萬同胞起來保衛我們垂危的祖國。」
在《哲學的國防動員》中，陳伯達說得明白，發起「新啓蒙運動」的目的，
是要宣傳、普及「新哲學」。而「新哲學」是宣稱「工人階級沒有祖國」的。
所以，當陳伯達們反覆強調「新啓蒙運動」的「愛國主義」性質時，當他們
竭力鼓吹「新啓蒙運動」的救亡宗旨時，無疑是言不由衷的。時刻不忘強調
「愛國主義」，時刻不忘把「新啓蒙運動」與「抗日救國」掛鈎，是其時投身
「新啓蒙運動」的中共理論家的共同策略。艾思奇在《我們目前的文化運動》
中，說「新啓蒙運動」「是以愛國主義爲直接的主要內容的文化運動。」今天
的人們或許會問：既然「愛國主義」是這「文化運動」的「直接的主要的內
容」，那何不乾脆就叫「愛國主義文化運動」？充其量在其前面著一「新」字
吧，稱之爲「新愛國主義文化運動」豈不更能打動大眾？《讀書月報》發表
的《「新啓蒙運動」座談》，說「爲了提醒廣大民眾的愛國意識起見，當前的
文化運動，也不妨叫做國難文化運動。」雖然說「也不妨」，但畢竟沒有這樣
叫。實際上，如果把這場運動直捷明快地叫做「新愛國主義文化運動」或「國
難文化運動」，那無疑更有號召力。陳伯達們之所以沒有這樣叫，就因爲並非
「不妨」而是大大「有妨」。這樣叫妨礙了什麼呢？妨礙了「新哲學」的宣傳、
普及，妨礙了發起者眞實目的的實現。強調「愛國主義」，強調「抗日救亡」
是基本策略，但如果連運動的名稱都變成「愛國主義文化運動」或「國難文
化運動」，那就是在作繭自縛，不利於在這運動中宣傳、普及「新哲學」。陳
伯達們只是在解釋、說明什麼是「新啓蒙運動」時，大力強調其「愛國主義」
的性質和「救亡圖存」的目的。而在具體的工作中，他們要大力宣傳、普及
「新哲學」，這「新哲學」是不可能總與「愛國」、「救亡」相聯繫的。這樣，
他們就在標榜「愛國」和「救亡」的同時，又給這運動冠以「新啓蒙」這樣
一個既動聽又具有包容性的名目，自己也就有了充分的閃展騰挪的空間。何
幹之在《近代中國啓蒙運動史》中說過這樣一番話：

> 我們說新啓蒙運動是愛國主義運動，只是就它的效果上，就
> 終歸的目的上說的。無論一篇科學論文，或是一篇文學作品，只
> 要它是現實的反映，對於我們認識目前的局勢有好處，那就可以
> 說是愛國主義。並不是什麼東西，開口閉口都不離愛國這兩個字。

　　我試舉一個例子來說明一下。科學與藝術原來是兩門不同性質的
　　學問，科學是抽象地反映或表現現實，而藝術卻是具體地反映或
　　表現現實。一篇論文，不論是歷史、經濟、哲學都用分析方法，
　　有條不紊地把世界解剖了，但是一篇創作，不論是小說、戲劇、
　　詩歌，卻用具體的事實來表現這個世界的面貌。然而無論是抽象
　　的或具體的，它們都是客觀世界的反映，使人們認識這世界原來
　　是這個樣子。〔註22〕

這樣一來，「愛國主義」就變得十分寬泛了。任何文章、著作、文藝作品，只
要是「客觀世界的反映」，就可算在「愛國主義」名下。這樣給「愛國主義」
下定義，也意在為「新哲學」和「左翼文藝」在「新啓蒙」的名義下「暗渡
陳倉」而辯護。

五、「新哲學」踏倒「五四」而高歌猛進

　　陳伯達、艾思奇、何幹之等人宣傳、解說「新啓蒙運動」的文章，其實
有許多自相矛盾之處。這也不奇怪，既然本來就是在「明修棧道，暗渡陳倉」，
那就難免顧此失彼。在《哲學的國防動員》中，陳伯達開宗明義地說明發動
「新啓蒙運動」的目的，就是要讓「新哲學」更好地走向大眾、更緊密地與
現實政治相結合，並且強調「新哲學者」要「努力不倦地根據自己獨立的根
本立場，站在中國思想界的前頭，進行各方面之思想鬥爭」。既如此，這場「新
啓蒙運動」就不折不扣地是一場「左翼文化運動」了。然而，在《思想的自
由與自由的思想》中，陳伯達又極力否定這一點：「但我們這裏同時也要聲明：
新啓蒙運動並不是如某些人所說，是屬於『左翼』的。不，新啓蒙運動是一
切愛國文化人，一切理性主義者，一切民主主義者，一切科學家，一切平民
教育者，一切開明的教育家⋯⋯的共同文化運動。」分明意在讓「左翼」的
思想征服、俘虜盡可能多的人，卻又並不打出「左翼」的旗號，套用後來的
一種句式，可叫做行「右」實「左」。在解說「愛國主義」問題時，陳伯達等
人也必然捉襟見肘。「愛國主義」並不是什麼新東西，近代以來的「啓蒙運動」，
從康、梁到「五四」，都可與「愛國主義」相聯繫。既然「舊啓蒙運動」也可
歸結為「愛國主義」，那「新啓蒙運動」的「愛國主義」又「新」在哪裏呢？

〔註22〕見《何乾之文集》，中國人民大學出版社 1989 年 12 月第 1 版，第 414 頁。

對此，何幹之有這樣的回答：

> 也許有人覺得愛國主義不算得是新啟蒙運動的特點，因為不論在那（哪）一次的思想運動中，愛國主義都有它的地位。洋務運動、維新運動、就是封建上層分子目擊中國民族的危機所提出的改良政策，這是國難所引起的。辛亥革命時代的民族、民權、民生三大政策，也是創造者目擊中日戰爭，庚子聯軍入京等國恥而發出的救亡呼聲。五四文化運動的發生是由於中日外交的直接刺激，大概我們還記憶猶新的。新社會科學運動，也是反帝反封建的文化運動。檢查一下百年來的文化思想史，都充滿了愛國主義的氣味。中國啟蒙運動史，簡直可以說是愛國主義文化史的別名。然而歷史上的愛國主義與今日的愛國主義，實在有根本的不同點。張、李、康、梁的目的在改良封建的政治機構，以加強對外的力量。辛亥革命以反滿為它的直接目的。五四運動、新社會科學運動，也是以改革內政為民族解放的依歸。可以說過去一切文化運動的直接目的，是對內而不是對外，由對內的改革以達對外的獨立。如今事情卻是兩樣。在敵人的直接猛烈侵略的處境之下，已沒有自己改造的餘地了。敵人要併吞整個中國，不論什麼階級人等，都是他們的征服對象。從前守中立的資本勢力，與敵人同流合污的封建殘餘，也不能逃出這一場劫難。全民族今日所普遍受到的是生與死的威脅。在生與死的最後交界線中，我們要考慮民族的自覺。我們倘不萬眾一心，團結禦侮，抵抗強權，唯有全體滅亡。我們只有走上愛國主義的一途，此外再沒有第二條路可走了。〔註23〕

稍有常識者都能看出，這樣區分「愛國主義」的「舊」與「新」，實在過於勉強。按照何幹之的說法，此前的「愛國主義」，是源於敵人在國門外騷擾（這說法是否準確姑且不論），而眼下的「愛國主義」則源於敵人已打進國門。就算是這樣吧，這「兩種」「愛國主義」又能有什麼「根本的不同」呢？當然，何幹之還指出，過去的「愛國主義」，是直接針對本國政府，是要求改革內政以抗強敵；而眼下的「愛國主義」，已不指向本國政府，而只是全民族精誠團結，共同禦侮，因為這次「已沒有自己改造的餘地了」。如果真是這樣，那這

─────────────

〔註23〕見《何乾之文集》，中國人民大學出版社1989年12月第1版，第414～415頁。

次的「愛國主義」就變得更簡單了，簡單到根本用不著以一場聲勢浩大的思想文化運動來啓發它。所以，何幹之的這番說辭，無非是爲了給「新啓蒙運動」找到理論上的合法性而強詞奪理。

「新啓蒙運動」面對的最大障礙，其實是「五四」新文化運動的成果。「五四」新文化運動作爲一場眞正意義上的思想啓蒙運動，已有了不可忽視的影響。「五四」確立了一系列新的價值觀念，傳播了種種新的知識、新的觀察問題的方法。而且，魯迅、胡適等「五四」啓蒙老將，一直在繼續著「五四」式的啓蒙。二十來年間，「五四」式的啓蒙儘管很艱難，但畢竟也在一點一滴地、迂迴曲折地改造著人們的心智。陳伯達們要發起「新啓蒙運動」，就必須對「舊啓蒙運動」進行清算。「五四」之前的那些「啓蒙運動」清算起來較爲容易，可以盡情地否定而不必有過多的顧忌。但「五四」，情形就不同了。無論在哪種意義上，簡單地、明確地否定「五四」，都是不明智之舉，這會招致強烈的反感，使很多人拂袖而去。但不否定「五四」，「新啓蒙運動」就沒有必要展開了。陳伯達們發起「新啓蒙運動」，目的就是要用「新哲學」否定和取代「舊啓蒙運動」。而他們心目中的「舊啓蒙運動」，主要就是「五四」新文化運動。在陳伯達們看來，「五四」是以「資本主義文化」否定和取代「封建主義文化」。「封建主義文化」當然是要被否定和取代的，但不應該以「資本主義文化」來否定和取代之，代替「封建主義文化」的，應該是「無產階級文化」。「五四」雖然給「封建主義文化」以重創，但卻又造成了「資本主義文化」在中國的流行。而「新啓蒙運動」，就是要在以「新哲學」批判「封建主義文化」的同時，清算、否定和抗擊在中國已流行了 20 來年的「資本主義文化」。不能不清算和否定「五四」，但又不能無所顧忌地、痛快淋漓地否定和清算之，怎麼辦？陳伯達們採取的策略是，以「『五四』啓蒙運動」繼承者的面目出現，在繼承「五四精神」的旗號下，清算和否定「五四」。這一種策略，蕭三從莫斯科給「左聯」的信其實已經指明。

當然，陳伯達們的「新啓蒙」，與「五四」式的啓蒙，也並非完全沒有共通之處。反儒學、反傳統，對傳統文化嚴厲審視和批判，就是二者的共通之處。儘管二者對傳統文化審視和批判的眼光並不一致，用以取代傳統文化的東西也形同冰炭，但畢竟二者審視和批判的姿態是相同的。陳伯達們如果說對「五四」也有所認同、有所肯定，那認同和肯定的，也僅僅是這種姿態。也正是在這種有限的意義上，陳伯達們自稱爲「五四」的繼承者。在《哲學

的國防動員》中,陳伯達列舉了九項「新啓蒙運動」應該進行的工作,其中第一項是「整理和批判戊戌以來的啓蒙著作」。既然要批判的是戊戌「以來」的啓蒙著作,那「五四」時期的啓蒙著作當然也在批判之列。緊接著的第二項是「接受五四時代『打倒孔家店』的號召,繼續對於中國舊傳統思想、舊宗教,作全面的有系統的批判」。把這兩項放在一起,陳伯達對「五四」的態度就很清楚了。「五四」也是應該批判的,其值得繼承處,僅僅是「打倒孔家店」這種「號召」而已,至於「打倒」的方式、用以取代的東西,則迥然不同。在《論新啓蒙運動》中,陳伯達把這意思說得很分明:「我們的新啓蒙運動是五四以來更廣闊,而又更深入的第二次新文化運動。五四時代的口號,如『打倒孔家店』,『德賽二先生』的口號,仍為我們的新啓蒙運動所接受,而同時需要以新酒裝進舊瓶,特別是要多面地具體地和目前的一般救亡運動相聯結。這些口號的接受,也就是我們和五四時代人物合作的要點。」所以繼承「五四」精神,就是把「五四」這瓶酒接過來,倒掉其中的「五四」之酒,而裝進「新啓蒙」之酒。說得更明白些,就是倒掉其中的「五四思想」,而裝入陳伯達們所理解的「新哲學」。

如果說。陳伯達、艾思奇等人對「五四」的清算和否定還是零碎的、片斷的,那何幹之在《近代中國啓蒙運動史》中,則對「五四」進行了有系統的清算和否定。何幹之寫《近代中國啓蒙運動史》,就是實踐陳伯達提出的「整理和批判戊戌以來的啓蒙著作」這一要求。書中第五章「五四新文化運動」,就意在對「五四」進行有系統的批判。何幹之這樣評說「五四新文化運動」:

> 所以新文化運動的根本任務,是灌輸民主和科學;提倡個人
> 主義,培養新文學。這些都是資本主義文化的主要內容,民主政
> 治是資本主義社會的政體,科學是資本主義社會的靈魂。個人主
> 義,懷疑和評判的精神,是人的解放的基本條件,也是自由競爭
> 在文化上的反映。反對舊倫理,就是反對封建思想。提倡文學改
> 革,是以最適合於口頭語的文字來做灌輸新思想或評判舊思想的
> 利器。這幾種「罪案」(引按:此處借用陳獨秀《本志罪案之答辯》
> 中的說法),正確點說,文化使命,就是適應著民主運動的啓蒙工
> 作。民主、科學,人的解放,反對禮教,文學改革,誰敢說不是
> 資本主義的文化運動。〔註24〕

〔註24〕見《何乾之文集》,中國人民大學出版社 1989 年 12 月第 1 版,第 340 頁。

何幹之在這裏對「五四」的否定，眞可謂不留情面、不要遮掩了。民主、科
學、個人主義、懷疑的批判精神、人的解放——何幹之這樣來歸納「五四新
文化運動」的內容，應該說是很準確的。然而，他如此歸納的目的，是要證
明這些都是屬於「資本主義文化」的範疇，因而是應該否定的。「新啓蒙運動」
的重要使命，就是劃除「五四新文化運動」所培育的這種「資本主義文化」。
陳伯達還說「德賽二先生」這種「口號」仍須「接受」，而何幹之分明認爲，
連這種「口號」也要拋棄。

　　陳伯達等中共理論家借救亡之勢發動旨在宣傳普及「左翼」思想的「新
啓蒙運動」，此舉取得了極大成功，可以說是爲黨立下了巨大功勞。「風高放
火天」。如果說救亡如狂風，那陳伯達等人則十分敏銳地迎風放了一把火。於
是，火借風威，迅即成燎原之勢。由於「新啓蒙運動」以激進的救亡姿態出
現，於是便獲得了極大的合理性、合法性和「合情性」，對廣大民眾、尤其是
青年知識者有極大的吸引力。「救亡」與「左傾」於是成了同義語，要救亡就
必須選擇共產黨，成爲許多人、尤其是青年知識者的共識。被「新啓蒙運動」
所「啓蒙」的李慎之先生在《不能忘記的「新啓蒙」》一文中回憶說：「30 年
代的書店裏，左派的書籍越來越多。」「當時上海福州路上書店林立，但是也
許除了商務、中華、世界這幾家大書店外，都大量出版『進步書籍』，現在組
成三聯書店的生活書店、讀書生活出版社和新知書店就是其中的最著名者。
還有如南強書局、神州國光社等，都出版這類書。」「隨著讀的書越來越多，
馬列主義在我思想裏的地位也越來越崇高。」「總而言之，『新啓蒙運動』造
成了馬列主義在中國的強有力的傳播。」「我可以以過來人的身份證明……在
抗戰開始以後，新啓蒙運動是大大擴大了而且加深了。由於言論自由空間的
擴展，無數共產黨員和左翼文化人參加到啓蒙的行列中來，千千萬萬青年知
識分子（照當時延安的標準，從正式的大學畢業生到好歹念過幾年書的小青
年統統叫做『小資產階級知識分子』）都自願地接受這樣的『新啓蒙』，跨度
大到現在 70 歲以上至 90 歲以下長達 20 歲的這個年齡段。其中許多人最後參
加了中國共產黨，大大壯大了中國共產黨，在抗日戰爭後期和解放戰爭時期，
『新啓蒙』的成就表現爲風起雲湧的學生運動，以至被毛澤東稱爲是『第二
條戰線』。」〔註25〕

　　有許多資料可直接或間接地說明，「新啓蒙運動」展開後，「左翼」書籍

―――――――――――――――――――

〔註25〕李慎之：《不能忘記的「新啓蒙」》，見《炎黃春秋》2003 年第 3 期。

是如何普及。1936 年 10 月 22 日，尚在陝北保安（兩個多月後遷延安）的毛澤東，給在西安做「統戰工作」的葉劍英、劉鼎寫信，布置了這樣的任務：「要買一批通俗的社會科學自然科學及哲學書，大約共買十種至十五種左右，要經過選擇眞正是通俗的而又有價值的（例如艾思奇的《大眾哲學》，柳湜的《街頭講話》之類），每種買五十部，共價不過一百元至三百元，請劍兄經手選擇，鼎兄經手購買。在十一月初先行買幾種寄來，作爲學校與部隊提高幹部政治文化水平之用。」〔註 26〕毛澤東令從西安購這類通俗的「左翼」書籍，供幹部學習，固然說明了這類書籍怎樣影響了延安的幹部，但也同時說明了，在國民黨統治區，這類書如何多見。

其實毛澤東本人也是「新啓蒙運動」的巨大受惠者。到達陝北前，毛澤東在黨內一直受著留蘇派的理論壓迫。王明、博古等「二十八個布爾什維克」殺回國後，更是視毛澤東爲不懂馬克思主義理論的「土包子」。「山溝裏怎麼能出馬克思主義？」──面對這樣的詰問，毛澤東只能啞口無言。「遵義會議」上毛澤東奪取了軍事上的話語權，後來，政治上的話語權也逐漸奪得，但在「延安整風」前，理論上的話語權一直在博古、張聞天等人手裏。1937 年 11 月，王明以共產國際欽差大臣的身份到達延安，更讓毛澤東感到沉重的理論壓力。理論上的劣勢，一直是毛澤東的軟脅，當然也是他巨大的心病。到達陝北前，客觀條件不容許毛澤東在理論上武裝自己。到延安後，這樣的客觀條件可以說是充分具備了。國共合作、抗日民族統一戰線的形成，使得毛澤東可以安全、安心、安穩地在延安安營紮寨；三個師派出去了，也無須多操心抗戰的具體事情。時間大大地有了。而各種宣傳、講解馬克思主義的小冊子又大量出現，也給毛澤東在理論上的補課提供了極大便利。幾乎所有毛澤東的傳記和關於毛澤東讀書生活的著作，都要說到延安時期毛澤東廢寢忘食地攻讀馬列主義的理論，而這時期出現的「新啓蒙」著作，無疑也在他攻讀的範圍之內。他寫信令葉劍英、劉鼎選購這類書，說明他對這類書相當熟悉。抗戰爆發後，陳伯達、艾思奇、何幹之都到了延安，陳伯達還成爲毛澤東的秘書。從這時期他寫給這些人的信可看出，他不但讀他們的書，還時常向他們「討教」、與他們切磋。例如，1937 年 9 月，毛澤東曾給艾思奇寫了這樣一封信：

〔註 26〕見《毛澤東書信選集》，人民出版社出版，中國人民解放軍出版社重印，1984 年 1 月第 1 版，第 80 頁。

思奇同志：

　你的《哲學與生活》是你的著作中更深刻的書，我讀了得益很
多，抄錄了一些，送請一看是否有抄錯的。其中有一個問題略有疑
點（不是基本的不同），請你再考慮一下，詳情當面告訴。今日何時
有暇，我來看你。〔註27〕

《哲學與生活》是艾思奇繼《大眾哲學》之後，以答讀者問的形式寫的一本
宣傳「馬克思主義哲學」的書，1937 年 4 月由上海讀書生活出版社出版。這
是典型的「新啓蒙」讀物。毛澤東不但細讀，竟然還作摘錄，竟然還把摘錄
送請作者審閱，竟然還預約時間登門求教，可見學習態度之認真誠懇。這時
候，是淞滬抗戰正激烈的時候，毛澤東卻有時間和心情研究這樣的東西，也
算是一種福氣。一番「惡補」後，毛澤東推出了《實踐論》、《矛盾論》、《新
民主主義論》、《在延安文藝座談會上的講話》等一系列理論著作，終於在理
論上也擊敗了留蘇派，確立了思想權威的地位。所以，「新啓蒙運動」其實也
是「毛澤東思想」的重要來源。

2008 年 1 月 14 日

〔註27〕見《毛澤東書信選集》，人民出版社出版，中國人民解放軍出版社重印，1984
　　　　年 1 月第 1 版，第 112 頁。

《白毛女》與訴苦傳統的形成

一

　　一九四六年五月四日，劉少奇主持中共中央會議，通過了《中共中央關於土地問題的指示》〔註1〕。這個具有劃時代意義的文件，史稱「五四指示」。這個指示首先指出：在山西、河北、山東、華中「各解放區」，有極廣泛的群眾運動，廣大群眾在反奸、清算、減租、減息鬥爭中，「直接從地主手中取得土地」、實現「耕者有其田」；群眾熱情極高，在群眾運動深入開展的地方，「基本上解決了或正在解決土地問題」。「五四指示」接著指出：面對「各解放區」群眾的此種行為，「一部分漢奸、豪紳、惡霸、地主」發出了罵聲；一些「中間人士」也表示了懷疑；就是在中共黨內，「亦有少數人感到群眾運動過火」。

　　「五四指示」一開始就提出了面對群眾直接從地主手中奪取土地的行為，黨應該怎麼辦的問題，而之所以出現「怎麼辦」的問題，是因為直接剝奪地主土地，意味著中共中央的土地政策和政治路線發生劇變。抗戰時期，中共在自己的佔領區實行的減租減息政策。減租減息，前提是承認地主對土地財產的所有權，而剝奪地主土地財產，則意味著對地主地權財權被否認，意味中共又恢復了「土地革命時期」的土地政策和政治路線。這當然是極其重大的變化。

　　怎麼辦？「五四指示」做出了很肯定的回答：

　　　　各地黨委在廣大群眾運動面前，不要害怕普遍地變更解放區的
　　土地關係，不要害怕農民獲得大量土地和地主喪失土地，不要害怕

〔註 1〕　見《劉少奇年譜》下卷，中央文獻出版社 1996 年 9 月第 1 版，第 42 頁。

消滅農村中的封建剝削，不要害怕地主的叫罵和誣衊，也不要害怕中間派暫時的不滿和動搖。相反，要堅決擁護農民一切正當的主張和正義的行動，批准農民獲得和正在獲得土地。對於漢奸、豪紳、地主的叫罵應當給予駁斥，對於中間派的懷疑應當給以解釋，對於黨內的不正確的觀點，應當給以教育。

各地黨委必須明確認識，解決解放區的土地問題是我黨目前最基本的歷史任務，是目前一切工作的最基本的環節。必須以最大的決心和努力，放手發動與領導群眾來完成這一歷史任務，並依據下列各項原則，給當前的群眾運動以正確的指導。

在要求各地黨委遵循的「各項原則」中，第一條是：「在廣大群眾要求下，我黨應堅決擁護群眾在反奸、清算、減租、減息、退租、退息等鬥爭中，從地主手中獲得土地，實現『耕者有其田』。」〔註2〕

五月五日，毛澤東對「五四指示」做了審訂並致信劉少奇：「此件略有增減，請酌」；「可用中等密碼發出」；「關於宣傳事項（不要談土地革命等）請草一簡電」〔註3〕。中共中央隨即發出了「五四指示」。雖然實質上恢復了「土地革命時期」的政策，但為了不給外界過於強烈的刺激，根據毛澤東的意見，這一次沒有用「土地革命」的名義，而稱為「土地改革」。五月十三日，劉少奇遵照毛澤東的指示，起草了《中共中央關於暫不宣傳改變土地政策的指示》。這個「指示」共三條。第一條是強調「實現土地關係的根本改變」對於「鞏固解放區」、對於「反對國民黨的政治進攻和軍事進攻」是極其必要的，同時也是「正當與正義的」。但是，「暫時不要宣傳農民的土地要求」，不要宣傳土地政策的改變，不要宣傳「解放區」的「土改運動」，「以免過早刺激反動派的警惕性，以便繼續麻痺反動派一個時期，以免反動派藉口我們政策的某些改變發動對於群眾的進攻。」緊接著是：

二、為了擁護當前的群眾運動，各地報紙應當儘量揭露漢奸、惡霸、豪紳的罪惡，申訴農民的冤苦。各地報紙應多找類似白毛女這樣的故事，不斷予以登載，應將各處訴苦大會中典型的動人的冤苦經過核對事實加以發表，以顯示群眾行動之正當和漢奸惡霸豪紳

〔註2〕 「五四指示」內容見《中國土地改革史料選編》，國防大學出版社1988年12月第1版，第248頁。

〔註3〕 見《劉少奇年譜》下卷，中央文獻出版社1996年9月第1版，第42頁。

之該予以制裁。在文藝界應該鼓勵白毛女之類的創作。〔註4〕

中共中央在決定開始「土地改革」時，把《白毛女》樹立為文藝創作的樣板。《白毛女》後來產生那樣大的影響，與此當然有很大關係。一九四六年五月，「土改運動」即在中共的「各地解放區」轟轟烈烈地展開；中華人民共和國成立後，「土改運動」更在全國範圍內鑼鼓喧天地進行。在中華人民共和國成立前後的「土改運動」中，「新歌劇」《白毛女》一演再演。《白毛女》雖是歌劇，卻能在理論上證明「土改」的刻不容緩和合理合法。同時，《白毛女》因為是歌劇，更能在感情上起著動員作用。在「土改運動」中，「動員」是非常重要的工作。中共中央高度重視這項工作。需要動員廣大農民起來與地主算賬、從地主手中奪取土地財產，也需要動員其它人員、包括城市中的市民、知識分子認同「土改」、支持「土改」。而文藝作品是情感動員的絕佳方式。中共中央雖然十分重視文藝的政治功能，但在中央文件中明確將某部文藝作品樹為標兵的情形，卻很罕見。抗戰結束後的「土改」，對於中共來說，意味著歷史的重大轉折。「土改」能否成功地推進，關乎中共的生死存亡。而《白毛女》能在「土改運動」中發揮獨特作用，所以受到中央的如此推許。

劉少奇是在強調「訴苦」的必要時提及《白毛女》的。作為中共領導人之一，劉少奇看重的是《白毛女》中的「訴苦」內容，看重的是其控訴功能。劉少奇以中央的名義發出「應該鼓勵白毛女之類的創作」的指示，自然會導致「訴苦文學」的興盛。「訴苦」，不僅僅在「土改」題材的創作中幾乎成為必備的內容，也不僅僅在「土改」時期的創作中普遍存在，在「土改」結束之後，「訴苦」仍然是文藝作品的常見內容。可以說，《白毛女》出現後，「訴苦」成為中國文學的一種傳統。

二

《白毛女》真可謂應運而生之作。《白毛女》成為樣板、標兵，並對此後文藝創作產生巨大影響，與它出現於一九四五年春的延安，有極大的關係。如果早出現幾年，出現在中共還不可能改變土地政策的時候，《白毛女》不會受到中共頂層的高度重視；如果晚出現幾年，出現在「土改」已順利展開之後，《白毛女》的政治意義也不會那麼突出。出現在延安，所以能夠立即進入

〔註4〕 《中共中央關於暫不宣傳改變土地政策的指示》，見《中國土地改革史料選編》，國防大學出版社 1988 年 12 月第 1 版，第 251 頁。

中共頂層的視野，這一點也並非無關緊要。《白毛女》還有一層幸運之處，那就是問世於中共七大召開期間。它的首次演出，觀眾是毛澤東等黨的領袖和參加七大的代表。它不需要經過一個從下往上產生影響的過程。中共中央在對「土地改革」進行頂層設計時，把《白毛女》納入了計劃之內，或者說，把《白毛女》作爲了一塊材料，這使它一開始就佔據了政治影響和文化影響的制高點。

《白毛女》其實首先把如何看待地主、如何對待地主以及如何在文藝作品中描寫地主的問題擺在了人們面前。

在如何看待和如何對待地主的問題上，中共的態度有過幾次變化。一九二七年國共合作破裂後，中共開始了武裝割據，在自己的佔領區建立了蘇維埃政權。「打土豪，分田地」六個字形象地概括了這個時期中共的土地政策，也形象地說明了看待和對待地主的態度。這個時期，中共實行的是消滅地主階級的政策。在中共黨史上，這個時期被稱爲「土地革命時期」。「革命」二字就說明了一切。「西安事變」後，國共爲實現「第二次合作」而開始了談判。一九三七年七月十七日，中共代表周恩來、秦邦憲、林伯渠同國民黨代表蔣介石、張沖、邵力子在廬山舉行會談，中共代表提議以《中共中央爲公佈國共合作宣言》作爲兩黨合作的政治基礎。〔註5〕經過雙方反覆磋商後，九月二十二日，國民黨方面終於同意公佈《中共中央爲公佈國共合作宣言》。中共的「宣言」中，有一條是「停止以暴力沒收地主土地的政策」〔註6〕。改變「土地革命時期」的做法，變沒收地主土地爲減租減息，變消滅地主爲與地主結成統一戰線，不僅僅是實現國共再次「合作」的條件，也是中共自身存在、發展所必需。一九四一年九月，時任中共北方分局書記的彭眞，在《關於晉察冀邊區黨的工作和具體政策的報告》中說：「抗戰和抗日根據地的支持，需要廣泛而鞏固的民族統一戰線，而敵後根據地（處在鄉村）統一戰線的兩個主角則是地主和農民。農民是抗日的主力，抗日的支柱，而地主則是現在不可缺少和不能喪失的抗日同盟者。」〔註7〕這當然不是彭眞個人的看法，而是在闡釋中央看待和對待地主的現行態度。

一九四二年一月二十八日通過的《中共中央關於抗日根據地土地政策的

〔註5〕見《中共黨史大事年表》，人民出版社1987年4月第1版，第120頁。
〔註6〕見《解放》（周刊）第18期，1937年10月2日。
〔註7〕見《中國土地改革史料選編》，第70頁。

決定》，也強調：「承認地主的大多數是有抗日要求的，一部分開明紳士並是贊成民主改革的。故黨的政策僅是扶助農民減輕封建剝削，而不是消滅封建剝削，更不是打擊贊成民主改革的開明紳士。故於實行減租減息之後又須實行交租交息，於保障農民的人權、政權、地權、財權之後，又須保障地主的人權、政權、地權、財權，藉以聯合地主階級一致抗日。」〔註8〕

地主必須減租減息，農民應該交租交息；農民的財產權必須得到保障，地主的財產權也應該得到保障。如果按照這個原則評價《白毛女》，《白毛女》的政治合法性就不是十分充分。《白毛女》中，楊白勞因為欠了地主黃世仁的租和錢，所以才有黃世仁強迫楊白勞以喜兒抵租抵賬之舉。劇中的黃世仁的所作所為，當然是醜惡、殘暴的，但收租收賬這一行為本身，卻是符合中共抗戰時期的政策的。

抗戰時期，中共把地主階層作為統一戰線中的重要部分，並不意味著就不對地主進行鬥爭。對地主，是既鬥爭又聯合，也就是所謂「一打一拉」。一九四二年二月四日做出的《中共中央關於執行土地政策決定的策略的指示》，對於「一打一拉」的實質解釋得很清楚。這個「指示」首先強調，在群眾真正發動起來、實行了減租減息後，「又要讓地主能夠生存下去」。「指示」強調，「在政治上則實行三三制」。對於「三三制」，毛澤東的解釋是：「根據地抗日民族統一戰線政權的原則，在人員分配上，應規定為共產黨員占三分之一，非黨的左派進步人士占三分之一，不左不右的中間派占三分之一。」〔註9〕一個地主如果贊成抗日而又並不反共，就有參與執掌政權的資格。抗日根據地的政權中，理論上必須有三分之一的人員是這種既贊成抗日又並不反共的「開明紳士」。這個關於「策略的指示」指出，吸收「開明紳士」參與政權，是要讓他們「覺得還有前途」，是要拆散他們與日本人和國民黨「頑固派」的聯合。

為了不讓地主階層與日本人和國民黨「頑固派」聯合起來，所以要對地主採取聯合的政策。但僅有聯合是不夠的，同時也要有鬥爭。這個關於「策略的指示」是這樣表述的：「聯合地主抗日是我黨的戰略方針。但在實行這個戰略方針時，必須採取先打後拉，一打一拉，打打拉拉，拉中有打的策略方針。」這個關於「策略的指示」還就減租減息的具體策略做了說明。關於減息，是這樣強調的：「抗戰以後是借不到錢的問題，不是限制息額的問題，各

〔註8〕 見《中國土地改革史料選編》，第83頁。
〔註9〕 毛澤東：《抗日根據地的政權問題》，見《毛澤東選集》第二卷。

根據地都未認清這個道理，強制規定，如息額不得超過一分或一分半，這是害自己的政策，今後應該聽任農民自己處理，不應該規定息額，目前農民只要有錢貸，即使利息是三分四分，明知其屬於高利貸性質，但於農民有濟急之益。」〔註10〕抗戰期間，減租可以強制執行，因為地主的田地是明擺著的，無法隱瞞，也可以以法令的方式限制地主「奪佃」（所謂「奪佃」即拒絕出租田地）。但卻無法強制減息，因為一個人有多少現錢，別人是無法知曉的。如果他認為息額過低，就可以拒絕出借，這誰也沒辦法。抗戰開始後，由於各根據地強制規定息額，導致有錢人普遍捂緊錢袋，不再借出。民間借貸活動停滯，這首先對需錢應急的貧苦農民造成麻煩，甚至讓他們陷於絕境。中央強調不應該由政府規定息額，聽憑藉貸雙方商定，哪怕息額三分四分也不要干涉，實際上是默認了高利貸的合法，因為三分四分的息額，的確是高利貸了。

《白毛女》中，楊白勞一是欠了黃世仁的租，二是欠了黃世仁的高利貸。前面說過，按照中央的政策，楊白勞本有交租的義務。至於高利貸，也是借錢時楊、黃雙方商定的，按照中央政策，也合法。所以，黃世仁的逼租逼債的方式雖然兇殘、歹毒，但這「租」和「債」本身卻是受法律保護的。

三

當然，《白毛女》中黃、楊的租佃關係和借貸關係，發生在中共到來並開展減租減息運動之前。但既然減租減息運動開展以後都承認收租和放高利貸的合法性，那黃、楊之間的租佃行為和借貸行為就仍然受抗日民主政權的法令保護。何況，中共的減租，是指「今後」的租額必須下降，並不追究過去。這一點，《中共中央關於執行土地政策決定的策略指示》也做了強調：「減租是減今後的，不是減過去的」〔註11〕。即便是按照減租後的租額，楊對黃的欠租，也只是一個額度過高而應該減低的問題，而不是一個應該一筆勾銷的問題。

正因為抗戰期間中共在自己的根據地對地主實行的是「一打一拉」而非一棍打死的政策，正因為既要把地主的威風打下去又要團結地主「共同抗

〔註10〕《中共中央關於執行土地政策決定的策略的指示》內容，見《中國土地改革史料選編》第87～88頁。
〔註11〕見《中國土地改革史料選編》，第87頁。

日」，正因爲既要迫使地主減租減息又要動員農民交租交息，所以，在理念上地主一般不是惡貫滿盈、罪該萬死，應予消滅的。各根據地的文藝作品在描繪地主形象時，當然也受這種中央精神的影響、制約。抗戰期間中共各根據地文藝作品中的地主，往往是貪婪但並不貪得無厭；奸詐但並不喪盡天良；兇狠但並不蛇蠍心腸。對於這一點，沈仲亮在《在小說修辭與政治意識形態之間——從峻青〈水落石出〉看解放區小說「地主」形象的嬗變》一文中，有這樣的概括：「這一時期的『地主』形象主要以懶惰、無賴、吝嗇、貪婪、狡猾、陽奉陰違的面目示人。如《租佃之間》（李束爲，1943）中的金卯、《紅契》（李束爲，1944）中的胡丙仁、《石滾》（韶華，1944）中的馬三爺……等。他們貪圖便宜、剝削勞動、偷奸耍滑，也搞些傻氣十足的小破壞、耍點自以爲是的小伎倆，這些缺點很容易和他們的個人性格結合起來，他們是可笑的、可厭的，但與十惡不赦的壞面貌還相差很遠。」〔註12〕這樣的概括大體是準確的。

《白毛女》中黃世仁的出現，帶動了文藝作品中地主形象的改變。《白毛女》是根據晉察冀邊區河北西部某地流傳的「白毛仙姑」的故事創作的。根據賀敬之的說法，《白毛女》所依據的「白毛仙姑」的故事，本身已經是一種「文學創作」：「這個故事是老百姓的口頭創作，是經過了不知多少人的口，不斷地在修正、充實、加工，才成爲這樣一個完整的東西。」〔註13〕一九四四年，這個故事流傳到延安，賀敬之等人便據此創作了「新歌劇」《白毛女》。一九四五年四月，《白毛女》在延安上演。

一九四五年春，世界歷史面臨著轉折，亞洲歷史面臨著轉折，中國歷史面臨著轉折，中共的歷史也面臨著轉折。這時候，在歐洲戰場上，德國敗局已定；在亞洲戰場上，日本也徒然作垂死掙扎。二月四日至十一日，蘇、美、英三國首腦斯大林、羅斯福、丘吉爾在蘇聯克里米亞半島的雅爾塔舉行會議。二月三日，已經獲知此信息的毛澤東給在重慶與國民黨談判的周恩來發來了電報，指出羅斯福、丘吉爾、斯大林已在開會，數日後即可見結果；又指出蘇聯紅軍已經迫近柏林、「各國人民及進步黨派聲勢大振，蘇聯參與東方事件

〔註12〕沈仲亮：《在小說修辭與政治意識形態之間》，見《中國現代文學研究叢刊》
　　　　2009 年第 1 期。
〔註13〕賀敬之：《〈白毛女〉的創作與演出》，見中國當代文學研究資料叢書《賀敬之
　　　　專集》，江蘇人民出版社，1982 年 5 月第一版。

可能性增大。在此種情形下，美、蔣均急於和我們求得政治妥協」〔註14〕。這意味著，形勢可能變得對中共很有利。三國首腦雅爾塔會議的成果之一，是簽署了《蘇美英三國關於日本的協定》，規定蘇聯在德國投降、歐戰結束後兩至三個月內出兵中國，參加對日作戰。毛澤東的預見很準確，蘇聯果然直接介入東方事務，而這對中共當然是大好消息。

一九四五年四月二十三日，中共第七次全國代表大會在延安召開，毛澤東致開幕詞，指出：「目前的時機是很好的。在西方，反對法西斯德國的戰爭即將勝利地結束了。在東方，反對法西斯日本的戰爭，也接近了勝利，我們現在是處在勝利的前夜。」這樣的話語顯示出毛澤東的好心情。一箇舊時期即將結束了。一個新時期即將開始了。既然舊時期即將結束，舊時期的政策也便即將廢棄了；既然新時期即將開始，新時期的新政策也就必須產生了。緊接著，毛澤東強調，在打敗日本後，中國存在著「光明」和「黑暗」兩種前途：「或者是一個獨立、自由、民主統一與富強的中國，或者是一個半殖民地的半封建的分裂的貧弱的中國。」而「我們的任務」是「建設獨立、自由、民主、統一與富強的新中國，力爭光明前途，反對黑暗前途」〔註15〕。這樣的話語，則顯示了毛澤東建設「光明」的「新中國」的政治雄心。

就是在這樣的時候，「新歌劇」《白毛女》上演了。據張庚回憶，一九四五年四月二十八日，《白毛女》在中央黨校禮堂首次公演，毛澤東、周恩來、朱德等中央領導和參加七大的代表觀看了演出。劇中，當喜兒被從山洞救出時，後臺響起了「舊社會把人變成鬼，新社會把鬼變成人」的歌聲，而毛澤東和其它中央領導聞歌起立、熱烈鼓掌。率先起立的，應該是毛澤東。在這樣的場合，毛澤東不站起來，其它人不宜起身，而毛澤東起立了，其它人當然也會跟著。剛剛在七大開幕式上強調過「光明」和「黑暗」兩種前途的毛澤東，有理由為「舊社會」與「新社會」、「人」與「鬼」的對比而興奮。這樣的戲，出現得真是時候。眼下太需要這樣的文藝作品了。第二天，中共中央辦公廳派人傳達了中央書記處的意見。張庚說：

意見一共有三條：第一，這個戲是非常適合時宜的；第二，黃

〔註14〕 見《毛澤東年譜》，人民出版社、中央文獻出版社 1993 年 12 月第 1 版，第 576 頁。
〔註15〕 《第七次全國代表大會毛澤東同志開幕詞》，見《解放日報》，1945 年 5 月 1 日。

> 世仁應該槍斃；第三，藝術上是成功的。傳達者並且解釋這些意見
> 說：農民是中國的最大多數，所謂農民問題，就是農民反對地主階
> 級剝削鬥爭的問題。這個戲反映了這種矛盾。在抗日戰爭勝利後，
> 這種階級鬥爭必然尖銳化起來，這個戲既然反映了這種現實，一定
> 會很快廣泛地流行起來的。不過黃世仁如此作惡多端，還不槍斃他，
> 這反映了作者們的右傾情緒，不敢放手發動群眾，廣大觀眾一定不
> 答應的。〔註16〕

中央首先肯定這個戲「非常適合時宜」。什麼「時宜」呢？就是抗戰勝利後的
「時宜」。抗戰時期，理論上民族矛盾是最主要的矛盾，所以地主階層也是團
結的對象。抗戰勝利，意味著階級矛盾再次成為中國社會最主要的矛盾。因
為農民是中國的「最大多數」，階級矛盾就主要體現為農民階級與地主階級的
矛盾；階級鬥爭就主要體現為農民與地主的鬥爭。抗戰的勝利，當然意味著
「抗日民族統一戰線」的終結。既然農民與地主的矛盾上陞為最主要的矛盾，
地主當然就不再是團結的對象，而是鬥爭的主要目標。一九四六年五月，陳
毅在論及如何執行中央「五四指示」時指出：「減租減息政策本身是帶有妥協
性的。」〔註17〕減租減息、承認地主的人權、政權、地權、財權，是抗戰時
期的政治妥協，是一種無奈之舉。現在，抗戰勝利了，妥協便變得沒有必要。
為建立「抗日民族統一戰線」而實行的減租減息政策，也必須被「土地革命
時期」的「打土豪，分田地」所取代。

　　而《白毛女》在這樣的時候登場，對於喚醒和強化廣大農民的階級意識、
對於動員廣大農民與地主做鬥爭，對於讓社會各階級理解、認同新一輪的土
地革命，都有重大意義，所以，得到了毛澤東等中央領袖的讚賞。不過，認
為作者沒有讓黃世仁被槍斃是因為有「右傾情緒」，卻是一種不公正的批評。
賀敬之等人的思想還受著抗戰時期中央對待地主政策的影響，不敢把黃世仁
往死裏寫。沒有槍斃黃世仁這一點，雖不適合抗戰勝利後的「時宜」，卻是適
合抗戰時期的「時宜」的。

〔註16〕　張庚：《回憶延安魯藝的戲劇活動》，見《抗日戰爭時期延安及各抗日民主根
　　　　　據地文學運動資料》，劉增傑等編，山西人民出版社 1993 年 10 月第 1 版，第
　　　　　468 頁。

〔註17〕　見《中國土地改革史料選編》，第 70 頁，第 83 頁，第 87 頁，第 259 頁，第
　　　　　335 頁，第 372 頁。

四

毛澤東和中共中央十分看重《白毛女》中的訴苦內容，十分看重《白毛女》的控訴功能。此後的「土改運動」中，訴苦成為常用甚至必用的動員手段。「土改」工作組在任何一個村莊發動群眾起來與地主做鬥爭時，總是先開訴苦大會。這當然不是說，中央是從《白毛女》中懂得了訴苦的動員功能。實際上，群眾性的訴苦本是毛澤東的發明。當年在井岡山地區「打土豪，分田地」、進行「土地革命」時，毛澤東就發明了訴苦大會這種動員形式。當年跟隨毛澤東鬧革命者回憶了在湖南酃縣中村分田的情形：分田以前，工農革命軍師委和中共酃縣縣委在中村的圩頭開了一個「軍民訴苦大會」，毛澤東等領導人在會上講話，號召窮苦農民團結起來，開展打土豪分田地運動；劉寅生等十幾個貧苦農民在會上發了言、訴了苦。「會後，斬殺了兩個土豪劣紳。」〔註 18〕訴苦作為一種動員形式，本是毛澤東十幾年前的政治創造，而《白毛女》強烈的訴苦色彩，可能喚醒了毛澤東的記憶。毛澤東為《白毛女》起立鼓掌，實在很有道理。

所以，雖然不能說是《白毛女》使中央領導人懂得了訴苦的重要性，但卻可以說是《白毛女》提醒了中央領導人在新一輪的土地革命中，必須充分發揮訴苦的動員作用。此後，訴苦運動始終伴隨著「土改運動」，訴苦運動總是「土改」的序曲、前奏。在中央的布置下，各地黨委都很重視以訴苦的方式發動群眾。例如，中共西北局一九四七年一月三十一日發出的《關於修正土地徵購條例的指示》中強調：「徵購必須與群眾訴苦清算鬥爭結合起來。訴苦訴得越深越好，群眾就越能發動，覺悟越加提高。」〔註 19〕又例如，一九四七年六月十五日中共太行區黨委在《關於太行土地改革的報告》中說，在舊曆年關，武安縣四千多農民代表一齊進城，鬥爭住在城裏的地主，「全城到處開起了『訴苦會』」〔註 20〕。

「土改運動」開展起來後，「各解放區」的文藝創作，面貌都發生了明顯變化。訴苦，出現於各種體裁的文藝作品。詩歌、小說、戲劇，都爭寫農民在地主壓迫下的苦難，地主也變得兇殘之極、歹毒萬分。「訴苦文學」大潮中

〔註 18〕 余伯流、夏道漢：《井岡山革命根據地研究》，江西人民出版社 1986 年 3 月第1 版，第 203 頁。
〔註 19〕 見《中國土地改革史料選編》，第 259 頁。
〔註 20〕 見《中國土地改革史料選編》，第 335 頁。

的作品，不少都能看到《白毛女》的影子。可以說，許多這類作品，都或多
或少地、有意無意地仿傚了《白毛女》。一九四六年九月，李季的長篇敘事詩
《王貴與李香香》在《解放日報》發表，也轟動一時。中共中央宣傳部部長
陸定一在《解放日報》撰文，熱情讚許。〔註21〕郭沫若、茅盾等人也極口稱
頌。《王貴與李香香》的故事發生在三十年代：青年農民王貴父親因爲交不起
地主崔二爺的租子，被崔二爺鞭打而死；王貴則被李家收養，並與李香香相
愛；荒淫的崔二爺早就打起了李香香的主意，在王貴參加革命時逮捕了他，
欲置之死地；在愛情的作用下變得十分勇敢的李香香給游擊隊報信，王貴獲
救；王貴與李香香終於洞房花燭。這樣的故事情節，明顯與《白毛女》有承
襲關係。《王貴與李香香》寫了窮人的窮而善、富人的富而惡。「羊肚子毛巾
包冰糖，雖然人窮好心腸」，這是說李香香的父親李德瑞。而地主崔二爺則是：
「一顆腦袋像山藥蛋，兩顆鼠眼笑成一條線」；「縣長面前說上一句話，颶風
下雨都由他」。更寫了窮人的苦難和貧富的差距：「掏完了苦菜上樹梢，遍地
不見綠苗苗。百草吃盡吃樹杆，搗碎樹杆磨面面。二三月餓死人裝棺材，五
六月餓死人沒人埋。」而崔二爺則是「窖裏糧食黴個遍」。崔二爺兇惡之極、
歹毒之極、殘暴之極，在窮人不斷餓死時，還逼租不止。王貴的父親交不起
租，竟被活活打死。十三歲的王貴則被迫成了崔二爺家的「沒頭長工」。可以
說，《王貴與李香香》中崔二爺的形象，脫胎於《白毛女》中的黃世仁。

這時期，以「訴苦」爲詩題而載入史冊的詩歌，就不止一首。唐弢、嚴
家炎主編的《中國現代文學史》，論述了這時期的「工農兵群眾詩歌創作」，
特意介紹了詩歌《趙清泰訴苦》。在訴苦會上，趙清泰悲憤地唱道：「同泰會
呀！吃人蟲呀！眞可恨呀！你逼死我九口人呀！今天反了同泰會呀，明天打
了我黑槍也甘心呀！」〔註22〕一九四七年，《晉察冀日報》發表了長篇敘事詩
《王九訴苦》，也產生轟動效應，作者張志民也一舉成名。《王九訴苦》中的
孫老財是：「進了村子不用問，大小石頭都姓孫」；「孫老財算盤劈扒打，算光
一家又一家。」而王九的苦難是：「我雙手捧起那沒梁的斗，眼淚滾滾順斗流。
量了一石又一石，那一粒穀子不是血和汗。」「我王九心象鈍刀兒割，飯到嘴
邊把碗奪。」「長工三頓稀湯湯，樹葉饃饃摻上糠。劃根洋火點著了，長工的

〔註21〕陸定一：《讀了一首詩》，見《解放日報》1946 年 9 月 28 日。
〔註22〕唐弢、嚴家炎主編《中國現代文學史》第三冊，人民文學出版社 1980 年 12
　　　月第 1 版，第 254～255 頁。

生活苦難熬。」

　　峻青發表於一九四七年的小說《水落石出》，也有著標誌性意義。《水落石出》中的陳雲椎，本是「抗日民主政權」所認可的「開明紳士」，是「三三制」中的一個「三」，但小說卻讓其最終露出了惡霸地主的「真面目」。從開明紳士到惡霸地主，陳雲椎這個人物形象的變化，反映的是歷史潮流的變化、是政治局勢的變化，是政策策略的變化。所謂「開明紳士」本是抗戰時期的稱謂；授予一些本來也是地主的人以「開明紳士」的稱號，是為建立「抗日民族統一戰線」而採取的策略。現在，階級矛盾已經取代民族矛盾而重新上陞為主要矛盾，「抗日民族統一戰線」的使命已經終結，本來也是地主的人頭上的「開明紳士」帽子必須摘掉，而還其作為地主甚至惡霸的「本來面目」。〔註23〕

　　「土改運動」興起後，出現了大量以「土改」為題材的小說，這類作品如今被研究者稱作「土改小說」。在「土改小說」中，訴苦大會往往是不可或缺的場景，所以，「土改小說」往往是一種訴苦文學，或者說，首先表現為訴苦文學。「土改小說」的代表性作品《太陽照在桑乾河上》和《暴風驟雨》，都濃墨重彩地寫了訴苦大會。丁玲的《太陽照在桑乾河上》和周立波的《暴風驟雨》這兩部長篇小說，寫作時間大體相同，也都問世於共和國成立前夕。在《太陽照在桑乾河上》中，訴苦大會分為兩個階段。在第一個階段，群眾控訴地主錢文貴讓自己遭受的苦難，但錢文貴不在場。訴苦者「接著一個一個的上來，當每一個人講完話的時候，群眾總是報以熱烈的吼聲。大家越講越怒，有的人講不了幾句，氣噎住了喉嚨站在一邊，隔一會兒，喘過氣來，又講。」領導土改的幹部「覺得機不可失，他們商量趁這勁頭上把錢文貴叫出來，會議時間延長些也不要緊，像這樣的會，老百姓是不會疲倦的。」於是，錢文貴被民兵押到了會場，頭上被戴上了紙糊的高帽子。跪在地上的錢文貴「頭完全低下去了，他的陰狠的眼光已經不能再在人頭上掃蕩了。高的紙帽子把他丑角化了，他卑微地彎著腰，屈著腿，他已經不再是權威，他成了老百姓的俘虜，老百姓的囚犯。」面對錢文貴，新一輪的訴苦開始了，新一輪的高潮出現了：「人們只有一個感情——報復！他們要報仇！他們要泄恨，從祖宗起就被壓迫的痛苦，這幾千年來的深仇大恨，他們把所有的怨苦都集中到他一個人身上。他們恨不能吃了他。」

〔註23〕參見沈伸亮《在小說修辭與政治意識形態之間》，《中國現代文學研究叢刊》2009年第1期。

《暴風驟雨》中的訴苦內容更為飽滿。訴苦大會是群眾集體性地訴苦。窮人還可以單獨訴苦，例如，在土改工作組的幹部「訪貧問苦」時，就可以聽到窮人的哀歎、哭泣和控訴。《太陽照在桑乾河上》和《暴風驟雨》都既寫了窮人的單獨訴苦，又寫了集體性訴苦，而《暴風驟雨》在兩方面都寫得更為充分。《暴風驟雨》第一部主要寫窮人與地主韓老六鬥爭，第二部主要寫窮人與地主杜善人的鬥爭。在第一部，窮人開鬥爭會，面對面地控訴韓老六的場景就多次出現。最後一次的訴苦會是在韓老六家的院子裏的召開的。會前，婦女小孩都唱起了新編的歌：「千年恨，萬年仇，共產黨來了才出頭。韓老六，韓老六，老百姓要割你的肉。」這一次的訴苦會後，韓老六被拉出去斃了。

五

所謂「訴苦」，是指訴說過去的苦難、控訴那讓自己受苦受難者。共和國成立後，文學中的訴苦更為普遍化，其功能也多樣化。

現實中的訴苦運動是「土改運動」的一部分。訴苦，一開始是與「土改」緊密聯繫著的。在「土改運動」中發動群眾訴苦，是為了土改的順利開始和深入進行，訴苦發揮著政治動員的功能。共和國成立後，「土改運動」在更大的範圍內更為波瀾壯闊地展開。以土改為題材的文學作品自然也不少，其中又以小說最具代表性。這一類作品，仍然繼承了此前土改小說的訴苦傳統，訴苦也仍然承擔著政治動員的使命。但是，隨著「新社會」的到來，訴苦的政治意義首先在現實生活著發生了變化。共和國成立後的幾十年間，「憶苦」是經常性的政治活動。「土改運動」中，「訴苦」與「清算」是連在一起的，訴苦的目的是為了「清算」地主的罪惡、「清算」地主的欠債。共和國成立後，「憶苦」是與「思甜」連在一起的，回憶「舊社會」的苦難，是為了更加珍惜「新社會」的甜蜜。所以，「憶苦思甜」取代了「訴苦清算」，而訴苦文學則變成了憶苦文學。不過，「憶苦」不過是「訴苦」的別名，或者說，憶苦仍然是一種訴苦。

在一九四六年開始的「土改運動」中，《白毛女》就具有了象徵意義，這種象徵意義在共和國成立後並未減退。中國人民解放軍每佔領一地，就一場接一場地演出《白毛女》。一九六三年問世的話劇《霓虹燈下的哨兵》寫的是解放軍進佔上海時的故事。劇中，《白毛女》的象徵功能就很明顯。《霓虹燈下的哨兵》布景是上海南京路。第二場的背景是南京路上華燈初上時。摩天

大樓上霓虹燈光閃閃爍爍，霓虹燈組成的《白毛女》演出海報和美國電影《出
水芙蓉》廣告，成形強烈對照。這是「光明」與「黑暗」的對照，是「腐朽」
與「新生」的對照，是新舊社會的對照。《白毛女》與《出水芙蓉》的「衝突」
不僅僅是一種背景，還進入了故事，成為劇情的一部分。賣報的阿榮吆喝著
「舊社會把人變成鬼，新社會把鬼變成人」，遭到敵視「新社會」的非非的挖
苦。劇中，解放軍戰士童阿男思想出了問題，周德貴和童媽媽以訴苦的方式
對童阿男進行「階級教育」。老一輩以訴苦、憶苦的方式教育思想出了問題的
年輕人，是共和國成立後幾十年間文學作品裏的常見情節。

　　在「文革」前十七年間的文藝作品裏，訴苦、憶苦已經是相當多見的現
象，到了「文革」時期，此種現象則更為普遍。在「革命樣板戲」中，訴苦、
憶苦幾乎是必不可少的劇情。《智取威虎山》中第三場是「深山問苦」。楊子
榮等人來到了常獵戶家中，獵戶父女本不想提及過去的傷心事，楊子榮則一
再啓發父女憶起過去的苦難，一再鼓勵、催促這父女說出過去的苦難，這樣，
小常寶終於開始了控訴：「八年前風雪夜大禍從天降！／座山雕殺我祖母擄走
爹娘。／夾皮溝大山叔將我收養，／爹逃回我娘卻跳澗身亡。／娘啊！避深
山爹怕我陷入魔掌，／從此我充啞人女扮男裝。／白日裏父女打獵在峻嶺上，
／到夜晚爹想祖母我想娘⋯⋯」（一九七○年七月演出本）楊子榮啓發獵戶父
女回憶過去的苦難、鼓勵和催促他們說出過去的苦難，是為了啓發他們的階
級覺悟、強化他們的階級意識，這仍然承襲的是「土改運動」中訴苦清算的
傳統。不過，像這種承襲「土改運動」中「訴苦清算」傳統的現象，在「革
命樣板戲」中並不多見。訴苦在「革命樣板戲」中通常已發揮著新的功能。

　　在「革命樣板戲」中，英雄人物必定苦大仇深。苦大仇深是成為英雄的
條件。因為苦大仇深，所以革命意志無比堅定。所以，在「革命樣板戲」中，
總要提及英雄人物所受的苦難，或者自訴，或者由他人代訴。《紅燈記》第五
場是「痛說革命家史」，李奶奶已經訴說到了李玉和的苦難。第八場，李玉和
與李鐵梅獄中相見，李玉和又唱道：「無產者一生奮鬥求解放，／四海為家，
窮苦的生活幾十年」（一九七○年五月演出本）。長期的「窮苦生活」是成為
「剛強鐵漢」的原因。《智取威虎山》第四場「定計」，參謀長決定派楊子榮
「扮土匪鑽進敵心竅」，理由是：「他出身雇農本質好，／從小在生死線上受
煎熬。」正因為受過很多苦，所以「楊子榮有條件把這副擔子挑」。江青們雖
然徹底否定「文革」前十七年的文藝，但「革命樣板戲」其實在不少方面仍

然承襲著「十七年」的傳統。英雄人物在生死關頭、緊要時刻須訴苦，這也是「十七年」時期的文藝傳統。例如，問世於一九六〇年的歌劇《洪湖赤衛隊》，第四場是英雄人物韓英與母親在獄中相見。彭霸天讓韓母和韓英牢房相會，是希望韓母勸說英召回赤衛隊，向保安團投降，否則天亮後即將韓英處死。走進關押韓英的牢房，見韓英遍體鱗傷，韓母也曾「悲慟萬狀」。知韓英如不召回赤衛隊便會被處死，韓母也感到了「兩難」：「如今我兒遭災殃，／爲娘怎能不心傷！／彭霸天，黑心狼，／要逼你寫信去召降。／你要是寫了，／怎對得起受苦人和共產黨；／你要是不寫，／明天天亮你……就要離開娘！／兒呀，兒呀！／爲娘怎能看著我兒赴刑場！／心如刀絞，／好似亂箭穿胸膛！」對此，韓英有一番長長的回答：「娘的眼淚似水淌，／點點灑在兒的心上。／滿腹的話兒不知從何講，／含著眼／淚叫親娘……娘啊！／娘說過二十六年前，／數九寒冬北風狂，／彭霸天，喪天良，／霸佔田地，／強佔茅房，／把我的爹娘趕到那洪湖上。／那天大雪紛紛下，／我娘生我在船艙，／沒有錢，淚汪汪，／撕塊破被做衣裳。／湖上北風呼呼響，／艙內雪花白茫茫，／一床破絮像漁網，／我的爹和娘，／日夜把兒貼在胸口上。／從此後，／一條破船一張網，／風裏來，雨裏往，／日夜辛勞在洪湖上。／狗湖霸，活閻王，／搶走了漁船撕破了網。／爹爹棍下把命喪，／我娘帶兒去逃荒。」韓英以訴苦的方式說服母親接受自己的慷慨就義，以訴苦的方式證明自己必須意志堅定、視死如歸。

訴苦、憶苦也是階級認同的方式。「革命現代京劇」《紅色娘子軍》中，既有吳清華的訴苦，也有連長替黨代表洪常青訴苦。該劇第二場是「訴苦參軍」。黨代表洪常青也是懇切地鼓勵吳清華訴說自己的苦難：「清華，這都是你的階級姐妹，和你一樣，祖祖輩輩，當牛做馬！有什麼苦，有什麼恨，你就對大家說吧！」於是，吳清華開始了控訴：「十三年，一腔苦水藏心底，／面對親人，訴不盡這滿腹冤屈。／南霸天兇殘歹毒橫行鄉里，／逼租討債，打死我爹娘，拋屍河堤！爹娘啊！……／硬抓我這五歲孤兒立下一張賣身契，／從此鎖進黑地獄，／每日渾身血淋漓！／睡牛棚，蓋草席。／芭蕉根，強充饑，／兩眼望穿天和地，／孤苦伶仃無所依。」黨代表洪常青鼓勵吳清華訴說自己的苦難，是爲了喚起吳的「階級仇恨」、啓發吳的「階級覺悟」。在第三場，吳清華因爲報仇心切，提前開槍，致使南霸天逃脫，於是有了第四場「教育成長」。吳清華強調「我跟南霸天有兩代的血海深仇」，連長便開

始了對吳清華的「階級教育」：「光知道你有仇哇你有恨，／無產者哪個不是苦出身？」在列舉了小菊、周英的苦難後，連長強調黨代表洪常青「更是苦大仇深」：「黨代表生長在海員家庭，／受盡了剝削壓榨、苦痛酸辛。／他的娘慘死在皮鞭下，／十歲當童工，父子登海輪。／仇恨伴隨年紀長，／風浪中磨練出鋼骨鐵筋……」（一九七〇年五月演出本）連長替洪常青訴說苦難，是爲了告訴吳清華「翻開工農家史看，／冤仇血淚似海深」，是爲了讓吳清華明白工人農民是一家人，屬於同一階級陣營。以訴苦的方式實現工農的階級認同，在《杜鵑山》中也有表現。雷剛的自衛軍都是農民，他們不知道黨代表柯湘是何出身，當柯湘說自己「風裏來，雨裏走」時，羅成虎「意外地」問：「你也是窮苦出身？」於是柯湘開始了訴苦：「家住安源萍水頭，／三代挖煤做馬牛。／汗水流盡難糊口，／地獄裏度歲月，不識多夏與春秋……」（一九七三年九月演出本）柯湘是要以苦難證明自己與自衛軍是同一類人。

《白毛女》出現在歷史的轉折點上，因而對此後幾十年間的文藝創作產生廣泛而深刻的影響。此後幾十年間。訴苦、憶苦在文藝作品中的普遍存在，與《白毛女》有著一定程度的關係。

2014 年 11 月 27 日凌晨

毛澤東對丁玲命運與人格的影響

「比年得順境何事憂心忡忡令我三思」

1986 年 3 月 14 日，丁玲遺體告別儀式在八寶山公墓禮堂舉行。韋君宜先生送上了這樣一副輓聯：

早歲慕英名女人鬱積重重因君一吐，

比年得順境何事憂心忡忡令我三思。

這是丁玲晚年秘書王增如在《無奈的涅槃——丁玲逝世前後》〔註1〕）這篇長文中透露的。在眾多「諛墓」式的挽詞悼語中，韋君宜先生的這副輓聯別具一格，也別有深意。上聯是對丁玲《夢珂》、《莎菲女士的日記》等早期作品的肯定，也可以說是對早年的丁玲表達一種讚美、一絲懷念；下聯，則流露出對丁玲晚年行狀的困惑，也可以說是對晚年的丁玲表達一種委婉的質疑、一絲溫和的譴責。我想，一定是韋君宜先生認為丁玲晚年行狀關乎某種十分重大的問題，不然她不會在「蓋棺論定」的場合以輓聯的方式，表達對一位「革命前輩」的困惑、質疑和譴責。

丁玲 1932 年加入中共，韋君宜加入中共的時間則是 1936 年，雖然相差只有四年，但在中共的革命代際上卻是兩代人：丁玲屬於「左聯」一代，韋君宜則屬於「一二‧九」一代。說丁玲是韋君宜的「革命前輩」並無大錯，而且某種意義上，丁玲還可算是韋君宜的「革命導師」。韋君宜在《思痛錄》的「緣起」部分對自己當初之所以「當共產黨」有這樣的說明：「有什麼路走？

〔註 1〕收入汪洪編《左右說丁玲》一書，工人出版社 2001 年出版。

惟一的抗日之路是左傾的路，尤其是左傾文學的路。魯迅、茅盾、郭沫若、丁玲、巴金……這些名字差不多統領了中國文壇。連不屬左派的文人也是只見往左倒，不往右傾。毛澤東說中國有文化新軍，確實不假。我就因中學的一個老師介紹，讀了這些左翼作品，方知道真抗日的只有左派。」其實在「一二・九」這一時段絕望於國民黨而選擇了共產黨的知識青年中，不只一個人是因為受了左翼文學的誘導，這是一種普遍現象。例如，曾彥修（嚴秀）先生說自己之所以在 1937 年「投奔延安」，也是 30 年代左翼文藝影響所致：「沒有三十年代上半葉進步書刊的啟蒙，我根本不會到延安去，根本不會相信共產黨正確。」〔註2〕再例如，前中共高官、曾任過江蘇省委書記和新華社香港分社社長的許家屯，名字就來源於「左聯」作家艾蕪以東北地區抗日鬥爭為題材的小說《咆哮了的許家屯》。

　　對丁玲這位「革命前輩」和「革命導師」的晚年，韋君宜為何有困惑、質疑和譴責呢？只要看看韋君宜自己的晚年行狀就不難明白了。韋君宜晚年，以一本自傳體小說《露沙的路》和一本回憶錄《思痛錄》贏得廣泛的敬仰。這兩本書，是韋君宜在良知驅使下，懷著強烈的歷史責任感，以嚴重病殘之身奮力寫出的。對自己所經歷的從延安「搶救運動」開始的「革命悲劇」進行反思，對自己以「革命」的名義犯下的過錯進行懺悔，是韋君宜這兩本書的主旨，而目的則是為了歷史的悲劇不再重演。當年以青年知識分子的身份投身共產革命而有幸在「文革」之後仍然活著的人，進行這種反思和懺悔者不只韋君宜一人，這批耄耋老者真正當得起「寶貴財富」這幾個字。而在這一小小群體中，韋君宜以其反思的大膽深切和懺悔的真摯誠懇，成為了一種光輝的象徵。《露沙的路》和《思痛錄》這兩本書，使韋君宜的晚年極其輝煌。兩本書都只是薄薄的一小冊，但韋君宜先生一腳踏著一本，就獲得了令人們仰視的高度。

　　明白了韋君宜晚年的精神姿態，就能明白她為何對丁玲的晚年有所困惑、質疑和譴責了。丁玲 1955 年和 1957 年先後被劃為「丁玲、陳企霞反黨小集團」和「丁玲、馮雪峰右派反黨集團」的首要成員；1958 年遭到毛澤東親自介入的「再批判」，以「右派」之身下放北大荒勞動 12 年；1970 年又被投進秦城監獄，達五年之久；出獄後又被發配山西農村。在幾十年間，丁玲也可謂飽受磨難。作為一個幾場大的歷史災難的幸存作家，丁玲應該在有生

〔註2〕見《曾彥修自述》，收入邢小群《凝望夕陽》一書，青島出版社 1998 年版。

之年致力於對親歷的歷史災難的反思，也應該對自己以「革命」的名義犯下的過錯有所悔恨。這是韋君宜對丁玲的期望，也是許許多多人認爲丁玲應該做的。因爲這才是一個老作家良知未泯的表現，這才是眞正對歷史負責、對國家民族負責、對後代負責，也對自己負責。復出後的丁玲，也確實常顯得「憂心忡忡」，但所憂所慮的卻是一些相反的「問題」。於是，復出後的丁玲，令包括韋君宜在內的許許多多的人不解和失望。丁玲的晚年行狀也至今仍存在著爭議，而丁玲的晚年心態也成爲大堪玩味、大可探究的問題。

在 1997 年第 2 期的《讀書》上，王蒙發表了《我心目中的丁玲》一文，其中這樣說到丁玲復出後的「表現」：「在黨的工作部門召開的會上，丁玲說：『現在的問題是黨風很壞，文風很壞，學風很壞……』」「在一些正式的文章與談話裏，丁玲也著重強調與解放思想相對應的另一面，如要批評社會的缺點，但要給人以希望；要反對特權，但不要反對老幹部；要增強黨性，去掉邪氣；以及對青年作家不要捧殺等等。」「丁玲的所謂『左』的事跡一個又一個地傳來。在她的晚年，她不喜歡別人講她的名著《莎菲女士的日記》、《在醫院中》、《我在霞村的時候》；而反覆自我宣傳她的描寫勞動改造所在地北大荒的模範人物的特寫《杜晚香》，才是她的最好作品。」「丁玲屢屢批評暴露『文化大革命』批判極左的作品。說過誰的作品反黨是小學水平，誰的是中學，誰的是大學云云。類似的傳言不少，難以一一查對。」王蒙的文章其實很大程度上是在爲丁玲洗刷開脫，是在爲其「辯冤白謗」，但有趣的是卻遭到一些對丁玲晚年精神姿態堅決擁護無限推崇者的憤怒駁斥。讀這些駁斥王蒙者對丁玲的讚美，或許更能明白丁玲晚年「何事憂心忡忡」了：「丁玲對後來的一部分青年作家中出現的不良傾向感到憂心忡忡，諸如對社會主義喪失信心，看破紅塵，散佈灰暗情緒乃至以醜爲美的傾向；聲稱不要生活，不要政治，只要自己，認爲越沒有政治性、思想性，藝術性就越高的傾向；宣揚只要橫的移植，不要縱的繼承，盲目崇拜西方，乃至把魚目當珍珠、把垃圾當時髦的傾向；主張『無爲而治』，黨不要領導文藝的傾向；等等。對於這些，丁玲都按照『團結～批評～團結』的公式，擺事實，講道理，進行有分析、有說服力的批評。這在缺乏批評與自我批評氣氛的情況下是很不容易的。」「後來，在糾正『左』的錯誤的過程中，資產階級自由化思潮乘機泛濫，丁玲出於社會主義文藝戰士的責任感憂心如焚，義不容辭地挺身而出，同這股思潮作鬥爭。在當時那種只許錯誤的東西放，不許馬克思主義爭的極不正常的空

氣下，這樣做可謂不識時務，立即會被斥爲『圍攻』、『打棍子』，各種人身攻擊紛至沓來。這難道是政治投機分子所能做到的嗎？……」〔註3〕

對使得丁玲如此言動的晚年心態，王蒙的《我心目中的丁玲》和張永泉的《走不出的怪圈──丁玲晚年心態探析》〔註4〕都做了分析。兩文都有一個基本觀點，即丁玲晚年並非眞「左」，她的貌似「左」的言行，其實別有原因。這原因歸結起來主要有這樣幾點：一、丁玲有著根深蒂固的名作家、大作家意識，而復出後發現自己「已不處於舞臺中心，已不處於聚光燈的交叉照射之下」，於是心理失衡，對新的作家和文學現象貶多於褒。二、丁玲重返文壇時，「傷痕文學」已然蔚爲大觀，而她的老對手、死對頭周揚「正在爲新時期的文學事業鳴鑼開道，思想解放的大旗已經落到了人家手裏，人家已經成了氣候，並受到許多中青年作家和整個知識界的擁戴」，尤其重要的是，周揚還同時以反思者和懺悔者的形象出現，對自己當初以「革命」的名義犯下的過錯有所反思，對曾被自己傷害過的人表示了歉意，這使得周揚贏得知識文化界廣泛的認同和尊敬。在一個政壇化了的文壇上，丁玲要確立自己的地位、要能與周揚分庭抗禮，就必須反其道而行之，別樹一幟、別唱一調。三、復出後的丁玲仍然「心有餘悸」。延安時期的一篇帶有揭露和批判性的小雜文《「三八節」有感》在當時雖因毛澤東的保護而免遭磨難，但在 1958 年卻又老賬新算，自己因此長期受難。這慘痛的「教訓」使丁玲打定主意任何時候都以歌頌者而非揭露和批判者的面目出現，任何時候都不再被人抓住「右」的把柄而始終唱「左」調，因爲丁玲終於看清楚了，「左」在政治上永遠是安全的；而促使丁玲與周揚們唱反調的更重要也更微妙的因素是，周揚在贏得知識文化界廣泛認同和尊敬的同時，「卻也受到某些領導人與老同志的非議」，「革命」數十年的丁玲清楚地知道，對於一個作家的命運來說，「領導人與老同志」的看法比什麼都重要。丁玲審時度勢，更加覺得周揚走的是一條危險的路，「她在黨內生活多年，深知自己的命運與領導對自己的看法緊密相關，這決定了是你還是你的對手更能得到黨的信賴。要獲得這種信賴就必須頂住一切壓力阻力人情面子堅持反右，這是政治上取勝的不二法門」。而周揚不久之後的遭遇，至少證明了丁玲的選擇在「政治」上是對的。

這幾種對丁玲晚年心態的分析，都能自圓其說，也都不乏深刻性，但我

〔註3〕艾農：《眞實的丁玲與謬託知己者筆下的丁玲》，載《中流》1997 年第 9 期。
〔註4〕原載《華北水利水電學院學報》1991 年第 1 期，收入《左右說丁玲》一書。

以爲，影響丁玲晚年精神立場和文化姿態的，還有一種也許並非不重要的因素，這就是對毛澤東的深摯的感情。毛澤東對丁玲一生的命運有著十分直接的影響。由於毛澤東的保護，丁玲在延安的「搶救運動」中才毫髮無損；由於毛澤東異乎尋常的「關愛」，丁玲才有過近二十年的人生大輝煌。這使得丁玲從內心最深處建立起了對毛澤東的無比堅固的熱愛、信服、崇拜，以致於1958年毛澤東親手將她推入苦難的泥潭，她對毛澤東的這種熱愛、信服和崇拜也並沒有動搖。只要明白了丁玲是懷著對毛澤東的一腔熱愛、信服和崇拜重返文壇（在丁玲心目中實際上是「政壇」）的，就不難明白丁玲爲何對種種新人新事「憂心忡忡」，也不難明白丁玲爲何既不反思也不懺悔了。

從「三千毛瑟精兵」到「可以把她趕出去了」

　　1936年11月上旬的一天，結束了在南京三年監禁生活的丁玲，來到了其時的「蘇區首府」保安，「中共中央以罕見的規格接待了丁玲，用中宣部的名義在一個大窯洞裏開了一個歡迎會，當時的主要領導人毛澤東、張聞天、周恩來都來了。歡迎會後，毛澤東問丁玲願意做什麼工作，她回答：『當紅軍』──毛澤東聽後，自然是十分地高興。紅軍不正需要這樣的人嗎？」〔註5〕丁玲到保安後，被視作寶貝，中共最高層領導都對她寵愛有加。對於丁玲來說，這當然是極大的榮耀，也令她滿懷感激。直到晚年訪美時，她還對人提起剛到保安時周恩來請她到家裏吃了一頓「好飯」：「還有樣最了不起的東西，別人都吃不到的，周恩來請我吃了。就是他們在陝北邊上搞來的牛油。我吃了牛油！牛油是保安最好的東西呀！饅頭夾牛油。」〔註6〕既受到如此重視，自然要努力謀求報答。於是，丁玲立即發起成立「中國文藝協會」。1936年11月22日，「中國文藝協會」成立大會召開，丁玲「當選」爲主任。毛澤東、張聞天、博古等出席了大會。在演講中，毛澤東強調：「中國蘇維埃成立已久，已做了許多偉大驚人的事業，但在文藝創作方面，我們幹得很少。」「就是說過去我們都是幹武的，現在我們不但要武的，我們也要文的了，我們要文武雙全。」〔註7〕此前，中共雖在國民黨統治的一些大城市積極從事左翼文藝運

〔註5〕　見陳晉《文人毛澤東》，上海人民出版社1997年版，第161～162頁。

〔註6〕　聶華苓：《林中‧爐邊‧黃昏後──和丁玲一起的時光》，收入《左右說丁玲》一書。

〔註7〕　見陳晉《文人毛澤東》，上海人民出版社1997年版，第163頁。

動，但在自己武裝割據的所謂「蘇區」，卻並沒有一支有組織的「文藝隊伍」。而以丁玲為首的所謂「中國文藝協會」的成立，標誌著在共產黨佔領的地區有組織的「文藝隊伍」的誕生。其實，即便在此時，多少有些名氣的文化人士也屈指可數，除丁玲外，也就只有成仿吾、李伯釗、危拱之寥寥數人。毛澤東也好，丁玲也好，也許此時都沒有想到，不久之後的「西安事變」和半年多之後的「蘆溝橋事變」後，便有大批文藝人士投奔延安。這兩次事變不但使中共「拿槍的隊伍」迅速壯大，也使中共「拿筆的隊伍」人騰馬嘶，真正做到了「文武雙全」。

丁玲此次在保安逗留的時間並不長，最多也就二十來天，11月下旬她就隨主力部隊北上定邊、南下三原了。但這短暫的時間裏，丁玲已與毛澤東建立起了親密的關係。丁玲五十年代的老秘書張鳳珠在《我感到評論界對她不夠公正》〔註8〕一文中曾說道：「丁玲1936年到保安。毛澤東等中央領導人都熱烈地歡迎她的到來。……丁玲到保安後住外交部招待所，毛主席常在晚飯後，到她的窯洞裏聊天，這最是丁玲的所好。她說毛主席一條腿支在炕沿上，背靠牆壁，海闊天空什麼都談。」可以說，丁玲一到「解放區」，就得到毛澤東分外的恩寵，這類令她倍感溫暖也令她由衷感激的聊天、散步，在此後的延安時期似乎更是一種常事。1936年11月下旬，丁玲奔赴「前線」。12月間，在前方正準備迎接新年的丁玲，一天忽然從聶榮臻司令員手裏接過一封電報，打開一看，原來是毛澤東發來的一首詞，這就是那首廣為人知的《臨江仙·給丁玲同志》：

> 壁上紅旗飄落照，西風漫捲孤城。
>
> 保安人物一時新。洞中開宴會，招待出牢人。
>
> 纖筆一支誰與似？三千毛瑟精兵。
>
> 陣圖開向隴山東。昨天文小姐，今日武將軍。

對於毛澤東此舉，也可稱為毛澤東研究專家的陳晉在《文人毛澤東》中頗有一番感慨：「使許多人納悶的是，從1937年到1947年，在延安居住的整整十年的時間裏，毛澤東留下的大量文字中，卻沒有詩。——在這十年間——似乎缺少了醞釀詩情的動力和衝破空間的想像。」以致於「遠在莫斯科的兩個兒子毛岸英、毛岸青寫信回來，說很想讀到爸爸新寫的詩。毛澤東回信

〔註8〕見《黃河》2001年第2期。

說：『我一點詩興也沒有，因此寫不出來。』」可以說，「從 1937 年開始的十年時間裏，毛澤東作爲『馬背詩人』的時代過去了。」而「他是以一首贈給作家的詞爲標誌，來結束『馬背詩人』時代的。這也是他一生中唯一贈給作家的作品。」獲此殊榮的作家就是丁玲，獲贈作品就是這首《臨江仙》。以電報的方式寫詩詞，這眞是一種特別的慰問，表達的應是一種特別的珍愛。而說丁玲手中一支「纖筆」可抵「三千毛瑟精兵」，把剛來到軍中的丁玲稱爲「武將軍」，也眞是極高的評價了。可以想像，打開這封電報後，丁玲一定心跳加速、久久難以平靜，正如張鳳珠所說，「丁玲又驚又喜的心情是可以想像的。」1937 年 2 月，丁玲從前方回到中共中央新駐地延安後，去向毛澤東道謝，並爲沒有手跡而遺憾。毛澤東當即找張紙，把這首《臨江仙》寫了一遍，送給丁玲。毛澤東的這份手跡之所以能一直保留下來，得力於胡風。不過，這是後話。

　　丁玲到保安與毛澤東以電報的方式爲丁玲作詞，正是震驚中外的「西安事變」爆發前後，毛澤東可謂處於極爲忙碌之中，心情也是焦急、興奮、憂慮相交織的。丁玲於 1936 年 11 月上旬到保安，下旬離開。這期間，中共與張學良、楊虎城正頻繁接觸。中共中央到達陝北後，毛澤東就把以一致抗日的名義與張、楊結成所謂「三角同盟」作爲頭等大事。張國燾在《我的回憶》中對此曾有這樣說法：「張聞天對我們與張學良合作抗日的前途，不願多表示意見，似乎也不抱樂觀。他曾向我表示這些事都由毛澤東周恩來兩同志在處理，前者在後面策劃，後者在外奔走，並說：『老毛懂得舊社會旁門左道的那一套，讓他去幹罷！』張聞天說這些話，可能有多方面的意義，其中之一也許是暗示我不要去干預『老毛』所管的事。」〔註 9〕茲事體大，可以說關乎中共的生死存亡，毛澤東投注了大量精力。而就在這過程中，他竟能常去丁玲窯洞「海闊天空」地聊天，可見丁玲在毛澤東心中的分量確乎非同一般。1936 年 12 月 12 日「西安事變」爆發，此後一段時間內，毛澤東等中共首腦更是忙成一團，心緒也是大喜大慌地起伏著。可據《毛澤東傳（1893～1949）》〔註 10〕等資料，排出一張毛澤東在「西安事變」後一段時間的日程表：12 月 12 日中午，毛澤東得知事變消息，即召集中共要人商議，除周恩來較冷靜外，其它人都激動萬分，並都有殺蔣之意。13 日，據《毛澤東傳》說，中

〔註 9〕張國燾：《我的回憶》第三冊，東方出版社 1998 年版，第 328 頁。
〔註10〕中央文獻出版社 1996 年版。

共中央舉行政治局會議，毛澤東「先發了言，最後又作了結論」；據《張學良世紀傳奇》說，這一天「毛澤東在一個有三百名幹部參加的會議上作報告，說一九二七年以來，蔣介石欠共產黨人的血債高積如山，現在應當將蔣介石押到保安來，清算血債。」16 日，由周恩來率領的中共代表團在漫天大雪中奔赴西安，毛澤東、朱德等憂心忡忡地送到大路口。17 日夜，毛澤東收到周恩來西安來電，同時，獲悉日本外相 17 日聲言，南京若與張楊妥協，日本將不能坐視，日本關東軍亦發表聲明，要求南京「反共防共」。18 日，中共中央公開發表《關於西安事變致國民黨中央電》。19 日，張聞天主持召開政治局擴大會議，討論解決「西安事變」的基本方針，毛澤東在會上做了報告和結論，會議通過《中央關於西安事變及我們的任務的指示》。據《毛澤東傳》說，19日這一天，毛澤東就「起草並發出十四份電報」。21 日，毛澤東又致電在南京的潘漢年，提出同南京談判的五項條件。25 日，張學良陪同蔣介石回南京。得知此事後，26 日，中共決定「遷都」延安。據張國燾回憶，「當時毛澤東最感頭痛的是蔣介石返回南京後，可能對陝北發動報復行動。一九三六年十二月二十五日，蔣介石由張學良護送返回南京，周恩來的急電，當晚到達保安，毛澤東顯得特別焦急。他似斷定蔣介石的報復必然會來，而且會很迅速和慘酷。他曾斷斷續續地表示，糟了！張學良也跟著到南京去，目的無非是想減輕自己對蔣的罪過，難道他不會把罪過都推向中共頭上？我們不是曾經推動張學良反蔣抗日，說甚麼可得蘇聯援助，擁護張學良形成西北抗日局面麼？難道張學良不會自動或者被迫地和盤托出？再者，西安沒有張學良，東北軍將解體。張、楊、共三角聯盟也已不復存在。蔣介石很快就可以收拾張、楊在西安的勢力。蔣介石的拳頭，難道不會打到中共頭上、再來一次從四面八方圍剿我們麼？」同時，「毛氏也曾故作鎮靜的說：大不了的事，也無非是打游擊。接著又斷斷續續的自言自語……」〔註11〕27 日，中共中央舉行政治局擴大會議，毛澤東在會上作了報告和結論。以上所述事實，在具體日期上或許不無錯訛或存在爭議，但毛澤東在這期間異常忙碌和緊張，心緒一直如繃緊的弦，則是毫無疑問的。但就在這期間，他居然有心思特意為丁玲作一首詞，並且用電報發出，真有些匪夷所思。除了說丁玲在毛澤東心中有著很特別的地位，還能有別的解釋嗎？敏感的丁玲當然能感受到毛澤東對她的這份特別的重視。也就從這時起，她開始從內心最深處建立起了對毛澤東的感激、

〔註11〕見張國燾《我的回憶》第三冊，第 347 頁。

熱愛、信服、崇拜，並在此後的延安歲月中不斷地鞏固，最終堅強到這樣的程度，以至於任何力量都不能動搖它，哪怕是毛澤東本人也難以做到。

在延安時期，丁玲任過中共中央警衛團政治處副主任、西北戰地服務團團長、《解放日報》文藝副刊主編、中華全國文藝界抗敵協會延安分會副主任、陝甘寧邊區文化協會副主任等職。在延安的「搶救運動」中，丁玲雖「罪證確鑿」，但卻有驚無險。丁玲在南京被監禁的經歷，本來是極易被雞蛋裏也要尋出骨頭的康生之流抓住把柄的，但因爲毛澤東的話而使康生們無從措手。據甘露《毛澤東與丁玲》一文〔註12〕說，1940 年，丁玲找毛澤東，要求審查她在南京的歷史並做出書面結論，「毛主席聽了丁玲的陳述，對她說，我相信你是一個忠實的共產黨員；可是要作書面結論，你得找中央組織部長陳雲同志。於是丁玲找了陳雲同志，對這一段歷史作了詳細的彙報寫了書面的材料。經過中央組織部認眞審查，給丁玲作了實事求是的正確的結論，認爲丁玲是一個對黨對革命忠實的共產黨，並且把這個書面結論放進了丁玲的檔案。」丁玲的《「三八節」有感》和王實味的《野百合花》幾乎同時發表於《解放日報》副刊（丁文發表於 1942 年 3 月 9 日、王文分兩次發表於 3 月 13 日和 26 日），兩文都因對延安某種現狀有所批評而爲一些「老幹部」所痛恨，在「搶救運動」中也是與《野百合花》齊名的「大毒草」，但作者的命運卻大爲不同。王實味因此被投進監牢，後又被砍殺。丁玲則由於毛澤東出面保護而平安無事。在一個高級幹部學習會上，毛澤東強調丁玲與王實味不同，丁玲是「同志」，王實味是「托派」。倘沒有毛澤東的這種表態，丁玲的這篇《「三八節」有感》、再加上南京三年頗爲「曖昧」的被監禁，足以使她在「搶救運動」中不死也脫層皮。目睹了王實味以及許許多多從「國統區」來延安的知識分子、尤其是那些有過被捕經歷的人，在「搶救運動」中被整得死去活來，丁玲怎能不對毛澤東無限感激呢！在晚年回憶起此事時，丁玲仍由衷地說：「毛主席的話保了我，我心裏一直感激他老人家。」〔註13〕的確，在某種意義上，毛澤東對丁玲有「救命之恩」。經過「整風運動」而進一步明確了寫作方向的丁玲，於 1944 年 6 月寫了報告文學《田保霖》，發表於《解放日報》副刊。毛澤東讀後於 7 月 1 日寫信給丁玲，對丁玲深入群眾、歌頌工農兵的寫作方向大表讚賞，並邀請丁玲到自己住處做客。1982 年

〔註12〕見《毛澤東交往錄》，人民出版社 1996 年版。
〔註13〕見《丁玲自傳》，江蘇文藝出版社 1996 年版，第 234 頁。

5 月，丁玲寫了《毛主席給我們的一封信》，專門回憶此事，其中說到：「毛主席稱讚《田保霖》不只是一封信。據我所知，他在高幹會和其它會議上也提到過。……我聽到之後，心中自然感激。」可以說，在整個延安時期，丁玲基本上是春風得意的，丁玲的生活中是充滿陽光的。這十幾年，是丁玲一生中最幸福的時期。而這份得意、這份陽光、這份幸福，卻或直接或間接地來自於毛澤東對她的重視、關愛和保護。1948 年 11 月，丁玲隨中國婦女代表團赴布達佩斯出席世界民主婦聯第二次代表大會，會後到莫斯科參觀訪問並會見法捷耶夫；1949 年 4 月，丁玲隨中國和平代表團赴布拉格參加世界和平大會，會後訪蘇，10 月率中國代表團赴莫斯科參加十月革命慶典。1952 年 2 月，丁玲赴莫斯科參加果戈理逝世一百週年紀念活動。1952 年 3 月，丁玲出版於 1948 年的長篇小說《太陽照在桑乾河上》獲斯大林文藝獎金。這在當時，有點像是社會主義陣營的諾貝爾獎了。某種意義上，這是丁玲一生幸福的頂峰。

從丁玲晚年回憶文章看，在延安時期她與毛澤東的見面是家常便飯。二人最後一次見面不知是在何時。甘露的《毛澤東與丁玲》中有這樣的回憶：「1951 年夏天的一個星期天，我帶著孩子去頤和園，探望住在頤和園雲松巢的丁玲、陳明同志。下午三時左右，一位警衛員同志跑上山來，問丁玲是否住在這裏，並說『有一位首長要來看丁玲同志』。我們想不出是哪位首長要來。……過了一會，只見羅瑞卿同志陪著毛主席來了。毛主席踏著山坡拾級而上有點氣喘，穿的黃綢襯衫都被汗濕透了。……丁玲迎上去拉著毛主席的手在廊前的木椅上坐下來。……毛主席、羅瑞卿等同志和丁玲同志邊吃西瓜邊聊天，互相問候。……休息了一會，警衛員來說遊船準備好了。丁玲才依依不捨地送別……」不知這是否是毛澤東最後一次與丁玲交談。

1949 年後，丁玲任過全國文協副主席兼《文藝報》主編、中國作協副主席兼《人民文學》主編。但從 1954 年起，她就開始進入逆境。1955 年，被劃成「丁玲、陳企霞反黨集團」的首要成員，1958 年又成為「丁玲、馮雪峰右派反黨集團」的首要成員。在「反右」中，毛澤東想起了延安時期丁玲的《「三八節」有感》、王實味的《野百合花》、以及蕭軍、羅烽、艾青等人的文章，並要求《文藝報》發表文章對之進行「再批判」。「張光年遂遵命以《文藝報》編者的名義寫了一個『再批判』的按語。」〔註14〕據《建國以來毛澤東文稿》

〔註14〕見陳晉《文人毛澤東》，上海人民出版社 1997 年版，第 163 頁。

（中央文獻出版社 1992 年版第七冊）披露，張光年起草的按語標題為「對《野百合花》、《三八節有感》、《在醫院中》及其它反黨文章的再批判」。其時正在南寧主持中共中央工作會議的毛澤東收到《文藝報》的報告後，給張光年、侯金鏡、陳笑雨回信說：「看了一點，沒有看完，你們就發表吧。按語較沉悶，政治性不足。你們是文學家，文也不足。不足以喚起讀〔者〕注目。近來文風有了改進，就這篇按語來說，則尚未。題目太長，『再批判』三字就夠了。請你們斟酌一下。我在南方，你們來件剛才收到，明天就是付印日期，匆匆送上。祝你們勝利！」又附言曰：「用字太硬，用語太直，形容詞太凶，效果反而不好，甚至使人不願看下去。宜加注意。」對張光年起草的按語，毛澤東還改寫和加寫了幾下幾段：

> 再批判什麼呢？王實味的《野百合花》，丁玲的《三八節有感》，蕭軍的《論同志之「愛」與「耐」》，羅烽的《還是雜文時代》，艾青的《瞭解作家，尊重作家》，還有別的幾篇。上舉各篇都發表在延安《解放日報》的文藝副刊上。主持這個副刊的，是丁玲、陳企霞。

> 丁玲、陳企霞、羅烽、艾青是黨員。丁玲在南京寫過自首書，向蔣介石出賣了無產階級和共產黨。她隱瞞起來，騙得了黨的信任，她當了延安《解放日報》文藝副刊的主編，陳企霞是她的助手。

> 這些文章是反黨反人民的。1942 年，抗日戰爭處於艱苦的時期，國民黨又起勁地反共反人民。丁玲、王實味等人的文章，幫助了日本帝國主義和蔣介石反動派。

> 1957 年，《人民日報》重新發表了丁玲的《三八節有感》。其它文章沒有重載。「奇文共欣賞，疑義相與析」，許多人想讀這一批「奇文」。我們把這些東西搜集起來全部重讀一遍，果然有些奇處。奇就奇在以革命者的姿態寫反革命的文章。鼻子靈的一眼就能識破，其它的人往往受騙。外國知道丁玲、艾青名字的人也許想要瞭解這件事的究竟。因此我們重新全部發表了這一批文章。

> 謝謝丁玲、王實味等人的勞作，毒草成了肥料，他們成了我國廣大人民的教員。他們確能教育人民懂得我們的敵人是如何工作的。鼻子塞了的開通起來，天真爛漫、世事不知的青年人或老年人迅速知道了許多世事。

在延安時期關於丁玲歷史問題和《「三八節」有感》所說過的話，此時全不算數了。正如毛澤東當年的幾句話就讓丁玲在「搶救運動」中安然無恙一樣，在「反右運動」中，毛澤東大筆一揮，就使她墜入苦難的深淵。

當年那樣重視、珍愛丁玲，如今卻將如此可怕的「罪名」安到她頭上，個中原因實在不易說清。不過，毛澤東這樣做，大概不是心血來潮。據陳晉《文人毛澤東》中說，1957 年 9 月，毛澤東就有這樣的表現：「9 月底接見捷克斯洛伐克訪華代表團時，毛澤東突然談到了正在接受文藝界大批判的丁玲：資產階級知識分子，搞文學的很糟，丁玲這樣的人，是一個大作家、黨員。現在很好，可以把她趕出去了，趕出去更好辦，文學藝術會更發展。」

「他對我怎麼樣，不管，但我對他是一往情深的」

1958 年 1 月 26 日出版的《文藝報》第二期刊出了對丁玲、王實味等人的「再批判」特輯，第二天的《人民日報》介紹了這期特輯和所加編者按的主要內容。丁玲當時的心態如何呢？張鳳珠在《我感到評論界對她不夠公正》中透露了這樣的信息：「50 年代她常說：毛主席是真正懂文藝的。也說毛主席瞭解她。當她從山西回北京後，我曾問過她：知不知道 1957 年（按應為 1958 年）『再批判』的編者按，是毛主席修改的？她說：當然知道。對毛主席的文章我們是熟悉的，一看就明白了。她沒說她明白以後，是什麼樣的心態。」作為一個曾在十多年的時間裏深受毛澤東重視和珍愛、與毛澤東有著很親密關係的人，在得知是毛澤東親手把如此可怕的「罪名」安到自己頭上後是一種怎樣的心態，確實是讓人感興趣的。

丁玲晚年對當初的心態其實有這樣的回憶：「中央某些領導一時聽信不真實的小報告，一筆下來點了我的名，我成了大右派，難道他就一點也不瞭解我嗎？我過去那樣信仰他，真誠地以為只有他瞭解我，如今不成為對我自己絕大的嘲弄嗎？難道敬愛的周總理、王震等中央領導同志也忍心讓我去北大荒喝西北風嗎？我是決不相信的，死也不信的。我以為只有那麼幾個人，他們慣於耍弄權術，瞞上欺下，用這樣表面堂皇，實則冷酷無情的手段，奪走我手中的筆，想置我於絕地。我在這個小院裏，走來走去，壓住我狂跳的心。如果不是怕嚇壞了王姐，我一定要撞牆，要捶打自己來平息我的憤怒。」〔註15〕這

〔註15〕見《丁玲自傳》，江蘇文藝出版社 1996 年版，第 262～263 頁。

裏的「中央某些領導」和「一筆下來點了我的名」的「他」，當然是指毛澤東。
在得知毛澤東做出如此「絕情」之舉後，丁玲也曾痛不欲生。這時候，她心
中是委屈和憤怒相交織。委屈是針對毛澤東的。她一直相信毛澤東非常瞭解
她，而且「只有」毛澤東才真正瞭解她。她的這種「相信」並非一廂情願的
主觀臆斷，而是在過去的歲月中一再被證明過的。在延安時期，當她被監禁
的「歷史」成為「問題」時，不是毛澤東表示「相信」她是一個「忠實的共
產黨員」麼？當她的《「三八節」有感》遭到非議時，不是毛澤東強調「丁玲
是同志」從而把她與王實味區別開來麼？面對同樣的問題，毛澤東卻又如此
地不「相信」她了。這當然會令丁玲有被誤解的傷心和委屈，但這傷心和委
屈中絲毫沒有怨恨的成份，這傷心和委屈絲毫不能降低和稀釋對毛澤東的熱
愛、信服和崇拜。實際上，丁玲的這份傷心和委屈正植根於對毛澤東的無限
熱愛、信服和崇拜，或者說，正因為有著對毛澤東的無限熱愛、信服和崇拜，
才在被「誤解」後有這份傷心和委屈，某種意義上，這是一個被自己所深愛
著的父親傷害和誤解了的女兒的心態。甘露在《毛澤東與丁玲》中，還說到
1961 年丁玲到北京看病時對她談起前一年來京參加第三次文代會的事。丁玲
說：「1958 年後，撤銷我作協副主席的職務，保留了理事的名義。給我這個理
事的開會通知是說，我可以來，也可以不來。但我想了一想，我還是來了。
文代會開幕那天，在會場上望見了毛主席，我很想走上前去叫一聲毛主席，
跟他握握手，講一句話，我沒有勇氣走上前去，悄悄地走到一邊去了。」也
就在這一次，丁玲託甘露找一本《毛澤東選集》第四卷。對毛澤東沒有怨恨
和憤怒，不意味著丁玲心中就根本沒有怨恨和憤怒。丁玲心中的怨恨和憤怒
是很強烈的，只不過不是指向毛澤東，而是指向「耍弄權術，瞞上欺下」的
周揚等人。在丁玲探究自己悲慘遭遇的原因時，她首先想到的當然是周揚。
丁玲認為，周揚是必欲置自己於「絕地」而後快的，而毛澤東只不過是誤信
了周揚所進的「讒言」才決定把自己「趕出去」的。所以，必須把毛澤東和
周揚明確區分開來。在毛澤東做出把丁玲「趕出去」這一決定的過程中，周
揚的確起了關鍵的作用，這一點眾所週知。在毛澤東做出這一決定的過程中，
江青是否也起了作用以及起了怎樣的作用，則不得而知。張鳳珠的《我感到
評論界對她不夠公正》中有這樣的敘述：「抗戰起後，丁玲組成『西北戰地服
務團』任團長，開赴晉察冀，1939 年又回到延安。逐漸地，生活似乎不再像
初到陝北時那樣單純了。丁玲常說她處事太天真，因為考慮不周全，常搞不

好人際關係。有兩件事她得罪了江青。江青和毛主席結婚時，丁玲收到了請柬，那是周末。恰好延安保育院捎來信，女兒蔣祖慧病了，讓她去接。她已和黨校借好馬，如退掉再去借，很麻煩。她沒有出席這個宴請，不料被認為是對婚事的態度。另外一件事，便是她那篇獲罪文章，到 1957 年還要拿出來『再批判』的『奇文』《『三八』節有感》裏面有一句：『而有著保姆的女同志，每一星期可以有一天最衛生的交際舞。』被認為是諷刺江青的。」對毛澤東與江青的婚宴，雖受到邀請卻不參加，僅僅因為借馬不易似乎不大說得過去。至於《「三八節」有感》，丁玲晚年承認，確有諷刺江青之處：「那時文抗的俱樂部，每逢星期日就有幾個打扮得怪裏怪氣的女同志來參加跳舞。『每星期跳一次舞是衛生的』，說這話的是江青。我不反對跳舞，但看這些人不順眼，就順便捎了她們幾句。」〔註 16〕如此說來，丁玲是確實「傷害」過江青的。而以江青的心胸，也是完全可能進行報復的。所以，在毛澤東做出把丁玲「趕出去」這一決定的過程中，除了有周揚的「讒言」外，也可能有江青的「讒言」在起作用。而如果情況真是如此，以丁玲的敏感自然能看清楚。這樣一來，毛澤東也就多了一個「替罪羊」，而丁玲也就更能夠原諒和理解毛澤東了。在被「趕出去」的二十多年裏，丁玲可以說很大程度上是懷著一種傳統的「逐臣心態」。這種「逐臣心態」的基本表現是，把自己的被放逐視作是爭寵中的失敗，而自己之所以失敗，是因為「姦臣」太善於「耍弄權術」以至於「當道」，是因為「小人」太能夠「瞞上欺下」以至於「得勢」，因此，全部的怨恨都只應該指向這些「姦臣」和「小人」，至於對君王，則非但不應該有絲毫怨恨，相反，倒應該表現得更加熱愛、更加崇拜、更加忠誠，以自己「雖九死其猶未悔」的表現，來向君王、向世人證明「餘心之所善」和那些陷自己於逆境的「姦臣」、「小人」心地「之所惡」。丁玲也正是因為有著這種傳統的「逐臣心態」，所以在短暫的痛不欲生後，心情很快平靜下來。本來，丁玲在被打成「右派分子」後是可以像馮雪峰一樣繼續留在北京的，想來毛澤東只是要把她「趕出去」，而並沒有想要把她「趕下去」。但在心情平靜下來後，丁玲卻決定乾脆到北大荒去，到社會最底層去。對此，丁玲是這樣解釋的：「於是我下了決心了。什麼都不說，不問，帶著這張『通行證』，壯膽下去，沈在人民中間去，胼手胝足，臥薪嘗膽，和人民在一起，總有一天能和人民一樣光明磊落地生活。我不相信，北京我是不可能再回來的，天下決不會就由少

〔註16〕見《丁玲自傳》，江蘇文藝出版社 1996 年版，第 232 頁。

數這幾個人長此主宰擺弄。」〔註17〕甘露在《毛澤東與丁玲》中也記述了1961年丁玲到北京看病時自己與丁玲的一段對話。甘露問丁玲為什麼一定要去北大荒，已經是五十多年的人了，哪能搞那樣辛苦的重勞動。丁玲回答說：「既然《人民日報》頭版頭條刊載我是『反黨』的『右派』頭目，我再申辯也無用了。但我相信，將來總有一天會把真相弄清楚的。毛主席不是說過我缺少基層鍛鍊嗎？我就認了，那我就下去，到基層鍛鍊去，到工農群眾中去，比在北京關在屋子裏好得多。」作家、知識分子到基層去，到工人農民中去，的確是毛澤東一貫不遺餘力地提倡的。而丁玲以年過半百之身毅然決然地去到北大荒，正是要以實際行動證明自己在任何情況下都是堅決「聽毛主席的話」的，是要顯示自己雖身處逆境但仍是對毛澤東無比熱愛、信服、忠誠、崇拜的。不過，丁玲的去到北大荒，雖然毅然決然，但卻並非「義無反顧」。她還是想著回到北京的，今日的「下去」，是為了來日更好地「上來」。因此，「下去」不過是一種手段，一種顯示自己「聽毛主席話」的手段，一種積攢資本的手段，也是一種與周揚們抗爭的手段。

我想，不要說毛澤東僅僅只是把丁玲「趕出去」了，即便毛澤東對丁玲施以更嚴厲的打擊，丁玲也不會對毛澤東心生怨恨。在 1983 年「清除精神污染」期間中國作協召開的一次座談會上，丁玲發言時說道：「一個人認識自己是最難的，毛主席最了不起了，但認識自己也那麼難，他對我怎樣，不管，但我對他是一往情深的。現在看到很多人還在指桑罵槐罵他，我心裏是很難受的。」〔註18〕這裏應該並沒有虛假和嬌情的成份，在這樣的時候丁玲也沒有必要在對毛澤東的態度上如此虛假和嬌情。實際上，晚年丁玲一次又一次深情地回憶著也回味著延安時期與毛澤東的親密接觸，並對那段歲月表現出無限的懷念和眷戀：「我記得黨中央初到延安時，我去看毛主席，……他同我談話，有幾次都是一邊談，一邊用毛筆隨手抄幾首他自己填的詞，或者他喜歡的詞，有的隨抄隨丟，有幾首卻給了我，至今還在我這裏。」〔註19〕「毛澤東同志在延安時期給我的印象是一個最能平等待人的領導人，他總能吸引你在他的面前無拘無束地暢所欲言，把自己的心裏話坦率地傾吐出來。……一九三七年春天，有一次他到我的住處，遇見一群從國統區來延安抗大學習的青年。他對我笑道：『丁

〔註17〕見《丁玲自傳》，江蘇文藝出版社 1996 年版，第 263 頁。
〔註18〕見王增如《丁玲與「誣告信事件」》，收入《左右說丁玲》一書。
〔註19〕見《丁玲自傳》，江蘇文藝出版社 1996 年版，第 217～218 頁。

玲，我看這些知識分子很喜歡同你接近，你這裏有點像文化人的俱樂部，』我懂得他是在批評我，說我不能堅持深入工農兵。」〔註20〕「延安棗園裏的黃昏，一鉤新月，夏夜的風送來棗花的餘香，那樣的散步，那樣雍容大方，那樣溫和典雅的儀態，給我留下了最美好的記憶。越是高尚的人，越能虛懷若谷；越是淺薄的人便越發裝腔作勢。我覺得那時毛主席的平等待人和平易近人的作風，實在值得我一生學習並且勉勵自己身體力行，堅持到底。」〔註21〕

明白了丁玲對毛澤東的情感，明白了丁玲是讀著《毛澤東選集》度過被「趕出去」的歲月的，就明白了為何丁玲晚年仍然很「左」以及為何沒有反思和懺悔了。「文革」後的政治反思和歷史反思，都會在某種程度上與毛澤東發生關聯。無論是對延安時期「搶救運動」的反思，還是對1949年後歷史的反思，都關乎對毛澤東的再評價，都意味著對毛澤東歷史過錯的確認。而既然丁玲始終對毛澤東「一往情深」，既然丁玲晚年聽到有人批評毛澤東「心裏是很難受的」，那丁玲在精神上就不可能進入這樣的反思境界。實際上，在被「趕出去」的幾十年間，丁玲並未在政治與歷史的意義上思考自己的苦難遭遇，並未覺得此前幾十年的政治和歷史有什麼值得反思之處。丁玲晚年曾說過這樣的話：「毛主席在延安文藝座談會上的講話教育了一代知識分子，培養了一代作家的成長，而且影響到海外、未來。每回憶及此，我的心都為之振動。特別是，在我身處逆境的二十多年裏，《講話》給了我最大的力量和信心。我能夠活過來，活到今天，我還能用一支破筆為人民寫作，是同這一段時間受到的教育分不開的。」〔註22〕是毛澤東親手將她推入苦難的深淵，而在這深淵裏之所以能夠活下來，卻又是靠「毛澤東思想」的支撐，──這聽起來有些荒謬，但在丁玲那裏卻是真實的。在晚年為《太陽照在桑乾河上》所寫的《重印前言》中，丁玲更有這樣的回憶：「那年冬天，我腰痛很厲害。原來一天能走六、七十里，這時去區黨委二里來地走來都有困難。夜晚沒有熱水袋敷在腰間就不能入睡。白天我把火爐砌得高一些，能把腰貼在爐壁上燙著。我從來沒有以此為苦。因為那時我總是想著毛主席，想著這本書是為他寫的，我不願辜負他對我的希望和鼓勵。那時我總是想著有一天我要把這本書呈獻給毛主席看的。當他老人家在世的時候，我不願把這種思想、感情和這些藏

〔註20〕丁玲：《毛主席給我們的一封信》。
〔註21〕丁玲：《毛主席給我們的一封信》。
〔註22〕見《丁玲自傳》，江蘇文藝出版社1996年版，第236頁。

在心裏的話說出來。現在是不會有人認爲我說這些是想表現自己，抬高自己的時候了，我倒覺得要說出那時我的這種眞實的感情。我那時每每腰痛得支持不住，而還伏在桌上一個字一個字地寫下去，像火線上的戰士，喊著他的名字衝鋒前進那樣，就是爲著報答他老人家，爲著書中所寫的那些人而堅持下去的。」這樣的一種對毛澤東的情感覆蓋在丁玲心頭，使反思和懺悔根本不可能萌芽。沒有反思和懺悔的丁玲，在被放逐的幾十年裏，在想些什麼呢？首先想的是要努力活下去。《牛棚小品》裏，丁玲寫到了爲了活下去而怎樣逆來順受、唾面自乾，怎樣「把心磨練出厚厚的繭子」。活下去是爲了什麼呢？是爲了有朝一日能以「無產階級文藝戰士」的金剛不壞之身回到北京，回到文壇。明白了丁玲的這種心態，就不難明白丁玲爲何是以《杜晚香》這樣「歌頌工農兵的作品」作爲復出的「亮相」了。由《杜晚香》，人們不難想到當年的《田保霖》。這是同一類型的作品。《田保霖》是當年「整風運動」後「深入工農兵」的產物，它受到毛澤東的熱烈讚賞並以酒飯慰勞。這次，丁玲「深入群眾」達二十幾年之久，她理應首先歌頌在這期間發現的田保霖式的英雄模範人物，只有這樣，才能告慰毛澤東的在天之靈，才能向世人顯示丁玲仍然是當年寫《田保霖》時的丁玲。丁玲寫《杜晚香》可以說是以創作實踐來捍衛毛澤東的「文藝思想」，同樣的作品還有《「牛棚」小品》。對當時的「傷痕文學」，丁玲是心有不滿的，而之所以不滿，無非就是認爲這些作品「偏離」了毛澤東《在延安文藝座談會上的講話》所指明的「文藝方向」。丁玲丈夫陳明曾這樣自豪地回憶丁玲寫《「牛棚」小品》的動機：「丁玲爲什麼要寫《「牛棚」小品》呢？她曾多次向友人說，她不打算寫『傷痕』作品。……丁玲當時看過一些這樣的作品，也頗受感動。但她認爲，有的作品，格調究竟過於低沉，哭哭啼啼，淒淒切切，可以博得讀者一時的同情，同時卻令人心灰氣餒，意志消沉，感到前途渺茫。她主張寫傷痕也要充分發掘和顯示出存在於生活中克服一切艱難險阻的前進精神，化悲痛爲力量，促人奮起。於是她想嘗試著寫一篇。」〔註23〕在這篇作爲獻給文壇的「範文」來寫的《「牛棚」小品》裏，雖然也不乏對苦難的敘述，但主要筆墨卻用在了夫婦感情的描寫上，讓人更多地感到的是苦難中的甜蜜。可以肯定的是，丁玲有意識地淡化和省略了苦難的一面，強化和突出了甜蜜的一面。在晚年的一次會議發言中，丁玲說道：「二十多年的辛酸苦辣就這麼過去了，很多事情我是不會講的，跟我

〔註23〕陳明：《丁玲在推遲手術的一年裏》，載《新文學史料》1991年第1期。

的女兒也不講，講這個做什麼，但是好的哪，我要講，我講了許多好的東西，許多使我有收穫的東西。」〔註24〕如果有人說，只講「好的東西」而不講那些「辛酸苦辣」的「很多事情」，就難以避免歷史悲劇和民族災難的重現，那麼丁玲的回答是，她根本就沒把「反右」、「文革」視作是「歷史」悲劇和「民族」災難！

以丁玲的這樣一種心態，怎麼可能有人們曾期待的歷史反思和個人懺悔呢？如果拿韋君宜的懺悔作參照，那丁玲應該懺悔之處當更多。

在延安的「搶救運動」中，毛澤東把丁玲與王實味「分開」後，丁玲便積極投入對王實味的批判。晚年回首此事，丁玲並沒有表現過絲毫愧疚。據說，「文革」後，王實味的妻子劉瑩到北京申訴，「想到丁玲是當年的『同案人』，且王實味 30 年代為賺兩個小錢糊口，還曾替她批改過作業本，或許可以道道原委。從作家協會問到電話號碼，打了過去。接電話的人把一切都問清楚之後，停了好一陣子，回答說，『丁玲同志不在。』劉瑩……從此再沒有給這位飽受折磨的作家掛過電話，雖然明知她不會永遠『不在』。」〔註25〕即便不能或不願對王實味的平反有實際的幫助，見一見這位可憐的「未亡人」，給予幾句言語安慰，總是應該的吧。何況，王實味招致殺身之禍的《野百合花》，還是丁玲簽發的呢，從道義上說，也不能對千里迢迢趕來的劉瑩避而不見吧。而丁玲之所以如此不講「道義」，除別的原因外，恐怕還因為她的言行始終有一個最大的「道義」在管著，這就是對毛澤東的忠誠。不管怎麼說，王實味是毛澤東兩度點名的「欽犯」，對他的同情就意味著對毛澤東的背叛，而這是丁玲決不肯的。丁玲可以對不起任何人，包括自己，但她決不能對不起「毛主席」。

據知情者回憶，丁玲在掌管《文藝報》期間，是極「左」的：「實際上《文藝報》過去不是右，而是左得厲害，緊跟得厲害！它緊跟的不一定是周揚，而是更高的領導。批《武訓傳》、批《紅樓夢研究》、批胡風。那時丁玲是《文藝報》領導，左得厲害！如果說批這些是稟承上面意旨，那麼，批孫犁有什麼道理？批碧野有什麼道理？批蕭也牧有什麼道理？批《三千里江山》、批《關連長》……一路批下來。那時人家一拿到《文藝報》就哆嗦：又批誰了？所

〔註24〕周良沛：《無法漏抄的一則發言記錄》，收入《左右說丁玲》一書。

〔註25〕見戴晴《梁漱溟 王實味 儲安平》，江蘇文藝出版社 1989 年版，第 73 頁注釋部分。

以，從這一點看，周揚對《文藝報》有看法也是有原因的。那時《文藝報》確實把文藝界搞得惶惶然，引起文藝界的眾怒。」〔註 26〕在文藝上能讓丁玲「緊跟」的比周揚「更高的領導」，當然是毛澤東了。在五十年代前半期文藝界的「三大戰役」（批《武訓傳》、批《紅樓夢研究》、批胡風）以及種種規模較小的「戰鬥」中，丁玲以及他掌管的《文藝報》都是「功勳卓著」的。這裏只說說對蕭也牧和胡風的批判。在《我心目中的丁玲》中，王蒙說丁玲當年的文章《作為一種傾向來看》「就差不多『消滅』了蕭也牧」，在一定的意義了，這樣說並不為過。被丁玲和丁玲掌管的《文藝報》批判後，蕭也牧從此從文壇消失，此後的遭遇和最終的結局是非常淒慘的：「蕭也牧從受到批判之日起，在坎坷不平的生活和鬥爭的道路上，真可說是飽受折磨，……（『文革』時期）蕭也牧被關進『牛棚』，受到了無盡的屈辱和折磨，因為在田間勞動過度，回來時進錯了門，被人打翻在地；蕭也牧拔草手腳慢，罵他『磨洋工』，一頓飽打；蕭也牧打飯過路，罵他『好狗不擋路』，人被擊倒，飯菜撒了一地；蕭也牧的腰更彎了，再也支持不住了，大小便完全失禁了，一泡屎拉在褲襠裏，被誣為『向黨和人民玩屎尿戰術』……開會批鬥，拳打腳踢，會後罰他挑糞，挑不動，用竹棍抽打。蕭也牧帶著病體，被驅趕到稻田裏去挑草，舉不起杈，被痛罵毆打，擊倒在地，直至深夜，才由兒子扶了回來，從此，他再也沒有能夠爬起來。一九七〇年十月十五日中午，他孤獨地、默默地在那張木床上含恨而死。死時五十二歲。他為黨勤懇工作了三十多年，死後被送到當地的一個亂墳崗上——真是死無葬身之地。」〔註 27〕對當初的批蕭也牧，晚年丁玲有過一絲悔意嗎？沒有！張鳳珠在《我感到評論界對她不夠公正》中，對此有這樣的說法：「解放初期她主編《文藝報》在開展文藝批評上，氣勢兇猛，得罪了一些人。直到 90 年代還有人在說：一篇文章『消滅』了蕭也牧。康濯晚年在丁玲面前也提過蕭也牧這件事，老太太很氣憤，認為她寫那篇文章，是善意幫助，有分析，不是打棍子。可能是這個意圖，但以《文藝報》的地位，又不止一篇文章，在當時的氣氛下，等於給一個人定了性。蕭也牧後來再也沒有作品，而且遭遇淒慘。」對當初的批蕭也牧，

〔註26〕見《唐達成談韋君宜》，收入《回應韋君宜》一書，大眾文藝出版社 2001 年版。

〔註27〕張羽　黃伊：《我們所認識的蕭也牧》，收入《蕭也牧作品選》，百花文藝出版社 1979 年版。

丁玲不但沒有悔意，相反，別人提起此事她都「很氣憤」。她之所以覺得此事根本就不值一提了，是因為她仍然認為當初對蕭也牧的批判是正確的；而這種批判之所以「正確」，是因為蕭也牧作品「偏離」和「違背」了毛澤東對文藝的希望和要求。——只能這樣來解釋丁玲晚年為何對他人提起「蕭也牧這件事」就「很氣憤」吧。

丁玲與胡風「左聯」時期就建立了友情。丁玲到陝北後，還常給胡風在武漢和重慶主持的《七月》寄稿，例如《到前線去》、《警衛團生活小景》等作品就發表在《七月》上，而胡風總想法把稿酬寄到丁玲在湖南的生活窘迫的母親手中。《胡風回憶錄》回憶到 1939 年的情形時，有這樣的記載：「這次在家共住了五天，看完了斯諾的《西行漫記》。看到報紙上登出了《七月》的廣告。痔瘡基本上好了，就急忙趕到重慶。在那兒收到了丁玲寄來的一包稿子，其中有田間的詩和雪葦的論文，還有一份用紙包得很仔細的用毛筆寫的舊詩詞，一看內容我就明白了。丁玲怕在戰亂生活中將主席給她親筆書寫的詩詞遺失掉，特地託我為她保存。我深感這責任之重大，就趕快將它裝在一個牛皮紙信封裏，上面寫著『毛筆』兩字放在我裝重要稿件的小皮箱裏，這樣，可以隨時拎著小箱子去躲警報。」丁玲從延安寄到重慶託胡風代為保管的，就是毛澤東為她手書的那首《臨江仙·給丁玲同志》。由於種種原因，這件「寶貝」直到「文革」後才由胡風夫人梅志親手交給了丁玲。我們固然不宜要求丁玲顧及「私誼」而在五十年代的批判胡風運動中有所退縮，但在時過境遷的晚年，難道不能公開地表示一下自己的歉疚？然而丁玲並沒有這樣做。如果丁玲至死都認為當初對蕭也牧的批判並沒有錯，那她就更有理由認為當初對胡風的批判是很有必要的，因為胡風是毛澤東「欽定」的「反革命」。對胡風表示歉疚，難道不就是間接地對毛澤東的批評麼？聽到別人批評「毛主席」，丁玲心裏就「很難受」，她自己又怎麼會這樣做呢？對丁玲與胡風的關係，張鳳珠在《我感到評論界對她不夠公正》中也有評介。提到丁玲託胡風保管毛澤東手跡時，張鳳珠說：「胡風知道這份託付和信任的分量。四十年間，他自己過著朝不保夕的日子，幾經遷徙流放，這幅字仍妥為保存，在 1981年完璧歸趙。這種對朋友的信義，是十分難得了。」而「丁玲對胡風一直是心存感激的。當年丁玲在延安，凡有作品寄胡風，胡風總是想方設法把稿費寄給丁玲在湖南的母親。丁玲把這份情誼看得很重。但在後來批判、聲討所謂『胡風反革命集團』時，丁玲不管她內心如何想，她都只能一個調子去批

判了。這在她的心裏會有一份歉意。那個年代，這類違心的表態太多。巴金晚年在他的《隨想錄》裏，把一筆筆心債都逐一清算了。可惜時間沒留給老太太做這件事。」把丁玲的沒有「清算」她的「心債」歸因於時間，顯然說不過去，而拿巴金作比則更是不當。巴金《隨想錄》中的第一篇寫於 1978 年 12 月 1 日，最後一篇寫於 1986 年 8 月 20 日，而這最後一篇就是《懷念胡風》。在這最後一篇中，巴金對自己在反胡風運動中為了自保而任意上綱上線地批判胡風，表示了真誠而痛苦的懺悔。寫完這最後一篇，巴金就停筆了。而丁玲，逝世於 1986 年，上帝留給晚年巴金和丁玲的寫作時間其實是差不多的。只不過當巴金懷著對歷史負責、對下一代負責以及償還「心債」的心願，以老病之軀一篇又一篇地趕寫著《隨想錄》同時也與時間賽跑時，丁玲在寫著另外一類東西，並在對《隨想錄》一類「過於低沉、哭哭啼啼、淒淒切切」的作品表示著反感。我們很難想像丁玲再活十年，就能寫出巴金《懷念胡風》這種品格的東西。我們可以相信丁玲把胡風的「這份情誼看得很重」，但我們更相信，在丁玲的心目中，沒有什麼能重過毛澤東的「情誼」。

　　人是複雜的。像丁玲這樣的人更是複雜的。決定著丁玲晚年言行的，當有多種因素。而對毛澤東的「一往情深」，當是諸種因素中重要的一種。說丁玲晚年並非「真左」，固然也能言之成理；但說丁玲晚年並非「假左」，恐怕更合實情。至遲自延安「整風」之後，丁玲便是非常「左」的，在五十年代前半期更是「左」得可怕。而二十幾年的受難，並沒有讓丁玲有什麼反思和懺悔，因此在思想觀念上也談不上有什麼根本性的改變。復出後的丁玲仍然是受難前的丁玲，這一點，是她刻意追求的，也是她深感自豪的。如果說復出後的丁玲並非「真左」，那就意味著受難前的丁玲也並非「真左」，意味著丁玲從來就不曾「真左」。——這樣說合適嗎？

國共兩黨與白話文

　　唐縱，1905 年生，1981 年卒；又名唐乃亮，湖南酃縣人，黃埔六期生；1931 年即進入戴笠的「十人聯絡組」，可算是國民黨軍統最早的成員之一。1932 年後，唐縱歷任「力行社」特務處書記長、駐德使館助理武官、蔣介石侍從室專事情報工作的第六組組長兼軍統局幫辦、國民政府參軍處參軍、內政部政務次長。1946 年 3 月戴笠遭空難而死，唐縱奉蔣介石命掌管軍統局。軍統局改為保密局後，唐縱任副局長、警察總署署長，可謂是蔣的紅人，是國民黨的要人。1949 年唐縱逃往臺灣時，把他 1927 年至 1946 年間的日記留在了大陸。這日記，真是寶貴的史料。1991 年 8 月，群眾出版社以《在蔣介石身邊八年──侍從室高級幕僚唐縱日記》為名，出版了這部日記。我以為，出版這樣的史料，除了對日記中人事做必要注釋外，應不做其它任何處理。但唐縱日記的編注整理者從日記中歸納出十二個主題，按主題編排日記，在每一主題下，又有一些章回小說般的小標題，弄得史料不像史料、演義不像演義。那小標題如果弄得像回事也就罷了，卻又可笑之極。我說這些，是希望有出版社能把唐縱日記更像樣地出版一次。

　　1943 年 12 月 16 日的唐縱日記，是這樣寫的：

　　　　工作上謹小慎微。

　　　　每天的時間實係分配不來。假如普通文卷和文電稿件可以不看，由一秘書代閱，我可以有許多時間來研究問題，但事實上無法辦到。今日我在普通卷裏，發現幾件重要的情報，如果不經目，便不能發現的。前年敵人在準備對英美宣戰時，電令使領館焚毀電碼本，即我於擬毀卷中找出的。我在那一個將廢的情報中，判斷敵人

將有軍事行動，後來不幾日，便爆發珍珠港的事件。此次敵人將華中重工業向華北移動，這是敵人準備放棄華中，堅守華北的徵候。又共產黨的電報，白話連篇，幾百字幾千字，歸納就是一件事一兩句話，也是常爲參謀疏忽的。我特提出一個歸結記錄的辦法，以資補救。〔註1〕

　　唐縱此時任蔣介石侍從室第六組組長兼軍統局幫辦，是情報巨頭之一，負責對日軍的情報工作，日記中的「敵人」即指日軍，同時也負責收集中共方面的情報。這一天的日記，唐縱抱怨時間不夠用，因爲檢閱普通文卷和文電稿件一類事也必須自己親力親爲。這些文卷、文電當然是指破譯到的日方通訊和中共的通訊。這些普通的、大路貨的東西里，也可能藏著極有價值的情報，所以不能由秘書「代閱」，因爲秘書沒有垃圾中識寶的慧眼。這一天，唐縱從普通文卷、文電中發現了「幾件重要的情報」，所以有這番感慨。這也讓他想起了前年，即1941年12月5日的事。這一天，唐縱從擬銷毀的普通文電中發現12月3日從東京「發往英領各地領事電」，要求日本駐各英殖民地領事將機密文件全部焚毀。唐縱聯想到「八‧一三」前夕，日本外相也曾電令青島、濟南、廣州等地領事，立即焚毀機密文件，所以判定「其將臨於日英美戰爭，可想而知也」〔註2〕。果然，幾天後日軍便偷襲珍珠港，向英美宣戰。說了舊事，唐縱回到眼前，說敵人將重工業從華中向華北遷移，這應該就是這一天唐縱從普通文電中發現的重要情報，或者是幾件之一。唐縱由此判定，日軍打算放棄華中而固守華北。

　　這一天的日記最後，唐縱談到了共產黨的電報。唐縱說，共產黨的電報，「白話連篇」，也就是說，用的是白話文，往往用幾百字幾千字說一件事。唐縱雖未明確貶斥中共電報的「文體」，但不難讓人感覺到辭氣間的鄙夷、輕蔑。中共的電報囉嗦、冗長，但在囉嗦、冗長中，也有有價值的信息，而參謀人員則常因中共電報的囉嗦、冗長而忽略其中有價值的東西。

　　唐縱甚至發明了一種「歸納記錄的辦法」，專門對付中共白話體電報的囉嗦、冗長。我想，那就是對破譯的中共電報，寫出「內容摘要」和提煉出「關鍵詞」。看來，中共「白話連篇」的電報，的確頗讓唐縱頭痛，所以有理由對

〔註1〕　唐縱：《在蔣介石身邊八年——侍從室高級幕僚唐縱日記》，群眾出版社1991年版，第397頁。
〔註2〕　《在蔣介石身邊八年——侍從室高級幕僚唐縱日記》，第241頁。

中共的「白話連篇」表示鄙夷、輕蔑。但唐縱的鄙夷、輕蔑，或許正表現了他某一方面的褊狹、淺薄。共產黨「白話連篇」，國民黨「之乎者也」。而共產黨最終戰勝了國民黨，恐怕與共產黨總是「白話連篇」也有些關係。

1929 年，胡適、羅隆基、梁實秋等自由主義知識分子，發表一系列文章，猛烈抨擊國民黨的獨裁、專制，史稱「人權運動」。在「人權運動」中，胡適發表了多篇文章，其中之一，是刊於《新月》第二卷第六、七號合刊的《新文化運動與國民黨》。在這篇文章中，胡適從三個方面論述了國民黨的「反動」，而第一個方面就是南京國民政府成立後函電、宣言、文告、日報、法令仍用文言。胡適說，新文化運動最重要的方面是所謂文學革命，「但是國民黨當國已近兩年了，到了今日，我們還不得不讀駢文的函電，古文的宣言，文言的日報，文言的法令！國民黨天天說要效法土耳其，但新土耳其居然採用了拉丁字母了，而我們前幾天還在恭讀國民政府文官長古應芬先生打給閻錫山先生的駢四儷六的賀電！」胡適接著說：「在徐世昌做總統，傅嶽芬做教育總長的時代，他們居然敢下令廢止文言的小學教科書，改用國語課本。但小學用國語課本，而報紙和法令公文仍舊用古文，國語的推行是不會有多大效力的；因為學了國語文而不能看報，不能做訪員，不配做小書記，誰還肯熱心去學白話呢？一個革命的政府居然維持古文駢文的壽命，豈不是連徐世昌傅嶽芬的膽氣都沒有嗎？」在北洋政府時代，已經下令小學課本改用白話了，而國民黨政府卻仍用文言發電報、出布告，仍用文言發表宣言、制訂法令，甚至仍文言辦報紙，這實在是文化上的「倒行逆施」，所以，胡適斬釘截鐵地說：「在這一點上，我們不能不說今日國民政府所代表的國民黨是反動的。」

胡適等人對國民黨的批評，雖然引來國民黨中下層黨徒的群起攻擊，但也並非毫無作用。1930 年 2 月，國民政府教育部奉國民黨中央執行委員會之命，通令全國「厲行國語教育」。沉寂先生在《論胡適與蔣介石的關係》（《胡適研究》第二輯）一文中認為，這正是國民黨中央對胡適批評的「反應」。胡適在文章中強調，學生在校學的是白話，而國民黨政府的函電、宣言、文告、法令卻用文言，甚至新聞報導都是文言，學生畢業後不能看報，不能當記者，不能做個小小的文秘，這可能導致白話被放逐，而文言在課本上全面復活。國民黨政府顯然也不願看到這種局面，所以有「厲行國語教育」的通令發佈。國民黨政府雖然要求學校「厲行國語教育」，但自身卻並未拋棄在函電、文告等場合使用文言的習慣。蔣介石本人的各種電令，就總是用文言，或者是文

白夾雜的語言。

中共方面則頗爲不同。中共創始人陳獨秀本身便是新文化運動的主帥，這使得中共一成立便不可能把文言作爲工作語言。所以，從一開始，中共的宣言、決議等，就是用白話文體。中共把發動工農作爲頭等大事，而要發動工農，當然白話比文言要有效得多。在戰爭年代，中共軍隊的高級軍官中，也有許多人文化程度不高，甚至根本沒有進過學堂，文言的電令，對他們當然不合適。這幾種因素，使得中共的電報，如唐縱所說的「白話連篇」。毛澤東戰爭年代的電報，就往往既「白話連篇」又長達幾百字、上千字。例如，1949 年 5 月 10 日，毛澤東爲中共中央起草的覆南京市委並告華東局電，就是一份「白話連篇」的長電。這份電報，有兩方面內容，一是對黃華見司徒雷登一事做出指示，一是指出南京市委來電中關於美國的說法「有毛病」。現在只談談毛澤東是如何對黃華見司徒雷登做出指示的。

1949 年 4 月 23 日，中共軍隊佔領南京，黃華被任命爲南京市軍管會外僑事務處（簡稱外事處）處長，這時候，美國的駐華大使司徒雷登仍在南京未走。司徒雷登與黃華有師生之誼。三十年代中期，黃華在燕京大學就讀時，司徒雷登是校長。1946 年 1 月，由國、共、美三方代表組成的北平軍調部成立，黃華是中共代表團的新聞處處長，這時，黃華就以中共幹部身份與司徒雷登有過接觸。中共軍隊開始接管南京後，黃華即被任命爲外事處處長，可能與司徒雷登仍在南京有些關係。司徒雷登在《在華五十年》中也回憶了與黃華的見面。據司徒雷登說，黃華就任外事處處長不久，便打電話給司徒雷登的私人顧問傅涇波，提出希望與傅見面，「二人非常愉快的暢談了兩個小時」，分手的時候，傅涇波建議黃華拜訪司徒雷登，「黃回答說還眞的只能以『學生見校長』的名義來見我，但他需與其它人商量一下，然後告知涇波結果」〔註3〕。司徒雷登仍是美利堅合眾國駐中華民國大使，黃華雖身爲外事處處長，也無權自行決定與司徒雷登見面，哪怕以學生名義也不行，必須得到中央批准，黃華才能與司徒雷登握手。所謂「與其它人商量一下」，就是向中央請示之意。可以推知，黃華與傅涇波見面後，立即向南京市委做了彙報，而南京市委則立即致電中央，請示了對美國的態度和黃華見司徒弟雷登的問題，於是，有了毛澤東親自起草的覆電。覆電有七項內容，除第三項是糾正南京市委來電中的一個「語病」外，其它六項都是對黃華見司徒雷登的指示：

〔註 3〕 司徒雷登：《在華五十年》，常江譯，海南出版社 2010 年版，第 228 頁。

「（一）黃華可以與司徒見面，以偵察美國政府之意向為目的。（二）見面時多聽司徒講話，少說自己意見，在說自己意見時應根據李濤聲明。……（四）與司徒談話應申明是非正式的，因為雙方尚未建立外交關係。（五）在談話之前，市委應與黃華一起商量一次。（六）談話時如果司徒態度是友善的，黃華亦應取適當的友善態度，但不要表示過分熱情，應取莊重而和氣的態度。（七）對於傅涇波所提司徒願意繼續當大使和我們辦交涉，並修改商約一點，不要表示拒絕的態度。」〔註4〕

被我用省略號省略掉的第三項，有三四百字，比其它六項加起來還要長，所以這是一封很長的電報。電報中，毛澤東用純粹的白話，從六個方面對黃華見司徒雷登做出了指示。第一項，是批准黃華見司徒，但強調目的是代表中共偵察美國政府的意向，並非是去敘舊。毛澤東希望黃華偵察到美國政府的什麼意向呢？當然是對中共即將建立的「新中國」的意向。中共即將在全國範圍內建立新的政權，這是眾所週知的事，而美國政府對此一定有自己的看法，毛澤東當然很想知道美國的看法。這也是批准黃華面見司徒的原因。第二項，是要求黃華在與司徒見面時多聽少說。雙方見面無非是說話，毛澤東令黃華多聽少說，也就為黃華確立了基本的行動準則。既然見司徒的目的是偵察美國政府的意向，當然自己就要少說而讓司徒多說；還有，黃華既要探知美國的意向，又要儘量隱藏中共的意向。中共建政後如何對待美國，這無疑也是司徒想知道的，司徒也想從黃華的言談舉止中捕捉到一些這方面的信息。而毛澤東當然不希望黃華泄露這方面的信息。因為這時候，毛澤東和中共中央還沒有最終確定建立新國家後如何對待美國：是只向蘇聯「一邊倒」而徹底反美，還是在倒向蘇聯的同時也與美國保持某種關係，毛澤東還在權衡、斟酌。毛澤東不希望黃華多說話，也是避免黃華言多必失，泄露中共此時的「心態」，或者擅自發表己見。第四項，命令黃華在與司徒見面時要申明是「非正式」的。依常理，這一條命令有些多餘。其時，「中華人民共和國」尚未建立，當然不存在與美國「建立外交關係」的問題，所以談話只能是「非正式」的。但毛澤東還是要特意叮嚀一下，可見此時毛澤東在對美的態度上是如何謹慎。不過，毛澤東強調雙方「尚未」建立外交關係，也說明在此時的毛澤東心目中，雙方有可能建立外交關係。第五項，是命令南京市委高度

〔註4〕 見《毛澤東年譜》（下卷），人民出版社，中央文獻出版社1993年版，第449～500頁。

重視此事，在黃華與司徒見面前，市委要與黃華一起商量一次，也就是研究司徒雷登的心態，猜測司徒雷登可能採取的態度和提出的問題，從而準備相應的對策。第六項，是為黃華設計表情、聲調。如果司徒態度不那麼友善，黃華也不應友善，這自不待言。如果司徒態度是友善的，黃華則應表示「適當」的友善，但不應「過分熱情」，應始終有一種矜持，始終與司徒保持一定的情感上的距離。這種設計也耐人尋味。此時，親蘇已經成為建政後的外交大計，這是十分明確的，尚未明確的，是親蘇的同時如何對待美國的問題。但即便是在親蘇的同時也兼顧美國，美國與蘇聯也並不是同等份量的。與蘇聯的關係是最重要的外交關係，與美國的關係則是很次要的；有了蘇聯的援助，美國的援助充其量是錦上添花、可有可無。因此，即便將來要與美國保持一定意義一定程度的關係，黃華也用不著對司徒、對美國「過分熱情」。第七項，透露的歷史信息更明確。傅涇波在與黃華見面時，應該提出過司徒雷登願意繼續留下來，代表美國與中共「交涉」一事。這當然是重要的信息。南京市委致中央的電報中，無疑也彙報了此事。毛澤東對此的批示是「不要表示拒絕」。這說明，此時的毛澤東，還為建政後與美國建立關係留著餘地。要到三個月後，毛澤東才決定徹底與美國為敵。1949 年 8 月 14 日，毛澤東為新華社寫了《丟掉幻想，準備鬥爭》的社論，才算是旗幟鮮明地表示了徹底反美的立場。毛澤東在文章中說：「『準備鬥爭』的口號，是對於在中國和帝國主義國家的關係問題上，特別是在中國和美國的關係問題上，還抱有幻想的人們說的。」可見，所謂「丟掉幻想」，主要是指「丟掉」對美國的「幻想」。緊接著，毛澤東又寫了《別了，司徒雷登》《為什麼要討論白皮書？》《「友誼」，還是侵略？》《唯心歷史觀的破產》四篇文章。連續五篇宏文，宣告了中共與美國的勢不兩立。

　　毛澤東像一個嘮叨的母親，在反反覆覆地叮囑著兒女，又像一個細心的導演，在耐心地指導著演員。話說得這樣明白、詳細，黃華自然會把分寸拿捏好，會把角色扮演好。

　　司徒雷登在《在華五十年》中，這樣敘述與黃華的見面：「幾天之後黃華來拜訪我，並且以他一貫的友好態度與我談了兩個小時。由於共產黨方面有規定，不承認與國民黨關係緊密的『帝國主義』國家，所以我乾脆以美國公民而非外交官的身份去和他見面。我們的會面是在共產黨籍的地方官員的安排下進行的。會談中，黃華很快提出了這個關於『承認』的問題，這使我有

機會首先解釋：西方諸國仍會承認現存的國民黨政府爲合法政府，共產黨大器未成的時候不也承認他們麼？然而，若有朝一日新建立的政府獲得中國人民的支持，至少也要被中國人民所接受，且表示與他國維持往來的誠意，那麼根據國際慣例，對新政府的承認問題自然會被提上議程。但是在此之前，我們這些局外人只能消極等待。換言之，此刻站在審判席上的並不是外國，而恰恰是共產黨自己。」〔註5〕黃華的使命是「偵察」美國對中共即將建立的新政府的態度，所以可能或委婉或直接地做了詢問，而司徒雷登的回答也算是很高明。不過，司徒雷登願意繼續留下來代表美國與中共交涉，看來是一個謊言。這可能是傅涇波誤解了司徒雷登，也可能僅僅是傅涇波的主觀願望。

　　白話比文言更嚴密，更能準確的傳情達意，這是不爭的事實。毛澤東用地地道道的白話下電令，而且把命令下得那樣細緻、具體，那樣不厭其煩，無非是要保證執行者能夠透徹地理解並不折不扣地執行。在國共相爭的時候，共產黨的電報總是「白話連篇」，國民黨的電報，難免「之乎者也」。唐縱大概至死都沒有想過，共產黨戰勝了國民黨，某種意義上，正是「白話連篇」戰勝了「之乎者也」。

2014 年 7 月 6 日

〔註5〕 《在蔣介石身邊八年──侍從室高級幕僚唐縱日記》，第 228～229 頁。